Elisabeth Moser Opitz

Rechenschwäche / Dyskalkulie

Beiträge zur Heil- und Sonderpädagogik

Beiträge zur Heil- und Sonderpädagogik　　　　　　　Band 31

Begründer der Reihe: Prof. em. Dr. Urs Haeberlin, Universität Freiburg (CH)

Mitherausgeber: Prof. Dr. Gérard Bless und Prof. Dr. Winfried Kronig, Universität Freiburg (CH)

Elisabeth Moser Opitz

Rechenschwäche/ Dyskalkulie

Theoretische Klärungen und empirische Studien an betroffenen Schülerinnen und Schülern

Haupt Verlag
Bern · Stuttgart · Wien

Elisabeth Moser Opitz, PD Dr. phil.
Dozentin am Institut für Heilpädagogik der PH Bern und Privatdozentin am Heilpädagogischen Institut der Universität Freiburg/CH. Langjährige Tätigkeit als Wissenschaftliche Mitarbeiterin am Heilpädagogischen Institut der Universität Freiburg/CH in diversen Forschungsprojekten.

Diese Forschungsarbeit ist im Rahmen des Nationalfondsprojektes «Lehr- und Lernstörungen Mathematik. Theoretische Klärungen und empirische Studien an betroffenen Schülerinnen und Schülern» (SNF-Nr. 1114-064885.01) entstanden.

1. Auflage: 2007

Bibliografische Information der *Deutschen Nationalbibliothek*

Die Deutsche Nationalbibliothek verzeichnet diese Publikation in der Deutschen Nationalbibliografie; detaillierte bibliografische Daten sind im Internet über http://dnb.d-nb.de abrufbar.

ISBN 978-3-258-07155-8

Alle Rechte vorbehalten
Copyright © 2007 by Haupt Berne
Jede Art der Vervielfältigung ohne Genehmigung des Verlages ist unzulässig
Umschlaggestaltung: Pool Design, Zürich
Printed in Germany

www.haupt.ch

Inhaltsverzeichnis

1	**Einleitung**	**11**
2	**Schwierigkeiten beim Mathematiklernen**	**15**
2.1	Mathematische Lern- und Lehrstörungen	15
2.1.1	Zum Begriff „mathematische Lernstörung"	15
2.1.2	Zur (sonder-)pädagogischen Sichtweise von mathematischen Lernstörungen	28
2.1.3	Mathematische Lehrstörungen..	32
2.2	Neuropsychologische und genetische Aspekte von mathematischen Lernstörungen	42
2.2.1	Genetische Komponenten	42
2.2.2	Typen von Lernstörungen	44
2.3	Beschreibung von Kindern mit mathematischen Lernschwächen	53
2.3.1	Leistungsrückstand und besondere Merkmale	53
2.3.2	Arbeitsgedächtnis und mathematisches Lernen	54
3	**Mathematisches Lernen im Kontext von selbstreguliertem Lernen, Geschlecht und weiteren Determinanten**	**59**
3.1	Selbstreguliertes Lernen	59
3.1.1	Selbstwirksamkeit	60
3.1.2	Mathematisches Selbstkonzept	61
3.1.3	Ängstlichkeit und Mathematiklernen	65
3.2	Geschlechterdifferenzen und mathematisches Lernen	69
3.3	Weitere Determinanten der Mathematikleistung	75
3.3.1	Herkunft	75
3.3.2	Zweitspracherwerb	77
4	**Erwerb von mathematischen Kenntnissen: Zentrale Aspekte und mögliche Schwierigkeiten**	**81**
4.1	Einführung	81

4.2	Zählen	81
4.2.1	Zählentwicklung	81
4.2.2	Schwierigkeiten beim Erwerb der Zählkompetenz	86
4.3	Dekadisches Stellenwertsystem	89
4.3.1	Bedeutung und verschiedene Veranschaulichungen	89
4.3.2	Mögliche Schwierigkeiten	92
4.4	Addition und Subtraktion	94
4.4.1	Bedeutung und Aufbau von Addition und Subtraktion	94
4.4.2	Schwierigkeiten beim Addieren und Subtrahieren	99
4.5	Multiplikation und Division	106
4.5.1	Bedeutung und Aufbau von Multiplikation und Division	106
4.5.2	Schwierigkeiten beim Multiplizieren und Dividieren	111
4.6	Schätzen, Runden, Überschlagen	114
4.7	Problemlösen	116
4.7.1	Begriffsklärung	116
4.7.2	Prozess des mathematischen Problemlösens	119
4.7.3	Einflussfaktoren und Schwierigkeiten	121

5	**Zu einem umfassenden Verständnis mathematischer Lehr- und Lernstörungen**	**133**
5.1	Zusammenfassung	133
5.2	Rechenschwäche als Versagen im Mathematikunterricht	139

6	**Darstellung der Untersuchung**	**143**
6.1	Fragestellung und Untersuchungsplan	143
6.2	Stichprobe 1	147
6.3	Instrumente für die Vortests	148
6.3.1	Mathematiktest 5. und 8. Schuljahr	148
6.3.2	Intelligenztest	155
6.4	Stichprobe 2	156
6.4.1	Stichprobenzusammensetzung	156
6.4.2	Instrument zur Überprüfung des mathematischen Basisstoffes	159
6.5	Auswertung der Daten	163

7	**Mathematiklernen im Kontext verschiedener Merkmale** 167
7.1	Mehrebenenmodelle: Allgemeine Modellbeschreibung. 167
7.2	Mathematikleistung, IQ, Geschlecht, Erstsprache und Schulungsform 169
7.3	Zusammenfassung und Interpretation 179

8	**Empirische Ergebnisse: Kenntnis des mathematischen Basisstoffes** 181
8.1	Hypothesenprüfung 181
8.2	Schwierigkeiten beim Erwerb des Basisstoffes 186
8.2.1	Vorgehen und Auswertungskategorien 186
8.2.2	Zählen 188
8.2.3	Addition 191
8.2.4	Subtraktion 193
8.2.5	Verdoppeln/Halbieren 194
8.2.6	Ergänzen 195
8.2.7	Multiplikation 197
8.2.8	Division 199
8.2.9	Dezimalsystem 201
8.2.10	Textaufgaben 203
8.2.11	Operationsverständnis 205
8.2.12	(Halb-)Schriftliches Rechnen und Überschlagen 209
8.3	Fehleranalyse in der Übersicht 214
8.4	Vorhersage der Mathematikleistung durch die Kenntnis des Basisstoffes .. 217
8.5	Übersicht über die verwendeten Strategien. 220
8.6	Zusammenfassung 222

9	**Erfahrungen beim Mathematiklernen: Interviewstudie** 225
9.1	Durchführung der Interviews 225
9.1.1	Fragestellung, Vorgehen und Stichprobe 225
9.1.2	Auswertung und Darstellung der Ergebnisse 228
9.2	Beliebtheit des Faches Mathematik: Einschätzung und Begründungen 230
9.2.1	Übersicht zur Beliebtheit des Faches 230
9.2.2	Schwierigkeiten beim Mathematiklernen 236
9.3	Veränderung der Einstellung zum Fach Mathematik 241

9.4	Besondere Schwierigkeiten	248
9.4.1	Das finde ich besonders schwierig	248
9.4.2	Das finde ich besonders schlimm	255
9.5	Besondere Stärken	259
9.5.1	Das kann ich gut in Mathematik	259
9.5.2	Das finde ich schön in Mathematik	262
9.6	Notwendige Veränderungen, Unterstützung	266
9.7	Zusammenfassung	272
10	**Zusammenfassung und Diskussion der Ergebnisse**	**275**
10.1	Einordnung der Untersuchung	275
10.2	Mathematiklernen im Kontext verschiedener Einflussfaktoren	277
10.2.1	Mathematische Kompetenzen von rechenschwachen Schülerinnen und Schülern	277
10.2.2	Gesellschaftliche und schulstrukturelle Aspekte	281
10.3.2	Erfahrungen der rechenschwachen Schülerinnen und Schüler beim Mathematiklernen	283
11	**Verzeichnisse**	**285**
11.1	Literatur	285
11.2	Tabellen und Abbildungen	301
Anhang		303

Hallo Elisabeth
Mein Vater hat gesagt, dass ich euch helfe, wenn ich komme.
Da habe ich gedacht, weil ich den Leuten gerne helfe, mache ich mit.
Viele Grüsse von Tanja (Schülerin, 11 Jahre, per E-Mail)

So wie Tanja haben sich weitere 265 Schülerinnen und Schüler entschlossen, sich an der hier vorliegenden Untersuchung zu beteiligen, Mathematikaufgaben zu lösen und fremden Personen zu erzählen, welche Erfahrungen sie beim Mathematiklernen machen. Das ist nicht selbstverständlich – und darum geht mein Dank in erster Linie an die beteiligten Kinder und Jugendlichen, ihre Eltern und an alle beteiligten Lehrpersonen.

Danken möchte ich besonders auch Herrn Professor Dr. Urs Haeberlin, der das Projekt in vielerlei Hinsicht wohlwollend unterstützt hat. Grosse fachliche Unterstützung erhielt ich durch Herrn Dr. Felix Studer. Er hat sich immer wieder Zeit genommen, methodische Fragen zu diskutieren und hat mir wertvolle Anregungen gegeben. Frau lic. phil. Christina Amrein hat die Korrektur des Manuskripts besorgt, und mit Herrn Dr. Christian Imdorf konnte ich jeweils die Mehrebenen-Modelle diskutieren. Herzlichen Dank für diese Unterstützung! Den studentischen Hilfskräften und Testleiterinnen und -leitern danke ich für ihr gewissenhaftes Arbeiten – insbesondere den Schulischen Heilpädagoginnen, welche einen großen Teil der Einzelinterviews kompetent und umsichtig durchgeführt haben.

Peter Opitz hatte (durchaus auch in eigenem Interesse) viel Verständnis für Feierabend- und Wochenend-Arbeit, hat Fragen zu Kommaregeln beantwortet, Texte auf Verständlichkeit hin überprüft und alltägliche Pflichten sowie Hochs und Tiefs geteilt. Herzlichen Dank!

1 Einleitung

„Hat mein Kind eine Dyskalulie?" Immer wieder treten Eltern mit dieser Frage an Lehrpersonen und Fachleute heran, wenn beim Mathematiklernen große Schwierigkeiten auftreten. Damit geht meist die Hoffnung einher, durch eine entsprechende Diagnose endlich Klarheit über die Ursachen der Schwierigkeiten und der oft damit verbundenen leidvollen Erfahrungen zu erhalten – die Hoffnung, die Schwierigkeiten benennen und in der Folge angepasste Unterstützungsmöglichkeiten erhalten zu können. Diese lassen sich auch finden: Stöbert man im Internet unter dem Suchbegriff „Rechenschwäche" oder „Dyskalkulie", so finden sich Tausende von Einträgen, oft von Privatinstituten, welche Abklärung und Therapie anbieten. Die Vorschläge reichen von durch Fachleute angebotenen mathematischen Förderprogrammen über Rechentrainings bis hin zu Cranio-Sacral-Therapie oder Lernen in der Hängematte. Viele dieser Angebote basieren auf einfachen Ursachenmodellen und sind mit riesigen Erfolgsversprechungen verbunden.

Im Widerspruch dazu steht die Forschungslage. Obwohl es mittlerweile eine große Zahl von Studien zu verschiedenen Aspekten von „Rechenschwäche" gibt, wird immer wieder darauf hingewiesen, dass zum ganzen Themenkomplex (noch) wenig gesicherte Erkenntnisse vorliegen (z.B. Petermann 2003). Dies zeigt sich beispielsweise darin, dass in der Fachliteratur oft ein uneinheitlicher Umgang mit Begriffen und unterschiedliche Verständnisse von „Rechenschwäche" zu finden sind. So werden etwa psychodiagnostische, sonderpädagogische, denkpsychologische, entwicklungspsychologische und neuropsychologische Erklärungen unterschieden, mit einem jeweils unterschiedlichen Zugang zum Thema (Lorenz 2003). Zwar wurden seit einiger Zeit in Veröffentlichungen immer häufiger bewusst verschiedene Sichtweisen dargestellt und diskutiert (z.B. Fritz u.a. 2003). Ausführliche Forschungsüberblicke zu verschiedenen Bereichen, welche auch die Diskussion aus dem englischen Sprachraum berücksichtigen, sind aber selten zu finden.

Noch spärlich vorhanden sind zudem Untersuchungen, welche sich mit den konkreten mathematischen Kompetenzen bzw. Problemen von betroffenen Schülerinnen und Schülern befassen. Wohl wird immer wieder die Vermutung geäußert, dass fehlende Kenntnisse der Grundschulmathematik zu späteren Schwierigkeiten führen, und es gibt dazu eine Reihe von Einzeluntersuchungen. Auch existieren in verschiedenen Publikationen Beschreibungen und Aufzählungen von häufig vorkommenden Schwierigkeiten und Fehlertypen (z.B. Weijda 2004, 9ff.; Moser Opitz/Schmassmann 2002, 2003, 2004, 2005; Gaidoschik 2002; Lorenz/Radatz 1993), diese beruhen jedoch in der Regel auf Praxiserfahrungen und Alltagsbeobachtungen und lassen keine verallgemeinerbaren Folgerungen zu. Empirisch gesichertes Wissen über die besonderen mathematischen Schwierigkeiten von Schülerinnen und Schülern mit Rechenschwäche ist aber dringend notwendig. Erst fundierte Kenntnisse dazu machen es möglich, konkrete Folgerungen für Diagnostik, Unterricht und Förderung zu ziehen. Ein Weiteres kommt dazu: Es fehlen Studien, welche sich mit älteren Schülerinnen und Schülern befassen. Viele der vorliegenden Untersuchungen wurden im Grundschulbereich durchgeführt. Aus den genannten Gründen werden in der vorliegenden Studie die „schwachen Mathematikleistungen" von elf- und vierzehnjährigen Kindern und Jugendlichen ins Zentrum des Interesses gestellt. Darin werden mehrere Zielsetzungen verfolgt.

Anhand eines Überblicks wird zuerst der aktuelle Forschungsstand zum Thema „Dyskalkulie" dargestellt. Dabei interessieren drei Themenkomplexe. Erstens werden theoretische und empirische Grundlagen zu Vorkommen, Definitionen, Sichtweisen und Ursachen von Rechenschwäche beschrieben und diskutiert. Zweitens wird die Thematik „Rechenschwäche" in einen erweiterten Horizont von Erkenntnissen zu mathematischem Lernen gestellt, und es werden Themen wie Geschlechterdifferenzen und mathematisches Lernen, mathematisches Selbstkonzept, Kenntnis der „Schulsprache" Deutsch usw. in Zusammenhang mit Mathematikleistungen diskutiert. Drittens interessiert der Erwerb des mathematischen Lernstoffes der ersten vier Schuljahre, da angenommen wird, dass rechenschwache Schülerinnen und Schüler dabei gescheitert sind. Zu diesem Zweck wird eine Analyse dieser Lerninhalte auf verschiedenen Ebenen vorgenommen. Zum einen werden jeweils mathematische, fachdidaktische und entwicklungspsychologische Aspekte der einzelnen Themenbereiche dargestellt. Zum anderen liegt ein besonderes Augenmerk auf der Beschreibung von „Stolpersteinen", die in der Sache selber liegen, sowie auf empirischen Studien zu häufig auftretenden Schwierigkeiten. All diese theoretischen Grundlagen werden zusammengeführt zu einem umfassenden Verständnis von mathematischen Lernschwierigkeiten.

In einem weiteren Teil wird eine empirische Untersuchung dargestellt. Diese enthält mehrere Teile bzw. Zielsetzungen:

a) Es interessieren die mathematischen Kompetenzen von rechenschwachen Schülerinnen und Schülern im 5. und 8. Schuljahr. Es wird überprüft, ob sich bei diesen Kindern und Jugendlichen auf den Lernstoff Mathematik bezogene „typische Hürden" empirisch nachweisen lassen, welche die Betroffenen im Verlaufe der Schulzeit nicht überwunden haben und aus denen eine andauernde Beeinträchtigung des mathematischen Lernprozesses resultiert.

b) In der untersuchten Stichprobe wird analysiert, ob und welche Beziehungen sich zwischen der Mathematikleistung und Faktoren wie Geschlecht, Herkunft, Schulsprache Deutsch usw. nachweisen lassen.

c) Schließlich wird die Einstellung der betroffenen Schülerinnen und Schülern zum Fach Mathematik bzw. die Beliebtheit des Faches untersucht. Es wird der Frage nachgegangen, wie die Kinder und Jugendlichen das Fach Mathematik und die damit verbundenen Schwierigkeiten erleben und welche Erfahrungen sie im Verlauf ihrer Lernbiographe beim Mathematiklernen gemacht haben.

2 Schwierigkeiten beim Mathematiklernen

2.1 Mathematische Lern- und Lehrstörungen

2.1.1 Zum Begriff „mathematische Lernstörung"

Schwierigkeiten beim Mathematiklernen haben viele Namen: Je nach Quelle und Verständnis ist von Dyskalkulie, mathematischer Lernstörung, Rechenstörung, mathematischer Lernschwäche, mathematischer Schulleistungsschwäche, Rechenschwäche usw. die Rede. In der englischsprachigen Literatur sind die Begriffe „mathematical disabilities", „learning disabilities in mathematics" oder „arithmetic learning disabilities" geläufig. Bevor eine definitive Begriffsklärung vorgenommen ist, werden die erwähnten deutschen Bezeichnungen vereinfachend synonym verwendet.

So vielfältig wie die Begriffe, welche Schwierigkeiten beim Mathematiklernen bezeichnen, sind auch die Definitionen und Definitionsversuche (Mazzocco 2005). Bühler-Niederberger (1991) zeigt unter dem Titel „Legasthenie – Geschichte und Folgen einer Pathologisierung" in eindrücklicher Art und Weise auf, wie auf der Grundlage der Legastheniedefinition der 50er Jahre eine neue Sichtweise von Schulschwierigkeiten auftauchte, in deren Folge auch der Begriff der Dyskalkulie geprägt wurde. Die Autorin illustriert anhand von Interviews mit Schulpsychologen, welche Dynamik dadurch entstand:

„Zuerst kam die Legasthenie (...) mit Dyskalkulie haben wir dann auch schon relativ früh angefangen. Ich schrieb auf die Behandlungsanträge an die Behörden «Dyskalkulie, analog der Legasthenie» (...) Als ich dann zwei Jahre auf diesem Dienst war, war die Psychomotorik neu. Der damalige Schulpräsident sagte mir, nachdem ich ihm den Hinweis darauf machte: 'Mach doch nächste Woche mal einen Vortrag dazu' – und die Psychomotorik war eingeführt. ... . Für einen Vortrag habe ich das so aufgearbeitet: Logopädie und Psychomotorik rechne ich zu den sogenannten Basistherapien. Darauf baut die Rechentherapie und die Legastheniertherapie auf. Wenn die Basis nicht auf den Stand kommt, könne es Legasthenie oder Dyskalkulie geben" (Interviewzitat aus Bühler-Niederberger 1991, 80; Zeichensetzung im Original).

Bühler-Niederberger führt an, dass sich mit der einmal eingeführten Kategorie der Legasthenie in der Folge jede andere Devianzkategorie begründen ließ. Das Entstehen des „Etiketts" Legasthenie im Zusammenhang mit Lese- und Rechtschreibschwierigkeiten führte zu demjenigen der Dyskalkulie, darauf folgte jenes der psychomotorischen Störungen usw. Dieser Argumentationsstrang wird von Meyer (1993, 19) aufgenommen. Er geht davon aus, „ ... dass die Lernstörungen Legasthenie und Dyskalkulie Alltagsmythen des Bildungswesens geworden sind". Der Autor versucht, die Fragen und Schwierigkeiten und zum Teil Beliebigkeiten im Umgang mit dem Begriff Dyskalkulie aufzuzeigen, indem er einen Dialog zwischen Sokrates und Menon auf das Problem der Rechenschwäche bezieht und entsprechend umschreibt. Meyer lässt Menon pointiert folgende Ausgangsfrage stellen:

> „Kannst du mir sagen, Sokrates, ob die *Rechenschwäche geheilt* werden kann? Oder ob sie nicht *geheilt*, sondern **durch Übung** *eliminiert* werden kann? Oder ob sie **weder durch Übung** *noch durch Heilung eliminiert wird*, sondern von Natur den Menschen einwohnt ( ) *und wieder verschwindet*?" (Meyer 1993, 21; Hervorhebungen im Original).

An anderer Stelle – beispielsweise in der Definition der WHO – werden mathematische Lernstörungen viel eindeutiger umschrieben. In den Klassifikationskriterien der WHO (ICD 10, Kapitel F81.2) gehören Rechenstörungen zu den Entwicklungsstörungen und werden folgendermaßen definiert:

> „Diese Störung besteht in einer umschriebenen Beeinträchtigung von Rechenfertigkeiten, die nicht allein durch eine allgemeine Intelligenzminderung oder eine unangemessene Beschulung erklärbar ist. Das Defizit betrifft vor allem die Beherrschung grundlegender Rechenfertigkeiten wie Addition, Subtraktion, Multiplikation und Division, weniger die höheren mathematischen Fertigkeiten, die für Algebra, Trigonometrie, Geometrie oder Differential- und Integralrechnung benötigt werden" (Weltgesundheitsorganisation 2005, 277).

In den diagnostischen Richtlinien wird weiter festgehalten, dass die Rechenleistung des Kindes eindeutig unterhalb des Niveaus liegen muss, welches aufgrund des Alters, der allgemeinen Intelligenz und der Schulklasse zu erwarten ist, und dass die Lese- und Rechtschreibfähigkeiten im Normalbereich liegen müssen. Zudem muss eine erworbene Rechenstörung (Akalkulie) im Sinne einer Verursachung durch Defizite im Sehen, Hören, durch neurologische Störungen, psychiatrische Erkrankungen usw. ausgeschlossen werden können. Es wird eingeräumt, dass Rechenstörungen noch wenig untersucht sind und es deshalb schwierig ist, Aussagen über Vorläufer, Verlauf und Prognose zu machen. „Dennoch scheinen bei Kindern mit diesen Störungen die akustische Wahrnehmung und die verbalen Fähigkeiten eher im Normbereich zu liegen, während visuell-räumliche Fähigkeiten der optischen Wahrnehmung eher beeinträchtigt sind, als bei vielen Kindern mit Lesestörungen" (Weltgesundheitsorganisation 2005, 278).

In der neusten Ausgabe der ICD-10 werden zudem kombinierte Störungen schulischer Fertigkeiten erwähnt. Diese werden als eine schlecht definierte Restkategorie von Störungen mit deutlicher Beeinträchtigung der Rechen-, der Lese- und der Rechtschreibfähigkeiten definiert, welche nicht allein durch eine allgemeine Intelligenzminderung oder eine unangemessene Beschulung erklärbar sind.

Die Definition der WHO sieht somit Rechenstörungen als Teilleistungsstörungen bei durchschnittlicher Intelligenz und erhält damit den Charakter einer so genannten Diskrepanzdefinition: Die Rechenleistung steht in Diskrepanz zur Intelligenz und zu den übrigen Schulleistungen. Jacobs und Petermann (2005, 72) schlagen als cut-off-Wert eine Diskrepanz von 1.5 Standardabweichungen zwischen IQ und Mathematikleistung vor. Schülerinnen und Schüler mit einem solchen Leistungsprofil werden als Kinder mit mathematischen Lernstörungen bezeichnet. Sie besuchen normalerweise die Regelschule und erhalten manchmal eine besondere Dyskalkulietherapie. Kinder, bei welchen die Diskrepanz zwischen IQ und Mathematikleistung weniger als 1.5 Standardabweichungen beträgt, werden von Jacobs und Petermann als „eher rechenschwach" bezeichnet (ebd.). Kinder mit generell unterdurchschnittlichen Schulleistungen und unterdurchschnittlicher Intelligenz (in der Schweiz in der Regel IQ < 90 im Sinn eines generellen underachievements) gelten als lernbehindert und erhalten besonderen Unterricht (integrativ oder in einer Sonderklasse). Wenn bei diesen Kindern besondere Schwierigkeiten beim Mathematiklernen auftreten, werden diese als Ausdruck der allgemeinen Lernbehinderung und nicht als spezifische Rechenschwäche betrachtet, die Förderung findet im (sonderpädagogischen) Mathematikunterricht statt.

Trotz der häufigen Verwendung der WHO-Definition in Diagnostik und Forschung wird diese in der Fachliteratur von verschiedensten Seiten und bezüglich mehrerer Aspekte in Frage gestellt. Eine erste kritische Anmerkung betrifft das Diagnosekriterium der Intelligenz, wie es in der WHO-Definition verwendet wird.

Kritik am Intelligenzkriterium

Die Verwendung des „durchschnittlichen IQ" als Diagnosekriterium bei Lernschwierigkeiten ist umstritten (vgl. z.B. Schrader 1997, 672). Dabei geht es nicht um eine generelle Infragestellung eines Zusammenhangs zwischen Intelligenz und Rechenleistung. Es ist nach wie vor unbestritten, dass die Intelligenz einen Vorhersagewert für die (mathematische) Leistung hat (z.B. Weißhaupt u.a. 2006; Jordan/Hanich/Kaplan. 2003, 847; Helmke/Weinert 1997, 106). Kritisch diskutiert wird vielmehr, ob sich Lernschwierigkeiten bei Schülerinnen und Schülern mit hohem und tiefem IQ tatsächlich auch unterschiedlich äußern, oder ob nicht unabhängig vom IQ sehr ähnliche Schwierigkeiten beim Mathematikerwerb (bzw. beim Erwerb der Kulturtechniken generell) angenommen werden müssen (vgl. Moser Opitz 2004). Kritik wird auf verschiedenen Ebenen und bezüglich verschiedener Aspekte geäußert. Sternberg (1999, 279) führt an, dass die verwendeten Tests nur *einen* Aspekt von Intelligenz messen würden und somit höchstens den Unterschied zwischen diesem Aspekt und dem Lesen oder Rechnen feststellen könnten. Zudem müsse beachtet werden, dass der gleiche Diskrepanzwert zwischen Intelligenzquotient und Schulleistung bei zwei verschiedenen Kindern eine jeweils ganz andere Bedeutung haben könne. Ein Unterschied von 10 Punkten zwischen Intelligenz- und Leseleistung kann beispielsweise bei durchschnittlicher Intelligenz zu ganz anderen Folgen führen als bei unterdurchschnittlicher Intelligenz. Diese Überlegung wird von Lorenz und Radatz (1993, 16) aufgenommen. Die Autoren fragen pointiert nach dem gültigen Unterschiedsmaß:

> „Wie weit müssen die Leistungen zwischen den beiden Bereichen auseinanderklaffen, damit ein Schüler als rechenschwach klassifiziert werden darf/soll? Reicht eine Note, müssen es drei sein? Oder sollten es im Jahresdurchschnitt 17,58 Punkte pro jeweiligen Test sein?" (Lorenz/Radatz 1993, 16).

Zusätzlich stellt sich das Problem, dass ein im unteren Normbereich angesiedelter IQ mit einer sehr tiefen Rechenleistung einhergehen muss, damit eine Rechenstörung nach den vorgegebenen Kriterien diagnostiziert werden kann (Petermann/Lemcke 2005, 986; Francis u.a. 2005). Das heißt also, dass Schülerinnen und Schüler mit einem IQ im unteren Normalbereich Gefahr laufen, nicht als rechenschwach erkannt zu werden und somit auch keine Hilfe zu erhalten. Längsschnittstudien weisen zudem darauf hin, dass die Diskrepanz von IQ und Rechenleistungen sehr instabil ist und sich von einem Messzeitpunkt zum anderen oft stark verändert (Francis u.a. 2005).

Weiter wird die Validität von Intelligenztests in Zusammenhang mit der Diagnose von (mathematischen oder anderen) Lernschwierigkeiten in Frage gestellt. Grissemann und Weber (1982, 14) führen z.B. an, dass die gängige Intelligenzdiagnostik stark durch sprachliche Entwicklung, durch sprachgebundene Denkleistungen und durch Schichtzugehörigkeit geprägt sei und deshalb nur beschränkt gültige Aussagen bezüglich (mathematischen) Lernstörungen möglich seien.

Andere Autoren weisen auf die gegenseitige Beeinflussung von Intelligenz- und anderen Faktoren hin, welche es ihrer Meinung nach erschweren, über Intelligenztests zu hilfreichen und weiterführenden Aussagen über Lernstörungen zu kommen.

> „The notion that a child's cognitive capabilities, such as memory, attention, and learning result directly from her intellectual quotient is contrasted to the greater possibility that a child's IQ score results directly from the interaction of these cognitive capacities. One would logically conclude, then, that the learning disabled child's performance on an IQ measure would be negatively impacted by his or her difficulty" (Hynd/Clinton/Hiemenz 1999, 71).

Indem sie allgemein von „learning disabilities" sprechen, referieren Wagner und Garon (1999, 87) Untersuchungen zur Leistungsstreuung in den Subtests von Intelligenztests. Die Profile von Kindern mit Lernschwierigkeiten (im sprachlichen oder im mathematischen Bereich) weisen in der Regel eine erhebliche Streuung auf: Die Kinder zeigen in einigen Subtests überdurchschnittliche, in anderen unterdurchschnittliche Leistungen. Werden nun die Testergebnisse von Kindern ohne Lernschwierigkeiten betrachtet, lässt sich in den verschiedenen Subtests ebenfalls eine erstaunlich große Streuung feststellen. „Rather than being a behavioral marker for learning disabilities, scatter is a characteristic of children in general", folgern die Autoren (ebd., 88), und stellen damit die Diskrepanzdefinition einmal mehr in Frage.

Die Nützlichkeit des IQ-Kriteriums wurde von Jiménez Gonzáles und García Espinel (1999, 291ff.) ausführlich untersucht. Die Studie verglich jeweils zwei Gruppen von Kindern mit mathematischen Lernschwierigkeiten mit einer Kontrollgruppe bezüglich verschiedener mathematischer Aufgaben, Aspekten des IQ und des Gedächtnisses. Die eine Gruppe („große Lernschwierigkeiten") wies sehr tiefe Mathematikleistungen mit einer großen Diskrepanz zum IQ auf; die zweite Gruppe („lernschwach") zeigte ebenfalls schwache Mathematikleistungen, jedoch nicht in dem Maß wie die erste Gruppe. Aufgrund der Ergebnisse der Studie konnte kein einheitliches Leistungsprofil der einzelnen Gruppen festgestellt werden. Die folgenden Beispiele sollen dies illustrieren: So wurde beispielsweise zwischen den Gruppen „große mathematische Lernschwierigkeiten" und „lernschwach" kein Unterschied im VerbalIQ, wohl aber im HandlungsIQ und im GesamtIQ festgestellt. Die Kontrollgruppe und die sehr schwachen Kinder („große Lernschwierigkeiten") unterschieden sich bezüglich Verbal- und GesamtIQ, aber nicht bezüglich HandlungsIQ (ebd., 295). Die Leistungen der Kinder „große Lernschwierigkeiten" waren in einigen mathematischen Testbereichen mit denjenigen der Kinder ohne Lernschwierigkeiten vergleichbar, in anderen Bereichen mit denjenigen der Gruppe „lernschwach". In einer zweiten Studie untersuchten Jiménez Gonzáles und García Espinel (2002) nach ähnlichen Kriterien gebildete Gruppen bezüglich des Lösens von Textaufgaben. Auch hier konnten keine Unterschiede zwischen der Gruppe „lernschwach" und der Gruppe „große Lernschwierigkeiten" festgestellt werden. Diese Resultate führen die Forschenden zu folgendem Schluss:

> „Therefore, if we take into account our results, we suggest that the distinction made between high IQ and low IQ individuals with LD in mathematics is inappropriate" (Jiménez Gonzáles/García Espinel 1999, 298).

Ein Forschungsüberblick von Fletcher u.a. (2002, 190ff.) sowie Ergebnisse von Shalev u.a. (2001, 62) zur Mathematik und von Metz u.a. (2003) zum Bereich „Lesen/Rechtschreibung und IQ" bestätigen diese Folgerung.

Eine ganze Reihe von neueren Studien (Fuchs u.a. 2003c; Speece u.a. 2003; Vaughn/Fuchs 2003; Vaughn u.a. 2003; Fuchs/Fuchs/Speece 2002) befasst sich innerhalb des so genannten „Responsiveness-to-Intervention" Modells[1] (RTI) mit dem IQ-Kriterium. Diese Theorie geht davon aus, dass der Intelligenzquotient aufgrund der schon dargelegten Argumente kein brauchbares Kriterium für das Feststellen von Lernstörungen ist. Als Alternativkriterium wird die Überprüfung der „Lernfähigkeit" eines Kindes vorgeschlagen.

> „Response-to-instruction models make no assumptions about the underlying cause of the learning difficulty. Instead, such models recognize that the difficulty may lie within the child, within the instruction or within both. Only by systematically strengthening the quality of instruction and measuring a child's response to that instruction can inferences be made about the possibility that child deficits (i.E., disability) contribute to learning disabilities" (Speece u.a. 2003, 147).

Es wird somit angenommen, dass erst dann von einer Lernstörung gesprochen werden kann, wenn eine Schülerin oder ein Schüler trotz gutem Unterricht kaum Lernfortschritte erzielt. Die Unterrichtsqualität wird dabei über den Vergleich mit den Leistungsfortschritten der Kameradinnen und Kameraden definiert. Es wird überprüft, ob der Leistungsfortschritt eines einzelnen Kindes mit demjenigen der Klasse übereinstimmt. Bei Kindern, bei welchen dies nicht zutrifft, wird angenommen, dass sie zusätzlich zum regulären Unterricht sonderpädagogische Fördermaßnahmen benötigen. Das beschriebene Vorgehen umfasst somit das Feststellen einer „doppelten Diskrepanz": Schülerinnen und Schüler gelten dann als besonders förderbedürftig, wenn sich a) ihre Leistungen und b) ihre Fortschritte signifikant von denjenigen ihrer Kameradinnen und Kameraden unterscheiden. Vaughn u.a. (2003, 393) sprechen von einem Paradigmenwechsel bezüglich der Diagnostik von Lernstörungen, welchen sowohl Schulpsychologinnen und -psychologen als auch Sonderpädagoginnen und -pädagogen vollziehen müssten. Es gelte festzustellen, ob Förderung, wie sie im Rahmen der Regelschule möglich sei, für ein Risikokind produktiv genützt werden könne, oder ob zusätzliche sonderpädagogische Maßnahmen ergriffen werden müssten. Grundsätzlich verspricht diese Sichtweise der „doppelten Diskrepanz" neue Möglichkeiten für die Diagnostik (und Förderung). Bezüglich der konkreten Durchführung gibt es allerdings noch eine ganze Reihe von offenen Fragen, welche nicht von heute auf morgen geklärt werden können.

---

[1] Auch „responsiveness-to-instruction" oder „response-to-instruction" genannt.

Auch wenn das Kriterium „Intelligenz" zur Unterscheidung von Kindern mit generellen Lernschwächen und spezifischen mathematischen Lernstörungen in Frage gestellt wird, muss doch berücksichtigt werden, dass es Hinweise darauf gibt, dass diese Kinder unterschiedliche mathematische Leistungsprofile aufweisen können. Parmar, Cawley und Miller (1994) sind der Frage nachgegangen, ob bei Kindern mit gravierenden Lernschwierigkeiten und tiefem Intelligenzniveau und Kindern mit eher leichten mathematischen Lernschwierigkeiten in den Bereichen Umgang mit Mengen, mathematisches Vokabular und Problemlösen Unterschiede im mathematischen Leistungsprofil zu finden sind. Die Gruppe mit dem tieferen IQ schnitt in allen drei Bereichen signifikant schlechter ab, zeigte also einen eindeutig tieferen mathematischen Entwicklungsstand als die Vergleichsgruppe. In beiden Gruppen konnten jedoch auf einer qualitativen Ebene übereinstimmende Entwicklungslinien verfolgt werden. So wurden Aufgaben zu basalen Fähigkeiten, wie sie normalerweise in den ersten zwei Schuljahren erarbeitet werden, von beiden Gruppen schlecht gelöst. In beiden Gruppen wurden somit dieselben Schwierigkeiten festgestellt, d.h. dieselben Aufgaben bereiteten (keine) Probleme – wenn auch in einem unterschiedlichen Ausmaß.

Trotz der dargestellten Kritik am Intelligenzkriterium wäre es somit zu kurzsichtig, mathematische Lernstörungen unabhängig von kognitiven Fähigkeiten und damit in weitestem Sinn unabhängig von Intelligenz betrachten zu wollen. Es gilt genauer zu analysieren, welche kognitiven Fähigkeiten sich auf welche Weise auf mathematisches Lernen auswirken. Caroll (1996, 3ff.) ist aufgrund von Faktorenanalysen der Frage nachgegangen, welche Aspekte von Intelligenz bzw. welche kognitiven Komponenten mit mathematischen Fähigkeiten in Beziehung stehen. Er kommt zum Schluss, dass die Faktoren, welche unter der so genannt „flüssigen Intelligenz" zusammengefasst sind, zugleich auch die wichtigsten Faktoren von mathematischem Denken charakterisieren. „Flüssige Intelligenz" wird in Anschluss an Cattell wie folgt definiert:

> „It represents a general ability to perform thinking tasks that involve induction (finding rules or generalizations that account for or govern given stimulus configurations), deductive sequential reasoning (logical reasoning carried out correctly over one and more steps), and quantitative reasoning (any reasoning that involves quantitative concepts)" (Carroll 1996, 12; Klammern im Original).

Die genannten Prozesse sind beim mathematischen Denken beispielsweise erforderlich, wenn (mathematische) Probleme in Teilschritte zerlegt, in sinnvollen Schritten bearbeitet, verallgemeinert und damit abstrahiert werden. Flüssige Intelligenz wird als bedeutsame kognitive Voraussetzung für das Lösen von Textaufgaben betrachtet (allerdings auch in Zusammenhang mit Vorwissen). In einer Studie, in welcher der Zusammenhang zwischen kognitiven Eingangsvoraussetzungen und dem Lösen von Textaufgaben untersucht wurde, ergab die konfundierte Varianz aus Vorwissen und Intelligenz den höheren Effekt auf die Leistung als diejenige der flüssigen Intelligenz allein. Es wird deshalb angenommen, dass sich die flüssige Intelligenz in erster Linie indirekt, d.h. über größeres Vorwissen auf das Leistungsniveau auswirkt (Renkl/Stern 1994, 37; vgl. auch Krajeweski/Schneider 2006).

Carroll (1996, 15f.) hat weiter auch den Einfluss der so genannt „kristallisierten Intelligenz" auf mathematisches Lernen analysiert. Kristallisierte Intelligenz wird als „allgemeine sprachliche Fähigkeit" (geschriebene und gesprochene; produktive und rezeptive Sprache) definiert. Diese sprachlichen Kompetenzen sind wichtig, wenn es darum geht, Textaufgaben zu lesen oder Anweisungen der Lehrperson zu verstehen. Sie betreffen jedoch nicht das mathematische Lernen direkt und haben deshalb nicht dieselbe Bedeutung wie die Aspekte der flüssigen Intelligenz.

Zusammenfassend kann festgehalten werden, dass einerseits das Intelligenzkriterium, wie es in der WHO-Definition vorgeschlagen wird, als Diagnosekriterium in Frage zu stellen ist. Andererseits gibt es jedoch Hinweise darauf, dass sich das mathematische Leistungsprofil von Kindern mit generell sehr schwachen Leistungen und schwacher Intelligenz zumindest bezüglich gewisser Aspekte von demjenigen von Kindern mit „eher leichten" Schwierigkeiten unterscheidet. Weitere Forschungsergebnisse sollen die Thematik im Verlauf der Ausführungen beleuchten.

Diskrepanz zur Lese- und Rechtschreibleistung?

Auch wenn – wie dargestellt – in der ICD-10 eine „schlecht definierte Restkategorie von kombinierten Störungen schulischer Fertigkeiten" (Weltgesundheitsorganisation 2005, 278) in Betracht gezogen wird, gehört zur klassischen Dyskalkuliediagnose als Kriterium eine Diskrepanz zwischen Rechen- und Lese-/Rechtschreibleistung. Dieser Aspekt wird heute vielfach (und kritisch) diskutiert. Schwenk und Schneider (2003) weisen in einer Untersuchung im zweiten Schuljahr nach, dass Schülerinnen und Schüler mit kombinierten Problemen in Lesen/Schreiben *und* Mathematik keine „Restkategorie" darstellen, sondern eine beachtliche Gruppe von Kindern mit einem bestimmten Leistungsprofil ausmachen. Besonders auffällig waren die Schwierigkeiten von Kindern mit kombinierten Störungen in den Bereichen Gedächtnis, phonologische Bewusstheit und Aufmerksamkeit. Aepli-Jomini (1979, 196), welche grundsätzlich von einem sehr medizinisch ausgerichteten Dyskalkulieverständnis ausgeht, führt an, dass sie nur selten „normal intelligente, rechenschwache Schüler" angetroffen habe, welche gute oder sehr gute sprachliche Leistungen gezeigt hätten. Die Diskrepanz zwischen den Leistungen in Mathematik und Sprache sei meistens nicht so groß, wie man zunächst erwarten würde. Sie stellt damit das Vorkommen einer isolierten Rechenstörung in Frage.

Hanich u.a. (2001) fanden unterschiedliche mathematische Leistungen bei guten Leserinnen und Lesern mit Rechenschwäche und Schülerinnen und Schülern mit kombinierten Lernstörungen (Lese-/Rechtschreib- und mathematische Probleme). Die guten Leserinnen und Leser schnitten besser ab in den Aufgabenbereichen Zählen und Textaufgaben – nicht aber beim schnellen Abrufen von Zahlwissen und Größenvergleichen. In diesem Bereich zeigte sich bei *allen* Kindern mit Rechenschwäche eine tiefere Leistung als bei der Kontrollgruppe. Eine Längsschnittstudie von Jordan, Hanich und Kaplan (2003a) relativiert die Ergebnisse der eben referierten Studie. So zeigten sich in dieser neuen Untersuchung bei einer ersten Messung dieselben Leistungsunterschiede wie in der Studie von Hanich, diese Unterschiede verschwanden jedoch beim zweiten Messzeitpunkt, bei dem der IQ und das Geschlecht als Einflussvariablen einbezogen wurden. Die Autoren folgern, dass die Kenntnis von IQ und Geschlecht eines Kindes mehr über die Gruppenunterschiede aussage als die Leistung in bestimmten mathematischen Aufgabenbereichen. Allerdings zeigte sich auch hier, dass das Abrufen von Fakten ein Problem von *allen* Kindern mit mathematischen Lernschwierigkeiten ist (ebd., 846).

Van der Sluis u.a. (2004, 263) kommen aufgrund einer Studie mit lese/rechtschreib- und rechenschwachen Kindern zum Schluss, dass Kinder mit kombinierten Störungen dieselben Schwierigkeiten haben wie solche mit isolierten Störungen – sei es bezüglich Lesen/Schreiben oder Rechnen. Bei kombinierten Störungen würden sich die Probleme zum Teil deutlicher zeigen.

Eine weitere Studie zu dieser Thematik liegt von Landerl u.a. (2004) vor. Es wurde untersucht, ob und wie sich Kinder mit Rechenschwäche, Lese-/Rechtschreibschwäche oder einer kombinierten Störung bezüglich Aufgaben zum Zählen und zum Lesen/Vergleichen von Zahlen unterscheiden. Es konnten keine Unterschiede zwischen Kindern mit isolierten und Kindern mit kombinierten Rechenstörungen festgestellt werden. Hingegen lösten Kinder, welche nur Lese-/Rechtschreibstörungen hatten, die numerischen Aufgaben ebenso gut wie eine Kontrollgruppe, allerdings langsamer. Die Autorinnen folgern, dass es sich bei „Dyskalkulie" um ein Versagen beim Verstehen von numerischen Konzepten handle und dass dieses Versagen nicht im Zusammenhang mit anderen kognitiven Kompetenzen stehe (ebd., 122).

Ein anderer Aspekte, der untersucht wurde, ist der Einfluss der Leseleistung auf die mathematischen Kompetenzen und umgekehrt. In einer Längsschnittstudie mit Zweitklässlern wiesen Jordan, Kaplan und Hanich (2002) nach, dass die Lesekompetenz den mathematischen Leistungszuwachs beeinflusst, dass aber das Umgekehrte nicht zutrifft: Die mathematischen Leistungen hatten keinen Einfluss auf die Entwicklung der Lesekompetenz. Dieses Resultat konnte in einer Folgeuntersuchung bestätigt werden. Jordan und Hanich (2003) überprüften, ob die Lesekompetenz die mathematische Entwicklung von Kindern mit sehr tiefer Mathematikleistung beeinflusse. Sie konnten aufzeigen, dass Schülerinnen und Schüler mit guter Lesekompetenz (d.h. mit isolierten Rechenstörungen) im Verlauf von eineinhalb Jahren größere Fortschritte in Mathematik erzielten als solche mit kombinierten Störungen (LRS und Rechenschwäche). Die Autorinnen folgern (ebd., 220), dass die Lesekompetenz ein wichtiger Prädiktor für mathematische Fortschritte bzw. für die Stabilität von Schwierigkeiten sei.

Diskutiert wird auch immer wieder, inwiefern Schwächen in der phonologischen Bewusstheit und Schwierigkeiten beim Abrufen von Zahlenfakten zusammenhängen. Sowohl Jordan und Hanich (2003, 22) als auch Jordan u.a. (2003a, 846) kommen zum Schluss, dass kein solcher Zusammenhang angenommen werden kann.

Zusammenfassend kann festgestellt werden, dass einige Studien darauf hinweisen, dass es wenig Sinn macht, das Kriterium „durchschnittliche Lese- und Rechtschreibleistungen" als Diagnosekriterium für Rechenschwäche zu verwenden. In allen Untersuchungen hat sich gezeigt, dass die Kinder mit isolierten und kombinierten Störungen sehr ähnliche Schwierigkeiten aufweisen. Damit wird auch die eingangs zitierte Forderung von Schwenk und Schneider (2003) gestützt, dass der Gruppe von Schülerinnen und Schülern mit kombinierten LRS- und Rechenstörungen und deren Leistungsprofilen vermehrt Beachtung zu schenken sei.

Kritik am Diskrepanzbegriff und am Konzept der Teilleistungsstörung

Auch aus pädagogisch-psychologischer Sicht werden gegen die Diskrepanzdefinition von Dyskalkulie Einwände erhoben. Grissemann und Weber (1982, 14) erachten die klassische Diskrepanzdefinition vor allem dann als pädagogisch fragwürdig, wenn dadurch Kinder, welche Schwierigkeiten beim Mathematiklernen haben, nicht erfasst bzw. von Fördermaßnahmen ausgeschlossen werden. Sie schlagen deshalb vor, den Begriff Dyskalkulie weiter zu fassen und auch auf Rechenversagen im Rahmen einer allgemeinen Schulleistungsschwäche zu beziehen, damit die Einengung des Begriffs auf die Teilleistungsschwächen überwunden werden kann.

In verschiedenen Publikationen wird das der Diskrepanzdefinition zugrunde liegende „Defektverständnis" kritisiert. Die Ursache für die fehlende mathematische Kompetenz werde – einem medizinischen Paradigma folgend – als kognitiver Defekt des Individuums betrachtet, den es zu reparieren gelte (Ginsburg 1997, 28, vgl. auch Schulpsychologischer Dienst des Kantons Solothurn 1991, 34). Diese Sichtweise führe einseitig zu Aussagen darüber, was ein Kind nicht könne; es werde von statischen Fähigkeiten und Fertigkeiten ausgegangen und die „Therapie" an Spezialisten delegiert. Grissemann und Weber (1993, 34) verwenden sogar den Begriff der „defektologischen Einseitigkeit" der Diskrepanzdefinition, den es zu überwinden gelte. Zur besagten Defizitorientierung trägt auch das weit verbreitete Verständnis von mathematischen Lernstörungen als Teilleistungsstörungen bei. Bezeichnend für das Konzept der Teilleistungsstörungen ist nach Zwack-Stier und Börner

> „... dass sich komplexe Leistungen wie (Schrift)Sprache in elementare Teilfunktionen zerlegen lassen; dass Teilleistungsstörungen relativ verfestigte und konstante, personimmanente (angeborene oder erworbene) Defekte sind, die sich an der Oberfläche in unzureichenden, nicht der Norm entsprechenden Schulleistungen in den Grundlagenfächern manifestieren. Immer wieder wird nach dem organischen Substrat als letzte Ursache dieser Schulschwierigkeiten gesucht" (Zwack-Stier/Börner 1998, 223).

Die Autorinnen hinterfragen das hinter diesem Verständnis stehende Menschenbild, welches sie als einseitig medizinisch ausgerichtet verstehen. Sie stellen weiter fest, dass über das scheinbar unumstrittene Konstrukt „Teilleistungsstörungen" eine große begriffliche Uneinigkeit besteht. So kann der Begriff der Teilleistungsstörung einerseits einen bestimmten „Teil" von „gestörten" Kulturtechniken (Lesen, Schreiben, Rechnen) bezeichnen, andererseits kann er auch auf teilweise gestörte Grundfunktionen wie Wahrnehmung und Motorik und deren Integration bezogen werden.

Den genannten kritischen Argumenten wird ein weiteres angeführt: Der Diskrepanzdefinition fehlt eine entwicklungsorientierte Sichtweise, welche Hinweise auf Weiterentwicklung und Förderung gibt, und sie geht von einem eingeschränkten Lernbegriff aus (vgl. Zwack-Stier/Börner 1998, 225). Damit eine Definition im pädagogischen Alltag brauchbar ist, muss sie jedoch unabdingbar Förderhinweise und Entwicklungsorientierung enthalten.

Problemfeld Diagnose

Die Diskrepanzdefinition beinhaltet das Diagnostizieren von mathematischen „Minderleistungen". Hier stellt sich die grundsätzliche Frage, wie solche Lernschwierigkeiten diagnostiziert werden können. Landerl u.a. (2004, 200) merken an, dass die vorliegenden standardisierten Tests von jeweils unterschiedlichen Konzepten mathematischer Kompetenz ausgehen. Damit werde die „Dyskalkulie-Definition" bereits durch die Auswahl der Testaufgaben festgelegt. Diese Problematik lässt sich an einigen Beispielen aufzeigen. Der standardisierte Test DEMAT 3+ (Roick u.a. 2004) soll die Bildungsstandards im Fach Mathematik am Ende der dritten Klasse feststellen, indem er die „Leistungsqualität mathematischer Fertigkeiten" erfasst und jene Kompetenzen misst, die am Ende der dritten Klasse gemäß den curricularen Vorgaben in Deutschland erreicht werden sollen. Werden die Testaufgaben genauer betrachtet, zeigt sich folgendes Bild: Es werden je vier Aufgaben zur schriftlichen Addition und Subtraktion, vier zur (halb-)schriftlichen Multiplikation, drei zum Zahlenstrahl und zwei zu den Größen gestellt. Auch im DEMAT 4 (Gölitz u.a. 2005) werden vor allem schriftliche Verfahren überprüft. Zieht man in Betracht, dass die Relevanz der schriftlichen Verfahren und das Anwenden von Rechenverfahren heute sehr kritisch diskutiert werden (vgl. 4.4.1), sind solche Aufgaben stark übervertreten. Zudem kommt die für das dritte und vierte Schuljahr zentrale Thematik des Aufbaus des Zahlenverständnisses im Zahlenraum bis 1000 nur am Rande vor. Diese Tests basieren somit auf einem sehr spezifischen und auch eingeschränkten Verständnis von mathematischer Kompetenz. Noch pointierter zeigt sich das Problem beim Heidelberger Rechentest (Haffner u.a. 2005), bei dem die Schülerinnen und Schüler insgesamt 240(!) Kopfrechenaufgaben lösen müssen. Rechenschwäche wird somit als unterdurchschnittliche Kopfrechenkompetenz definiert.

Diese wenigen Beispiele zeigen, dass bezüglich der Diagnose von Rechenschwäche bzw. der Erarbeitung von geeigneten Instrumenten großer Handlungsbedarf besteht.

2.1.2 Zur (sonder-)pädagogischen Sichtweise von mathematischen Lernstörungen

Ausrichtung am Konzept der Teilleistungsstörungen

Wird die in der sonderpädagogischen Praxis verbreitete Literatur zur Thematik der mathematischen Lernstörungen betrachtet, fällt auf, dass sich viele Publikationen am Konzept der Teilleistungsstörungen ausrichten. In einem in der

Schweiz weit verbreiteten Werk von Schilling und Prochinig (2000), welches mittlerweile die neunte Auflage erreicht hat, werden zu Beginn einige Diskrepanzdefinitionen zitiert. Anschließend folgt ein Kapitel über Ursachen, in welchem zwischen „primärer oder neurogener Dyskalkulie" und „sekundärer oder psychogener Dyskalkulie" unterschieden wird (ebd., 11ff.). Als Fördermaßnahmen werden anschließend Spiele und Materialien zur Sinneswahrnehmung (hören, riechen, schmecken), zu Aspekten wie „viel-wenig", sortieren, Symmetriespiel usw. vorgeschlagen. Erklärungen, wie diese Tätigkeiten mit mathematischem Lernen in Beziehung stehen, fehlen (vgl. auch Metzler 2001).

Milz (2004) geht ebenfalls von Rechenschwäche als Teilleistungsstörung aus und bezieht sich auf das Konzept der visuell-räumlichen Wahrnehmung von Frostig. Die Autorin beschreibt ausführlich, wie sich verschiedene Wahrnehmungsprobleme (Visuo-Motorik, Figur-Grund-Wahrnehmung, Raumlage usw.) negativ auf mathematisches Lernen auswirken können. Die Ursache für die Rechenschwierigkeiten wird in fehlenden basalen Voraussetzungen gesehen, und es wird angenommen, dass eine Verbesserung der basalen Fähigkeiten letztlich zu einem besseren mathematischen Verständnis führt.

Eine etwas differenziertere Sichtweise des Problems vertritt Barth (2003). Er nimmt Kritikpunkte an der Diskrepanzdefinition auf und weist darauf hin, dass Mathematiklernen als interaktiver Prozess zwischen Kind, Lehrperson und Lerninhalt aufzufassen sei, und dass sich Rechenschwierigkeiten weder durch die Eigenheiten des zu lernenden Stoffes noch durch Persönlichkeitsmerkmale des Kindes ausschließlich beschreiben ließen (ebd., 136). In seinen Ausführungen über grundlegende Bausteine des mathematischen Denkens und bei Vorschlägen zur Diagnostik und Fördermaßnahmen orientiert er sich jedoch fast ausschließlich an Grundfunktionen wie Wahrnehmung, Motorik, Gedächtnis usw. Die Aspekte der „Eigenheiten des zu lernenden Stoffes", welche er grundsätzlich als zentral erwähnt, werden nur am Rande thematisiert.

Kennzeichnend für die erwähnten (und andere) Publikationen ist somit, dass sie sich am Konzept der Teilleistungsstörungen ausrichten und sich in erster Linie mit Grundfunktionen wie Wahrnehmung, Motorik und deren Einfluss auf den mathematischen Lernprozess befassen – in der Regel jedoch auf einer äußerst dürftigen theoretischen und empirischen Grundlage beruhen. Nähere Aussagen über das konkrete mathematische Lernen (z.B. Aufbau von mathematischen Operationen) fehlen. So beschränken sich die Fördermaßnahmen auf Hinweise zur Förderung von Wahrnehmung, Motorik, Raumlage usw. (Neuere) Sonderpädagogische Ansätze, welche sich mit einem umfassenderen Verständnis von Rechenschwäche befassen, werden in einem der nächsten Abschnitte dargestellt.

Ausrichtung am Zahlbegriffsverständnis nach Piaget

Mathematische Aspekte werden in der erwähnten Fachliteratur, welche im sonderpädagogischen Bereich verbreitet ist, nicht gänzlich ausgeklammert. Aufgenommen wird in der Regel die Frage nach der Entwicklung des Zahlbegriffs, und es wird darauf hingewiesen, dass ein ungenügend entwickeltes Zahlbegriffsverständnis Rechenstörungen verursachen kann. Solche Aussagen folgen in der Regel dem Zahlbegriffsverständnis nach Piaget (z.B. Barth 2003; Eggert 1997; Lobeck 1992, 163ff.; Schilling/Prochinig 2000; Zwack-Stier/Börner 1998) und gehen davon aus, dass das Verständnis von logischen Operationen wie Klassifikation, Klasseninklusion, Zahlerhaltung usw. Voraussetzung für das Mathematiklernen ist. Entsprechend diesem Verständnis wird vorgeschlagen, solche Übungen in der Dyskalkulietherapie einzusetzen. Meistens werden dazu Aufgabenstellungen gewählt, wie sie Piaget innerhalb seiner revidierten klinischen Methode entwickelt hat. Verschiedene Literaturanalysen und Forschungsergebnisse (z.B. Moser Opitz 2002 und 1999; Wember 2003, 1998 und 1989; Brainerd 1979 und 1978) zeigen jedoch auf, dass dieses Zahlbegriffsverständnis in Frage zu stellen ist. Mathematisches Denken entwickelt sich den neueren Befunden zufolge nicht in erster Linie durch die Auseinandersetzung mit Übungen zum operationalen Denken, sondern durch die aktive Auseinandersetzung des Individuums mit dem mathematischen Gegenstand selber bzw. über numerische Vorkenntnisse (Krajewski/Schneider 2006; Krajewski 2002; vgl. Moser Opitz 2002, 119ff.). Diese Ergebnisse von Literaturrecherchen und Forschungsprojekten werden in der sonderpädagogischen Fachliteratur häufig noch wenig beachtet und in der Folge für die Praxis kaum nutzbar gemacht (z.B. Schulz 2003, 360f.).

Pädagogisch-psychologische Sichtweisen

In verschiedenen Publikationen, welche die Diskrepanzdefinition kritisieren, wird versucht, Defizitorientierung zu vermeiden, vom Teilleistungsstörungskonzept wegzukommen und mathematische Lernschwierigkeiten umfassender zu betrachten. So wird häufig die Multikausalität von (mathematischen) Lernstörungen betont. Grissemann (1996, 16) spricht beispielsweise von individuell verschiedenartigen Störungen im Aufbau mathematischer Operationen, welche „ ... in verschiedensten Konstellationen in den «hunderten» von Varianten von Rechenschwäche vorkommen können" (Zeichensetzung im Original). Lorenz und Radatz (1993, 17) erachten Beschreibungsversuche als hilfreich, welche auf einer „ ... mittleren Ebene zwischen der curricularen und der neuropsychologischen ..." angesiedelt sind. Sie versuchen, kognitive Fähigkeiten zu benennen, die zum Lernen mathematischer Inhalte und zum Bearbeiten arithmetischer Aufgaben notwendig sind. Sie nennen Faktoren wie Probleme in den Bereichen Wahrnehmung, abstraktes/symbolisches Denken, Gedächtnis und Leseleistung und beschreiben, wie sich diese auf mathematisches Lernen auswirken können. Es wird Gewicht auf die Analyse von Schülerfehlern gelegt, und Fördermöglichkeiten werden aufgezeigt. Damit gehören die beiden Autoren zu den Fachpersonen, welche sich nicht einseitig mit fehlenden Grundfunktionen auseinandersetzen, sondern mathematische Inhalte und mathematisches Lernen thematisieren.

> „Die aktuellen Forschungsansätze sehen in rechenschwachen Schülern keine Gruppe, die sich in ihrem Lernverhalten qualitativ von ihren Klassenkameraden unterscheidet. Allerdings ist an ihnen in pointierterer Weise zu beobachten, welche kognitiven Fähigkeiten der Mathematikunterricht fordert bzw. welche Defizite zu Störungen im mathematischen Begriffserwerb führen und welche methodisch-didaktischen Fallstricke möglich sind, auch wenn ihnen die meisten Schüler nicht zum Opfer fallen" (Lorenz/Radatz 1993, 29).

Ein weiterer Aspekt auf der psychologischen Ebene wird von Kretschmann (2003) angeführt. Er vertritt eine entwicklungsökologische und systemische Sichtweise und weist auf die Bedeutung von Umfeldvariablen hin. Er zeigt Risiko- und Resilienzbedingungen für (mathematische) Lernprozesse auf und fordert vor allem präventive Maßnahmen (ebd., 107). Diese müssten einerseits einen kindgerechten und binnendifferenzierenden Unterricht umfassen, andererseits aber auch Entlastungs- und Unterstützungssysteme, welche außerhalb des eigentlichen Unterrichtsgeschehens Einfluss nehmen können.

Zusammenfassend kann festgehalten werden, dass die hier besprochenen Ansätze von einem Verständnis von mathematischen Lernstörungen ausgehen, welches sowohl individuums- als auch umweltbezogene und (teilweise) fachliche Aspekte berücksichtigt. Gerade Letzteren wird in neuerer Zeit eine entscheidende Bedeutung zugewiesen. Sie sollen im folgenden Kapitel ausführlicher dargestellt werden.

2.1.3 Mathematische Lehrstörungen

Zum Einfluss unterrichtlicher Aspekte

Es gibt eine ganze Reihe von Publikationen, welche sich kritisch mit dem beschriebenen und (verbreiteten) Verständnis von Rechenschwäche als Teilleistungsstörung auseinandersetzen. Diese Ansätze werden im Folgenden dargestellt und diskutiert.

Um eine Sichtweise von mathematischen Lernstörungen, welche von der Zuschreibung statischer Eigenschaften wegkommt und im Gegenzug Entwicklung und Veränderung nicht ausklammert, hat sich u.a. Ginsburg (1997) bemüht. Er betont vorerst ein Verständnis von mathematischem Lernen, welches davon ausgeht, dass Kinder Mathematik lernen, indem sie mathematischen Inhalten begegnen und sich aktiv mit diesen auseinandersetzen. Das zentrale Problem im Mathematikunterricht sieht er darin, dass Lernen häufig in einer ganz anderen Art und Weise geschieht: in der Form von Vermittlung, Auswendiglernen und Drill. In diesem Kontext kritisiert Ginsburg (1997, 27), dass der Aspekt der unangemessenen Beschulung aus der WHO-Definition ausgeschlossen ist. Er formuliert sehr pointiert, dass die wahrscheinlichste Erklärung für das Entstehen von mathematischen Lernschwierigkeiten im konventionellen Lehrbetrieb, den Schulbüchern, bei Lehrpersonen, der Schulatmosphäre und dem Lehrplan liege. Kognitive Probleme zeigten sich immer in einer bestimmten Situation, in einem Kontext, den es zu berücksichtigen gelte. Mit diesen Überlegungen wird ein neuer Aspekt in die Diskussion aufgenommen: Es muss gefragt werden, ob anstelle des Begriffs der mathematischen Lernstörung nicht derjenige der mathematischen Lehrstörung verwendet werden müsste.

Im deutschsprachigen Raum hat sich Werner (1999) mit dieser Thematik auseinandergesetzt. Sie fordert, dass im Umgang mit mathematischen Lernschwierigkeiten stärker die Momente der kognitiven Entwicklung des einzelnen Kindes im Interaktions- und Kommunikationsfeld *Mathematikunterricht* berücksichtigt werden müssten, und dass „Lernschwierigkeiten und somit auch Schwierigkeiten im Mathematikunterricht ... in erster Linie Kommunikationsdysfunktionen im Interaktionsfeld Schule" seien (ebd., 473). Dieses Kommunikationsfeld „Mathematikunterricht" beschreibt die Autorin in drei Bereichen: Die „Objekte Sachstruktur" umfasst die Sache der Mathematik mit Sachanalyse (z.B. Operationsverständnis, Zahlbegriff usw.), die Bedeutung der Mathematik und die Analyse jeder mathematischen Aufgabenstellung. In die „interaktive Vermittlungsstruktur" gehen Aspekte wie Unterrichtsklima, didaktische Aufbereitung, gewählte Veranschaulichungsmittel, Mathematiklehrgang usw. ein. Die „subjektive Aneignungsstruktur" betrifft Lernvoraussetzungen der Schülerinnen und Schüler (kognitiver Entwicklungsstand, individuelle Strategien, Selbstwertgefühl, soziales Umfeld usw.). Mathematische Lernstörungen entwickeln sich „ ... aus jahrelangen komplexen Wechselwirkungen zwischen all den Komponenten, aber ohne direkte Kausalität" (ebd., 473). Mit diesem Modell wird die schon genannte Forderung erfüllt, dass neben subjektiven Lernvoraussetzungen auch der Mathematikunterricht in die Überlegungen zur Thematik der mathematischen Lernstörungen einbezogen werden muss.

Ginsburg (1997) erwähnt, dass verschiedene mathematische Lernschwierigkeiten dadurch entstehen, dass sich unterschiedliche kognitive Prozesse und verschiedene Aspekte der Schulmathematik gegenseitig beeinflussen. Als schulbezogene Aspekte nennt er beispielsweise ein mangelhaftes Berücksichtigen der informellen Vorkenntnisse der Kinder und schlechte Schulbücher (vgl. auch Fuchs/Fuchs 2001, 85). Er weist weiter darauf hin, dass viele Lehrpersonen nicht gerne Mathematikunterricht erteilen und mathematisches Lernen einseitig als eine Aktivität des Auswendiglernens verstehen würden (ebd., 23). Gersten und Chard (1999, 25) betonen, dass dieses Auswendiglernen von nichtverstandenen Algorithmen gerade auch ein Kennzeichen des sonderpädagogischen Mathematikunterrichts sei. Dem wird von Peterson Miller und Mercer (1997, 51) angefügt, dass Mathematikunterricht häufig darin bestehe, ein Schulbuch durchzuarbeiten oder wohl besser „abzuarbeiten". Weil die Lehrpersonen unter Druck stünden, das Buch innerhalb einer bestimmten Zeit bearbeitet zu haben, würde zu wenig darauf geachtet, wichtige mathematische Fähigkeiten seriös aufzubauen.

> „Thus, teachers must decide whether to cover the full curriculum or spend sufficient instructional time on *part* of the curriculum, so that slower students learn at least some of what is expected. Many teachers make the choice to 'go on'. The decision to 'go on' when teaching mathematics to students with learning disabilities can produce devastating results: Because math is hierarchical (i.E. new skills built on previously learned skills), students who are moved through the curriculum without understanding the foundation skills will continue to experience failure" (Peterson Miller/Mercer 1997, 52; Hervorhebung und Zeichen im Original).

Dieser zweifellos richtigen und wichtigen Überlegung muss angefügt werden, dass es auch die gegenteilige Gefahr gibt: dass Kindern während Monaten und Jahren nur Auszüge aus mathematischen Gebieten vorgelegt werden, und dass sie nur mit klein- und kleinstschrittigen Problemen konfrontiert werden. Dies verhindert Einsicht und kann sich ebenso ungünstig auf mathematisches Lernen auswirken wie das bloße Abarbeiten von Schulbüchern. Auf diese Problematik wird im nächsten Abschnitt eingegangen.

Unterschiedliche Zugänge zum Mathematiklernen in Sonderpädagogik und Mathematikdidaktik

In den beiden Fachbereichen Sonderpädagogik und Fachdidaktik Mathematik sind grundsätzlich unterschiedliche Zugänge zu mathematischem Lehren bzw. Lernen festzustellen. In der Mathematikdidaktik wird häufig der Ansatz des aktiv-entdeckenden Lernens vertreten, welcher sich auf konstruktivistische Grundlagen beruft. Dabei wird davon ausgegangen, dass mathematisches Wissen nur in aktiver Auseinandersetzung mit dem Gegenstand selber erworben werden kann (vgl. Grobecker 1999; Goldman u.a. 1997; Lorenz 1997; Pedrotty Rivera 1997, 3ff.; Wember 1996; Wittmann/Müller 1994 und 1997; Wittmann 1995; Becker/Selter 1996; Scherer 1995). Das Verständnis von aktiv-entdeckendem

Lernen, wie es im deutschsprachigen Raum z.B. im Projekt Mathe 2000 (vgl. die Publikationen von Wittmann) umgesetzt wurde, betont, dass Verständnis und Einsicht wichtiger sind als das unverstandene Durchführen von auswendig gelernten Verfahren. Als Grundprozesse mathematischen Arbeitens werden folgende Aktivitäten genannt: Mathematisieren (reale Situationen in die Sprache der Mathematik übersetzen, mit Mitteln der Mathematik Lösungen bestimmen und das Ergebnis für reale Situationen interpretieren), Explorieren (Situationen probend erforschen, Beziehungen und Strukturen entdecken usw.), Argumentieren (mathematische Sachverhalte begründen) und Formulieren (Lernprozess und Lösungsweg beschreiben bzw. dokumentieren; Wittmann/Müller 2001; Wittmann 1995). Um dies zu realisieren, werden mathematisch reichhaltige Problemstellungen angeboten. Der Zahlenraum wird beispielsweise nicht ziffernweise erarbeitet, sondern in „Ganzheiten" von 20, 100, 1000, eine Million angeboten und in besagter Art und Weise in mehreren Phasen „durchgearbeitet". Damit rückt auch das Lernen auf eigenen Wegen ins Zentrum: Es wird nicht ein fixer Lösungsweg vorgegeben, sondern die Schülerinnen und Schüler können den für sie am besten nachvollziehbaren Weg unter Begleitung der Lehrperson, im Austausch mit Kameradinnen und Kameraden und unter Beizug von geeigneten Veranschaulichungen entwickeln und wenn nötig anpassen bzw. korrigieren.

Unterrichtsentwürfe im sonderpädagogischen Bereich gehen von einem anderen Ansatz aus. Es dominieren Vorgehensweisen, welche Schwierigkeiten zum Vornherein isolieren, in kleinen und kleinsten Schritten vorgehen und feste Lösungswege – vermittelt durch die Lehrperson – vorgeben (vgl. Gersten/Chard 1999, 25; Woodward/Baxter 1997, 385; Scherer 1995, 57ff.). Diese Vorgehen haben ihre Grundlegung in didaktischen Konzepten der Lernbehindertenpädagogik, wie sie während Jahrzehnten vertreten wurden und in der Praxis immer noch umgesetzt werden. Angesprochen sind damit beispielsweise die „Pädagogik der Vorsorge" von Klauer sowie die „Orthodidaktik" von Bleidick und Heckel (vgl. Werning/Lütje-Klose 2003). Die Autoren zeigen auf, dass diese Konzepte – immer verbunden mit der guten Absicht, die lernbehinderten Kinder möglichst optimal zu fördern – Lerninhalte zum Vornherein reduzieren, die Lerninhalte in kleinen Schritten vorgeben und selbsttätiges Handeln einschränken (vgl. ebd., 88f.). Viele Schulbücher (gerade für lernschwache Schülerinnen und Schüler) sind entsprechend aufgebaut (z.B. Weber 1994; Lüscher/Maunder Gottschalk 1991).

Zum Prinzip der Kleinschrittigkeit legt Scherer (1995, 57) an Beispielen aus Schulbüchern dar, dass das schrittweise Erarbeiten des Zahlenraums (zuerst von 1-6 und später von 1-10) dazu führt, dass für die Kinder der Gesamtzusammenhang und damit der „Sinn der Sache" gar nie ins Blickfeld rückt. Die schrittweise eingeführten Zahlen bleiben über lange Zeit unverbundene Einzelteile und können deshalb nicht verstanden werden.

Weiter wird beklagt, dass Mathematikunterricht – gerade im sonderpädagogischen Bereich – zu einem sehr großen Teil im Durcharbeiten von Arbeitsblättern und Schulbüchern bestehe (Peterson Miller/Mercer 1997, 51) und dass damit (zu) viel Gewicht auf Rechenfähigkeiten gelegt werde. Ezawa (2002, 98) diskutiert diesen Umstand bezogen auf aus der Sonderschule entlassene junge Erwachsene. Sie fand bei diesen nur sehr geringe mathematische Kenntnisse (kaum Grundschularithmetik) und folgert, dass diese Schüler offensichtlich sehr viel gerechnet hätten, dass deren Rechenleistungen aber trotzdem kaum „verwertbar", d.h. kaum nutzbar zur Lösung von Alltagsproblemen seien. Mathematisches Denken hätte sich bei diesen Menschen trotz zehn- bis elfjährigem Mathematikunterricht nicht entwickelt, weshalb dieser dringend überdacht werden müsse. In dieselbe Richtung weist eine Pilotstudie von Flegel und Schroeder (2006). Sie zeigen auf, welche Rechenkompetenzen in Branchen des unteren Qualifikationssegments (Wäscherinnen, Packer, Reinigungskräfte usw.) verlangt werden und diskutieren diese im Hinblick auf die Kompetenzen, welche in Sonder- und Hauptschulen vermittelt werden. Sie kommen zum Schluss, dass das häufige Lösen von Arbeitsblättern mit schriftlichen Rechenaufgaben in keiner Weise den Anforderungen, welche im Berufsalltag gestellt werden, entspreche.

Ein Weiteres kommt dazu: Stark strukturierter und kleinschrittiger Unterricht kann sich negativ auf das Arbeitsverhalten auswirken und zu „gelernter Hilflosigkeit" führen (Peterson Miller/Mercer 1997, 49). Es wird folgendermaßen argumentiert: Wenn Schülerinnen und Schüler Mathematik rezeptartig und ohne Verstehen – „leere Formeln" – lernen, führt dies zu einer Abhängigkeit von der Lehrperson. Wenn die Schülerinnen und Schüler selber keine Netzwerke und Zusammenhänge von mathematischen Beziehungen haben, auf welche sie zurückgreifen können, bleibt ihnen nichts anderes übrig, als die Lehrperson nach dem „Rezept" zu fragen.

Das Prinzip der kleinen Schritte kann nicht nur zu erlernter Hilflosigkeit führen, es kann Schülerinnen und Schüler auch am Lernen hindern. Grüntgens (2000; 2001) spricht von „didaktischen Prinzipien als Lernbehinderungen". Unter didaktischen Prinzipien versteht er Vorschriften, welche dem Sonderpädagogen und der Sonderpädagogin gemacht werden („Gliedern Sie den Stoff derart auf, dass dem Schüler ein lückenloses, langsames und minuziöses Fortschreiten innerhalb des Lernprozesses möglich wird" ebd. 2001, 25) und in der Sonderschulpädagogik einen hohen Stellenwert einnehmen. Der Autor hält fest, dass diese Prinzipien Lernen behindern können, und zwar sowohl auf der methodischen als auch auf der inhaltlichen Ebene. Er zeigt dies am Beispiel von Stationenlernen im Mathematikunterricht auf. An solchen Stationen können die Schülerinnen und Schüler unter verschiedenen Angeboten frei auswählen: z.B. die Einmaleinsreihen einmal mit Memorykärtchen üben, einmal mit dem Tonbandgerät, einmal, indem die Aufgaben aus einer Filmdose gezogen werden usw. Durch solche Situationen wird nach Grüntgens nicht, wie als Zielsetzung dieser Aktivität angegeben, Selbständigkeit gefördert, sondern selbständiges Denken verhindert (vgl. auch Moser Opitz 2001).

> „Es ist aber offensichtlich: Die Zurücknahme des Lehrers als dem direkten Vermittler eines Lerninhaltes führt beim Stationenlernen z.B. zu einer inhaltlichen Reduktion: .... D.h. der Schüler kann (s)ein Wissen nicht selbst erzeugen, er muss dieses Wissen vielmehr mechanisch reproduzieren" (Grüntgens 2001, 30).

Mechanisches Reproduzieren stellt zudem hohe Anforderungen an Gedächtniskapazität und Transferleistung. Gerade dies fällt Kindern mit Lernschwierigkeiten schwer (vgl. 2.3.2). Aus all den genannten Gründen wird deshalb von verschiedener Seite her gefordert, auch mit Kindern mit mathematischen Lernschwierigkeiten vermehrt im Sinn des aktiv-entdeckenden Lernens zu arbeiten (z.B. Woodward/Montague 2002; Cobb Morocco 2001; Fuchs/Fuchs 2001, Grüntgens 2001; Goldman u.a. 1997, 204; Woodward/Baxter 1997; 385; Scherer 1995).

Jones, Wilson und Bhojwani (1997, 161) kritisieren allerdings, dass es keine empirischen Belege gebe, dass ein solches Unterrichtskonzept für lernschwache Schülerinnen und Schüler auch wirksam sei. Die Autoren plädieren deshalb für „direkte Instruktion", bei welcher die Lehrperson modellhaft vorzeigt, wie eine Aufgabe zu lösen ist. Solche Vorschläge sind auch an anderen Stellen zu finden (z.B. Simon/Hanrahan 2004; Moritz 1990). Tatsächlich liegen zur Wirksamkeit dieser Unterrichtskonzepte unterschiedliche Ergebnisse vor. Butler u.a. (2001) erarbeiteten eine Metaanalyse, welche den Einfluss von unterschiedlichen Formen von Unterricht auf die mathematische Leistung von Kindern mit mathematischen Lernschwierigkeiten („mild-to-moderate mental retardation") analysiert. Sie kommen zum Schluss, dass in den vorliegenden Studien Interventionen mit „drill and practice" und expliziter Instruktion den größten Erfolg gezeigt haben. Allerdings muss angemerkt werden, dass in den meisten der referierten Untersuchungen Stichproben von zwei bis elf Personen (!) und meistens keine Kontrollgruppe verwendet wurden. Butler und seine Kollegen halten selber fest, dass die vorliegenden Resultate an größeren Stichproben validiert werden müssten. Eine ähnliche Analyse haben Lee Swanson und Sachse-Lee (2000) vorgenommen. Sie nahmen über 30 Studien mit Einzelinterventionen zu „direct instruction" (Drill und Repetition), „strategy instruction" (variantenreiche Instruktion) und Mischformen unter die Lupe und stellten komplexe Beziehungen zwischen Effektstärken in den einzelnen Untersuchungen, dem Intelligenzniveau und den Lesefähigkeiten fest. Zudem beeinflussten die verschiedenen Untersuchungsbedingungen die Resultate stark, auch fehlten zum Teil Angaben über Intelligenzquotient usw. All diese Faktoren erschweren es, schlüssige Folgerungen zu ziehen.

In die Metaanalysen nicht einbezogen waren Studien aus dem deutschsprachigen Raum. Hier liegen drei Untersuchungen vor, welche auf positive Einflüsse des aktiv-entdeckenden Lernens für Kinder mit mathematischen Lernschwächen hinweisen (Moser Opitz 2002; Walter u.a. 2001; Scherer 1995).

Kroesbergen und van Luit (2005) versuchten am Beispiel „Multiplikation" nachzuweisen, dass lernschwache Schülerinnen und Schüler durch eng geführte Instruktion größere Lernfortschritte machen als durch aktiv-entdeckendes Lernen. Die Studie zeigt, dass die Kinder von beiden Formen der Förderung profitieren konnten. In zwei Bereichen zeigte sich jedoch eine (geringe) Überlegenheit der Förderbedingung „enge Instruktion". An diese Studie müssen allerdings mehrere Anfragen gestellt werden. Erstens muss die verwendete so genannt „konstruktivistisch orientierte Förderung" kritisch betrachtet werden. So wurden zum Beispiel mit den Kindern explizit nur jene Strategien diskutiert und bearbeitet, welche von diesen selber genannt wurden. Dabei wird in der sonderpädagogischen Fachliteratur immer wieder darauf hingewiesen, dass „Lernen auf eigenen Wegen" nicht heißt, dass der von den Kindern gewählte Rechenweg immer der geeignetste ist, sondern dass es auch darum geht, im Austausch mit den Kameradinnen und Kameraden und der Lehrperson alternative und evtl. passendere Vorgehensweisen kennen zu lernen (vgl. Moser Opitz/Schmassmann 2004, 6). Zweitens müsste überprüft werden, ob sich die positiven Effekte der Förderbedingung „enge Instruktion" auch langfristig noch zeigen.

Reduzierte Lernziele und eingeschränkte Lehrpläne im sonderpädagogischen Bereich

Das Problem der Kleinschrittigkeit bzw. des rezepthaften Vermittelns von mathematischen Inhalten ist zum Teil schon in sonderpädagogischen Lehrplänen angelegt, indem die zu lernenden Inhalte für Schülerinnen und Schüler mit Lernschwierigkeiten massiv reduziert werden (vgl. z.B. Werning/Lütje-Klose 2003 82ff.; Jones/Wilson/Bhojwani 1997). Im sonderpädagogischen Bereich finden sich, vereinfacht gesehen, folgende Lehrplanmodelle (vgl. auch Parmar/Cawley 1997):

a) Reduktion der Lernziele durch langsameres Tempo: Eine Variante zur Anpassung von Lehrplänen im sonderpädagogischen Unterricht besteht darin, Regellehrpläne zu verwenden und deren Inhalte bzw. Lernziele für Kinder mit Lernschwierigkeiten oder Lernbehinderungen zu reduzieren. Reduzieren heißt dabei, dass in einem mehr oder weniger stark verlangsamten Unterrichtstempo dem Regellehrplan gefolgt wird. Es wird der Stoff weggelassen, für den die Zeit nicht mehr reicht. So kann es im Extremfall vorkommen, dass Schülerinnen und Schüler an einer Sonderschule über Jahre hinweg anhand eines Schulbuches für die erste Klasse im Zahlenraum von 1-20 arbeiten. Cawley, Parmar und Yan und Miller (1998, 71) stellen die berechtigte Frage, ob es entwicklungsgemäß ist, wenn 16-jährige Jugendliche mit einstelligen Zahlen operieren.

b) Lehrplaninhalte rezeptartig vermitteln (Parmar/Cawley 1997): Als weitere Möglichkeit zum Umgang mit Lehrplänen im sonderpädagogischen Unterricht wird vorgeschlagen, sich an den Inhalten und Lernzielen der Regellehrpläne zu orientieren. Wenn die Kinder mit der Erarbeitung der Inhalte an Grenzen stoßen, sollen diese Inhalte durch „Rezepte" vermittelt und von den Kindern auswendig gelernt werden. Hier stellt sich erstens die Frage, ob dies überhaupt möglich ist, und zweitens, ob dieses Vorgehen auch tatsächlich zu längerfristigem Erfolg führen kann.

c) Reduzierter Lehrplan für besondere Klassen: Im Lehrplanteil für Kleinklassen des Kantons Bern (1995, 19f.) wird ein dritter Weg gewählt: Dieser Lehrplan reduziert die Inhalte und Lernziele zum Vornherein und gibt in drei Lernstufen vor, welche mathematischen Inhalte auf welcher Schulstufe zu behandeln sind. Dabei wird unterschieden zwischen 1) grundlegenden Kenntnissen und Fertigkeiten, welche „sicher erarbeitet" und „ständig verfügbar" sein müssen, 2) Kenntnissen und Fertigkeiten, die erarbeitet, aber nur teilweise geübt und automatisiert werden, und 3) Inhalten, mit denen erste Erfahrungen gemacht werden können. Für die Lernstufe 1 (etwa Klasse 1-3) sind als Lernstoff auf der Ebene der grundlegenden Kenntnisse folgende Inhalte aufgeführt: Seriation, Klassifikation, Zahlen lesen, schreiben, darstellen bis 1000 (Ziffern, Anzahl, gerade, ungerade), Vorwärts- und Rückwärtszählen bis 100 (kleiner, größer, gleich, mehr, weniger). Alle anderen Inhalte (z.B. Addition und Subtraktion) werden nur im Sinn der Erarbeitungsebene „teilweise geübt" oder sogar „Erfahrungen machen" gefordert. Verglichen mit dem Regellehrplan, welcher im dritten Schuljahr die Einführung der schriftlichen Addition vorsieht, handelt es sich hier um ein sehr eingeschränktes Lernangebot. Dieses Vorgehen der „Reduktion zum Voraus" führt dazu, dass gewisse Inhalte nicht thematisiert werden und die Schülerinnen und Schüler gar nie die Möglichkeit erhalten, sich damit auseinanderzusetzen – auch wenn sie dazu vielleicht fähig wären. Damit steht ihnen nur eine eingeschränkte Palette von Lernzielen zur Verfügung, und bestimmte Entwicklungs- und Lernmöglichkeiten bleiben ihnen vorenthalten. Sie werden, wie formuliert wird, „lehrplan-behindert" (vgl. Thornton u.a. 1997, 144; Peterson Miller/Mercer 1997, 51).

Die Darstellung des Umgangs mit Lehrplänen im sonderpädagogischen Bereich zeigt, dass die genannten Vorgehensweisen alle kritisch hinterfragt werden und dass andere Wege gesucht werden müssen. Diskutiert werden verschiedene Möglichkeiten. Thornton u.a. (1997, 144) erachten es grundsätzlich als wichtig, den Lehrplan „auszuweiten", indem auch für Schülerinnen und Schüler mit Lernschwierigkeiten ein breites und interessantes Spektrum an mathematischen Problemstellungen angeboten wird, welches die Entwicklung verschiedener mathematischer Fähigkeiten auf individuellen Lernwegen ermöglicht. Lernziele und Inhalte sollen zudem nicht einfach im Sinn von langsamerem Durcharbeiten oder Weglassen, sondern aufgrund inhaltlicher Kriterien gewichtet werden. Diese Gewichtung kann aufgrund verschiedener Gesichtspunkte und Vorgehensweisen geschehen, z.B. durch eine Analyse mathematischer Operationen und

Aufgabenstellungen, aufgrund von lebenspraktischer Relevanz, aufgrund von Ergebnissen aus empirischen Untersuchungen usw. Anhand solcher Vorüberlegungen können wichtigere und weniger wichtige mathematische Inhalte für bestimmte Situationen definiert werden (vgl. Jones/Wilson/Bhojwani 1997, 152). Entsprechend ist dann auch das vorhandene Zeitbudget einzusetzen. Für zentrale Inhalte wird viel Zeit verwendet, andere werden nur kurz thematisiert oder unter Umständen auch weggelassen.

> „For example, students are likely to utilize data and graph interpretation in adult life but are less likely to actually compute three- and four-digit multiplication and division without the use of a calculator. It is more beneficial for teachers to spend time on the former than on the latter" (Cawley/Parmar 1997, 191).

Wichtig ist, dass bestimmte Inhalte nicht *zum Vornherein* ausgeschlossen, sondern je nach Situation und Vorkenntnissen der Schülerinnen und Schüler aufgenommen und bearbeitet werden. Zusätzlich ist ein weiterer Aspekt zu berücksichtigen: Um den zentralen Lernstoff festzulegen, muss auch analysiert werden, welche Voraussetzungen jeweils notwendig sind, um bestimmte mathematische Inhalte zu verstehen. So sind beispielsweise das Abrufen von Kopfrechenaufgaben im Zahlenraum bis 20 und das kleine Einmaleins nicht – wie häufig angenommen – zwingende Voraussetzung, um das Verständnis des Zahlenraums bis 1000 zu erarbeiten. Dieses kann auch erworben werden, wenn das Abrufen von Zahlenfakten nur beschränkt gelingt.

Fachwissen der Lehrpersonen

Ein weiterer unterrichtlicher Aspekt, welcher mathematische Lernprozesse zu beeinflussen scheint, wird durch eine Studie von Hill, Rowan und Loewenberg Ball (2005) thematisiert: das Fachwissen von Lehrpersonen. Die genannten Autorinnen weisen nach, dass die Qualität des Mathematikunterrichts – d.h. konkret die Leistungen bzw. Fortschritte der Schülerinnen und Schüler – stark vom Fachwissen der Lehrpersonen abhängen. Der Effekt der Variable „Fachwissen der Lehrperson" (z.B. eine mathematische Regel erklären oder verschiedene Vorgehensweisen bei einer Rechenoperation analysieren) erwies sich als ebenso starker Effekt wie der „sozio-ökonomische Status (vgl. auch Loewenberg Ball/Hill/Bass 2005). Zu Recht wird deshalb seit einigen Jahren immer wieder die Forderung nach besserer fachlicher bzw. fachdidaktischer Ausbildung der Lehrpersonen – insbesondere der Sonderschullehrerinnen und -lehrer gestellt. Eine verstärkte Zusammenarbeit zwischen den Bereichen Mathematikdidaktik und Sonderpädagogik wird immer wieder gefordert (Parmar/Cawley 1997, 189; Scherer 1995). In Kapitel 4 wird deshalb der Versuch unternommen, eine solche Verbindung herzustellen, indem theoretische und empirische Grundlagen zur Thematik des zentralen arithmetischen Lernstoffes unter besonderer Berücksichtigung von häufig auftauchenden Schwierigkeiten ausführlich dargestellt werden.

2.2 Neuropsychologische und genetische Aspekte von mathematischen Lernstörungen

2.2.1 Genetische Komponenten

Zusammenfassungen zu genetischen Komponenten (z.B. Geary 1993; 1994; Alcarón u.a. 1997) weisen auf die Möglichkeit der Vererbbarkeit von bestimmten Formen von mathematischen Lernstörungen hin. Es wird angenommen, dass genetische Faktoren im Sinne einer Disposition für mathematische Lernstörungen mitverursachend sein können, dass diese jedoch mit Faktoren wie Umfeld, Schulung usw. in Zusammenhang stehen (Alcarón u.a. 1997). Allerdings existieren wenige Untersuchungen zu dieser Thematik. Die vorliegenden Studien wurden meist mit Zwillingspaaren oder Familien durchgeführt. Dabei besteht die Schwierigkeit, dass es häufig nicht möglich ist, genügend große Stichproben zu finden. Deshalb wird immer wieder darauf hingewiesen, dass die Ergebnisse der entsprechenden Untersuchungen vorsichtig zu interpretieren sind.

Geary (1993, 354) referiert verschiedene Studien, bei denen die Schulleistungen von monozygoten und dizygoten Zwillingspaaren verglichen wurden. Die Leistungen der monozygoten Paare korrelierten jeweils höher als diejenige der dizygoten, was zur Folgerung führt, dass erbliche Faktoren zumindest teilweise die Lernschwierigkeiten mitbestimmen. Alcarón u.a. (1997) haben bei 63

Zwillingskindern, welche unterdurchschnittliche Mathematikleistungen zeigten, die Zwillingsgeschwister untersucht. Bei 58% der monozygoten und bei 39% der dizygoten Paare waren jeweils bei beiden Kindern unterdurchschnittliche Mathematikleistungen zu finden. Dieser Unterschied führte allerdings nicht zu einer Signifikanz. Mittels Regressionsanalysen wurde nachgewiesen, dass 40% des durchschnittlichen Mathematikdefizits auf erbliche Faktoren zurückgeführt werden können (ebd., 619). Shalev u.a. (1998) weisen ähnliche Effekte nach. Sie zeigten in ihrer Studie auf, dass ein Kind, dessen Bruder oder Schwester besondere mathematische Unterstützung erhält, mit 2.5-mal größerer Wahrscheinlichkeit eine umfängliche mathematische Lernstörung aufweist als ein Kind, dessen Geschwister im Fach Mathematik nicht speziell gefördert wird. Oliver u.a. (2004) fanden in einer Studie mit 400 Zwillingspaaren einen deutlich höheren hereditären Anteil. Da die mathematische Lernschwäche in dieser Untersuchung jedoch über das Urteil der Lehrpersonen diagnostiziert wurde, mahnen die Autoren selber zur vorsichtigen Interpretation ihrer Resultate.

Eine weitere Methode zur Feststellung von erblichen Faktoren besteht im Untersuchen von verschiedenen Mitgliedern einer Familie. In einer Studie von Shalev u.a. (2001) wurden 147 Familienmitglieder aus 39 Familien von Kindern mit mathematischen Lernstörungen untersucht. Bei mehr als der Hälfte dieser Mitglieder wurde ebenfalls eine Rechenstörung diagnostiziert. Diese Störungen fanden sich je zu etwas mehr als 50% bei Eltern und Geschwistern. Auch hier wird gefolgert, dass Lernstörungen aufgrund familiärer Disposition entstehen können. Die Autoren nennen eine 10-mal höhere Wahrscheinlichkeit für das Auftreten einer mathematischen Lernstörung, wenn schon ein Familienmitglied davon betroffen ist.

Weiter gibt es Untersuchungen, welche sich mit dem Zusammenhang bestimmter Syndrome und mathematischen Lernstörungen befassen (z.B. Mazzocco 2001), aber auch kulturvergleichende Studien sind zu finden (z.B. Geary 1996). Diese sind jedoch sehr spezifisch oder betreffen jeweils nur eine äußerst kleine Population und werden deshalb nicht weiter diskutiert.

Nicht von genetischen Faktoren, sondern von „intrinsischen" Aspekten, welche zu bestimmten Formen von mathematischen Lernstörungen führen, sprechen Cawley und Miller (1989, 251). Sie untersuchten Schülerinnen und Schüler vom achten bis zum siebzehnten Altersjahr bezüglich der mathematischen Leistungen. Da schon achtjährige Kinder, welche erst kurze Zeit unterrichtet wurden, zum Teil deutlich unterdurchschnittliche mathematische Fähigkeiten aufwiesen, nehmen die Autoren an, dass nicht nur unterrichtliche Faktoren für das Entstehen von mathematischen Lernstörungen verantwortlich gemacht werden können, sondern dass auch Dispositionen der Kinder eine Rolle spielen.

Zusammenfassend kann festgehalten werden, dass es Hinweise gibt, dass genetische Faktoren beim Entstehen von mathematischen Lernstörungen eine Rolle spielen können und dass das Risiko für das Auftreten einer mathematischen Lernstörung in einer Familie, in welcher schon eine solche Störung aufgetreten ist, größer ist als bei anderen Familien. Die Forschungslage dazu ist jedoch eher dürftig, und die Thematik wird im Rahmen der vorliegenden Ausführungen nicht weiter aufgenommen.

2.2.2 Typen von Lernstörungen

Seit Jahrzehnten wird immer wieder versucht, (mathematische) Lernstörungen mit neuropsychologischen Fehlfunktionen zu begründen bzw. Ursachenfaktoren im Gehirn zu lokalisieren. Rourke und Conway (1997; vgl. auch Hynd/Clinton/Hiemenz 1999) geben einen historischen Überblick zu diesen Bemühungen. Dabei fällt auf, dass es zum Bereich der Lese- und Rechtschreibstörungen viel mehr Untersuchungen gibt als zu mathematischen Lernstörungen. Es wird auch durchwegs darauf hingewiesen, dass zu den mathematischen Lernschwierigkeiten noch wenig gesicherte Resultate vorliegen. Viele Artikel zu dieser Thematik enden mit dem Satz „more research has to be done". Bei den Lese- und Rechtschreibstörungen ist die Forschungslage eindeutiger: Übereinstimmend werden Schwierigkeiten in der phonologischen Verarbeitung als Ursache für diese Lernprobleme festgestellt (z.B. Sternberg 1999; Wagner/Garon 1999).

Bezüglich mathematischer Lernstörungen wird zum Teil zwischen „developmental dyscalculia" im Sinn von Schwierigkeiten beim Verstehen mathematischer Konzepte und „aquired dyscalculia" (durch Hirnverletzungen verursachte Rechenschwäche) unterschieden (z.B. Geary 1994, 156). Die Forschungsergebnisse beziehen sich auf Fallstudien mit hirnverletzten Patienten (McCloskey 1992). Ein solches Vorgehen ist in Frage zu stellen. Rourke und Conway (1997, 38) halten kritisch fest, dass es gefährlich sei, von hirnverletzten Erwachsenen auf die kindliche Entwicklung zu schließen, da es sich dabei um ganz unterschiedliche Situationen handle. Die Störungsbilder bei Kindern und hirnverletzten Erwachsenen könnten nur für eine erste klinische Klassifikation miteinander verglichen werden. Auf die weitere Diskussion von Lernstörungen, welche durch Hirnverletzungen bedingt sind, wird deshalb verzichtet.

Ein anderer Ansatz, der auch als „neurodevelopmental" bezeichnet wird, befasst sich mit mathematischen Lernstörungen unter dem Gesichtspunkt von neuropsychologischen Auffälligkeiten. Hier wird davon ausgegangen, dass solche primären Defizite zu sekundären führen, diese zu tertiären usw., und dass sie sich im Endeffekt auf schulisches Lernen auswirken (Rourke 1993; Rourke/Conway 1997; vgl. auch von Aster 1996b). Fokussiert wird bei diesem Ansatz nicht die statische Beeinträchtigung einer bestimmten Hirnregion (z.B. eines Rechenzentrums), sondern die besondere bzw. auffällige Entwicklung und Ausdifferenzierung von neurologischen Strukturen, welche später (mathematische) Lernprozesse beeinflussen kann (Rourke/Conway 1997, 38). Zur Ätiologie der genannten neuropsychologischen Entwicklungen wurde die Hypothese aufgestellt, dass einerseits verschiedene Krankheiten, andererseits eine fehlende bzw. beeinträchtigte Myelinisierung die Ursache sein könnten (Rourke 1993, 223). Rourke beschreibt zwei Typen von Kindern mit Lernstörungen, welche unterschiedliche neuropsychologische Verarbeitungsmuster aufweisen: Den einen nennt er R-S-Typ (Reading, Spelling). Es handelt sich dabei um Kinder, welche schwache Leistungen im Bereich Mathematik und noch schwächere im Lesen und Schreiben zeigen. Einem zweiten Subtypen, dem A-Typ (Arithmetic oder NLD-Typ = Nonverbal Learning Dysabilities Syndrom) wurden Kinder zugewiesen, welche altersgemäße Leistungen im Bereich Lesen und Schreiben, jedoch schwache Fähigkeiten bei der Arithmetik aufweisen. In verschiedenen Tests zu Wahrnehmungsaspekten, Motorik, Gedächtnis usw. zeigten sich Leistungsunterschiede zwischen den beiden Gruppen.

Reading-Spelling-Typ (R-S-Typ): Beim R-S-Typ wurden folgende Besonderheiten festgestellt: Der VerbalIQ war bei den meisten Kindern tiefer als der HandlungsIQ. Weiter zeigten sich vor allem Probleme bei der auditiven Wahrnehmung, der auditiven Aufmerksamkeit und dem auditiven Gedächtnis (vgl. Rourke 1993, 218). Im mathematischen Bereich wurden in erster Linie (mechanische) arithmetische Fähigkeiten überprüft. Es wurde festgestellt, dass die Kinder Rechenfehler machten, jedoch nicht übermäßig viele. Es zeigten sich vor allem Schwierigkeiten, sich an bestimmte Rechenschritte oder Vorgehensweisen zu erinnern. Es wird auf den Zusammenhang zwischen diesen Schwierigkeiten und einer geringen Aktivität der linken Hemisphäre hingewiesen.

Arithmetic-Typ (A-Typ oder NLD-Typ): Bei den Kindern des Typs A wurden vor allem Schwierigkeiten in der nonverbalen Informationsverarbeitung festgestellt, und zwar in der taktil-kinästhetischen und visuell-räumlichen Wahrnehmung sowie der Visuo-Motorik. Der VerbalIQ lag über dem HandlungsIQ. Die Fehleranalyse bei Arithmetikaufgaben ergab Folgendes: Erstens traten viel mehr Fehler auf als bei der R-S-Gruppe. Die Fehlerpalette war zudem sehr breit („Verrutschen" in der Zahlenreihe bzw. Rechnung wegen mangelhafter räumlicher Organisation; fehlerhaftes Lesen von Zahlen aufgrund visueller Schwierigkeiten, falsches Anwenden von Regeln; fehlende Flexibilität beim Anwenden von Rechenverfahren; unleserliche Schrift; Vergessen von Zahlen und Zwischenresultaten; Wählen von „unmöglichen" Lösungswegen). Es wurde zudem eine geringere Aktivität der rechten Hemisphäre festgestellt. Rechtshemisphärische Funktionsstörungen werden beim A-Typ somit als zentrale Ursache für Rechenstörungen betrachtet.

Weitere Untersuchungen zu Subtypen von mathematischen Lernstörungen

Silver u.a. (1999) gingen der Frage der Stabilität verschiedener Subtypen von (arithmetischen) Lernstörungen nach und stellten mit ihren Forschungsresultaten das Modell von Rourke in Frage. Sie wiesen nach, dass nicht alle Kinder mit visuell-räumlichen Schwierigkeiten dem Typus der isolierten mathematischen Lernstörung zugewiesen werden können. Die Untersuchung war folgendermaßen angelegt: Kinder, bei welchen unterschiedliche Typen von mathematischen

Lernstörungen diagnostiziert worden waren, wurden nach 19 Monaten ein zweites Mal untersucht. Es wurden folgende vier Gruppen gebildet:
- Gruppe A: Schwierigkeiten Arithmetik
- Gruppe AR: Schwierigkeiten Arithmetik und Lesen (Reading)
- Gruppe AS: Schwierigkeiten Arithmetik und Schreiben (Spelling)
- Gruppe ARS: Schwierigkeiten in allen drei Bereichen

Die Nachuntersuchung zeigte, dass nach 19 Monaten nur noch die Hälfte der Kinder eine Rechenstörung aufwiesen, und zwar bedenklicherweise unabhängig davon, ob eine Intervention (Förderung) stattgefunden hatte oder nicht.

Bei der Hälfte der Kinder mit rein arithmetischen Störungen (A-Typ) waren die Schwierigkeiten nach 19 Monaten verschwunden. Etwa die Hälfte der Kinder der Gruppe Arithmetik-Spelling zeigte in der Nachuntersuchung keine arithmetischen Schwierigkeiten mehr. Die größte Stabilität wies die Gruppe mit Schwierigkeiten in allen Bereichen (ARS) auf, bei 60% dieser Kinder war nach 19 Monaten noch immer irgendeine Form von Lernstörung festzustellen. Bei sehr komplexen Schwierigkeiten scheint demnach die Wahrscheinlichkeit von wenig Veränderung größer zu sein als bei isolierten Problemen (vgl. auch die Untersuchung von Parmar/Cawley/Miller 1994). Silver u.a. (113) schließen aus ihren Resultaten, dass die von Rourke beschriebene Typisierung nicht verallgemeinert werden dürfe. Nicht jedes Kind, welches zu einem bestimmten Zeitpunkt dem NLD-Typ nach Rourke zugeteilt würde, habe die diesem Typ zugewiesenen Grundschwierigkeiten. Das Erscheinen einer isolierten arithmetischen Störung müsse nicht unbedingt ein stabiles neuropsychologisches Profil indizieren, und mit einer entsprechenden Typisierung sei deshalb vorsichtig umzugehen (vgl. auch McLean/Hitch 1999, Shalev/Manor/Gross-Tsur 1997, 116).

> „Nevertheless, for any particular child with an arithmetic disability, the meaning of a specific academic subtype should be interpreted cautiously, given the possibility of subtype instability and especially to 'drift' toward apparent resolution of the arithmetic disability. ... As *Rourke* cautioned, subtyping is not expected to identify identical subtypes of children and must be balanced with an appreciation of the unique characteristics of each child" (Silver u.a. 1999, 117).

Weitere Befunde zu neuropsychologischen Voraussetzungen liegen von Von Aster vor (2003; 2005). Er geht vom Triple-Code-Modell von Dehaene aus (vgl. Abb. 1). Dieses unterscheidet Module bzw. Funktionseinheiten (neuronale

Netzwerke), in welchen Zahlen in unterschiedlichen Kodierungen repräsentiert sind: als Zahlwort, als Arabische Zahl und auf einem inneren Zahlenstrahl.

„Das analoge, nichtsprachliche Modell, die innere Zahlenstrahlvorstellung, wird vor allen Dingen zum Schätzen, zum Überschlagen und zum Beurteilen von Quantität benötigt, es liefert quasi die Bedeutung, die Semantik der Zahlen. Dem Arabischen Modul wird diesem Modell zufolge die Steuerung des Umgangs und des Operierens mit mehrstelligen Zahlen zugeschrieben, aber auch die Fähigkeit zu beurteilen, ob eine Zahl ungerade oder gerade ist. Die linguistische Zahlwort-Repräsentation schließlich gebrauchen wir bei Zählprozeduren, zum Speichern von numerischem Faktenwissen und zum exakten Rechnen" (von Aster 2003, 167).

Es wird davon ausgegangen, dass es eine primäre und im Kern angeborene Fähigkeit zur Unterscheidung konkreter Mengen – genannt Subitizing[2] – gibt, die Grundlage ist für die symbolische Darstellung von Zahlen (von Zahlwörtern und Zahlsymbolen). Zahlensymbole wiederum werden als Grundlage für die Entwicklung von abstrakten Zahlrepräsentationen betrachtet (von Aster/Weinhold 2006, 7ff., 2005, 15). Anderen Sichtweisen und Studien zufolge wird allerdings davon ausgegangen, dass subitizing nicht numerisches Wissen enthält, sondern dass es sich um eine präverbale Form der Mengenrepräsentation handelt, welche in erster Linie durch die visuelle Wahrnehmung bestimmt wird (Simon u.a. 1998; Benoit u.a. 2004; Berch 2005, 337).

Von Aster (2005, 26) hält zusammenfassend fest, dass es überzeugende Hinweise dafür gebe, dass sowohl genetische Faktoren als auch frühkindlich bedingte Hirnfunktionsstörungen als Ursachen für Störungen in der Entwicklung grundlegender Komponenten des Zahlen verarbeitenden Systems gelten können. Die Schädigung früher, domänenspezifischer (core-Systems) und/oder domänenübergreifender Systeme von Aufmerksamkeit und Arbeitsgedächtnis könne zu tief greifenden Störungen führen und mit Verhaltens-, Motivations- und Emotionsstörungen einhergehen.

---

[2] Subitizing kommt vom Wort „subito" und meint das schnelle Erfassen von Anzahlen von zwei bis drei „auf einen Blick".

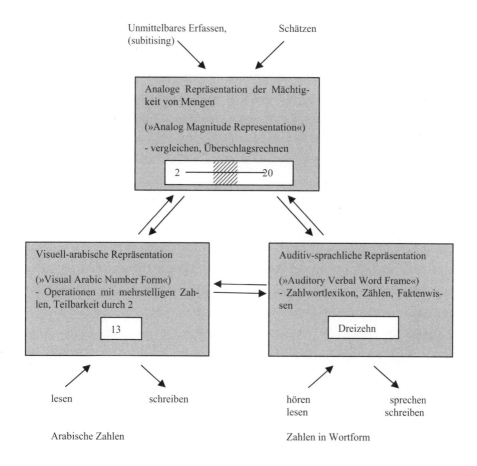

Abb. 1: Triple-Code-Modell nach Dehaene, abgebildet nach von Aster (2003, 168)

Zu all diesen Fragen bezüglich neuropsychologischer Ursachen und Typenbildung ist Folgendes anzumerken: Auch wenn in den nächsten Jahren zu diesen Aspekten neue Erkenntnisse vorliegen werden, gibt dies noch keine Hinweise darauf, welche Fördermaßnahmen zu ergreifen sind. Hier wird weiterhin andere Forschung gefragt sein – Forschung, welche sich mit den konkreten mathematischen Lernprozessen befasst.

Visuell-räumliche Wahrnehmung und Mathematiklernen

In der „traditionellen Dyskalkulie-Literatur" (z.B. Milz 2004; Schilling/Prochinig 2000) wird der visuell-räumlichen Wahrnehmung als ursächlicher Faktor für Rechenschwäche eine zentrale Bedeutung zugeschrieben. Anhand der kritischen Darstellung der Typenbildung von Rourke wurde ein ursächlicher Zusammenhang dieser Faktoren relativiert. Im Folgenden sollen weitere Forschungsergebnisse zur Thematik diskutiert werden.

Caroll (1996, 18) geht nicht vom Defizit einer bestimmten Hemisphäre aus, sondern erachtet die Wahrscheinlichkeit als sehr groß, dass ein genereller Faktor der „visuellen Wahrnehmung" (oder der „general spatial ability) mit vielen Fähigkeiten, welche im Mathematikunterricht erforderlich sind, in Zusammenhang steht. Allerdings betont der Autor, dass es nicht um Wahrnehmungsfähigkeiten gehe, welche mit dem mathematischen Lernen an sich in Verbindung stehen, sondern dass bestimmte Aufgabenstellungen (wie z.B. das Lesen einer Skala oder das Hantieren mit einem bestimmten Material) spezifische Wahrnehmungs- bzw. Motorikleistungen erfordern würden.

„Non of these tasks (Aufgaben eines Wahrnehmungstests; EMO) is identical to any of the perceptual operations required in mathematical work, such as geometry or the analysis of functions, but it would be expected that persons who have difficulty with tests of visual perception or spatial ability might have difficulty with similar operations in mathematical thinking, unless they could circumvent these difficulties with nonperceptual strategies, such as logical analysis" (Caroll 1996, 20).

Das bedeutet also, dass nicht der Erwerb mathematischer Inhalte generell in direktem Zusammenhang mit Wahrnehmungsleistungen steht, sondern dass es darum geht, spezifische Aufgabenstellungen auf Anforderungen bezüglich (visuell-räumlicher) Wahrnehmung und Motorik zu überprüfen. Auditiven Faktoren schreibt Caroll diesbezüglich weniger Einfluss zu.

Auch wenn Caroll keine Typologisierung von Lernstörungen vornimmt wie Rourke und den Zusammenhang zwischen Wahrnehmungsleistungen und mathematischen Lernstörungen auf einer ganz anderen Ebene sieht, kann dennoch festgestellt werden, dass sowohl im Modell von Rourke als auch in den Ausführungen von Caroll visuell-räumliche Faktoren den größeren Einfluss auf mathematisches Lernen zu nehmen scheinen als auditive Aspekte.

Kaufmann (2003) hat untersucht, ob Schwierigkeiten im Bereich der visuellräumlichen Wahrnehmung bei Schuleintritt schwache Mathematikleistungen zu einem späteren Zeitpunkt zur Folge haben. Sie konnte einen solchen Zusammenhang nachweisen. Dieses Ergebnis muss jedoch in Frage gestellt werden, da ein Extremgruppenvergleich angestellt wurde. Die Untersuchungsgruppe wies einen signifikant tieferen IQ auf als die Kontrollgruppe (ebd., 94), zudem korrelierte die Intelligenzvariable sehr hoch mit den getesteten Wahrnehmungsfaktoren (ebd., 97), wurde aber nicht in die Regressionsgleichung aufgenommen.

Weitere Studien betreffen die gymnasiale Schulstufe. In einer Untersuchung von Lehmann und Jüling (2002) wurde der Zusammenhang zwischen mathematischen Fähigkeiten und der Raumvorstellungsfähigkeit eingehend überprüft. Die Stichprobe bestand aus 10- und 11-jährigen Schülerinnen und Schülern, welche Gymnasialklassen besuchten. Vorgegeben wurden verschiedene Testaufgaben zur räumlichen Vorstellungsfähigkeit, insbesondere auch zum mentalen Rotieren. Die Ergebnisse zeigten, dass die Tendenz zu bestehen scheint, dass gute Raumvorsteller mathematische Anforderungen besser bewältigen. Insbesondere lieferten die Aufgaben zum mentalen Rotieren und zum räumlichen Visualisieren signifikante Beiträge zur Varianzaufklärung der Problemlöseleistung, nicht aber für die Rechenaufgaben und Zahlenreihen (ebd., 39). Es wird gefolgert, dass die Leistungen im mentalen Rotieren als begabungsspezifisch für mathematische Leistungsfähigkeit angesehen werden können. Die Tatsache, dass die mathematisch überdurchschnittlich leistungsfähige Schülergruppe über ein hohes Niveau räumlicher Vorstellungsleistungen verfügt, wird folgendermaßen erklärt: Es wird angenommen, dass ein hohes Niveau der Raumvorstellungsfähigkeit das Einnehmen unterschiedlicher Perspektiven und damit auch die Möglichkeit zur Visualisierung algebraischer Strukturen eröffnet. Diese Erkenntnisse führen zu nachstehenden Folgerungen:

> „Die vorliegenden Ergebnisse bestätigen außerdem, dass bei verschiedenen mathematischen Anforderungen unterschiedliche Zusammenhänge zwischen mathematischen und räumlichen Vorstellungsleistungen bestehen. So existiert beispielsweise ein engerer Zusammenhang zwischen mathematischen Problemlöseleistungen und räumlichen Vorstellungsleistungen als zwischen dem Erkennen von mathematischen Gesetzmäßigkeiten und ihrer Anwendung (Zahlenreihen) und der Anwendung von Rechenregeln (Rechenaufgaben) einerseits und Raumvorstellungsfähigkeiten andererseits. ... Es ist anzunehmen, dass Raumvorstel-

lung dann den Lösungsprozess günstig unterstützt, wenn mathematische Anforderungen das selbstständige Erarbeiten von Lösungswegen verlangen und wenn mathematische Probleme unstrukturiert, neuartig und schwierig sind" (Lehmann/Jüling 2002, 40).

Auf dem Hintergrund der dargestellten Diskussion stellt sich die Frage, wie diese Ergebnisse zu gewichten sind und welche Bedeutung sie für den Umgang mit Kindern mit mathematischen Lernschwierigkeiten haben. Zu beachten gilt es, dass die Forschungslage immer noch so dürftig ist, dass jede Typologie nur mit Vorsicht zu betrachten ist. Allerdings gibt es immer wieder Hinweise, dass visuell-räumliche Schwierigkeiten den mathematischen Lernprozess erschweren können. Dies geschieht allerdings nicht so linear-kausal, wie es in der sonderpädagogischen Literatur häufig dargestellt wird. Es kann davon ausgegangen werden, dass visuell-räumliche Faktoren beim Bearbeiten von bestimmten Aufgabenstellungen bzw. Darstellungen eine Rolle spielen, weshalb es wichtig ist, diese Aspekte im Mathematikunterricht bzw. in der Förderung im Auge zu behalten und didaktische Vorgehensweisen und besondere Hilfestellungen entsprechend anzupassen (vgl. Moser Opitz/Schmassmann 2002; 2003; 2004).

Aufmerksamkeitsdefizit und mathematische Lernstörungen

Verschiedene Forschungsüberblicke weisen darauf hin, dass Aufmerksamkeitsdefizitstörungen (je nach Quelle und Land ADD, ADHD; ADS; POS genannt) häufig mit Lern- und Verhaltensstörungen einhergehen bzw. dass für diese Kinder ein erhöhtes Risiko für Lernstörungen besteht. (z.B. Hynd/Clinton/Hiemenz 1999, 75; Marshall u.a. 1999). Im Moment wird jedoch die Forschungslage als zu dürftig betrachtet, um allgemeine Folgerungen ziehen zu können (z.B. von Monuteaux u.a. 2005).

2.3 Beschreibung von Kindern mit mathematischen Lernschwächen

2.3.1 Leistungsrückstand und besondere Merkmale

Je nach verwendeter Definition wird davon ausgegangen, dass etwa 4-7% der Kinder eines Jahrgangs schwerwiegende Probleme beim Mathematiklernen haben (Geary/Hoard/Hamson 1999, 214; Geary 1994; Jacobs/Petermann 2003, 197). Schwierigkeiten werden häufig schon in der Grundschule festgestellt, äußern sich jedoch auch in höheren Klassen. Es wird angenommen, dass die Fehlvorstellungen bzw. fehlenden Kompetenzen der älteren Schülerinnen und Schüler auf Lücken bzw. mangelndes Verständnis der Grundschulmathematik zurückzuführen sind (Jones/Wilson/Bhojwani 1997, 161; Peterson Miller/Mercer 1997, 47; Krüll 1994, 19; Cawley/Miller 1989).

Verschiedene Studien weisen darauf hin, dass die vorschulischen numerischen Vorkenntnisse einen zentralen Prädiktor für das Entstehen von Rechenschwäche darstellen. So konnte z.B. Krajewski (2002, 211f. und 2005) nachweisen, dass das mengen- und zahlenbezogene Vorwissen der Kinder eine spezifische Vorläuferfertigkeit für schulische Mathematikleistungen darstellt (vgl. auch Krajewski/Schneider 2006). Eine Längsschnittstudie von Mazzocco und Thompson (2005) zeigte ebenfalls, dass numerischen Vorkenntnissen eine zentrale Bedeutung für den Mathematikerwerb zukommt. Die Frage, welche Faktoren für diese unterschiedlichen Vorkenntnisse verantwortlich sein könnten, bleibt offen.

Die Schwierigkeiten beim Erwerb der Grundschulmathematik von Schülerinnen und Schülern mit mathematischen Lernschwierigkeiten werden wie folgt beschrieben:

a) Sie bleiben zwei bis vier Schuljahre unter den erwarteten Mathematikleistungen zurück (z.B. Parmar/Cawley 1997). Bei Achtklässlern mit mathematischen Lernschwierigkeiten wurde beispielsweise festgestellt, dass ihre Leistungen im Bereich der Division denjenigen von Fünftklässlern entsprechen (Cawley u.a. 2001, 318); zum Teil können die Resultate von Grundschulaufgaben wie 3+4 nicht abgerufen werden (Geary/Brown/Samaranayake 1991, 789).

b) Sie benötigen für die Erarbeitung des Lernstoffs von einem Schuljahr zwei oder mehr Jahre (Parmar/Cawley 1997).

c) Am Ende der Schulzeit beherrschen sie den Schulstoff der ersten fünf bis sechs Schuljahre, d.h. Aufgaben des Stoffes der Sekundarschule werden kaum beherrscht (Parmar/Frazita/Cawley 1996, 128).

d) Sie sind am Ende der Schulzeit nur beschränkt fähig, selbständig mit den persönlichen finanziellen Angelegenheiten zurechtzukommen (Patton u.a. 1997, 178).

e) Sie machen über Jahre hinweg kaum Fortschritte (vgl. Geary 1993, 348); der Leistungszuwachs vom siebten bis zum zwölften Schuljahr wird mit dem Stoff eines einzigen Schuljahres angegeben. Geringe Leistungsfortschritte wurden vor allem bei Kindern mit umfassenden Lernproblemen (unterdurchschnittliche Leistungen in Sprache und Mathematik) festgestellt (Silver u.a. 1999; vgl. auch Jordan/Hanich 2000).

f) Sie lernen mathematische Verfahren rezepthaft auswendig und haben Schwierigkeiten beim Problemlösen (z.B. Montague/Appelgate 2000). Besondere Schwierigkeiten zeigen sich beim Lösen mehrstufiger Aufgaben (Pedrotty Bryant/Bryant/ Hammill 2000, 175).

g) Sie gewöhnen sich seltsame Fehlermuster an (Parmar/Cawley 1997; vgl. auch Peterson Miller/Mercer 1997) und verwenden häufiger Fingerzähl-Strategien (Hanich u.a. 2001; Jordan/Oettinger Montani 1997, 632; Ostad 1997).

h) Sie haben Schwierigkeiten, Operationen zu automatisieren bzw. Resultate abzurufen (Gersten u.a. 2005; Barouillet/Lépine 2005; Geary 2004; Jordan/Hanich/Kaplan. 2003b; Cawley u.a. 2001; Jordan/Oettinger Montani 1997, 633; Geary 1994, 161).

Der generelle Leistungsrückstand und die genannten Merkmale werden durch eine Vielzahl von Einzeluntersuchungen bezüglich verschiedenster Aspekte näher beschrieben, was in Kapitel 4 umfassend dargestellt wird. An dieser Stelle wird lediglich die Frage nach dem Einfluss von Gedächtnisaspekten ausführlich diskutiert.

2.3.2 Arbeitsgedächtnis und mathematisches Lernen

Die Schwierigkeit, Rechenaufgaben nicht bzw. nur eingeschränkt abrufen zu können, wird immer wieder als das Kennzeichen von Rechenschwäche bezeichnet (Gersten u.a. 2005, 296). In der Literatur wird in diesem Zusammenhang die Hypothese aufgestellt, dass die betroffenen Schülerinnen und Schüler Gedächtnisschwierigkeiten haben und darum mathematische Fakten schlecht automatisieren können (Barouillet/Lépine 2005; Donczik 2001; Geary 2004; 1994,

161ff.; Geary 1993, 347; Geary/Bow-Thomas/Yao 1992; Geary/Brown/Samaranayake 1991, 769; Siegel/Ryan 1989). Auch hier wird diskutiert, ob Hirnverletzungen oder spezielle neuropsychologische Entwicklungen für diese Gedächtnisprobleme verantwortlich sind (Geary 2004, 12). Häufig wird von einer eingeschränkten Kapazität des Arbeitsgedächtnisses ausgegangen, was Speicherprobleme im Langzeitgedächtnis zur Folge haben kann. Dadurch kann mathematisches Lernen, insbesondere das Speichern von Ergebnissen, beeinträchtigt werden. Geary (1993, 350f.) nimmt allerdings an, dass sich solche Schwierigkeiten nicht nur einseitig beim Mathematiklernen, sondern auch in anderen Situationen äußern. Zur ganzen Thematik wurden und werden verschiedenste Aspekte diskutiert und untersucht. Einige davon werden im Folgenden dargestellt.

Modell des Arbeitsgedächtnisses von Baddeley

Der Begriff „Arbeitsgedächtnis" umfasst verschiedene Bereiche. In der Regel wird auf Baddeley's Modell des Arbeitsgedächtnisses zurückgegriffen. Er beschreibt dieses als einen zentralen ausführenden Prozessor, welcher mit zwei Subsystemen interagiert: der phonologischen Schlaufe und dem visuellen Skizzenblock. Diese Systeme werden kurz beschrieben (Baddeley 1999, 45ff.):

- „Zentrale Exekutive": Aufmerksamkeitssystem mit limitierter Speicherkapazität. Es kontrolliert die phonologische Schlaufe und den visuellen Skizzenblock und verbindet diese mit dem Langzeitgedächtnis.
- Phonologische Schlaufe: ist spezialisiert für das Aufbewahren und Abrufen von verbaler Information und scheint beispielsweise beim Zählen und beim Behalten von Fakten bei komplexen Rechenaufgaben eine Rolle zu spielen.
- Visueller Skizzenblock: beinhaltet das Speichern von visuellen und räumlichen Fakten (z.B. beim Speichern von Zahlen im Positionssystem).

Es interessiert nun, ob bezüglich des Speicherns und Abrufens von Resultaten beim Mathematiklernen alle drei Bereiche dieses Modells oder nur einzelne involviert sind. In verschiedensten Studien wurde und wird überprüft, ob und wie diese einzelnen Systeme mit mathematischem Lernen in Beziehung stehen.

Kritik an Untersuchungen zu Gedächtnisaspekten

Bezüglich der Untersuchungen zu Gedächtnisaspekten wird auch Kritik geäußert, und zwar hinsichtlich der Untersuchungsanlagen. Diese sehen oft so aus, dass gleichaltrige Kinder mit und ohne mathematische Lernschwierigkeiten mit verschiedenen Mathematikaufgaben, die besondere Gedächtnisleistungen erfordern, getestet werden. McLean und Hitch (1999, 242) führen an, dass bei diesem Vorgehen die schlechteren Gedächtnisleistungen von Kindern mit Lernschwierigkeiten Ausdruck der geringeren mathematischen Kompetenz sein können. Die Kinder mit mathematischen Lernschwierigkeiten hätten darum Gedächtnisprobleme, weil sie mit den Testaufgaben überfordert seien. Um diese Schwierigkeit zu umgehen, müssten auch Gruppen von Kindern mit dem gleichen Fähigkeitsniveau (und unterschiedlichem Alter) untersucht werden. In dieselbe Richtung weisen auch die Ergebnisse von Cawley u.a. (2001, 318). Das Autorenteam fand eine hohe Korrelation zwischen der Antwortgeschwindigkeit beim Lösen von arithmetischen Aufgaben und der generellen Fähigkeit, einen bestimmten Aufgabentyp überhaupt lösen zu können. Auch hier wird angemerkt, dass viele Rechentests für Kinder mit mathematischen Lernschwierigkeiten zu kompliziert seien und deshalb nur ungenaue Angaben über das wirkliche Kompetenzniveau und die wirklichen Schwierigkeiten gemacht werden könnten (vgl. auch Wilson/Lee Swanson 2001, 246). Zudem muss Folgendes bedacht werden: In Untersuchungen zu Gedächtnisaspekten werden immer wieder Aufgaben gestellte, welche „schnelles Rechnen", d.h. eine Antwort innerhalb von wenigen Sekunden fordern. Dies ist fragwürdig, da für das Lösen mathematischer Aufgaben vor allem wichtig ist, *dass* eine Lösung gefunden wird. Ob dies innerhalb von zwei Sekunden durch Abrufen oder innerhalb von sechs Sekunden durch eine Ableitungsstrategie geschieht, spielt sowohl im Alltag als auch bei Prüfungen keine große Rolle.

Eingeschränkte Gedächtnisspanne

Geary (1993) stellt die Hypothese auf, dass die Gedächtnisspanne für Zahlen mit der Zählgeschwindigkeit zusammenhängt (vgl. auch Geary 2004, 11). Wenn ein Kind langsam zähle, würden die Zahlenfakten aus dem Gedächtnis verschwinden, bevor der Zählakt fertig sei. Dies würde Problemen mit der phonologischen Schlaufe entsprechen. Eine weitere Vermutung des gleichen Autors besagt, dass die Kinder mit mathematischen Lernschwierigkeiten sehr viel Energie in Prozesse wie das Lesen und Verstehen der Aufgabe, ins Abzählen und in das Finden eines Lösungsweges stecken, so dass als Folge davon Schwierigkeiten beim Speichern und Abrufen von Informationen im Arbeitsgedächtnis auftreten (Geary/Hoard/Hamson 1999, 218 und 233). Die Annahme der eingeschränkten Gedächtnisspanne wird von Mc Lean und Hitch (1999) hinterfragt. Die Autoren untersuchten eine Stichprobe von Kindern mit mathematischen Lernschwierigkeiten und zwei Kontrollgruppen. Die eine Kontrollgruppe bestand aus gleichaltrigen Kindern mit höherem Leistungsniveau, die andere aus jüngeren Kindern mit denselben mathematischen Fähigkeiten wie die Experimentalgruppe. Die untersuchten rechenschwachen Kinder zeigten nur bei einem Teil der „Abrufaufgaben", welche die Gedächtnisspanne (und damit die phonologische Schlaufe) betrafen, schlechtere Leistungen als die Kontrollgruppe (vgl. auch Lee Swanson 2004). Es wird somit in Frage gestellt, dass in erster Linie Probleme mit dem Speichern von verbalen Fakten für Rechenschwierigkeiten verantwortlich sind (vgl. auch Gaupp 2003).

In einer Längsschnittstudie zu mathematischen Vorläuferfertigkeiten von Krajewski und Schneider (2006) zeigte sich, dass der Zugriff auf Zahlworte im Langzeitgedächtnis mehr als einen Viertel der Varianz in den mathematischen Basisfertigkeiten (Zahlenfolge, arabische Ziffern usw.) aufklärte und einen Einfluss auf die spätere Mathematikleistung hatte. Dieser Untersuchung zufolge stellt der Zugriff auf im Langzeitgedächtnis gespeicherte Fakten eine wesentliche Determinante für den Mathematikerwerb dar.

Probleme in der zentralen Exekutive bzw. allen Systemen des Arbeitsgedächtnisses

Mehrere Studien legen den Schluss nahe, dass die eingeschränkten Gedächtnisleistungen von Kindern mit mathematischen Lernschwierigkeiten durch Probleme des Systems der zentralen Exekutive bzw. durch die Beeinträchtigung mehrerer Bereiche des Arbeitsgedächtnisses bestimmt sind (Passolunghi/ Siegel

2004; van der Sluis 2004; Lee Swanson/Beebe-Frankenberger 2004; Lee Swanson 2004, 659; Wilson/Lee Swanson 2001; Keeler/Lee Swanson 2001).

Entwicklung des Arbeitsgedächtnisses

Mit der Entwicklung des Arbeitsgedächtnisses und mathematischem Lernen haben sich Jordan u.a. (2003b) beschäftigt. Sie haben die Entwicklung des Abrufens von Fakten bei Kindern mit und ohne mathematische Lernschwierigkeiten in einer Längsschnittstudie untersucht (Textaufgaben, Lesen). Wenn keine Zeitlimiten vorgegeben waren und die IQ-Variable konstant gehalten wurde, konnte kein Unterschied zwischen Kindern mit und ohne mathematische Lernschwierigkeiten nachgewiesen werden. Hingegen zeigten die lernschwachen Kinder kaum Fortschritte bezüglich des raschen Abrufens von Zahlenfakten, ihre Leistungen blieben von Mitte der zweiten bis zum Ende der dritten Klasse gleich. Es wurde weiter untersucht, ob sich eine Beziehung zwischen diesem „Abrufproblem" und dem Wahrnehmen von Wörtern auf phonologischer Ebene herstellen lässt. Es konnte jedoch kein solcher Zusammenhang nachgewiesen werden. Siegel und Ryan (1989) haben im Gegensatz dazu einen Zusammenhang zwischen dem Alter und der Kapazität des Arbeitsgedächtnisses festgestellt. Dieses verbesserte sich gemäß ihrer Studie zwischen dem Alter von sechs und 13 Jahren generell, und zwar sowohl für sprachbezogene als auch für mathematische Aufgaben. Allerdings haben die genannten Autoren auch eine eingeschränkte Gedächtniskapazität bei der Gruppe der Kinder mit mathematischen Lernschwierigkeiten festgestellt.

Zusammenfassend kann festgehalten werden, dass es einerseits Hinweise dafür gibt, dass Gedächtnisprobleme den mathematischen Lernprozess erheblich beeinflussen. Mehrere Studien gehen von einer Beeinträchtigung des gesamten Komplexes „Arbeitsgedächtnis" aus, insbesondere werden Schwierigkeiten in der zentralen Ausführung vermutet. Andererseits wird jedoch auch auf einen Zusammenhang zwischen Gedächtnisaspekten und mathematischem Wissen hingewiesen. Dieser Zusammenhang wird in Kapitel 4 näher erläutert. Vorerst werden jedoch die Beziehungen zwischen selbstreguliertem Lernen, Geschlecht sowie anderen Determinanten und der Mathematikleistung diskutiert.

3 Mathematisches Lernen im Kontext von selbstreguliertem Lernen, Selbstkonzept und weiteren Determinanten

3.1 Selbstreguliertes Lernen

Im Zusammenhang mit mathematischen Lehr- und Lernstörungen müssen auch Aspekte des „selbstregulierten Lernens" betrachtet werden. Brühwiler und Biedermann (2005, 57) bezeichnen damit die Fähigkeit, selber Lernprozesse auszulösen, zu steuern und aufrechtzuerhalten. Dazu gehören Aspekte wie Motivation, Selbstkonzept, Emotionen (z.B. Ängstlichkeit) und Lernstrategien. Auf solche Aspekte und deren Einfluss auf mathematische Leistungen wird im Folgenden eingegangen, zuerst auf das mathematische Selbstkonzept. Diese Thematik wird in der Literatur aus unterschiedlichen Blickwinkeln und auf verschiedenen Ebenen diskutiert. Allgemein werden in der Selbstkonzeptforschung die Heterogenität der Begrifflichkeit sowie die Schwierigkeit der empirischen Erfassbarkeit beklagt (Helmke 1992, 18; Krapp 1997, 326).

Begriffe, welche in der Diskussion verwendet werden, sind „Selbstkonzept" und „self-efficacy" (im Folgenden Selbstwirksamkeit genannt). Selbstwirksamkeit bezeichnet eine aufgabenspezifische Wahrnehmung der eigenen Fähigkeiten im Sinn von: „Diese Aufgaben habe ich verstanden, diese Aufgabe kann ich lösen" (vgl. Bandura 1997, 36). Man könnte auch sagen, dass Selbstwirksamkeit eine kognitive Beurteilung von *spezifischen* Fähigkeiten darstellt, während mit Selbstkonzept eine allgemeine Einschätzung der eigenen Fähigkeiten im Sinn von „gut sein" bzw. „schlecht sein" im Fach Mathematik gemeint ist (Pajares/Miller 1994, 194). Damit wird deutlich, dass hier das leistungsbezogene Selbstkonzept im Vordergrund steht.

Obwohl Selbstwirksamkeit und Selbstkonzept in einer engen Beziehung zueinander stehen und die begriffliche Unterscheidung nicht immer einfach ist, werden die beiden Bereiche – in Übereinstimmung mit der aktuellen theoretischen und empirischen Diskussion – einzeln näher beschrieben. Das Gewicht liegt dabei auf Forschungsergebnissen zum mathematischen Lernen. In einem ersten Schritt wird die Thematik der Selbstwirksamkeit diskutiert

3.1.1 Selbstwirksamkeit

Für die Entwicklung der Selbstwirksamkeit als aufgabenspezifische Wahrnehmung einzelner Fähigkeiten gibt es verschiedene Erklärungsansätze. Diskutiert wird, ob die Selbstwirksamkeit von aktuellen Leistungserfahrungen oder vom internalen bzw. externalen Referenzrahmen abhängig ist. Letzterer wird durch die soziale Gruppe bestimmt, in welcher sich eine Schülerin oder ein Schüler befindet und mit welcher er oder sie sich vergleicht. Der internale Referenzrahmen orientiert sich an den persönlichen Leistungen in verschiedenen Bereichen, z.B. über den Vergleich der Leistungen in einzelnen Fächern.

Gemäß einer Untersuchung von Skaalvik/Rankin (1995, 235) scheint die Selbstwirksamkeit in Mathematik (und auch in Deutsch) in erster Linie durch aktuelle Leistungserfahrungen und weniger durch internale oder externale Vergleiche bestimmt zu sein. Aktueller Erfolg und Misserfolg bezüglich konkreter (Test-)Aufgaben beeinflussen somit die Selbstwirksamkeit.

Pajares und Miller (1994) untersuchten den Einfluss von verschiedenen Variablen wie Selbstwirksamkeit, Ängstlichkeit, Geschlecht und Vorerfahrungen auf die mathematische Leistung von Studierenden. Die Resultate zeigten, dass von den überprüften Variablen die Selbstwirksamkeit den größten Einfluss auf die mathematischen Leistungen hat. Die Effekte „Geschlecht" und „Vorerfahrungen" wirkten als signifikante Pfadkoeffizienten auf die Selbstwirksamkeit ein, zeigten aber keinen direkten Einfluss auf die konkreten mathematischen Leistungen (ebd., 198ff.). Selbstwirksamkeit im Sinn von Vertrauen in spezifische Fähigkeiten bezüglich bestimmter Aufgaben gilt demzufolge als ein wichtiger Prädiktor für mathematische Leistungen.

Jones u.a. (1997, 161) haben den Zusammenhang zwischen Selbstwirksamkeit und mathematischer Leistung bei Sekundarschülerinnen und -schülern mit mathematischen Lernschwierigkeiten untersucht und dabei eine geringe Selbstwirksamkeit bezüglich mathematischer Leistungen festgestellt. Die Autoren führen dieses Untersuchungsergebnis auf Unterrichtsvariablen zurück. So hätten die Schülerinnen und Schüler kein Vertrauen in die eigenen Fähigkeiten entwickeln können, weil sie während der meisten Zeit im Unterricht nur simple Aufgaben zu lösen hatten (vgl. 2.1.3). Für die Veränderung dieser Situation wird von den Autoren ein „besserer Unterricht" gefordert, ein Unterricht, in welchem die Anforderungen angepasst bzw. erhöht werden.

3.1.2 Mathematisches Selbstkonzept

Begriffsklärung

Andere Schwerpunkte als in den Selbstwirksamkeitsstudien wurden in verschiedenen Untersuchungen zum Thema „Selbstkonzept und mathematisches Lernen" gelegt. Mit dem „Selbstkonzept" wird die Einschätzung der eigenen Fähigkeiten im Sinn der Beurteilung der „allgemeinen Kompetenz" – hier im Fach Mathematik – bezeichnet. Dem Selbstkonzept werden sowohl affektive als auch kognitive Aspekte zugeordnet. Die affektive Komponente umfasst die gefühlsmäßige Selbstwahrnehmung bezogen auf bestimmte Inhalte, während der kognitive Aspekt das Wahrnehmen und Beschreiben der persönlichen Kompetenzen beinhaltet (Pietsch u.a. 2003, 590). In einer Untersuchung wurde eine Überlappung des kognitiven Aspekts des Selbstkonzepts mit der Selbstwirksamkeit (im Sinn der kognitiven Beurteilung von spezifischen Fähigkeiten) festgestellt. Da der affektive Aspekt des Selbstkonzepts jedoch eine zusätzliche Komponente betont, welche bei der Selbstwirksamkeit nicht einbezogen ist, wird es als gerechtfertigt betrachtet, die beiden Konstrukte Selbstkonzept und Selbstwirksamkeit begrifflich zu unterscheiden (ebd.)

Das leistungsbezogene Selbstkonzept ist – im Unterschied zur Selbstwirksamkeit – nach Skaalvik und Rankin (1995, 235) stark von internalen und externalen Vergleichen, welche ein Individuum anstellt, bestimmt. Nach Pietsch u.a. (2003, 590) ist vor allem der soziale Vergleich wichtig. Die Wahrnehmung der eigenen Kompetenz entwickelt sich somit in starker Abhängigkeit von den Vergleichen mit anderen.

Des Weiteren interessiert die Frage, ob die Leistungen das mathematische Selbstkonzept beeinflussen bzw. mitbestimmen, oder ob die mathematischen Leistungen vom Selbstkonzept abhängen. Folgende Modelle werden kontrovers diskutiert:

a) Die mathematischen Leistungen beeinflussen das Selbstkonzept (skill-development model),

b) das Selbstkonzept bestimmt die mathematischen Leistungen (self-enhancement model),

c) Selbstkonzept und mathematische Leistung beeinflussen sich gegenseitig,

d) Selbstkonzept und mathematische Leistung werden in erster Linie von anderen Variablen bestimmt.

Diese Frage wurde durch mehrere Studien zu beantworten versucht. In der SCHOLASTIK-Studie ergaben sich im Zeitraum von der 2. zur 3. Klasse reziproke Beziehungsmuster zwischen Selbstkonzept und Leistung, während für die 3./4. Klasse ein Einfluss der Schulleistung auf das Selbstkonzept gefunden wurde (van Aken u.a. 1997). Das bedeutet, dass sich für die ersten Schuljahre das Modell c (gegenseitige Beeinflussung von Selbstkonzept und mathematischer Leistung) und für das 3./4. Schuljahr das Modell a (mathematische Leistungen beeinflussen das Selbstkonzept) nachweisen ließen.

Skaalvik und Valås (1999) überprüften in einer Längsschnittstudie bei Schülerinnen und Schülern verschiedener Altersstufen die Beziehungen zwischen Selbstkonzept, Motivation und mathematischer Leistung. Sie fanden zum einen, dass das mathematische Selbstkonzept mit zunehmendem Alter immer stabiler wurde. Zum anderen konnten sie nachweisen, dass es einen Zusammenhang gibt zwischen der Mathematikleistung in früheren Schuljahren und dem Selbstkonzept zu einem späteren Zeitpunkt. Das heißt, dass frühere Mathematikleistungen das Selbstkonzept beeinflussen. Dies spricht für das Modell a, welches von einer Beeinflussung des Selbstkonzepts durch die Mathematikleistung ausgeht. Ein gegenteiliger Zusammenhang (Einfluss des Selbstkonzeptes auf die Leistungen) konnte in dieser Untersuchung nicht festgestellt werden. Leistungsbezogene Aspekte scheinen demnach das Selbstkonzept mit zunehmendem Alter immer stärker zu beeinflussen. Bei den Schülerinnen und Schülern im 6. und 8. Schuljahr wurde zudem ein signifikanter Einfluss der mathematischen Leistungen auf die Motivation festgestellt. Diesen Ergebnissen zufolge haben die mathematischen Leistungen zumindest teilweise Einfluss auf Selbstkonzept und Motivation. Es wäre jedoch verfehlt, aufgrund dieser Studien anzunehmen, dass das Selbstkonzept die Leistungen mit zunehmendem Alter nicht (mehr) beeinflusst. Die erwähnten Untersuchungen beschreiben in erster Linie, wie Unterschiede in der Beziehung von Selbstkonzept und mathematischen Leistungen zwischen verschiedenen Schülerinnen und Schülern zustande kommen. Intraindividuelle psychische Funktionszusammenhänge können damit nicht erfasst und berücksichtigt werden.

„Wenn also in Bedingungsmodellen in der vorgelegten Art Effekte von Selbstkonzeptvariablen auf zeitlich spätere Leistungen (bzw. Effekte der umgekehrten Art) bei Null liegen, so kann hieraus nicht gefolgert werden, das Selbstkonzept habe keinen Einfluss auf die Leistung (oder umgekehrt). Es ist im Gegenteil zu vermuten, dass Selbstkonzepte alltäglich und in jeder Unterrichtsstunde Einfluss auf das Lernen nehmen" (Pekrum 1997, 353).

Selbstkonzept und Mathematikleistung müssen somit in einem engen wechselseitigen Zusammenhang gesehen werden.

Mathematisches Selbstkonzept und Lernschwierigkeiten

In einer Studie wurde die Selbsteinschätzung der mathematischen Leistung durch Schülerinnen und Schüler sowie eine Fremdeinschätzung durch die Lehrpersonen untersucht. Meltzer u.a. (1998) baten Schülerinnen und Schüler sowie Lehrpersonen um eine Einschätzung der mathematischen Fähigkeiten von ersteren. Die Resultate ergaben bezüglich der schwachen Schülerinnen und Schüler eine äußerst unterschiedliche Einschätzung der mathematischen Leistungen durch beide Personengruppen. Die schwachen Schülerinnen und Schüler schätzten ihre mathematischen Leistungen viel höher ein als die Lehrpersonen (ebd., 445). Ein Grund für diese Differenzen könnte darin liegen, dass Schülerinnen und Schüler mit Lernschwierigkeiten dazu tendieren dürften, ihre Probleme zu verleugnen, um sich als möglichst „normal" einzuschätzen. Weiter wird vermutet, dass die schwachen Kinder sich mit der Bezugsgruppe von ebenfalls schwachen Schülerinnen und Schülern verglichen haben könnten und so zu einer Überschätzung der eigenen mathematischen Leistungen gekommen sind.

Spezifisch mit dem mathematischen Selbstkonzept von lernschwachen Schülerinnen und Schülern hat sich Zeleke (2004a) befasst. Sie hat untersucht, ob sich das mathematische Selbstkonzept von lernbehinderten Schülerinnen und Schülern von dem ihrer Peers ohne Lernschwierigkeiten unterscheidet. Zwischen den beiden Gruppen konnte kein signifikanter Unterschied gefunden werden. Dies erstaunt auf den ersten Blick, da ein Literaturüberblick aufzeigt, dass die meisten Studien auf ein tieferes akademisches Selbstkonzept von lernbehinderten Kindern hinweisen (Zeleke 2004b). Die kleine Stichprobe sowie nicht optimale Testgütewerte in den verwendeten Instrumenten der eigenen Untersuchung von Zeleke legen nahe, dass das Untersuchungsergebnis überprüft werden müsste.

Es bleibt zu fragen, inwiefern es möglich ist, ein tiefes Selbstkonzept durch Interventionen zu beeinflussen und dadurch zu verbessern. Elbaum/Vaughn (2003) haben mit Studien zu dieser Thematik eine Metaanalyse durchgeführt. Diese zeigt auf, dass solche Interventionen nicht generell wirksam sind. Positive Veränderungen des Selbstkonzepts wurden in erster Linie bei lernbehinderten Schülerinnen und Schülern mit einem tiefen Selbstkonzept festgestellt. Die Autorinnen der Metaanalyse raten in der Folge aus verschiedenen Gründen von generellen Interventionen zur Verbesserung des Selbstkonzepts bei Schülerinnen und Schülern mit Lernbehinderungen ab. Diese müssten nicht notwendigerweise über ein tiefes Selbstkonzept verfügen. Auch sei zu beachten, dass ein im Vergleich zu Kameradinnen und Kameraden tieferes Selbstkonzept nicht zwingend eine schlechtere Befindlichkeit zur Folge haben müsse. Es muss somit sorgfältig erhoben werden, in welchen Situationen eine Intervention zur Verbesserung des Selbstkonzepts notwendig ist.

Eine Studie von Milo u.a. (2004) fokussiert einen anderen Aspekt. Es wurde untersuchte, ob sich der Einsatz von unterschiedlichen Aufgabenstellungen bzw. „Instruktionsmethoden" („geführt" versus „konstruktivistisch") auf die Einstellung zum Fach Mathematik auswirke. Es ließen sich jedoch keine signifikanten Einflüsse der unterschiedlichen Interventionen auf das Selbstkonzept nachweisen und die Autoren mussten eingestehen, dass sie generell weniger signifikante Effekte gefunden hatten als erwartet.

Erfahrungen von rechenschwachen Schülerinnen und Schülern

Was in all den referierten Studien zur Selbstkonzept und zur Selbstwirksamkeit wenig berücksichtigt wird, ist die direkte Befragung von betroffenen Schülerinnen und Schülern zu ihren Schwierigkeiten und Erfahrungen beim Mathematiklernen. Dazu hat Schäfer (2005, 447) einen Beitrag geleistet, indem sie rechenschwache Schülerinnen und Schüler sowie eine Kontrollgruppe mittels Interviews befragte. Die ausführlichen deskriptiven Ergebnisse zeigen, dass die rechenschwachen Kinder ihre Kompetenzen und Schwierigkeiten realistisch einschätzen. Zudem wird von Ängstlichkeit bzw. Furcht gegenüber Mathematik und – erwartungsgemäß – negativ getönten Emotionen gegenüber dem Fach Mathematik berichtet. In der Kontrollgruppe war dies nicht der Fall (ebd., 503).

Zum mathematischen Selbstkonzept lässt sich zusammenfassend Folgendes festhalten: Aufgrund der vorliegenden Forschungsergebnisse wird angenommen, dass dieses von früheren Leistungen und dem Vergleich mit anderen bestimmt wird, während die Selbstwirksamkeit mehr von aktuellen Leistungen beeinflusst wird. Es kann zudem davon ausgegangen werden, dass sich ein gutes mathematisches Selbstkonzept positiv auf die Motivation auswirkt. In einer Untersuchung von Schäfer wird zudem von einer negativen Einstellung der rechenschwachen Schülerinnen und Schüler gegenüber dem Fach Mathematik berichtet. Dieser letzte Aspekt soll in der eigenen Untersuchung aufgenommen werden, indem von Rechenschwäche betroffene Schülerinnen und Schüler sowie eine Vergleichsgruppe zu ihren Erfahrungen beim Mathematiklernen befragt werden.

3.1.3 Ängstlichkeit und Mathematiklernen

Es wird immer wieder diskutiert und untersucht, inwiefern sich Ängstlichkeit auf Schulleistungen auswirkt – an dieser Stelle mit Blick auf mathematisches Lernen. In der Regel wird der Begriff der „mathematics anxiety" verwendet:

„Math anxiety is usually defined as a feeling of tension, apprehension or fear that interferes with mathematics performance. Math anxious individuals report disruption in everyday activities involving numbers and maths, such as balancing a cheque book or figuring out a restaurant bill, as well as in school-related activities, such as taking a standardized math achievement test or in-class exams" (Ashcraft/Kirk/Hopko 1998, 176).

Der Begriff der Ängstlichkeit im Zusammenhang mit Mathematiklernen wird bezüglich verschiedenster Aspekte und Zusammenhänge diskutiert und untersucht. Einige davon sollen im Folgenden vorgestellt werden. Allerdings beziehen sich die vorliegenden Studien in der Regel auf den Zusammenhang von Mathematiklernen und Ängstlichkeit allgemein. Häufig wird dabei zwischen Kindern und Jugendlichen mit guten und „etwas schlechteren" Mathematikleistungen unterschieden. Schülerinnen und Schüler mit stark unterdurchschnittlichen Mathematikleistungen sind meistens nicht im Blickfeld der referierten Konzepte und damit auch nicht Gegenstand der Untersuchungen.

In einigen der vorliegenden Konzepte wird zwischen „affective test anxiety" und „cognitive anxiety" unterschieden (Hsiu-Zu u.a. 2000, 363; Helmke und Weinert 1997, 113). Mit der „affective test anxiety" wird eine allgemeine emotionale Komponente von Angst bezeichnet, welche sich als Nervosität, Anspannung, Furcht und andere unangenehme (auch physiologische) Reaktionen in Testsituationen zeigt. „Cognitive anxiety" bezeichnet die „Sorge-Komponente" von Ängstlichkeit. Zu dieser gehören negative Erwartungen, starke Beschäftigung mit der die Angst verursachenden Situation, abwertende Gedanken über sich selber usw. Die Unterscheidung zwischen affektiver und kognitiver Ängstlichkeit wird zum Teil in älterer Forschung gemacht, konnte jedoch in einer neueren internationalen Untersuchung (USA, China, Taiwan) bestätigt werden (ebd.). Dabei zeigte sich, dass in erster Linie die affektive Komponente, d.h. die Nervosität und Anspannung im Zusammenhang mit Tests, in allen untersuchten Ländern einen Einfluss auf die mathematischen Leistungen hatte. Beim kognitiven Faktor im Sinn einer allgemeinen „Sorge" ergaben sich jedoch keine konsistenten Ergebnisse, weshalb nicht von einem allgemeinen Einfluss dieses Aspektes auf die Mathematikleistung gesprochen werden kann.

Ängstlichkeit bezüglich des mathematischen Lernens zeigt sich nach Ashcraft u.a. (1998, 194) etwa ab dem 6. Schuljahr und nimmt bis zum 9. Schuljahr zu. Eine Metaanalyse von Xin (1999, 533) findet schon ab dem 4. Schuljahr einen Zusammenhang zwischen Ängstlichkeit und mathematischen Leistungen. Der Autor setzt schlechtere Mathematikleistungen mit zunehmendem Alter im Verlauf der Sekundarschule in Beziehung zu dieser Mathematikangst und betont, dass frühes Erkennen und entsprechende Interventionen wichtig seien. Verschiedene Untersuchungen weisen einen bedeutsamen Zusammenhang zwischen Ängstlichkeit gegenüber Mathematik und der Mathematikleistung nach – so auch die PISA-Daten aus der Schweiz (Brühwiler/Biedermann 2005, 66). Allerdings äußern Schweizer Jugendliche bedeutend weniger Ängstlichkeit gegenüber Mathematik als der OECD-Durchschnitt (ebd.).

Andere Untersuchungen nahmen weiterführende Analysen vor. In einer Studie von Ashcraft und Faust (1994) mit Studierenden ergab sich ein deutlicher Zusammenhang zwischen Mathematikleistung in verschiedenen Bereichen (einfache und komplexere Additions- und Multiplikationsaufgaben; Erkennen von absichtlich falsch gelösten Aufgaben) und Ängstlichkeit. Frauen zeigten bezüglich des mathematischen Lernens eine höhere Ängstlichkeit als Männer. Die Gruppe mit dem tiefsten Ängstlichkeitslevel arbeitete am schnellsten und machte am wenigsten Fehler. Die Gruppe mit dem hohen Ängstlichkeitslevel arbeitete ebenfalls schnell, machte aber viele Fehler und erkannte falsche Aufgaben nicht als solche. Diese Unterschiede ergaben sich in erster Linie bei komplexeren Aufgaben. Die Autoren erklären das Verhalten der hochängstlichen Gruppe als eine Art „mathematische Vermeidung und Verweigerung" (ebd., 121). Diese Abwehrhaltung zeichnet sich dadurch aus, dass die Studierenden dazu tendieren, die Mathematikaufgaben so schnell als möglich zu bewältigen. Diese Vorgehensweise könnte beschrieben werden als „Es hinter sich bringen, egal wie". Eine solche Vermeidungshaltung kann sich auf den Erwerb von mathematischem Wissen generell auswirken. Wenn mathematische Themen mit der Grundhaltung „so schnell als möglich" erarbeitet werden, ist die Gefahr groß, dass Einsichten kaum erworben werden, da gar nie eine tiefergehende Auseinandersetzung mit den Inhalten erfolgt bzw. erfolgen kann.

Eine andere Art von Vermeidungshaltung zeigt sich bei der Fächerwahl. So wählen Personen mit einem hohen Ängstlichkeitsgrad bezüglich mathematischen Lernens weniger häufig Mathematik als Studienfach (Ashcraft u.a. 1998, 177). Hier sind zusätzlich noch die Geschlechtereffekte (vgl. 3.2) wirksam.

Frauen wählen weniger oft das Leistungsfach Mathematik als Männer (Köller u.a. 2000).

Ein weiterer Einfluss von Ängstlichkeit auf die mathematischen Leistungen kann im Zusammenhang mit Gedächtnisaspekten gesehen werden. Ahscraft u.a. (ebd., 191) belegen, dass hoch ängstliche Personen in Mathematikaufgaben, welche besondere Gedächtnisleistungen erfordern, bezüglich Geschwindigkeit beim Lösen der Aufgaben oder bezüglich Genauigkeit schlechtere Leistungen erzielen. Die Angst raube Gedächtniskapazität, was zu den genannten Folgen führe. Ängstlichkeit wirkt sich hier somit nicht direkt auf die mathematische Leistung aus, sondern kann die Gedächtnisprozesse, welche die Leistung maßgeblich mitbestimmen, beeinflussen.

An dieser Stelle kann folgende Frage gestellt werden: Führen geringe Mathematikleistungen zu Ängstlichkeit gegenüber dem Fach, oder können mathematik-ängstliche Personen aus Ängstlichkeitsgründen ihre „wahre Leistung" nicht zeigen? Von den zitierten Autoren wird eindeutig Letzteres favorisiert. Es scheint die Mathematikangst zu sein, welche in erster Linie zu den schlechteren Leistungen der mathematik-ängstlichen Personen führt.

Es bleibt somit zu fragen, wie es zu dieser mathematischen Ängstlichkeit kommen kann. Deren spätes Auftreten legt nahe, dass unterrichtliche Aspekte zumindest teilweise mitverantwortlich sein könnten, und dass bestimmte Erfahrungen in der mathematischen Lernbiografie von Schülerinnen und Schülern zu dieser Ängstlichkeit führen und die mathematischen Leistungen beeinflussen. Darüber ist jedoch noch wenig bekannt. Eine neuere Studie gibt Anhaltspunkte dafür, dass sich bestimmte Unterrichtsformen positiv auf das Selbstkonzept auswirken und damit auch Ängstlichkeit vermeiden oder verringern helfen. Townsend und Wilton (2003) konnten nachweisen, dass durch die Intervention einer kooperativen Lern- und Unterrichtsphase bei Studierenden eine Verbesserung des mathematischen Selbstkonzepts und eine Abnahme der Ängstlichkeit erreicht werden konnte. Diese Effekte müssten jedoch durch weitere Studien überprüft werden.

3.2 Geschlechterdifferenzen und mathematisches Lernen

Schlechte Mathematikleistungen und geringeres Selbstvertrauen der Mädchen

Lese- und Rechtschreibschwächen treten häufiger bei Jungen, Rechenschwächen häufiger bei Mädchen auf (z.B. von Aster 1996a, 53 und 1996b; Klauer 1992). Dies gibt Anlass, sich mit der Frage von Geschlechterdifferenzen in Bezug auf mathematische Leistungen näher auseinanderzusetzen. Zur Thematik liegen verschiedene Untersuchungsbefunde vor, insbesondere die Ergebnisse von TIMSS, PISA 2000 und PISA 2003.

TIMSS

In der TIMSS-Studie wurde im internationalen Vergleich bezüglich der mathematischen Leistungen insgesamt kein Unterschied zwischen Jungen und Mädchen festgestellt. Signifikante Geschlechterdifferenzen zugunsten der Jungen konnten nur in einem Fünftel der Länder festgestellt werden – unter anderem in der Schweiz. Wenn Geschlechterdifferenzen auftraten, dann erbrachten die Mädchen in den Bereichen „Zahlen und Zahlenverständnis", „Geometrie", „Proportionalität" sowie „Messen und Maßeinheiten" schlechtere Leistungen als die Jungen. Im Bereich „Algebra" waren keine Leistungsunterschiede festzustellen. Die genannten Differenzen waren jeweils nur schwach zugunsten der Knaben ausgeprägt und traten erst ab dem 14. Altersjahr auf (Keller 1997, 138ff.).

Differenzierte Analysen der Schweizer Daten legen folgende Erklärungen nahe: Zum einen ist das Interesse der Schweizer Mädchen am Fach Mathematik geringer als bei Jungen. Auffallend ist zudem, dass die Unterschiede bezüglich des Interesses an Mathematik viel größer sind als die effektiven Leistungsunterschiede. Mädchen zeigen weniger Interesse am Fach Mathematik, auch wenn ihre Leistungen gleich gut sind wie diejenigen der Jungen. Weiter ergaben die Untersuchungen, dass Schweizer Mädchen ein auffällig geringeres Selbstvertrauen in die eigene mathematische Leistung haben (ebd., 145). Dieses geringe

Selbstvertrauen zeigte sich in allen untersuchten Schuljahren der 6. bis 8. Klasse. Das Vertrauen der Schweizer Mädchen in die eigene Leistung ist auch dann geringer, wenn objektiv gesehen keine Leistungsunterschiede vorliegen, d.h. wenn die tatsächlichen mathematischen Leistungen gleich gut sind wie diejenigen der Jungen. Die leicht schlechteren Leistungen der Schweizer Schülerinnen in Mathematik können somit durch das geringe Vertrauen in die eigene mathematische Leistungsfähigkeit erklärt werden. Untersuchungen aus anderen Ländern weisen ebenfalls auf diese Zusammenhänge hin (z.B. Rustemeyer/Jubel 1996; Rustemeyer 1999, 198).

PISA 2000 und 2003

Im Folgenden werden zuerst einige Daten aus PISA 2000 zur Thematik der Geschlechterdifferenzen dargestellt. Etwa in der Hälfte der Länder in dieser weltweiten Untersuchung zeigte sich in der Mathematik ein signifikanter Geschlechterunterschied zugunsten der Jungen. Diese schnitten in keinem Land schlechter ab als die Mädchen. Die Schweizer Jungen zeigten signifikant bessere Leistungen als die Mädchen, allerdings nicht in gravierendem Maß (Meyer/Zahner 2002, 42). Die Deutschschweizer Jungen (analysiert anhand der Daten aus drei Kantonen) waren zudem stärker an Mathematik interessiert als die Mädchen (Brühwiler u.a. 2002, 38). Zudem verfügten die Knaben über eine weit positivere Selbstwahrnehmung der eigenen mathematischen Fähigkeiten als die Mädchen. Dieses negative Selbstkonzept wirkt sich auf die mathematischen Leistungen der Mädchen aus, viel stärker als das geringere Interesse an diesem Fach (ebd., 47).

> „Am ehesten erreichen jene Mädchen, die von ihren mathematischen Fähigkeiten überzeugt sind, ähnlich gute Ergebnisse wie die Knaben aus der Gruppe mit einem ausgeprägten mathematischen Selbstkonzept" (Brühwiler u.a. 2002, 48).

Auch in PISA 2003 zeigten sich bezüglich des mathematischen Selbstkonzepts Geschlechterdifferenzen, die Jungen vertrauen diesen Ergebnissen zufolge den eigenen mathematischen Leistungen deutlich stärker als die Mädchen, zudem äußerten die Mädchen in allen Kantonen signifikant häufiger Ängstlichkeit (Sorgen, Nervosität, Hilflosigkeit) gegenüber mathematischen Aufgaben (Brühwiler/Biedermann 2005, 64ff.). Da die mathematischen Leistungen der

Mädchen deren schlechte Selbsteinschätzung im Fach Mathematik nicht erklären können, muss nach anderen Ansätzen und Hinweisen gesucht werden. Im Folgenden werden zu dieser Thematik weitere Analysen vorgestellt.

Geschlechterstereotype von Lehrpersonen und Eltern

Im Kontext der referierten Geschlechterdifferenzen wurde der Frage nachgegangen, ob Geschlechtersterotype der Lehrpersonen zur negativen Selbsteinschätzung der Mädchen im Fach Mathematik führen könnten. In einer Befragung von Lehrpersonen kam zum Ausdruck, dass diese – und zwar sowohl Männer wie Frauen – Mathematik und noch stärker Physik als eine männliche Domäne betrachten und dadurch den Mädchen die Sichtweise vermitteln, dass Mathematik nichts für Mädchen sei bzw. dass Mädchen in Mathematik schlechter seien als Jungen. Studien im Kontext von TIMSS führten zu denselben Resultaten und werden wie folgt kommentiert:

> „Dieses Verhalten (der Mädchen; EMO) ist umso erstaunlicher, als ja faktische Leistungsunterschiede zwischen den Geschlechtern sehr klein sind. Auch die Geschlechterunterschiede im Interesse an Mathematik stehen in keinem Verhältnis zur Stereotypisierung von Mathematik als männliche Domäne durch die Lehrpersonen. ... Wenn die Lehrpersonen ihre Stereotypisierungen den Schülerinnen und Schülern vermitteln, kann das unterschiedliche Lernvoraussetzungen für Mädchen und Knaben zur Folge haben" (Keller 1997, 156).

Rustemeyer (1999) fand in einer Befragung von zukünftigen Lehrkräften dieselben geschlechterstereotypen Einschätzungen des Faches Mathematik. Es zeigte sich, dass die befragten Studierenden den Jungen auf der Sekundarstufe bessere Leistungen zuschreiben als den Mädchen und in der Folge auch erwarten, dass mathematisches Lernen Jungen leichter fällt als Mädchen. Etwa die Hälfte der befragten Personen ging davon aus, dass sich Mädchen im Vergleich zu Jungen bei gleichem Leistungsstand weniger zutrauen. Zudem wurde eine mathematisch-naturwissenschaftliche Ausbildung für Mädchen als weniger wichtig angesehen. Interessant ist, dass sich auch in dieser Untersuchung Frauen und Männer in ihrer Einschätzung nicht unterscheiden.

> „Die Vorstellungen der Studierenden von den ordentlichen, fleißigen und zuverlässigen Mädchen einerseits und den kompetenten, kreativen, manchmal den Unterricht störenden Jungen andererseits stimmen weitgehend mit geschlechtsstereotypen Erwartungen überein. ... Feedbackmuster der Lehrkräfte können eine

plausible Erklärung dafür sein, warum Mädchen solch eine negative Sicht ihrer mathematischen Fähigkeiten entwickeln, wie sie sich trotz guter Leistungen bereits am Ende der Grundschulzeit andeutet" (Rustemeyer 1999, 199).

In einer weiteren Untersuchung zeigt sich ein ähnliches Verhalten von Eltern. Chouinard u.a. (1999, 185) berichten von Befragungen von Eltern, welche das Fach Mathematik als schwierig für Mädchen einschätzen und mit dieser Einstellung die negative Sichtweise der Mädchen bezüglich der eigenen mathematischen Leistungen beeinflussen können. Eine Stereotypisierung des Faches Mathematik als Männerdomäne durch Lehrpersonen und Eltern kann somit als ein Grund dafür gesehen werden, dass sich Mädchen im Fach Mathematik weniger zutrauen und auch weniger Interesse daran haben als Jungen. Diese Argumentation erhält auch Bestätigung durch eine Studie von Carr u.a. (1999). Es wurde untersucht, in welcher Art und Weise Eltern und Lehrpersonen die Strategieverwendung von Erstklässlern mitbestimmen. Ausgangspunkt für diese Studie war die Feststellung, dass Jungen häufiger Abrufstrategien verwendeten als Mädchen und letztere häufiger als Jungen Zählstrategien einsetzten. Die Ergebnisse zeigen, dass Eltern und Lehrpersonen dazu tendieren, Strategien zu unterstützen, von welchen Jungen mehr profitieren. Eltern ermunterten z.B. die Jungen häufiger als Mädchen, verschiedene Strategien zu verwenden. Die Jungen wurden von den Lehrpersonen häufiger als Mädchen aufgefordert, Abrufstrategien einzusetzen. Auch bezüglich der eingangs erwähnten größeren Häufigkeit von mathematischen Lernstörungen bei Mädchen werden Geschlechtsrollen-Stereotypen als Erklärungsansatz favorisiert (z.B. Klauer 1992, 63).

Unterschiedliche Entwicklung des mathematischen Selbstkonzepts

Manger und Eikeland (1998) haben untersucht, ob sich die Selbsteinschätzungen bezüglich der mathematischen Leistungsfähigkeit im Laufe der Schulzeit verändern. In dieser norwegischen Studie wurden zwischen Jungen und Mädchen keine Leistungsunterschiede im Fach Mathematik gefunden, und zwar weder im dritten noch im sechsten Schuljahr. Die Mädchen zeigten jedoch generell ein tieferes mathematisches Selbstkonzept als die Jungen. In weiteren Datenanalysen konnte nachgewiesen werden, dass dieses bei den beiden Geschlechtern auf eine unterschiedliche Art und Weise zustande kommt. Das Selbstkonzept der Jungen im sechsten Schuljahr wurde im Wesentlichen durch ihre aktuellen mathematischen Leistungen und damit durch die Selbstwirksamkeit bestimmt. Bei den Mädchen waren frühere mathematische Leistungen (vom dritten Schuljahr) und die aktuellen Leistungen stark bestimmend (ebd., 214). Das heißt also, dass das Selbstkonzept der Mädchen auch von früheren mathematischen Erfahrungen bzw. von früheren Leistungen beeinflusst wurde, während sich die Jungen eher an der momentanen Situation orientierten.

Befragung zu Lieblingsfächern

Jahnke-Klein (2001, 140ff.) hat Schülerinnen und Schüler der Klassenstufen 5 bis 12 aus 17 Klassen mittels eines Fragebogens zu ihren Lieblingsfächern befragt. Im 5. und 6. Schuljahr gaben noch zwei Drittel der Schülerinnen und Schüler an, dass Mathematik eines ihrer Lieblingsfächer sei. In den Klassenstufen 7 bis 13 waren es noch ungefähr ein Viertel der Schülerinnen und ein Drittel der Schüler. Die Mädchen zeigten somit mit zunehmendem Alter eine negativere Einstellung zum Fach Mathematik. Dies zeigte sich auch bei der Wahl der unbeliebtesten Fächer. Im 5. und 6. Schuljahr gab ein Viertel der Schülerinnen und Schüler an, dass Mathematik unbeliebt sei, in den höheren Klassenstufen waren es die Hälfte bei den Mädchen und ca. ein Drittel bei den Jungen.

Die Befragung ergab zudem unterschiedliche Wünsche bezüglich der Veränderung des Mathematikunterrichts und der Unterrichtskultur (ebd., 136). So wünschte sich die Mehrheit der befragten Mädchen (und nur ein Teil der Jungen) ausführliche Erklärungen. Sie möchten so lange nachfragen können, wie sie wollen. Arbeiten ohne jeglichen Zeitdruck sollte möglich sein. Viele der befragten Mädchen möchten zudem jeweils ganz sicher sein, dass sie den Unterrichtsstoff verstanden haben und möchten keine Fehler machen. Eine Teilgruppe der befragten Jungen dagegen stört es, wenn es im Unterricht nur langsam vorwärts geht. Sie wünschen sich weniger ausführliche Erklärungen, einen schnelleren Themenwechsel und Herausforderung durch komplexe Aufgaben. Die Autorin folgert: „Diese Schüler suchten ganz deutlich weniger Sicherheit als die Mehrheit der Schülerinnen und einige ihrer Mitschüler" (ebd., 137).

Räumliches Vorstellungsvermögen und Geschlechterdifferenzen

An einer früheren Stelle (2.2.2) wurde der Zusammenhang zwischen räumlichem Vorstellungsvermögen und mathematischem Lernen diskutiert. Es wurde dargelegt, dass in erster Linie von einem Zusammenhang zwischen guter räumlicher Vorstellung und hoher Problemlösekompetenz ausgegangen werden kann (Lehmann/Jüling 2002, 40). Da bei verschiedenen Aufgaben zur visuell-räumlichen Orientierung Geschlechterdifferenzen festgestellt werden konnten, wird diese Thematik hier noch einmal aufgenommen. Maier (1996, 251) stellt nach einer Sichtung verschiedener Studien zusammenfassend fest, dass geschlechtsspezifische Differenzen im räumlichen Vorstellungsvermögen bis zum Beginn der Pubertät nicht oder nur in sehr geringem Umfang zutage treten. Signifikante Leistungsunterschiede zugunsten der Jungen sind ab diesem Zeitpunkt vor allem im Bereich der Vorstellungsfähigkeit von Rotationen zu finden. Aufgaben zur dreidimensionalen räumlichen Vorstellung, welche die mentale Transformation eines visuellen Bildes erfordern, werden somit von männlichen Probanden besser gelöst. Weiter erzielen Jungen auch bei Aufgaben zur räumlichen Orientierung (richtige räumliche Einordnung der eigenen Person in eine räumliche Situation) signifikant bessere Resultate. Männliche Probanden wenden in solchen Rotations-Aufgaben oft eine so genannt holistische Strategie an, bei welcher die gesamte Figur gedreht wird. Frauen verwenden häufiger analytische Strategien, d.h. es handelt es sich um ein schrittweises Vorgehen, welches keine eigentliche räumliche Vorstellung beinhaltet (Hosenfeld u.a. 1997, 85ff.). Die holistische Strategie ist bei den genannten Aufgabenstellungen das effizientere Vorgehen als die analytische Strategie und führt somit zu einer größeren Lösungswahrscheinlichkeit.

Weitere Studien belegen, dass die Bearbeitungszeit einen Einfluss auf die Lösungshäufigkeit der Aufgaben hat. Wenn keine Bearbeitungszeit vorgegeben wurde, verringerte sich der Leistungsvorsprung der Jungen.

Wie stehen nun diese Geschlechterdifferenzen in der Raumvorstellung in Beziehung zum Mathematiklernen bzw. zum mathematischen Problemlösen? Maier referiert Studien aus den 80er Jahren und kommt zu folgendem Fazit:

"So zeigt sich, dass Männer relativ unabhängig vom Grad der Ausprägung ihrer Raumvorstellungsfähigkeit und Frauen mit gut ausgebildetem räumlichen Vorstellungsvermögen in der Lage sind, mathematische Probleme erfolgreich zu bearbeiten. Nur weibliche Probanden mit unzulänglichen räumlich-visuellen Fähigkeiten haben vielfach Probleme beim Lösen von mathematischen Aufgaben. ... Offensichtlich scheinen Frauen (Mädchen) weniger als Männer (Jungen) in der Lage zu sein, ein Defizit im räumlich-visuellen Bereich durch andere Qualifikationen kompensieren zu können" (Maier 1996, 257).

Es ist allerdings zu betonen, dass gemäß neueren Studien die Raumvorstellung, wie eingangs erwähnt, vor allem in Zusammenhang mit der Problemlösefähigkeit und weniger in Beziehung zu spezifischen mathematischen bzw. arithmetischen Kompetenzen zu sehen ist, und dass sich somit keine linear-kausalen Zusammenhänge zwischen Problemen im visuell-räumlichen Bereich und dem Mathematiklernen an sich herstellen lassen.

Zusammenfassend lässt sich zur Thematik des selbstregulierten Lernens und der Geschlechterdifferenzen Folgendes feststellen: Gewisse Aspekte des selbstregulierten Lernen stellen einen wichtigen Faktor bezüglich mathematischer Leistungen dar, und zwar insbesondere das Selbstkonzept und – damit verbunden – die Ängstlichkeit gegenüber dem Fach Mathematik. In diesen Bereichen zeigen sich auch Geschlechterdifferenzen. Brühwiler und Biedermann (2005, 71) halten fest, dass ein erheblicher Teil der Geschlechterunterschiede durch unterschiedliche Voraussetzungen im selbstregulierten Lernen erklärt werden kann.

3.3 Weitere Determinanten der Mathematikleistung

3.3.1 Herkunft

In der Fachliteratur werden im Zusammenhang mit mathematischen Leistungen weitere Determinanten diskutiert (Ramseier 1997). In den internationalen Leistungsstudien erweist sich die kulturelle Herkunft immer wieder als zentraler Faktor, welcher die mathematische Leistung bestimmt (z.B. Moser 2005, 135). Anderssprachige, d.h. ausländische Kinder erbrachten schon in TIMSS schlechtere Mathematikleistungen als ihre schweizerischen Mitschülerinnen und Mitschüler. Dieses Ergebnis wird wie folgt kommentiert und erklärt:

„Vermittelt über die soziale Herkunft und das Alter, aber auch direkt bedingt, besuchen ausländische, fremdsprachige Kinder vermehrt Schultypen, die nur Grundanforderungen stellen und erzielen entsprechend niedrige Mathematikleistungen. ... Eine ausländische, fremdsprachige Herkunft führt also auch direkt zu schwächeren Mathematikleistungen – noch über alle Effekte hinaus, die durch die soziale Herkunft und den sozialen Selektionsprozess vermittelt werden" (Ramseier 1997, 131).

Es stellt sich die Frage, welche Faktoren zum genannten Effekt führen. Der Autor meint, dass es nicht der Beitrag der Schule an sich im Sinne des Unterrichts sei, welcher zu den schwachen Leistungen der ausländischen Kinder führe, sondern dass sich schulische Selektionsmechanismen zum Nachteil dieser Schülerinnen und Schüler auswirken und zu schlechteren Mathematikleistungen führen würden. Dies wird durch andere Untersuchungen bestätigt. Im Schuljahr 1997/1998 besuchte etwa jedes 40. Schweizerkind eine Klasse mit besonderem Lehrplan, bei den Immigrantenkindern fast jedes 10. Kind (Kronig u.a. 2000, 20). In diesen Klassen treffen die Schülerinnen und Schüler möglicherweise auf äußere Umstände, die ihre schlechten mathematischen Leistungen mitbestimmen. Wie in Kapitel 2.1.3 aufgezeigt wurde, zeichnet sich sonderpädagogischer Mathematikunterricht oft dadurch aus, dass kleinschrittig vorgegangen wird und dass – zum Teil schon in Lehrplänen angelegt – nur geringe Anforderungen an die Schülerinnen und Schüler gestellt werden. So erstaunt es nicht, dass ausländische, fremdsprachige Kinder, welche infolge ihrer Schwierigkeiten mit der fremden Sprache diesen Klassen zugewiesen werden, auch geringe mathematische Leistungen erbringen. Einmal mehr wird durch diese Argumentation darauf hingewiesen, dass das Anspruchsniveau des Unterrichts in Zusammenhang steht mit den erbrachten Leistungen. Darauf weist auch die theoretische Sichtweise des Umweltdruckprinzips hin, die besagt, dass stimulierende und anspruchsvolle Situationen positive Sozialisationswirkungen erzeugen (Kronig u.a. 2000, 81). Dass diese Erklärung besonders für zugewanderte Schülerinnen und Schüler zutrifft, belegte Rüesch (1998, 324) in seiner Untersuchung: Mit zunehmendem Leistungsniveau der Schulklasse verringerte sich der Leistungsrückstand der Immigranten im Vergleich zu den Schweizer Kindern, bis er auf einem hohen Niveau nur noch sehr klein war.

3.3.2 Zweitspracherwerb

Die vorgängig erwähnte Analyse von TIMSS-Daten befasste sich mit „ausländischen, fremdsprachigen" Schülerinnen und Schülern. Gemeint sind damit in erster Linie Migrantenkinder. Durch die Begriffswahl „ausländisch, fremdsprachig" wird angedeutet, dass nicht nur die Herkunft, sondern auch die Kenntnis der Unterrichtssprache die Schulleistungen beeinflusst. In der Schulpraxis wird, bezogen auf den Mathematikunterricht, immer wieder darauf hingewiesen, dass Schülerinnen und Schüler nicht-deutscher Muttersprache (im Folgenden anderssprachige Schülerinnen und Schüler genannt) den Erklärungen im Mathematikunterricht nur unzureichend folgen könnten, dass sie Schwierigkeiten hätten beim Bearbeiten bzw. Verstehen von Text- und Sachaufgaben und darum schlechtere Mathematikleistungen zeigen würden als die einheimischen Kinder. Damit ist die komplexe Thematik des Zweitspracherwerbs und dessen Einfluss auf Schulleistung angesprochen. Dieser Problembereich kann hier nur gestreift werden, indem einige für die vorliegende Studie wichtige Aspekte hervorgehoben werden. Müller spricht dann von Zweitsprache,

> „ ... wenn diese Sprache vom Schüler im schulischen und nichtschulischen Bereich als normales Mittel der Alltagskommunikation erforderlich ist und gebraucht wird und wenn ohne sie der Zugang zur Migrationsgesellschaft in lebenswichtigen Bereichen verhindert wäre" (Müller 1997, 12).

Graf (1987, 22) weist auf den Unterschied zur Fremdsprache hin: Diese wird vor allem aus Lehrbüchern gelernt mit dem Ziel, sie „später einmal" zu beherrschen und anzuwenden. Die Zweitsprache dagegen wird durch den Kontakt mit der konkreten Sprachgemeinschaft gelernt und im Alltag verwendet. Im vorliegenden Kontext meint Zweitsprache – noch etwas enger gefasst – in erster Linie die in der Schule verwendete Standard- bzw. Schulsprache, welche sich von der Alltagssprache „Schweizerdeutsch" unterscheidet. Graf (ebd., 73) formuliert pointiert, dass es bei der Schulsprache – anders als im mündlichen Alltag – nicht mehr nur um die inhaltliche Aussage, sondern zusätzlich um den richtig gegliederten, vollständigen Satz gehe. Es ist auch vom „elaborierten Kode" (ebd., 75) oder der Begegnung mit einem neuen Handlungskontext (ebd., 78) die Rede. Dies wird einerseits in der Schule gelernt, gleichzeitig aber auch – durch die Verwendung im Unterricht – von dieser vorausgesetzt. Das Erlernen der Schulsprache ist eine Aufgabe, welche von allen Schülerinnen und Schülern bewältigt werden muss. Für Kinder aus der Unterschicht – und damit insbesondere für Immigrantenkinder – stellt sie jedoch eine besondere Anforderung dar.

Der Zweitspracherwerb wird stark von Faktoren wie soziale Schicht und Kompetenz in der Erstsprache sowie von diversen sozialpsychologischen und auch kognitiven Bedingungen beeinflusst (vgl. z.B. Kronig u.a. 2000, 83). Insbesondere gilt der sozialökonomische Status als wesentlicher Prädiktor für Schulerfolg. Zwei- oder Mehrsprachigkeit und damit auch die Schulleistungen von anderssprachigen Schülerinnen und Schülern können deshalb nur innerhalb dieses erweiterten Kontextes betrachtet werden. Dazu hat insbesondere Rüesch mit seiner Untersuchung an Schweizer Schulklassen wesentlich beigetragen (1998). Demnach stammen zweisprachige Schülerinnen und Schüler weit häufiger aus Familien mit wenig Bildungsressourcen als Schweizer Kinder (ebd., 137); dies führt u.a. zu tieferen Schulleistungen der Population der Immigrantenkinder. Allerdings spielen auch Aspekte wie Leistungsniveau der Klasse und Chancengleichheit eine entscheidende Rolle. Erklärungen, welche schlechtere mathematische Leistungen von Migrantenkindern nur auf mangelnde Kompetenz in der Zweitsprache im engeren Sinn zurückführen, greifen somit viel zu kurz.

Dennoch gibt es auch Einflüsse, welche den Zweitspracherwerb direkt betreffen. Aus verschiedenen Studien ist bekannt, dass die Dauer des Aufenthaltes im entsprechenden sprachlichen Umfeld für den Zweitspracherwerb eine wesentliche Rolle spielt. Müller (1997, 253) schließt aus seiner Untersuchung bezüglich Erwerb der Zweitsprache Folgendes:

> „Die Dauer des Schulbesuches in der Schweiz bleibt unter den gegebenen schulischen Umständen eine der wichtigsten Voraussetzungen dafür, dass eine vorhandene allgemeine Sprachbegabung in Richtung einer hohen schulisch-kognitiven Sprachkompetenz gefördert werden kann" (Müller 1997, 253).

Zu denselben Folgerungen gelangt Cummins (1991, 169). Ein Kind einer sprachlichen Minderheit müsse zum Erlernen der Konversationssprache ungefähr zwei Jahren und bezüglich der Bewältigung akademischer Fähigkeiten bis zu fünf Jahre im Umfeld der Zweitsprache leben. Die Daten der PISA-Studie weisen ebenfalls darauf hin, dass die Leistungen von ausländischen Schülerinnen und Schülern mit zunehmender Aufenthaltsdauer im Sprachgebiet besser werden (Moser u.a. 2002, 33; Moser 2005, 131).

Ein weiterer, direkt auf den Zweitspracherwerb bezogener Aspekt betrifft die Fähigkeit, sich aus einer kontextreduzierten, abstrakteren und linguistisch expliziteren Form des Sprachgebrauchs die mitgeteilte Bedeutung zu erschließen (Penner 2003, 38). Diese Fähigkeit, CALP genannt, setzt eine höhere Sprachkompetenz – insbesondere in der Grammatik – voraus und kann nur auf der Basis von rein sprachlicher Information hergeleitet werden. Es handelt sich um eine Kenntnis der formalen Beziehungen auf der Ebene der logischen Form eines Satzes, welche von Personen, welche Deutsch als Erstsprache sprechen, intuitiv erfasst wird. Penner (1996, 207) nennt folgendes Beispiel, welches von 58% der anderssprachigen Kinder falsch gelöst wurde.

> „Der Vater hat zwei verschiedene Münzen in der Tasche. Jede hat mehr Wert als ein Einfrankenstück. Wieviel Geld hat der Vater in der Tasche?" (Penner 1996, 207)

Die falschen Antworten lauteten häufig Fr. 1.50 oder Fr. 1.20. Es zeigte sich, dass die anderssprachigen Kinder „jede" und „alle" als semantisch äquivalent interpretieren. Das „jede" im Text bedeutet somit für sie „alle zusammen", was zu folgendem Aufgabenverständnis führte:

> „Der Vater hat zwei verschiedene Münzen in der Tasche. Beide zusammen haben mehr Wert als ein Einfrankenstück. Wieviel Geld hat der Vater in der Tasche?"

Eine Studie von Rodriguez u.a. (2001) weist ebenfalls darauf hin, dass es den anderssprachigen Schülerinnen und Schülern schwer fällt, sprachliche Beziehungen, wie sie beispielhaft genannt wurden, herzustellen. Daraus lassen sich zwei Folgerungen ziehen: Zum Ersten ist es wichtig, dass sich Verfasserinnen und Verfasser von Schulbüchern sowie Lehrpersonen dieser Schwierigkeiten bewusst sind und bei der Formulierung von Aufgaben auf diese Aspekte achten. Zum Zweiten muss aus fachdidaktischer Sicht darauf hingewiesen werden, dass Aufgabenstellungen, wie sie im obigen Beispiel verwendet wurden, und das damit verbundene Konzept von Problemlösen grundsätzlich hinterfragt werden müssen. Rodriguez u.a. (ebd., 209), monieren, dass im Unterricht Text und Sache mehr gewichtet werden müssten, damit (anderssprachige) Schülerinnen und Schüler die erwähnten sprachlichen Stolpersteine besser bewältigen könnten.

Diese Fragen werden in Kapitel 4.7 ausführlich diskutiert (vgl. auch Moser Opitz 2006a).

Zusammenfassend kann festgehalten werden: Immigrantenkinder zeigen generell schlechtere Schulleistungen und damit auch schlechtere Mathematikleistungen als einheimische Kinder. Dies darf nicht einseitig mit fehlenden Sprachkompetenzen erklärt werden, sondern hat Ursachen auf verschiedenen Ebenen: häufige Schulung in Klassen, welche nur Grundanforderungen stellen, oft Herkunft aus eher bildungsfernem Milieu, oft tiefer sozioökonomischer Status, Komplexität des Zweitspracherwerbs an sich usw. Diese Faktoren müssen in der Diskussion um Mathematikleistungen berücksichtigt werden. Weiter gilt es, ein besonderes Augenmerk auf die Formulierung von Sachaufgaben und die Gestaltung des mathematischen Problemlösens zu richten.

4 Erwerb von mathematischen Kenntnissen: Zentrale Aspekte und mögliche Schwierigkeiten

4.1 Einführung

Nachdem in Kapitel 2 mathematische Lehr- und Lernstörungen als komplexes Phänomen dargestellt wurden, das nur im Kontext des „Kommunikationsfeldes Mathematikunterricht" (Werner 1999) betrachtet werden kann, sollen im Folgenden Aspekte der mathematischen Sache erläutert werden. Es wird aufgezeigt, aus welchen Elementen bzw. Prozessen sich die arithmetischen Grundoperationen aufbauen und welche Schwierigkeiten bei deren Erwerb häufig auftreten. Es werden auch Verbindungen zu (beeinträchtigten) individuellen Voraussetzungen und unterrichtlichen Faktoren erläutert. Dabei muss beachtet werden: Es ist im Rahmen der vorliegenden Ausführungen weder sinnvoll noch möglich, eine umfassende fachdidaktische Aufarbeitung der Thematik zu leisten – dies ist an anderer Stelle bereits geleistet worden (z.B. Krauthausen/Scherer 2003, van de Walle 2001).

Zu Beginn werden einzelne mathematische Themen bzw. Operationen beschrieben und deren wesentliche Aspekte hervorgehoben. Dazu gehören auch Fallstricke und Stolpersteine, welche in der Sache selber liegen und das Verständnis erschweren können. In einem nächsten Abschnitt wird jeweils anhand von Studien auf Schwierigkeiten eingegangen, welche sich besonders bei Schülerinnen und Schülern mit mathematischen Lernschwierigkeiten zeigen.

4.2 Zählen

4.2.1 Zählentwicklung

Zählen ist eine für den arithmetischen Lernprozess zentrale Kompetenz. Erst durch den korrekt ausgeführten Zählakt wird es möglich, eine Anzahl zu bestimmen und überhaupt zu einem Anzahlbegriff zu kommen (vgl. Moser Opitz 2002; Janssen u.a. 1999, 279; Fuson 1988; Freudenthal 1977, 169ff.). Der Zählprozess lässt sich durch die fünf Zählprinzipien von Gelman und Gallistel beschreiben (für eine ausführliche Diskussion vgl. Moser Opitz 2002, 66ff.).

- Eineindeutigkeitsprinzip: Jedem Objekt der jeweils zu zählenden – endlichen – Kollektion wird ein und nur ein Zahlwort zugeordnet.
- Prinzip der stabilen Ordnung: Die beim Zählen benutzten (Zahl-)Wörter müssen in einer stabilen, d.h. stets in gleicher Weise wiederholbaren Ordnung vorliegen.
- Kardinalprinzip oder Kardinalwort-Prinzip: Das letzte Zahlwort, das bei einem Zählprozess benutzt wird, gibt die (Kardinal-)Zahl/Anzahl der jeweiligen Kollektionen an. Dazu gehören die Aspekte a) Betonen des letztgenannten Zahlwortes, Wiederholung des letztgenannten Zahlwortes, b) Feststellen der Anzahl einer Menge, ohne dass diese ein zweites Mal gezählt wird und c) die Fähigkeit, auf die Nachfrage „Wie viele sind es?" mit dem letztgenannten Zahlwort zu antworten.
- Abstraktionsprinzip: Die ersten drei Zählprinzipien können auf eine beliebige Anzahl von Einheiten angewendet werden.
- Prinzip der Irrelevanz der Anordnung: Die jeweilige Anordnung der Objekte ist für den Zählakt irrelevant (deutsche Übersetzung vgl. Schmidt 1983, 106).

Zählen ist eine komplexe Fähigkeit, welche verschiedene Aspekte umfasst, die nach und nach zur vollständigen Zählkompetenz integriert werden. Dazu gehören die Zahlwortreihe, das (korrekte) Zählen von Objekten sowie das kardinale Verständnis. Kinder beginnen mit ca. zwei Jahren zu zählen, indem sie die Zahlwortreihe, welche sie bei Eltern oder Geschwistern gehört haben, (oft noch fehlerhaft) rezitieren. Zählen gilt somit als kulturell bzw. sozial vermittelte Fähigkeit, welche sich vom Kleinkindalter bis zum Schuleintritt in der Regel so weit entwickelt, dass vorwärts zählen bis 20 und das korrekte Bestimmen einer Anzahl möglich sind (z.B. Hengartner/Röthlisberger 1995). Die verschiedenen Aspekte des Zählaktes werden im Folgenden dargestellt (vgl. Fuson 1988).

Zahlwortreihe

Ganzheitsauffassung der Zahlwortreihe (String Level)
Die Zahlwortreihe wird als unidirektionale Ganzheit aufgefasst und wie ein Lied oder ein Gedicht rezitiert. Dabei werden die Zahlwörter zum Teil noch nicht voneinander unterschieden. Vier-fünf-sechs kann z.B als eine immer wieder vorkommende Einheit betrachtet werden. Die Elemente werden nicht gezählt, und die Zahlwörter haben keine kardinale Bedeutung.

Unflexible Zahlwortreihe (Unbreakable List Level)
Die Zahlwörter werden als Einheiten aufgefasst. Die Kinder können die Zahlwortreihe aufsagen, müssen aber immer wieder bei eins beginnen, da eine beliebige Zahl noch nicht als Ausgangspunkt genommen werden kann. Vorgänger und Nachfolger einer bestimmten Zahl können nur genannt werden, indem das Kind sie innerhalb der Zahlreihe zu bestimmen versucht. Eins-zu-eins-Korrespondenz zwischen Zahlwort und Element kann hergestellt werden. Die Kinder können durch Zählen eine Anzahl von Elementen bestimmen, nach der sie gefragt werden („gib mir drei").

Teilweise flexible Zahlwortreihe (Breakable Chain Level)
Die Zahlwortreihe kann von einem beliebigen Zahlwort aus aufgesagt werden. Vorgänger- und Nachfolgerzahlen können unverzüglich genannt werden. Rückwärts zählen gelingt zum Teil. Fuson (ebd.) merkt an, dass sich das Rückwärtszählen zum Teil erst zwei Jahre nach dem Vorwärtszählen entwickelt.

Flexible Zahlwortreihe (Numberable Chain Level)
Jedes Zahlwort wird als Einheit betrachtet. Von jeder Zahl aus kann eine bestimmte Anzahl Schritte weitergezählt werden („Zähle von 14 aus drei Schritte vorwärts").

Vollständig reversible Zahlwortreihe (Bidirectional Chain Level)
Es kann von jeder Zahl aus vorwärts- und rückwärts gezählt werden. Richtungswechsel erfolgen schnell und ohne Schwierigkeiten. Vorgänger und Nachfolger einer bestimmten Zahl können unverzüglich genannt werden (Fuson 1988, 33; Übersetzung nach Moser Opitz 2002, 86).

Die Zahlwörter von 1-12 müssen in der deutschen Sprache auswendig gelernt werden, 13-19 lassen sich im Anschluss daran konstruieren. Das Zahlwort für „Zwanzig" sowie die Zahlwörter für die anderen Zehner müssen wieder gelernt werden. Ausgehend davon wird die weitere Zahlwortreihe konstruiert. Dabei kommt es häufig zu logischen Verzählungen bzw. zu „sinnvollen sprachlichen Neuschöpfungen" wie „zehnundzwanzig" für 30 oder „zehnzig" für Hundert (Moser Opitz/Schmassmann 2003, 13). Häufig kann z.B. beobachtet werden, dass Kinder die „Schnapszahlen" 33, 44, 55 oder beim Zählen über Hundert Zahlen wie 404 und 525 überspringen. Bei 33 verleitet der vertraute Klang der Zahlenreihe „zwei-drei-vier" zu zwei-und-drei-ßig, vier-und-dreißig. Bei Nachfragen, warum die Zahl ausgelassen worden sei, antworten die Kinder jeweils, dass sie die Zahl doch eben genannt hätten. Weiter kommen häufig Fehler beim Übergang über den Zehner oder Hunderter vor (Tab. 1; vgl. auch Selter/Spiegel 1997, 49). In asiatischen Sprachen ist das Zählen einfacher. Dort müssen nur die Zahlwörter von 1-10 auswendig gelernt werden, anschließend kann die Zahlwortreihe stringent konstruiert werden. Elf ist „ein-Zehner-eins", 23 ist „zwei-Zehner-drei" usw.

Tab. 1: Verzählungen beim Vor- und Rückwärtszählen (Moser Opitz/ Schmassmann 2003, 14)

Verzählungen beim Vorwärtszählen	Verzählungen beim Rückwärtszählen
26, 27, 28, 90 56, 57, 58, 59, 100 56, 57, 58, 59, 50 208, 209, 300	54, 53, 52, 51, 49, 48 54, 53, 52, 51, 40, 49 54, 53, 52, 51, 52, 53, 54 402, 401, 399, 398 402, 401, 400, 309, 308 402, 401, 400, 399, 398, 893, 892

Zum Teil hängen diese Verzählungen mit „Ungereimtheiten" der deutschen Sprache zusammen. So wird von 13 bis Hundert jeweils der Einer zuerst genannt, dann der Zehner (drei- und zwanzig). Nach 100 muss ein Richtungswechsel vollzogen werden: Von 101 bis 109 wird zuerst der Hunderter genannt, dann der Einer, jedoch kein Zehner. Ab 113 wird zuerst der Hunderter, dann der Einer und zuletzt der Zehner, welcher jedoch in der Mitte der Zahl geschrieben wird, gesagt. Schäfer (2005, 70) listet folgende sprachliche Festlegungen und Regeln auf, welche ein Kind für den Erwerb der Zählkompetenz kennen bzw. lernen muss:
- Zahlwortreihe von 1-12
- Zahlwörter für die Zehnerzahlen
- Zahlwortbildung für die Zahlen von 13-19
- Zahlwortbildung für die Zahlwörter ab 21 (zuerst Einer, dann Zehner; ausgenommen bei den reinen Zehnerzahlen)
- Zahlwortbildung ab 100 (Hunderter, dann der Einer, zuletzt der Zehner)

Das Zählen in Schritten größer als Eins setzt eine höhere Flexibilität voraus als das Zählen in Einerschritten. Es erfordert einerseits die sichere Repräsentation der Zahlwortreihe, andererseits aber auch die Vorstellung, dass jedes Zahlwort eine Einheit darstellt und dass z.B. beim Zählen in Zweier-Schritten immer eine Einheit übersprungen werden muss. Diese Fähigkeit des Zählens in Schritten, d.h. das Zusammenfassen zu Einheiten größer als Eins, gilt als wichtige Voraussetzung für die Ablösung vom zählenden Rechnen. Sicheres Zählen in Schritten gilt deshalb als wichtige Kompetenz im arithmetischen Lernprozess.

Zählen von Objekten

Zum Zählakt gehört auch das korrekte Zählen von Objekten. Jedem Element einer Menge wird ein Zahlwort zugeordnet. Dies kann durch Verschieben, Antippen, Zeigen oder mit einer Augenfolgebewegung geschehen. Dabei kommen immer wieder Koordinationsfehler vor (vgl. Fuson 1988, 89ff.). Beispielsweise wird ein Objekt zweimal angetippt, einem Objekt werden zwei Zahlwörter zugeordnet, ein Zahlwort wird auf zwei Objekte „verteilt" (sie-ben) usw. Wichtig für das Zählen von Objekten ist auch die Erinnerung daran, wo mit dem Zählakt begonnen worden ist. Es kommt oft vor, dass Kleinkinder eine Anzahl von Objekten mehrmals scheinbar endlos „durchzählen" und erst durch Unterbrechung von außen oder zufällig zu einem Abschluss finden. Sie können die Stopp-Regel nicht anwenden, welche besagt, dass vor dem Objekt, welches als erstes gezählt wurde, angehalten werden muss.

Bei den Koordinationsfehlern muss beachtet werden, dass diese einerseits Zeichen eines noch nicht vollständig verstandenen Zählaktes, andererseits aber auch Ausdruck von feinmotorischen Schwierigkeiten sein können. Gerade wenn die Objekte klein, nicht sehr handlich und ungeordnet sind, haben jüngere Kinder oft Mühe mit dem korrekten Zählen. Dies muss in der Diagnostik und im Unterricht berücksichtigt werden.

Kardinales Verständnis

Das kardinale Verständnis macht den „Kern" des Zählens aus: Wir zählen, um eine Anzahl zu bestimmen. Krajewski (2005, 159) weist darauf hin, dass erst die Verknüpfung von quantitativen Schemata (z.B. Mengenvergleiche im Sinn von mehr, weniger, gleich viel) mit den sich parallel entwickelnden Zählfähigkeiten die Grundlage für das Verständnis des Zahlensystems bietet.

Das vorgängig dargestellte Kardinalwortprinzip beschreibt den Vorgang mit folgenden Schritten: a) Betonen des letztgenannten Zahlwortes, Wiederholung des letztgenannten Zahlwortes, b) Feststellen der Anzahl einer Menge, ohne dass diese ein zweites Mal gezählt wird und c) die Fähigkeit, auf die Nachfrage nach der Anzahl einer gezählten Menge mit dem letztgenannten Zahlwort zu antworten. Fuson (1988, 262; vgl. deutsch Moser Opitz 2002, 91) hat diesen Prozess differenziert dargestellt. Wichtig ist vorerst die Erkenntnis, dass als Mittel zur Beantwortung der Frage „Wie viele sind es?" gezählt werden kann. Ist diese Einsicht vorhanden, werden die Elemente gezählt, und am Schluss wird das letztgenannte Zahlwort spontan wiederholt. Damit wird ausgedrückt, dass das zuletzt gezählte Element x zugleich die gezählte Anzahl bezeichnet. Damit wird auch die Frage „Wie viele sind es?" beantwortet. Kinder, die dieses Prinzip nicht verstanden haben, beginnen häufig auf die wiederholte Frage „Wie viele sind es"? erneut mit Zählen.

4.2.2 Schwierigkeiten beim Erwerb der Zählkompetenz

In verschiedenen Studien wird auf einen Zusammenhang zwischen fehlenden bzw. eingeschränkten Zählkompetenzen und mathematischen Lernschwierigkeiten hingewiesen.

Zusammenhang Zählkompetenzen – arithmetische Leistungen

Geary, Bow-Thomas und Yao (1992; vgl. auch Geary 1993, 350 und Geary 2004, 6) haben in einer Untersuchung festgestellt, dass Kinder mit mathematischen Lernschwierigkeiten über geringere Zählkompetenzen verfügten als Gleichaltrige ohne solche Probleme. Insbesondere war die Zählkompetenz der Experimentalgruppe weniger weit entwickelt, und die Kinder hatten Schwierigkeiten, Zählfehler zu erkennen (ebd., 383). Zudem wurde ein Zusammenhang zwischen den unreifen Zählstrategien und einer gehäuften Anzahl von Rechenfehlern bei der Addition festgestellt. Die Autoren weisen deshalb der Zählkompetenz eine wesentliche Bedeutung im Hinblick auf den Erwerb arithmetischer Kenntnisse zu. Diese Resultate wurden durch eine spätere Studie bestätigt (Geary/Hoard/Hamson 1999, 235; zusammenfassend Gersten u.a. 2005, 294f.).

Sprachentwicklungsstörungen und Zählen

In der Fachliteratur wird immer wieder diskutiert, ob und wie Sprachentwicklungsstörungen und die Entwicklung der Zählkompetenz miteinander in Beziehung stehen. Donlan (1998; 2003) referiert verschiedene Untersuchungen, welche sich mit dem Zusammenhang von Sprachentwicklungsstörungen und mathematischer Leistung befassen. Er folgert (2003, 355), dass eine Sprachentwicklungsstörung nicht zwingend ein Hindernis für den Mathematikerwerb sein müsse. Allerdings weisen die meisten Studien darauf hin, dass Kinder mit Sprachentwicklungsstörungen über eine eingeschränktere Zählkompetenz verfügen als Kinder der Kontrollgruppe. Fazio (1994) fand bei sprachbehinderten Kindern mehr Fehler beim verbalen Zählen als bei Kindern mit normaler Sprachentwicklung, jedoch ein altersgemäß entwickeltes Verstehen von Kardinalität und ein korrektes Zählen von Objekten. Eine zweite Studie (Fazio 1996) führte zu ähnlichen Ergebnissen. Hier zeigten die Kinder ebenfalls Schwierigkeiten bei Aufgaben, bei denen es vor allem um Zahlwörter ging, nämlich beim verbalen Zählen und bei der Kenntnis von Zahlwörtern. Dabei ist interessant, dass sich die Schwierigkeiten beim Zählen auch zwei Jahre nach der ersten Messung noch zeigten. In anderen mathematischen Bereichen hatten diese Kinder deutliche Lernfortschritte erzielt. Die Autorin vermutet als Ursache für die Probleme beim Erwerb der Zahlwortreihe eine eingeschränkte phonologische und lexikalische Speicherkapazität (vgl. auch Fazio 1999). Da dem Zählen für den Prozess des mathematischen Lernens eine wesentliche Bedeutung zukommt, kann angenommen werden, dass die eingeschränkte Zählkompetenz zumindest teilweise den weiteren arithmetischen Lernprozess beeinflusst. So kann z.B. das Verwechseln von Zahlwörtern beim Zählen zu Fehlern beim Rechnen führen.

Zur Bedeutung der Zählkompetenz kann zusammenfassend Folgendes festgehalten werden: Die Studien weisen darauf hin, dass Schülerinnen und Schüler mit mathematischen Lernschwierigkeiten in ihrer Zählkompetenz beeinträchtigt sind. Eine gesicherte Zählkompetenz scheint somit für den Erwerb mathematischer Fähigkeiten eine zentrale Rolle zu spielen.

Mögliche Ursachen für Schwierigkeiten beim Zählen

Es interessiert nun die Frage, welche Faktoren für Schwierigkeiten beim Zählprozess verantwortlich sein könnten. Dazu gibt es verschiedene Erklärungen. Geary, Bow-Thomas und Yao (1992, 383) vermuten einerseits, dass Kinder mit mathematischen Lernschwierigkeiten den Zählakt nicht als Mittel zum Bestimmen einer Anzahl, sondern als eine mechanische Aktivität verstehen. In einem anderen Erklärungsansatz werden die Probleme beim Nachsprechen von Zahlen der Unfähigkeit zugeschrieben, während einer numerischen Aktivität Information im Arbeitsgedächtnis zu speichern (Geary, Hoard und Hamson 1999, 232).

In Untersuchungen in Zusammenhang mit dem Arbeitsgedächtnis und mathematischen Lernstörungen wird immer wieder diskutiert, ob eine eingeschränkte Hörspanne oder Schwierigkeiten im visuell-räumlichen Bereich den Zählakt beeinflussen. Dieser Frage sind Hitch und McAuley (1991) nachgegangen. Sie haben Kindern mit und ohne mathematische Lernschwierigkeiten Aufgaben zum Zählen und zum Größenvergleich gestellt. In der einen Versuchsanordnung waren dazu visuelle, in der anderen auditive Fähigkeiten zur Aufgabenbewältigung notwendig. Die Kinder mit Lernschwierigkeiten zeigten signifikant geringere Leistungen in den Zählaufgaben, und zwar unabhängig davon, ob der Stimulus visuell oder auditiv erfolgte. In der Aufgabe zum Größenvergleich ergab sich kein signifikanter Leistungsunterschied zwischen den Gruppen. Dies weist auf spezifische Schwierigkeiten der rechenschwachen Kinder beim Zählen hin, ohne dass aber ein Zusammenhang zwischen (evtl. eingeschränkten) auditiven oder visuellen Fähigkeiten gefunden werden konnte.

In einem weiteren Experiment wurde von denselben Autoren der Zusammenhang zwischen der Merkfähigkeit für Zahlen und dem Zählen überprüft. Kinder mit mathematischen Lernschwierigkeiten waren signifikant langsamer beim Zählen als die Kontrollgruppe. Zudem war ihre Merkfähigkeit für Zahlen geringer. Die Autoren schließen daraus, dass die Schwierigkeit der rechenschwachen Kinder vor allem darin besteht, dass sie den Zählakt nicht flüssig durchführen können. Dieser könne somit schlecht kontrolliert werden, und in der Folge würden Fehler entstehen. Als Ursache für den fehlenden Fluss im Zählakt wird angenommen, dass Kinder mit Lernschwierigkeiten arithmetische Aktivitäten wie das Zählen vermeiden und dadurch zu wenig Erfahrungen damit sammeln können (ebd., 385). Diese Interpretation der fehlenden Erfahrung stimmt mit Untersuchungen zur Zählentwicklung bei geistig behinderten Kindern überein. Baroody (1986) hat festgestellt, dass diese Kinder das Zählen nicht spontan durch Alltagserfahrungen lernten wie Kinder ohne Beeinträchtigungen, sondern dazu Unterstützung und Anregung von außen brauchten. Daraus kann gefolgert werden, dass nicht alle Kinder die Zählkompetenz durch Alltagserfahrungen erwerben und dieser somit im Unterricht besondere Beachtung geschenkt werden muss.

4.3 Dekadisches Stellenwertsystem

4.3.1 Bedeutung und verschiedene Veranschaulichungen

Das Verständnis des dekadischen Stellenwert- bzw. des Dezimalsystems (im Folgenden werden die Begriffe „Stellenwertsystem" und „Dezimalsystem" synonym für „dekadisches Stellenwertsystem" verwendet) wird generell als wichtiger Bestandteil des arithmetischen Lernprozesses betrachtet. Im (Schul-)Alltag wird häufig der Begriff des „Zahlenraums" verwendet, welcher bis 100, bis 1000 usw. „aufgebaut" wird. Gemeint ist in der Regel das „Kennenlernen" der Zahlen in einem bestimmten Zahlenraum. Dabei wird häufig außer Acht gelassen, dass dazu verschiedene Zahlaspekte und auch verschiedene Veranschaulichungen gehören, welche einerseits einzeln erarbeitet und verstanden, andererseits aber in Verbindung gebracht werden müssen. Generell kann der Prozess des Verstehens des Dezimalsystems folgendermaßen umschrieben werden: Die Schülerinnen und Schüler müssen Wissen über das kulturell bedingte Notationssystem sowie Teil-Ganze-Beziehungen miteinander in Verbindung bringen (Ross 1989, 47).

Müller und Wittmann (1984, 192) betonen, dass für die Erarbeitung des dekadischen Systems „ ... das Bündeln als grundlegendes und durchgängiges Prinzip deutlich herausgestellt werden muss". Das Bündelungsprinzip fasst jeweils zehn Einheiten zu einer neuen Einheit zusammen, zehn Einer werden zur Einheit Zehner zusammengefasst, zehn Zehner zur Einheit Hunderter usw. Die Anzahl der einzelnen Einheiten wird anschließend mit Ziffern dargestellt.

„Bei der Notation der Bündelungsergebnisse erhält man schließlich eine bestimmte Ziffernfolge. Dabei hat jede Ziffer neben ihrem Anzahlaspekt (»wie viele dieser Bündel sind es«?) auch noch einen Stellen*wert*: Die Position oder die Stelle ... einer Ziffer innerhalb einer Zahl gibt Aufschluss über den Wert dieser Ziffer" (Krauthausen/Scherer 2003, 16; Kursivschrift und Zeichensetzung im Original).

Eine Schwierigkeit, welche sich als Hürde beim Lernprozess erweisen kann, sind die verschiedenen Möglichkeiten der Versprachlichung. Es gibt verschiedene Varianten, um eine Zahl zu beschreiben. 145 kann z.B. einen Hunderter, vier Zehner und fünf Einer oder 145 Einer oder vierzehn Zehner und fünf Einer bedeuten. Das Stellenwertsystem beinhaltet verschiedene Eigenschaften, welche miteinander in Verbindung gebracht werden müssen und erst durch die Integration aller Aspekte zu einem umfassenden Verständnis führen.

- Stellenwert: Der Wert der verschiedenen Einheiten (Einer, Zehner ...) wird durch die Position der Ziffer innerhalb der Zahl repräsentiert. Die Ziffer gibt die Anzahl der jeweiligen Einheiten an.
- Potenzen zur Basis Zehn: Der Exponent nimmt von links nach rechts jeweils um eins ab ($1000 = 10^3$, Hundert $= 10^2$, Zehn $= 10^1$ ...).
- Multiplikative Eigenschaft: Der Wert einer einzelnen Stelle kann gefunden werden, indem die Anzahl Einheiten – repräsentiert durch die Ziffer – mit dem Wert der jeweiligen Einheit – repräsentiert durch die Position – multipliziert wird. Für 358 bedeutet das 3 • 100, 5 • 10 und 8 • 1.
- Additive Eigenschaft: Der Wert einer Zahl setzt sich zusammen aus der Summe der einzelnen Stellenwerte. 358 setzt sich zusammen aus 300 + 50 + 8.

Ross (1989, 49) geht davon aus, dass das Verständnis des Stellenwertsystems in fünf aufeinander folgenden Stadien erworben wird. Sie nennt die Stadien Anzahlbestimmung, Kennzeichnung der Stellenwerte, Stellenwert erkennen, Einsicht in den Aufbau einer zweistelligen Zahl aus Zehnern und Einern und vollständige Einsicht. In einer Studie gelang es ihr, die Aufgabenbearbeitungen von Kindern den Stadien zuzuordnen. Allerdings bedeutet eine solche Zuordnung noch nicht, dass es sich tatsächlich um aufeinander folgende Stufen handelt. Die „Stadien" können auch einzelne Kompetenzbereiche sein, welche sich – nicht zwingend hierarchisch – nach und nach zu einem vollständig verstandenen Konzept des Stellenwertsystems entwickeln.

Tab. 2: Veranschaulichungen und Arbeitsmaterialien zum Dezimalsystem

Veranschaulichung	Beschreibung
Stellentafel (auch Stellenwerttafel oder Stellenwerttabelle)	Tabelle mit mind. zwei Spalten für die Notation der dezimalen Einheiten: links die Zehner, rechts die Einer. Im Tabellenkopf sind die Einheiten entweder gezeichnet (Zehnerstab, Einerwürfel), in Worten (Zehner, Einer) oder abgekürzt (Z, E) angegeben.
Hunderterfeld/ Tausenderfeld	Darstellung des Zahlenraumes von 1 bis 100 als strukturiertes Punktfeld in quadratischer Anordnung (Zahlenraum von 1-1000: zehn Hunderterfelder nebeneinander). Hervorhebung der Fünferstruktur durch je eine waagrechte und senkrechte Lücke nach jeweils fünf Zeilen bzw. fünf Spalten. Betonung des kardinalen Zahlaspekts. *Einsatz:* Erarbeiten des Zahlaufbaus aus Hundertern (ganze Felder), Zehnern (ganze Zeilen oder Spalten) und Einern (einzelne Punkte). Entwicklung der Größenvorstellung, strukturierte Darstellung von Zahlen bzw. Anzahlen, Ergänzen auf Zehnerzahlen, Ergänzen auf 100 bzw. 1000.
Hundertertafel, Tausenderbuch	Quadratische Anordnung der Zahlen von 1 bis 100 in der Lese- und Schreibrichtung von links oben nach rechts unten (Zahlen von 1 bis 1000: zehn waagrecht aneinander gereihte Hundertertafeln). Betonung der Position der Zahlen (jede Zahl hat auf Grund des ordinalen Zahlaspektes ihren eindeutig festgelegten Platz unter Hervorhebung der dezimalen Schreibweise (gleiche Einer untereinander). *Einsatz:* Erarbeiten der Gesetzmäßigkeiten des Zahlaufbaus und der Zahlenschreibweise im Zehnersystem, Orientierung im Hunderterraum, Entdecken von Strukturen und Zahlenmustern.
Zahlenreihe	Reihenfolge der natürlichen Zahlen (1, 2, 3, 4 ...). Betonung des ordinalen Zahlaspektes. *Einsatz:* Erarbeiten der Rangordnung der Zahlen, Entwicklung von Zählstrategien.
Zahlenstrahl	Eine waagrechte Linie wird durch senkrechte, nicht oder teilweise beschriftete Markierungsstriche verschiedener Länge oder Stärke in Einer-, Fünfer-, Zehner-, Hunderter-, Tausenderabstände usw. unterteilt. Durch die Wahl der Länge eines Abstandes (z.B. des Zehnerabstandes) sind alle anderen Abstände auf dem Zahlenstrahl festgelegt und proportional zueinander. Jede Zahl wird gleichzeitig durch den Endpunkt einer Strecke und durch die Länge der Strecke (von 0 aus gemessen) repräsentiert. Betonung des ordinalen Zahlaspektes. *Einsatz:* Erarbeiten und Erkennen von dezimalen Größenbeziehungen (z.B. ein Zehner ist 10-mal so viel wie ein Einer), Platzieren und Ablesen von Zahlen, Zählen in Schritten, Erarbeiten der Übergänge über die Zehner, Hunderter usw.

Auch wenn ein hierarchisches Stufenkonzept hier kritisch betrachtet wird und sich bezüglich des Umgangs mit zweistelligen Zahlen kein kontinuierlicher Lernprozesse feststellen lässt, weisen die dargestellten Untersuchungen dennoch auf einen wichtigen Aspekt hin: Das Stellenwertsystem ist ein komplexes Gefüge, welches nicht von heute auf morgen erworben werden kann. Schülerinnen und Schülern muss für den Aufbau von Einsicht und Verständnis in dieses System genügend Zeit und geeignete Unterstützung gewährt werden. Anhand geeigneter Materialien muss ihnen ausreichend Gelegenheit geboten werden, die verschiedenen Aspekte nach und nach selber zu entdecken. Damit wird der Aspekt der Veranschaulichungen und Arbeitsmittel angesprochen, welcher im Folgenden dargestellt wird.

Zum Stellenwertsystem gibt es verschiedene Veranschaulichungen und Arbeitsmaterialien, welche jeweils unterschiedliche Zahlaspekte betonen (vgl. Tab. 2; Moser Opitz/Schmassmann 2003, 39f.). Um eine vollumfängliche Einsicht ins Stellenwertsystem zu erwerben und den Zahlaufbau zu verstehen, müssen diese „Hilfsmittel" erarbeitet und miteinander verknüpft werden (vgl. auch Lorenz 1992 und 1993). Die unterschiedliche Bedeutung der verschiedenen Veranschaulichungen ist vielen Lehrpersonen nicht bewusst, so dass diese Darstellungen in der Folge nicht oder falsch erarbeitet werden. Dies kann zu grundlegenden Verständnisproblemen führen.

4.3.2 Mögliche Schwierigkeiten

Obwohl das Stellenwertsystem immer wieder als zentraler Aspekt mathematischen Lernens bezeichnet wird, gibt es nur wenige Studien, welche sich mit dessen Bedeutung befassen. Carpenter u.a. (1997) haben untersucht, ob es zwischen der Kenntnis des Stellenwertsystems und dem Ausführen von Additions- und Subtraktionsaufgaben einen Zusammenhang gibt. Schülerinnen und Schüler mit guten Kenntnissen des Dezimalsystems machten a) weniger Fehler und verwendeten b) vielfältigere (halbschriftliche) Strategien als Schülerinnen und Schüler mit schlechteren Kenntnissen des Dezimalsystems. Letztere verwendeten in erster Linie das schriftliche Normalverfahren. Zwischen der Verwendung von unterschiedlichen Strategien und der Kenntnis des dekadischen Stellenwertsystems scheint somit ein Zusammenhang zu bestehen. Allerdings bleibt offen, ob die Kenntnis des Dezimalsystems Voraussetzung für den Strategieerwerb ist, oder ob sich das Dezimalsystem in der Auseinandersetzung und im Umgang mit mehrstelligen Zahlen erst entwickelt. Mit dieser Thematik haben sich Hiebert und Wearne (1996) befasst. Sie gingen von der Annahme aus, dass ein gutes Verständnis des Dezimalsystems das Lösen von mehrstelligen Additions- und Subtraktionsaufgaben und insbesondere das Verstehen von Beziehungen zwischen den beiden Operationen fördert. In einer Längsschnittstudie (1.-3. Schuljahr) wurde überprüft, ob sich eine Intervention mit verschiedenen Aufgaben zum Dezimalsystem (bündeln, entbündeln, verschiedene Darstellungsformen, ausprobieren und diskutieren verschiedener Strategien und Materialien, Wahl des Rechenweges beim Lösen mehrstelliger Additions- und Subtraktionsaufgaben) positiv auf die Rechenfähigkeiten auswirkt. Die Kontrollgruppe erhielt eine Unterrichtung, bei welcher das Dezimalsystem und die Addition und Subtraktion von mehrstelligen Zahlen konventionell eingeführt wurden. Am Ende des ersten und auch am Ende des zweiten Schuljahres konnte zwischen den beiden Gruppen kein signifikanter Leistungsunterschied festgestellt werden, wohl aber am Ende des dritten Schuljahres. Der intensive Aufbau des Verständnisses des Dezimalsystems – oder wie die Autoren sagen: das „konzeptuelle Verständnis" – hat somit die Leistungen der Schülerinnen und Schüler erst im Lauf der Zeit beeinflusst.

Eine Schwierigkeit beim Erwerb des Stellenwertsystems, welche immer wieder auftritt, ist die Einsicht in den Aufbau der Zahlen und deren Notation. Einerseits muss verstanden werden, dass die verschiedenen Stellenwerte gemäß dem Bündelungsprinzip in einer bestimmten Beziehung zueinander stehen. Diese Erkenntnis muss anschließend mittels eines Transkodierungsprozesses in die Schreibweise des arabischen Zeichensystems umgesetzt werden, dessen Regeln die Kinder lernen müssen. Noël und Turconi (1999, 298) merken an, dass dieser Prozess zwei bis drei Jahre dauern kann und unterscheiden eine Phase des Zahlenverständnisses und eine Phase der Zahlenproduktion. Beim *Zahlenverständnis* geht es darum, Zahlen laut der Bedeutung ihrer Stellenwerte zu verstehen. „Dreihundertvierundzwanzig" bedeutet drei Hunderter, zwei Zehner und vier Einer, auch wenn die Zehner erst am Schluss des Zahlwortes gesprochen werden. Bei der *Zahlenproduktion* werden Zahlen vom Kind selber geschrieben oder gesprochen, und es geht darum, „vierhundertdreiundzwanzig" stellengerecht als vier Hunderter, zwei Zehner und drei Einer zu schreiben bzw. die Zahl korrekt zu lesen. Gerade beim Prozess der Zahlenproduktion entstehen häufig

Fehler: Die Kinder übergeneralisieren z.B. bekannte Regeln oder wenden sie falsch an. 106 (hundertsechs oder hundert und sechs) wird dann – logischerweise – als 1006 geschrieben, d.h. die Zahlen werden gemäß ihrer Sprechweise und nicht gemäß ihrem Stellenwert notiert. Dieser Transkodierungsprozess stellt insbesondere für anderssprachige Kinder eine Hürde dar (vgl. 3.3.2).

4.4 Addition und Subtraktion

4.4.1 Bedeutung und Aufbau von Addition und Subtraktion

Kopfrechnen

Addieren und Subtrahieren dürfen nicht als ein möglichst schnelles Beherrschen und Automatisieren von Zahlensätzen verstanden werden. Zentral ist, dass die Schülerinnen und Schüler ein grundlegendes Operationsverständnis erwerben können (Krauthausen/Scherer 2003, 22). Dazu gehören verschiedene Aspekte, welche im Folgenden dargestellt werden.

Einsicht in Zahlbeziehungen erarbeiten

Im Erstunterricht wird häufig in einer ersten Phase Gewicht gelegt auf die Anzahlbestimmung und die Zuordnung von Zahlen zu Mengen. Anschließend werden die Addition und die Gleichungsschreibweise eingeführt, und einzelne Rechenaufgaben werden geübt. Bei diesem Vorgehen wird außer Acht gelassen, dass sich (An-)Zahlen nicht nur aus vielen Einzelelementen zusammensetzen, sondern auch aus Teilen, welche größer sind als Eins. Für das spätere konzeptuelle Verständnis der Grundoperationen ist die Einsicht wichtig, dass eine Zahl in Teile größer als Eins zerlegt werden kann (fünf lässt sich z.B. in drei und zwei zerlegen) und dass diese Teile ebenfalls Zahlen repräsentieren. Weiter ist die Einsicht in die Teil-Ganz-Beziehung wichtig: Ein Ganzes lässt sich aus zwei oder mehr Teilen unterschiedlicher Größe bzw. aus mehreren gleich großen Teilen zusammensetzen (Gerster/Schultz 1998, 13). Sieben setzt sich zusammen aus fünf und zwei, vier und drei usw. Vom Ganzen und einem Teil kann auf den zweiten Teil geschlossen werden, von den zwei Teilen auf das Ganze. Damit ist die Thematik Zahlzerlegung angesprochen. Es wird davon ausgegangen, dass diese die Basis bildet für die Einsicht in die Addition und Subtraktion und das Erarbeiten von Rechenstrategien. Cowan (2003, 439) merkt an, dass Schülerinnen und Schüler, welche dieses Verständnis nicht mitbringen, beim mündlichen und schriftlichen Rechnen benachteiligt seien.

Ausgangspunkt für die beschriebene Zahlzerlegung sind „kleine Zahlen" (1-5), welche simultan erfasst werden können. Daraus können durch „fast Verdoppeln", Verdoppeln, Bündeln, Zusammensetzen und Malnehmen neue Zahlen erzeugt werden (Gerster 2003, 215; Müller/Wittmann 1984, 179; vgl. auch van de Walle 2001, 110). Dies geschieht noch ohne formale Gleichungsschreibweise und wird mit Vorteil unter Einbezug von Veranschaulichungen mit einer Fünfer- und Zehnerstruktur (vgl. Abb. 2) erarbeitet.

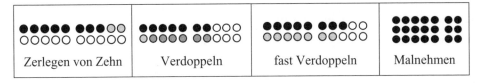

Abb. 2: Zerlegen, Verdoppeln, fast Verdoppeln, Malnehmen am Zwanzigerfeld

Ist die Einsicht in diese Beziehungen vorhanden, können daraus Prinzipien zum Lösen von Aufgaben abgeleitet werden. Diese sind in Tabelle 3 beispielhaft für die Addition aufgelistet (Dowker 1998, 282; vgl. auch Cowan 2003, 56ff.).

Nach Bryant u.a. (1999, 194) kommt dabei dem Verständnis des inversen Prinzips zur Addition und Subtraktion (vgl. Beispiel in Tab. 3) besondere Bedeutung zu. Die Autoren weisen in ihrer Untersuchung nach, dass die Kinder das Prinzip – wenn sie es verstanden haben – unabhängig von der Größe der Summanden (bzw. der Größe von Minuend und Subtrahend) anwenden. Dies ist ein wichtiger Befund, da sonst davon ausgegangen werden muss, dass die Größe der Zahlen beim Kopfrechnen eine zentrale Rolle spielt: Je größer die Zahlen, desto mehr Zeit wird für die Bearbeitung der Aufgaben gebraucht, und zwar von Kindern mit und ohne Lernschwierigkeiten. Dies zeigt sich vor allem, wenn die Strategie des Abzählens verwendet wird. Je größer die Zahlen, desto mehr Zeit brauchen die Kinder zum „Durchzählen" (Janssen u.a. 1999, 265).

Tab. 3: Lösungsprinzipien zur Addition

Prinzip	Beispiel
Identitätsprinzip: Wiedererkennen einer Aufgabe	Vorlage: 8 + 6 = 14 → auf die Frage 8 + 6 = ? erfolgt sofort die Antwort „14"
Kommutativgesetz	9 + 4 = 13, also ist 4 + 9 = 13
n + 1 / n – 1 Prinzip	23 + 44 = 67 → 23 + 45 = 68
n • 10 Prinzip	26 + 72 = 98 → 260 + 720 = 980
Inverses Prinzip zur Addition/ Subtraktion	46 + 27 = 73 → 73 – 27 = 46

Baroody (1999b) hat untersucht, unter welchen Bedingungen Kinder den Zusammenhang zwischen Addition und Subtraktion, also das inverse Prinzip, erkennen bzw. zum Rechnen nutzen. Seine Daten konnten vor allem belegen, dass die Kinder diese Beziehungen nicht von sich aus und „einfach so" erkennen, sondern dass diese über längere Zeit erarbeitet werden müssen. Auch konnte nachgewiesen werden, dass das Erkennen des Zusammenhangs der beiden Operationen nicht dazu führte, dass diese Erkenntnis sofort und umfassend beim Rechnen angewendet werden konnte.

Von Dowker (1998, 290) wurde überprüft, inwiefern die Kenntnis der obgenannten Prinzipien mit der Mathematikleistung (und anderen Variablen) in Zusammenhang stehen. Es zeigte sich, dass ältere Kinder Kopfrechenaufgaben besser lösen als jüngere, und dass das arithmetische Niveau bezüglich Addition und Subtraktion mit dem Wissen über Ableitungsstrategien verbunden ist. Es muss davon ausgegangen werden, dass Schülerinnen und Schüler, welche nicht über Einsicht in solche Strategien (und damit die genannten Prinzipien) verfügen, beim mündlichen und schriftlichen Rechnen benachteiligt sind (Cowan 2003, 43; vgl. auch Canobi 2004, 90). Diese Untersuchungsergebnisse weisen somit darauf hin, dass der Erarbeitung der Zahlbeziehungen und darauf aufbauend der Lösungsprinzipien und Strategien im Unterricht genügend Raum und Zeit eingeräumt werden muss.

Halbschriftliches Addieren und Subtrahieren

Unter halbschriftlichen Verfahren versteht man die Ausführung und Darstellung von eigenständigen, flexiblen Rechenstrategien, die zwischen dem mündlichen Rechnen und dem Kopfrechnen angesiedelt sind. Kenntnisse des Einspluseins und des Einmaleins werden mit den dezimalen Strukturen des Zahlaufbaus verknüpft und nutzen die elementaren Rechengesetze. Dadurch tragen die halbschriftlichen Verfahren wesentlich zur Entwicklung des mathematischen Denkens bei (Moser Opitz/Schmassmann 2004, 42). Krauthausen (2003, 89) bezeichnet halbschriftliche Strategien als „Werkzeuge" der Schülerinnen und Schüler zum Bewältigen von Rechenanforderungen. Halbschriftliche Strategien können – je nach Besonderheit der Aufgabe und des Zahlenmaterials – flexibel gewählt werden (vgl. Tab 4).

Tab. 4: Halbschriftliche Rechenstrategien am Beispiel der Addition

Strategie	Beispiel
Stellenwerte extra	$254 + 247 \rightarrow 200 + 200 = 400; 50 + 40 = 90; 4 + 7 = 11 \rightarrow 400 + 90 + 11 = 501$
Schrittweise	$254 + 247 \rightarrow 254 + 200 = 454 \rightarrow 454 + 40 = 494 \rightarrow 494 + 7 = 501$
Vereinfachen (Hilfsaufgabe)	$254 + 247 \rightarrow 254 + 250 = 504; 504 - 3 = 501$

Selter (2000, 250) hat in einer Untersuchung festgestellt, dass die Schülerinnen und Schüler unabhängig von den Aufgaben ein relativ stabiles Entscheidungsmuster für die Rechenstrategien zeigen und dazu neigen, vertraute Wege zu gehen. Die beiden Strategien „Stellenwerte extra" und „Schrittweise" machten zusammen den Grossteil der festzustellenden Strategien aus. Es kann vermutet werden, dass dies auch für Schülerinnen und Schüler mit mathematischen Lernschwierigkeiten gilt – wenn diese nicht gleich auf das schriftliche Normalverfahren ausweichen. Zudem kann angenommen werden, dass die Strategie „Vereinfachen", welche in hohem Maß das Herstellen von Zahlbeziehungen erfordert, von Kindern mit Rechenschwäche kaum verwendet wird.

Schriftliche Verfahren

Grundsätzliche Überlegungen

Schriftliche Verfahren werden im Alltag immer weniger verwendet, und ihre Bedeutung als „Gebrauchswert" sinkt zunehmend. Trotzdem stellt schriftliches Rechnen für viele Schülerinnen und Schüler sowie auch für Erwachsene immer noch die Krönung der Grundschulmathematik dar, und im Unterricht wird oft viel Zeit für die Erarbeitung der Verfahren und vor allem für das Üben aufgewendet. Schriftliches Rechnen ist „Ziffernrechnen", bei welchem Zahlen in Ziffern zerlegt werden, die dann mit Hilfe des Einspluseins und des Einmaleins gemäß genau definierten Regeln verknüpft werden (Selter 2000, 228).

Bezogen auf Schülerinnen und Schüler mit mathematischen Lernschwierigkeiten wird die Verwendung der schriftlichen Algorithmen auf unterschiedlichen Ebenen und kontrovers diskutiert. In der Praxis wird häufig moniert, dass die schriftlichen Verfahren, das Auswendiglernen von Rezepten der beste Weg sei, um die betroffenen Schülerinnen und Schüler zu befähigen, einfache mathematische Anforderungen zu bewältigen.

Auf theoretischer Ebene sind verschiedene Argumentationsweisen in Bezug auf die Bedeutung der schriftlichen Operationen zu finden. Selter und Spiegel (2003, 34) nennen schriftliche Normalverfahren neben Rechenregeln in Form unverstandener Rezepte „den zweiten großen Feind der Ausbildung von Verständnis" – wenn sie den Kindern zu früh beigebracht oder gar von ihnen verlangt werden. Dies ist gerade bei Schülerinnen und Schülern mit Schwierigkeiten oft der Fall. Wenn Probleme beim mathematischen Lernen auftreten, wird häufig auf die schriftlichen Verfahren ausgewichen – in der Meinung, dass das auswendig gelernte „Rezept" zu besserem Erfolg führe. Dies ist jedoch meist eine falsche Annahme. Da die Schülerinnen und Schüler die für das Verständnis des Algorithmus notwendigen mathematischen Voraussetzungen nicht mitbringen, werden die rezepthaft gelernten Verfahren oft bald wieder vergessen bzw. fehlerhaft angewendet. Zudem besteht die Gefahr, dass dem Verfahren „blind" vertraut wird und Ergebnisse ohne Überprüfung hingenommen werden (Gerster 2003, 222).

Andererseits können Normalverfahren gerade für lernschwache Schülerinnen und Schüler auch Vorteile haben. Weil nur mit kleinen Zahlen gerechnet werden muss und der Ablauf immer gleich bleibt, können diese Algorithmen für Schülerinnen und Schüler mit Schwierigkeiten auch Erleichterung bedeuten (Moser Opitz/Schmassmann 2004, 41). Das bedingt aber, dass a) überprüft werden muss, ob die Schülerinnen und Schüler die notwendigen Vorkenntnisse mitbringen und dass b) die Verfahren nicht rezepthaft, sondern aufbauend auf Verständnis erarbeitet werden. Dieses Gewichten von Einsicht und Verständnis anstelle von rezepthaftem Abarbeiten wird immer wieder betont, wie folgendes Zitat beispielhaft zeigt:

> „Für die heutige Zeit bildungswirksam ist nicht die Fähigkeit, ein spezifisches Verfahren nur ausführen zu können. Vielmehr muss das nicht eben neue Ziel, dass die Kinder auch verstehen, was sie dort machen, endlich nachhaltiger verfolgt werden. Der Unterricht darf daher nicht bei der Beherrschung der Technik stehen bleiben, sondern der Rechenweg muss genauer untersucht und so Verständnis für das Verfahren gefördert werden" (Schipper 2003, 102).

Inwiefern die Erarbeitung der schriftlichen Algorithmen für lernschwache Schülerinnen und Schüler sinnvoll ist, kann nicht generell gesagt werden und muss im Einzelfall entschieden werden. Praxiserfahrungen zeigen, dass bei der Addition und Subtraktion oft ein auf Verständnis basierendes Erarbeiten möglich ist. Bei der Multiplikation und Division kommt es häufiger vor, dass von der Erarbeitung des Normalverfahrens abgesehen werden muss.

4.4.2 Schwierigkeiten beim Addieren und Subtrahieren

Schwierigkeiten beim Kopfrechnen

Schwierigkeiten bei Leerstellen-Aufgaben

Ostad (1998, 11) hat den Schwierigkeitsgrad von bestimmten Aufgabentypen untersucht. In einer Studie mit rechenschwachen Schülerinnen und Schülern konnte er aufzeigen, dass diese bei Aufgaben des Typs $a \pm ? = c$ und $? \pm b = c$ größere Schwierigkeiten hatten als eine Kontrollgruppe. In einem Längsschnitt konnte er zudem nachweisen, dass sich die mathematische Kompetenz der Kontrollgruppe von der zweiten zur sechsten Klasse permanent verbesserte und die Schülerinnen und Schüler ihre Strategien kontinuierlich von der Verwendung von Materialien hin zu Abrufstrategien weiterentwickelten. Im Gegensatz dazu verlief die Entwicklung der Kinder mit Lernschwäche diskrepant, und bezüglich Strategieverwendung fand wenig Veränderung statt (ebd., 14ff.). Diese Schwierigkeiten können in Zusammenhang mit fehlender Einsicht in Zahlbeziehungen gesehen werden, wie sie in Kapitel 4.4.1 dargelegt wurden.

Eingeschränkte Strategieverwendung – Zählendes Rechnen

Mangelhafte arithmetische Kompetenzen von Kindern mit mathematischen Lernschwierigkeiten werden oft mit fehlenden bzw. unreifen Rechenstrategien in Verbindung gebracht und in der Regel am Beispiel der Addition und der Subtraktion näher untersucht. In Tabelle 5 sind häufig beschriebene Rechenstrategien aufgeführt (Thompson 2000; Wember 1998; Ostad 1998, 3; Ostad 1997, 349f.; Lorenz 1996; Geary/Brown/Samaranayake 1991, 788). Diese Vorgehensweisen lassen sich allerdings nicht immer in ihrer „Reinform" finden, häufig werden von den Schülerinnen und Schülern verschiedene Strategien gemischt. Das Verfahren „zählendes Rechnen" (im Sinn des dynamischen bzw. verbalen Abzählens; vgl. Tab. 5) gilt als ein zentrales Merkmal von Rechenschwäche (vgl. 2.4.5). Solches Abzählen ist aus folgendem Grund problematisch: Wenn dynamisch abgezählt wird (verbal, mit den Fingern oder an Material), werden die Glieder einer Rechenaufgabe nicht als Einheiten wahrgenommen, sondern in „Einzelteile" zerlegt. Dadurch findet kein eigentlicher Rechenvorgang, sondern ein Zählvorgang statt. Zudem ist zählendes Rechnen fehleranfällig, verhindert die Entwicklung von Ableitungsstrategien und liefert nur Einzelfakten, welche den Rechenweg nicht mehr nachvollziehen lassen (vgl. Moser Opitz/ Schmassmann 2003; Krauthausen 1995; Gerster 1994 und 1996).

Ein Verhalten, welches beim dynamischen Abzählen häufig auftritt und zu falschen Resultaten führt, ist der Minuseins- oder Pluseins-Fehler. Es wird zählend addiert bzw. subtrahiert, wobei die Ausgangszahl jeweils mitgezählt wird. Bei der Addition wird das Resultat um 1 zu klein, bei der Subtraktion um 1 zu groß (Geary/Bow-Thomas/Yao 1992, 374). Allgemein wird berichtet, dass das

Verwenden von Abrufstrategien mit zunehmendem Schwierigkeitsgrad einer Aufgabe ab- und das Fingerzählen zunimmt (Geary/Brown/Samaranayake 1991, 729). Die Verwendung von Zählstrategien wird in der Fachliteratur ausführlich diskutiert. In einer eigenen Untersuchung stellten Geary, Bow-Thomas und Yao (1992) fest, dass Kinder ohne Lernschwierigkeiten häufiger Abrufstrategien verwendeten als Kinder mit Lernschwierigkeiten. Bezüglich des Fingerzählens konnte kein Unterschied zwischen den Gruppen festgestellt werden. Allerdings machten die Kinder mit Lernschwierigkeiten zweimal mehr Fehler als Kinder ohne Schwierigkeiten und verwendeten die Min-Strategie seltener (ebd., 384f.).

Tab. 5: Strategien Kopfrechnen

Strategie	Varianten und Beispiele
Dynamisches Fingerzählen (Beispiel Addition) Rechenoperationen werden an den Fingern abgezählt.	a) „Alles zählen Start bei 1": Erster und zweiter Summand werden gezählt, bei jedem Summanden wird wieder mit 1 begonnen.
	b) „Alles zählen": Erster und zweiter Summand werden gezählt.
	c) Weiterzählen (Min-Strategie): Nur zweiter Summand wird gezählt.
	d) Weiterzählen vom größeren (bzw. zweiten) Summanden aus.
	e) Zeichnen von Strichen oder Tupfen zur Darstellung der Glieder der Operation, dabei werden die Varianten a-d verwendet.
Statischer Gebrauch der Finger	Finger werden zum Repräsentieren von Anzahlen verwendet.
Verbales Zählen: Operationen werden durch verbales Vorwärts- oder Rückwärtszählen gelöst.	Varianten wie beim dynamischen Fingerzählen.
Zerlegen: Aufgabe wird in (einfachere) Teilaufgaben zerlegt.	Zehnerübergang: $8 + 6 = 8 + 2 + 4$ Zerlegen (12 wird z.B. durch die „Kraft der Fünf" in 7 und 5 zerlegt)
Ableiten: Aufgabe wird von „Merkaufgabe" (einer einfachen Aufgabe) abgeleitet.	Ableiten von Rechenaufgaben von „near doubles": $7 + 6$ ist 1 mehr als $6 + 6$.
Abrufen: Resultat der Aufgabe wird aus dem Langzeitgedächtnis abgerufen.	

In einer neueren Studie (Geary u.a. 2004, 138) bestätigten sich diese Ergebnisse. Es zeigte sich, dass Erstklässler mit mathematischen Lernschwierigkeiten signifikant häufiger abzählten als die Kameradinnen und Kameraden ohne Schwierigkeiten, welche einen „Strategiemix" von Fingerzähl- und Abrufstrategien verwendeten. Auch die rechenschwachen Fünftklässler verwendeten bei 25% der einfachen Kopfrechenaufgaben Zählstrategien (Kinder ohne Schwierigkeiten nur bei 6%). Im ersten Schuljahr konnte ein signifikanter Zusammenhang zwischen Strategieverwendung und Arbeitsgedächtnis bzw. Zählkompetenz (im Sinn der Kenntnis der Zahlwortreihe) nachgewiesen werden. Je besser das Arbeitsgedächtnis, desto weniger wurde abgezählt. Die rechenschwache Untersuchungsgruppe wies zudem geringere Zählkompetenzen auf als die Kontrollgruppe. Im 3. und 5. Schuljahr zeigte sich kein signifikanter Zusammenhang zwischen Arbeitsgedächtnis und Strategieverwendung, und es konnten auch keine Unterschiede bezüglich der Zählkompetenz festgestellt werden. Dieser abnehmende Einfluss des Faktors „Arbeitsgedächtnis" mit zunehmenden Schuljahren wird folgendermaßen erklärt: Das Arbeitsgedächtnis sei vor allem beim Beginn von Lernprozessen – hier des Addierens und Subtrahierens – wichtig. Mit zunehmendem Alter verliere dieses an Bedeutung, da je länger je mehr mathematische Fakten im Langzeitgedächtnis gespeichert seien und das Arbeitsgedächtnis dadurch entlastet werde.

Ostad (1997) führte eine Untersuchung mit einer sehr großen Stichprobe von Kindern mit und ohne mathematische Lernschwierigkeiten verschiedener Schulstufen über zwei Jahre durch und kam zu folgenden Ergebnissen: Schülerinnen und Schüler ohne Lernschwierigkeiten verwendeten beim Addieren vor allem in den ersten Schuljahren Abzählstrategien. Diese wurden jedoch im Verlauf der weiteren Schuljahre immer mehr von Abrufstrategien abgelöst. Bei schwierigen Aufgaben wurden jedoch auch im siebten Schuljahr von fast 60% der Probandinnen und Probanden Abzählstrategien verwendet. Gleichzeitig konnte im Verlauf der Schulzeit eine Zunahme der Verwendung von unterschiedlichen Strategien festgestellt werden. Dies weist auf eine größere Flexibilität beim Rechnen der Schülerinnen und Schüler ohne Schwierigkeiten hin. Bei den Kindern mit Lernschwierigkeiten präsentierte sich eine anderes Bild: Sie verwendeten über die ganze Schulzeit hinweg mehrheitlich Abzählstrategien, zudem war im Strategierepertoire kaum eine Veränderung festzustellen. Eine einmal gewählte Strategie wurde also über mehrere Jahre verwendet und nicht verändert oder angepasst. Diese mangelnde Flexibilität in der Strategieverwendung wurde bei den Kindern mit Lernschwierigkeiten durchgehend festgestellt. Eine zweite Studie von Ostad (1998) kommt zu denselben Resultaten: Während Kinder ohne mathematische Lernschwierigkeiten mit zunehmenden Schuljahren immer mehr mentale Strategien verwendeten, waren Kinder mit Lernschwierigkeiten auch auf höheren Schulstufen noch von der Verwendung von Materialien abhängig. Weitere Forschungsergebnisse weisen in dieselbe Richtung. Von Geary, Brown und Samaranayake (1991, 791ff.) wird festgehalten, dass Schülerinnen und Schüler (erste und zweite Klasse) ohne Lernschwierigkeiten nach einer einjährigen Intervention mehr auf ihre Abruffähigkeiten und weniger auf das Abzählen vertrauten und gleichzeitig auch weniger Fehler machten. Bei der Gruppe der Kinder mit Lernschwierigkeiten konnten diese Veränderungen nicht festgestellt werden. Zählen blieb die hauptsächliche Rechenstrategie. Wenn Abrufstrategien verwendet wurden, dann kam es zu vielen Fehlern. Diese referierten Resultate werden von Jordan und Hanich (2000, 573ff.) bestätigt. Kinder mit mathematischen (bzw. kombinierten) Lernschwierigkeiten verwendeten in einer Studie signifikant weniger Abrufstrategien als Kinder ohne Schwierigkeiten. Die am häufigsten beobachtete – und sehr fehlerhaft verwendete – Strategie der Kinder mit Lernschwierigkeiten war das Fingerzählen (vgl. auch Micallef/Prior 2004).

Ablösung vom zählenden Rechnen

Die Entwicklung von Rechenstrategien, welche vom Abzählen wegführen, scheint sowohl vom Alter als auch vom Unterricht abhängig zu sein. Camos u.a. (2003) wiesen nach, dass sich das Zählen in Einheiten größer als eins mit zunehmendem Alter entwickelt. In verschiedenen Publikationen (z.B. Krauthausen 1995; Gerster 1996 und 1994; Lorenz 1992) wird darauf hingewiesen, dass das Erfassen von Einheiten größer als eins im Hinblick auf die Ablösung vom zählenden Rechnen konsequent und intensiv erarbeitet und geübt werden müsse. Besonders von lernschwachen Schülerinnen und Schülern ist aufgrund der vielen vorliegenden Studien bekannt, dass sie diese Fähigkeit nicht von alleine erwerben. In einer Interventionsstudie mit Schulanfängerinnen und -anfängern in Sonderklassen (Moser Opitz 2002, 157ff.) wird aufgezeigt, dass Kinder, bei welchen Gewicht auf das Arbeiten mit strukturierten Mengenbildern (vgl. Abb. 3) und auf das vorgängig beschriebene Erarbeiten von Zahlbeziehungen gelegt wurde, weniger abzählten als solche, bei welchen diese Intervention nicht oder nicht im selben Maße stattfand.

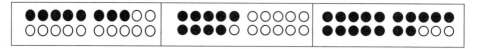

Abb. 3:   Strukturierte Mengenbilder

Bezüglich des zählenden Rechnens spielen oft auch weitere unterrichtliche Faktoren eine Rolle. So werden den Schülerinnen und Schüler häufig Arbeitsmittel wie der Zahlenstrahl oder die Hundertertafel als „Rechenhilfe" zur Verfügung gestellt. Diese fördern zählendes Rechnen, und die Kinder kommen nur schwer davon los, weil die „Einer-Einheiten" im Vordergrund stehen und das Erfassen von größeren Anzahlen „auf einen Blick" nicht unterstützt wird (vgl. Moser Opitz/Schmassmann 2003, 39).

Häufige Fehler bei der schriftlichen Addition und Subtraktion

Gerster (1982, 149) merkt an, dass die meisten Schülerfehler bei den schriftlichen Verfahren entgegen einer verbreiteten Klischeevorstellung nicht durch Müdigkeit, Unlust oder Unaufmerksamkeit verursachte Flüchtigkeitsfehler seien. 80% der Fehler würden eine Struktur bzw. ein klares Fehlermuster aufweisen. In Tabelle 6 sind häufig vorkommende Fehler bei der schriftlichen Addition und Subtraktion aufgeführt (vgl. Gerster ebd., 28ff.). Auf zwei dieser Fehlertypen soll noch genauer eingegangen werden.

Fehler beim Rechnen mit der Null: Rechenaufgaben mit der Null sind generell fehleranfällig, Sie werden jedoch in Schulbüchern – und in der Folge im Unterricht – kaum thematisiert (vgl. Kornmann u.a. 1999). Gerster (1989) vermutet, dass Fehler mit der Null nach dem Einführen der Multiplikation gehäufter auftreten als vorher, und dass die Schülerinnen und Schüler die Regel „wenn man mit Null multipliziert, kommt nichts heraus" übergeneralisieren und auch auf andere Operationen übertragen. Weiter kommt dazu, dass die verschiedenen Zahlaspekte und damit die unterschiedliche Bedeutung der Null im Unterricht häufig nicht thematisiert werden (Wagner 2003, 242ff.). Kardinal betrachtet bezeichnet die Null die „leere Menge", ordinal stellt sie eine Position dar wie jede andere Zahl und markiert die Grenze zwischen positiven und negativen Zahlen. Null als Stellenwert bedeutet „null Einheiten" an einer bestimmten Stelle. Für das Verständnis der Operationen mit Null ist es wichtig, dass diese unterschiedlichen Zahlaspekte thematisiert und diskutiert werden (vgl. Kornmann u.a. 1999, 75ff.).

Tab. 6: Häufige Fehler bei der schriftlichen Addition und Subtraktion

Häufige Fehler	Beschreibung
Fehler beim Einsundeins (bzw. beim Einsminuseins)	Aufgaben werden z.B. durch Abzählen gelöst, dabei wird das Anfangsglied mitgezählt, das Resultat wird um 1 zu groß/zu klein.
Fehler mit der Null	Verwechslung der Rolle der Null (mit Multiplikation): $7 + 0 = 0$ oder $7 - 0 = 0$.
Perseveration	Ziffern werden perseveriert, z.B.: $3 + 3 = 3$.
Fehler durch unterschiedliche Stellenzahl	Zahlen werden nicht stellengerecht untereinander geschrieben.
Fehler beim Übertrag	Übertrag nicht berücksichtigt, Übertragsziffer zuviel usw.
Notationsfehler	Übertrag wird ungenau notiert und an der falschen Stelle dazugezählt.
Ausweichen Zehnerübergang bei der Subtraktion	Die obere Ziffer ist kleiner als die untere (z.B. die Einerstelle in $703 - 97$). Es wird gerechnet $7 - 3 = 4$.

Schwierigkeiten beim Übertrag: Beim Übertrag spielen verschiedene Faktoren eine Rolle. Zum Ersten ist die Einsicht in die verschiedenen Aspekte des Dezimalsystems und insbesondere ins Bündeln und Entbündeln eine wichtige Voraussetzung, welche nicht alle Schülerinnen und Schüler mitbringen. Fehlende Einsicht in diese Aspekte kann dazu führen, dass der Übertrag nicht oder falsch gemacht wird. Weiter muss die Notation des Übertrags berücksichtigt werden. Es kommt zum Beispiel vor, dass dieser nicht genau unter die richtige Stelle geschrieben wird und dann beim falschen Stellenwert dazu gerechnet wird. Dieses

Problem stellt sich verstärkt, wenn z.B. aufgrund von grafomotorischen Schwierigkeiten ungenau geschrieben wird.

Ein anderer Aspekt wird von VanLehn (1990, 25) in die Diskussion eingebracht. Er geht davon aus, dass die Schülerinnen und Schüler mit der Notation des Übertrags (generell) schlecht zurechtkommen, weil im Unterricht in erster Linie Probleme mit zweistelligen Zahlen behandelt werden, bei denen kaum Überträge notwendig sind. Dadurch falle das „Muster" der Aufgabe aus dem Blick und könne nicht erarbeitet bzw. verstanden werden. Der Autor plädiert deshalb dafür, grundsätzlich Aufgaben mit mehr als zwei Stellen zu verwenden.

4.5 Multiplikation und Division

4.5.1 Bedeutung und Aufbau von Multiplikation und Division

Nach Cawley u.a. (2001, 319) stellt das Lernen von Multiplikation (und Division) für viele Schülerinnen und Schüler einen „cutoff Punkt" dar, welcher aufzeigt, ob größere Lernschwierigkeiten vorhanden sind oder nicht. Die Forscherinnen und Forscher legen dar, dass sich bei diesen Operationen eine außerordentlich große Leistungsstreuung zeigt, eine viel größere als bei der Addition und Subtraktion. Im Folgenden werden die Grundlagen zu den beiden Operationen dargestellt.

Multiplikation

Zur Multiplikation werden drei Modellvorstellungen unterschieden (z.B. Krauthausen/Scherer 2003, 25).
- Zeitlich-sukzessives Modell: Rückführung der Multiplikation auf die fortgesetzte Addition ($7 + 7 + 7 = 3 \cdot 7$).
- Räumlich-simultanes Modell: Das Produkt wird simultan als Ganzes dargestellt, in der Regel als Felddarstellung (vgl. Abb. 4):
- Kartesisches Produkt: Modellvorstellung zur Anzahl der Kombinationsmöglichkeiten (kombinatorischer Aspekt, vgl. Abb. 4).

Felddarstellung der Multiplikation (3 • 7)

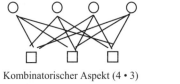
Kombinatorischer Aspekt (4 • 3)

Abb. 4:   Felddarstellung und kombinatorischer Aspekt der Multiplikation

Traditionellerweise wird in (sonderpädagogischen) Schulbüchern der Zugang zur Multiplikation über das Addieren von gleichen Summanden gewählt. Daran wird in der Fachliteratur aufgrund von Untersuchungen Kritik geübt. So stellen Park und Nunes (2001) aufgrund theoretischer Überlegungen wie auch empirischer Daten fest, dass die Multiplikation als fortgesetzte Addition nur ein „Prozedere" sei zum Lösen von Aufgaben und nicht zu konzeptuellem Verständnis führe. Praxiserfahrungen mit lernschwachen Schülerinnen und Schülern zeigen dasselbe: Bei einer einseitigen Gewichtung des zeitlich-sukzessiven Modells wird das Verständnis des „Malnehmens" häufig nicht aufgebaut. Die Schülerinnen und Schüler verstehen die Multiplikation nur als Addieren von gleichen Summanden und tun dies zählend. Dies wird durch eine Untersuchung von Baroody (1999a, 174) bestätigt. Er fand einen signifikanten Zusammenhang zwischen einer schlechten Multiplikationsleistung und der Verwendung von Additionsstrategien.

Die Wurzeln für ein konzeptuelles Verständnis der Multiplikation liegen nach Park und Nunes (2001) in Situationen, in welchen explizit multiplikatives Denken (im Sinn des räumlich-simultanen Aspektes; „multiplicative reasoning problems") anhand entsprechender Probleme gefördert wird. Beispiel dazu sind etwa verpackte Lebensmittel wie Schokoladenköpfe, Kekse, Multipakete mit Mineralwasserflaschen usw. (vgl. z.B. Hengartner/Wieland 1995, 6). Solche Anordnungen werden dann weiter geführt zur Darstellung von multiplikativen Strukturen anhand von Punktmustern. Sechs Literflaschen in zwei Reihen à je drei Flaschen können als entsprechendes Muster dargestellt werden. Davon ausgehend werden anhand der so genannten „Merkaufgaben" wie 2 • x (verdoppeln von x) oder 5 • x (Halbieren von 10 • x) Vorstellungen geschaffen, welche das

Ableiten von weiteren Einmaleinsaufgaben aus den Merkaufgaben ermöglichen (Wittmann/Müller 1997, 113ff.; vgl. Abb. 5).

Verdoppeln		Halbieren	
●●●●● ●● ●●●●● ●●	$1 \cdot 7 = 7 \rightarrow$ das Doppelte $2 \cdot 7 = 14$ Beispiel Ableitung: $4 \cdot 7 = 2 \cdot 7 + 2 \cdot 7$	●●●●● ●● ●●●●● ●● ●●●●● ●● ●●●●● ●● ●●●●● ●● ●●●●● ●● ●●●●● ●● ●●●●● ●● ●●●●● ●● ●●●●● ●●	$10 \cdot 7 = 70$ $\rightarrow$ die Hälfte $5 \cdot 7 = 35$ Beispiel Ableitung: $6 \cdot 7 = 5 \cdot 7 + 1 \cdot 7$

Abb. 5: Aufbau Einmaleins durch Verdoppeln und Halbieren

Für die Entwicklung von Lösungsstrategien zu Multiplikationsaufgaben (auch mit größeren Zahlen) wird die Notwendigkeit der Einsicht in die Rechengesetze (Kommutativ-, Assoziativ- und Distributivgesetz) betont (Anghileri 1999, 188). Während das Kommutativgesetz (a • b = b • a) vor allem für das Erarbeiten und Automatisieren des kleinen Einmaleins von Bedeutung ist, werden Assoziativ- und Distributivgesetz für halbschriftliches und schriftliches Multiplizieren wichtig. Ersteres besagt, dass die Summanden einer Summe bzw. die Faktoren eines Produktes beliebig zusammengesetzt werden dürfen, z.B. 3 + 4 + 5 + 2 = (3 + 4) + (5 + 2) = 3 + (4 + 5) + 2.

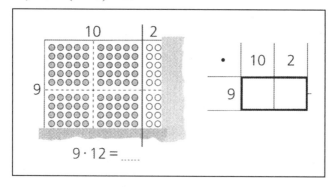

Abb. 6: Distributivgesetz, veranschaulicht an Hunderterfeld und Malkreuz

Das Distributivgesetz (a • (b±c) = a • b ± a • c) beschreibt den Zusammenhang zwischen Punkt- und Strichoperation. Besonders geeignet für dessen Erarbeitung sind das Hunderterfeld (bzw. das Vierhunderterfeld) und das Malkreuz (vgl. Abb. 6).

Aufgaben des „großen Einmaleins" (Aufgaben der 11er bis 20er Reihe) können unter Anwendung des Distributivgesetzes halbschriftlich oder als Kopfrechenaufgaben mit Hilfe des kleinen Einmaleins gelöst werden (9 • 12 = 9 • 10 + 9 • 2). Hilfreich ist auch hier die Darstellung am Punktfeld (vgl. Abb. 6).

Zentral für die Einsicht ins Dezimalsystems ist das Zehnereinmaleins (1 • 40, 2 • 40, 3 • 40 usw.) bzw. das Multiplizieren mit Stufenzahlen (20 • 30; 300 • 2 usw.). Beim Multiplizieren mit 10 werden aus Einern Zehner, aus Zehnern Hunderter usw. Dieses Verständnis ist Voraussetzung, damit die Regel „Null anhängen" verstanden und korrekt angewendet werden kann.

Bedeutung und Erwerb der Division

Aufteilen und Verteilen

Teilen ist eine alltagsbezogene Tätigkeit, welche Kinder schon im Vorschulalter lernen. Umso erstaunlicher scheint es, dass berichtet wird, das Dividieren bereite sogar Sekundarschülerinnen und -schülern und Erwachsenen häufig Schwierigkeiten (Squire/Bryant 2002, 2). Eine nähere Betrachtung kann dies zumindest teilweise erklären. Der Division liegen zwei Modellvorstellungen zugrunde: Aufteilen und Verteilen (z.B. Krauthausen/Scherer 2003, 28).
- Aufteilen: Eine gegebene Grundmenge wird in die größtmögliche Zahl von Teilmengen mit gleicher, vorgeschriebener Größe aufgeteilt. Ein diese Größe unterschreitender Rest kann übrig bleiben. Die Anzahl der Elemente einer Teilmenge ist hier vorgegeben, die Anzahl Teilmengen wird gesucht.
- Verteilen: Eine gegebene Grundmenge wird in eine vorgeschriebene Anzahl von Teilmengen so geteilt, dass jede Teilmenge die gleiche, größtmögliche Anzahl von Elementen enthält. Es kann ein nicht mehr weiter verteilbarer Rest übrig bleiben. Die Anzahl der Teilmengen ist vorgegeben, die Zahl der Elemente der einzelnen Teilmengen ist gesucht.

Zum Lösen oder auch zum Veranschaulichen von Divisionsaufgaben sollen im Unterricht beide Modellvorstellungen verwendet werden. Dabei ist nicht wichtig, ob die Kinder diese explizit benennen oder gar unterscheiden können.

Vielmehr ist von Bedeutung, dass sich die Lehrpersonen der verschiedenen Modellvorstellungen bewusst sind, „ ... um bei der Auswahl entsprechender Sachsituationen bzw. Rechenanforderungen vor Einseitigkeiten geschützt zu sein" (Krauthausen/Scherer 2003, 29).

Es wird immer wieder gefragt, welches der beiden Modelle für die Schülerinnen und Schüler „einfacher" zu verstehen sei bzw. welches zum Lösen von Divisionsaufgaben vor allem angewendet werde. Bönig (1995, 151) fasst die Ergebnisse einer eigenen und verschiedener fremder Studien zusammen; diese Daten sprechen dafür, dass der Aufteilaspekt für die Kinder leichter zu erfassen ist. Bönig merkt jedoch zur eigenen Studie an, dass diese Resultate nicht überbewertet werden dürften, da sich eine Aufteilhandlung zeichnerisch einfacher darstellen lasse als eine Verteilhandlung. Squire und Bryant (2002) finden in ihrer Studie ebenfalls eine Bevorzugung des Aufteilens. Hier muss jedoch angemerkt werden, dass das Verteilen im Test weder handelnd durchgeführt werden konnte noch bildlich eindeutig dargestellt war. Das Aufteilen dagegen war durch die eindeutig dargestellte visuelle Gruppierung klar ersichtlich und somit wohl leichter erkennbar.

Unabhängig von der verwendeten Modellvorstellung sind bezüglich der Division folgende Aspekte wichtig: a) Ausgangspunkt ist die Grundmenge, b) Teilen (Aufteilen oder Verteilen) muss immer „gerecht" sein, d.h. es müssen gleich große Teilmengen gebildet werden, und c) es wird geteilt, bis kein weiter verteilbarer oder aufteilbarer Rest übrig bleibt.

Im Unterricht stellt sich oft das Problem, dass die Division nur auf formaler Ebene als Umkehrung der Multiplikation bearbeitet wird und die hier genannten zentralen Einsichten von den Kindern nicht erworben werden können. Dies kann in höheren Schuljahren beispielsweise zu Schwierigkeiten beim Bruchrechnen führen. Für das Automatisieren der Division muss beachtet werden, dass die Schülerinnen und Schüler den Zusammenhang zwischen Multiplikation und Division verstanden haben und Divisionsaufgaben ausgehend von der Umkehrung von Einmaleinsaufgaben lösen.

Analog zur Multiplikation ist auch bei der Division wichtig, dass die Schülerinnen und Schüler Einsicht in die Division durch 10, 100 usw. und mit Stufenzahlen (1200 : 4, 1200 : 40, 1200 : 400) erwerben.

Halbschriftliches Dividieren

Halbschriftliches Dividieren ist ein wichtiger Aspekt beim Erwerb des Divisionsverständnisses, da dadurch die zentralen Elemente der Division anschaulich erarbeitet werden können. Wie bei den anderen halbschriftlichen Verfahren geht es auch hier um die Entwicklung von eigenständigen Strategien und die Förderung des mathematischen Denkens.

	936 : 4 = 200 + 25 + 9 = 234
	800 : 4 = 200
Rest	136
	100 : 4 = 25
Rest	36
	36 : 4 = 9
Rest	0

Abb. 7: Halbschriftliche Divisionsaufgabe

Bei der halbschriftlichen Division wird die Operation schrittweise durchgeführt, und die Zwischenergebnisse werden notiert. Im Gegensatz zum schriftlichen Verfahren muss nicht immer der größtmögliche Quotient gesucht werden, wie Abbildung 7 zeigt. Dieses Vorgehen lässt sich günstig mit (Spiel-)Geld veranschaulichen.

4.5.2 Schwierigkeiten beim Multiplizieren und Dividieren

Multiplikation

Zur Multiplikation bzw. zu Schwierigkeiten beim Multiplizieren liegt eine Reihe von Studien vor. Baroody (1999a, 159) nennt als eine häufige Fehlerkategorie „Addition anstatt Multiplikation" (3 • 5 = 8 wegen 3 + 5 = 8). Diese kann in Zusammenhang mit unterrichtlichen Aspekten gebracht werden. Wenn die Multiplikation einseitig als fortgesetzte Addition erarbeitet wird (vorgeschlagen z.B.

in sonderpädagogischen Schulbüchern; z.B. Weber 1994, 70 und 90), besteht die Gefahr, dass die Schülerinnen und Schüler die Glieder der Operation nur als Summanden und nicht als Faktoren wahrnehmen und diese in der logischen Folge addieren.

Aus anderen Studien liegen Angaben zur Aufgabenschwierigkeit vor. Mabott und Bisanz (2003, 1092) wiesen nach, dass Multiplikationsaufgaben mit den Faktoren zwei und fünf von Viertklässlern häufiger richtig und auch schneller gelöst wurden als andere Aufgaben. Aufgaben mit zwei gleichen Faktoren mit den Zahlen bis 6 gehören ebenfalls zu den leichteren Aufgaben (Baroody 1999a, 165f.). Dieses Ergebnis bestätigt die Bedeutsamkeit des vorher beschriebenen Vorgehens mit Verdoppeln (zwei Mal) und Halbieren („fünf Mal" als Hälfte von „zehn Mal") beim Lösen von Aufgaben des kleinen Einmaleins.

Für die Lösungshäufigkeit und -geschwindigkeit von Multiplikationsaufgaben spielt zudem die Größe der Faktoren eine Rolle. Je größer die Faktoren, desto schwieriger die Rechnungen. Vor allem Kinder, welche Multiplikationsaufgaben durch wiederholte Addition (zählend) lösen, brauchen mit zunehmender Größe der Faktoren mehr Zeit (Mabott/Bisanz 2003, 1092). Je besser die Kenntnis des Einmaleins, desto weniger spielen diese Aufgabenfaktoren allerdings eine Rolle.

Zentral ist ein weitere Befund von Baroody (1999a, 182): Wenn bestimmte Aufgabenkombinationen vermehrt geübt werden, hat dies einen positiven Einfluss auf die Lösungshäufigkeit von anderen, nicht besonders geübten Aufgaben. Dies war insbesondere dann der Fall, wenn ein Faktor in der neuen Aufgabe gleich war wie in einer vorher besonders geübten. Das Üben der Aufgabe 4 • 8 hatte beispielsweise einen positiven Einfluss auf die Lösungshäufigkeit der Aufgabe 4 • 6. Ein weiterer positiver Effekt zeigte sich auch von Aufgaben, welche Kommutativität beinhalteten (ebd., 184).

Bemerkenswert ist noch ein weiteres Ergebnis aus der Untersuchung von Baroody (ebd., 187). Es hat sich gezeigt, dass Kinder unter Zeitdruck signifikant mehr Fehler machten als ohne zeitliche Beschränkung. Dies ist insofern von Bedeutung, als es an vielen Schulen noch als erstrebenswert gilt, Multiplikationsaufgaben (oder genauer gesagt „Einmaleinsreihen") möglichst schnell zu lösen (bzw. aufzusagen). Dieses Vorgehen ist somit angesichts des eben dargestellten Forschungsresultates in Frage zu stellen.

Der Autor schließt aus seinen Ergebnissen, dass das Wissen über Beziehungen von Aufgaben eine wesentliche Rolle beim Erarbeiten von Multiplikationsaufgaben bietet.

> „The results of this study indicate that past work in the field of mathematical cognition has focused too narrowly on the role of simple associative mechanisms and has neglected the potentially central role of relational knowledge, such as multiplicative commutativity, in the learning of basic number combinations" (Baroody 1999a, 189).

Zum Zehnereinmaleins bzw. zum Multiplizieren mit Stufenzahlen: Aus der Praxis ist bekannt, dass die Regel „Null(en) anhängen" (bei der Division „Null(en) streichen") oft nicht verstanden und in der Folge fehlerhaft angewendet wird. Dies geschieht häufig auch aufgrund fehlender Einsicht ins Dezimalsystem. Es ist auch hier wichtig, dass Einsicht und Verständnis dieser Beziehungen erarbeitet werden.

Zusammenfassend lässt sich zum Erarbeiten der Multiplikation Folgendes festhalten: Wichtig ist die Erarbeitung eines konzeptuellen Verständnisses der Multiplikation. Zudem scheint die Einsicht in Zahlbeziehungen und Rechengesetze (verdoppeln, halbieren, Kommutativität usw.) die Kompetenz beim Multiplizieren (Kopfrechnen) positiv zu beeinflussen, während Arbeiten unter Zeitdruck zu Fehlern führt.

Schwierigkeiten beim Dividieren

Obwohl immer wieder darauf hingewiesen wird, dass Dividieren für viele Schülerinnen und Schüler eine besonders schwierige Operation zu sein scheint, gibt es weniger Untersuchungen zur Division als zu den anderen Operationen. Eine Studie liegt von Cawley u.a. (2001, 318) vor, welche feststellten, dass die Divisionskenntnisse von leicht lernbehinderten Achtklässlern etwa dem Kenntnisstand von Fünftklässlern (Regelschule) entsprachen. Es wird somit auf einen großen Leistungsrückstand hingewiesen, nähere Schwierigkeiten werden jedoch nicht beschrieben.

Schaefer (2005, 227ff.) führte mit 46 rechenschwachen Fünftklässlern Einzelinterviews durch. Sie stellte fest, dass nur fünf dieser Kinder über ein ausreichendes Operationsverständnis verfügten, welches das Lösen einfacher Aufgaben ermöglichte. Zudem hatte mehr als die Hälfte der Kinder auch Schwierigkeiten, eine Divisionsaufgabe mit Material darzustellen.

4.6 Schätzen, Runden, Überschlagen

Bedeutung und Erwerb

Schätzen, Überschlagen und auch Runden sind mathematische Tätigkeiten, die in einem engen Zusammenhang stehen. Die im deutschen Sprachraum verwendeten Begriffe Schätzen, Runden und Überschlagen werden im Folgenden erläutert.

> „Beim Schätzen gibt man einen im Alltagsgebrauch sinnvollen Zahlenwert an, den man nicht genau kennt. Man nimmt dazu eine Bezugsgröße zu Hilfe, die als Repräsentant zu einer Schätzung führt. Beim Runden geht man von einer bekannten Größe aus. Sie soll einen Zahlenwert haben, der in der Praxis sinnvoll erscheint. ... Beim Schätzen verwenden wir gerundete Zahlen" (Affolter u.a. 2001, 126).

Runden geschieht nach genauen Regeln. Liegt die Ziffer rechts von der Rundungsstelle zwischen 1 und 4 wird abgerundet, liegt sie zwischen 5 und 9 wird aufgerundet.

Beim Überschlagen geht es darum, mit gerundeten Zahlen eine vorgegebene Rechenoperation durchzuführen und so einen ungefähren Wert zu errechnen. Überschlagen ist im Alltag eine wichtige mathematische Kompetenz, z.B. wenn man beim Einkaufen nur noch einen bestimmten Betrag (und keine Kreditkarte) im Geldbeutel hat und wissen muss, für welche Artikel das Geld noch reicht. Überschlagen hat nicht nur diese praktische Bedeutung, es beinhaltet auch wichtige übergeordnete Lernziele und -effekte: Es erfordert und ermöglicht Einsicht in die Struktur der Zahlen und deren Beziehungen sowie der Grundoperationen (van den Heuvel-Panhuizen 2001, 174; vgl. auch Bönig 2003, 103).

Als Voraussetzung für das Überschlagen sind die sichere Vorstellung von großen Zahlen (besonders die Einsicht ins Stellenwertsystem), das Beherrschen der Grundoperationen sowie die Kenntnis von Größen und Größenbeziehungen wichtig. Nach einer Untersuchung von Dowker (1998, 291) korreliert Überschlagen hoch mit der Verwendung von Ableitungsstrategien. Das Verständnis dieser Strategien und die Zahlvorstellung stehen somit in enger Verbindung.

In der Literatur wird immer wieder darauf hingewiesen, dass die Fähigkeit des Schätzens bzw. Überschlagens altersabhängig ist. Mit zunehmendem Alter gelingt dies besser, und es werden auch andere Strategien eingesetzt (Lemaire/Lecacheur 2002, 298). Die Autoren folgern (ebd., 299), dass sich die mit zunehmendem Alter wachsenden Kompetenzen beim Schätzen und Überschlagen mit den besseren arithmetischen Kompetenzen der älteren Schülerinnen und Schüler erklären lassen. Wenn die Grundoperationen schnell und sicher durchgeführt werden können, erleichtert dies das Schätzen und Überschlagen.

Zur Entwicklung des Schätzens (im Sinn von Einschätzungen von Größenordnungen mittels einer Bezugsgröße) liegen Studien von Siegler und Booth (2004) sowie von Siegler und Opfer (2003) vor. Die Autoren ließen Kinder verschiedener Altersstufen sowie Erwachsene Aufgaben mit dem Zahlenstrahl lösen. Auf einem leeren Zahlenstrahl, auf welchem 0 und 100 eingezeichnet waren, musste der ungefähre Platz von verschiedenen Zahlen bestimmt werden (50 liegt etwa in der Mitte, 90 nahe bei 100 usw.). Von jüngeren Kindern wurden die Distanzen am unteren Ende des Zahlenstrahls eher überschätzt und Distanzen am oberen Ende eher unterschätzt. Mit zunehmendem Alter reduzierten sich diese Fehleinschätzungen. Das bedeutet, dass solche Größenvorstellungen auch altersabhängig sind und mit zunehmendem Alter präziser werden und deshalb nicht zu früh forciert werden sollten. Van den Heuvel-Panhuizen (2002, 195) merkt an, dass das Überschlagen allgemein als zentraler Inhalt betrachtet werde, dass die Thematik jedoch in den meisten Schulbüchern nicht berücksichtigt sei. Sie macht deshalb Vorschläge zur didaktischen Umsetzung (2001, 179ff.). Wichtig dabei ist, dass Überschlagen als übergeordnetes Lernziel immer wieder verfolgt wird. Dies wird auch von anderen Autoren betont.

„Wenn die Fähigkeit zum situationsangemessenen Vereinfachen von Zahlen im Mathematikunterricht erreicht werden soll, so kann diese sicher nicht durch vereinzelte Schulbuchabschnitte geschehen. Es muss von der Grundschule an als übergeordnetes Lernziel den Unterricht in vielfältigen Übungen begleiten" (Blankennagel 1999, 11).

Schwierigkeiten beim Schätzen, Überschlagen und Runden

Überschlagen wird allgemein als große Herausforderung für alle Schülerinnen und Schüler bezeichnet. Van den Heuvel-Panhuizen (2001, 173) referiert eine Untersuchung aus den Niederlanden, in welcher auch gute Rechnerinnen und Rechner beim Überschlagen schlechte Resultate zeigten. Schätzen, Überschlagen und Runden erfordern den Umgang mit Ungenauigkeit. Das fällt vielen Schülerinnen und Schülern schwer. Sie sind es gewohnt, dass es in Mathematik um ein genaues Resultat geht (vgl. auch Herget 1999; Moser Opitz/ Schmassmann 2005). Auch kann häufig beobachtet werden, dass Kinder bei einem entsprechenden Auftrag nicht überschlagen, sondern raten oder das Resultat möglichst genau ausrechnen, beispielsweise, indem sie einen schriftlichen Algorithmus „im Kopf" durchführen und das exakte Resultat nennen.

Blankennagel (1999, 10) sieht die Gründe für die häufigen Schwierigkeiten beim Runden und Überschlagen in unterrichtlichen Aspekten. Die formale Rundungsregel werde oft zu eng mit den Überschlagsrechnungen verknüpft und werde dadurch als *die* Vereinfachungsvorschrift schlechthin aufgefasst. Andere Vorgehensweisen (z.B. weglassen der Endziffer, wählen von für das Kopfrechnen geeigneten Zahlen) gerieten aus dem Blickfeld. Zudem würde die Koppelung von Runden und Überschlagen die Vermutung nahe legen, das auch Überschlagen – wie das Runden – nach genauen Regeln erfolge.

Bei rechenschwachen Schülerinnen und Schülern mag eine zusätzliche Schwierigkeit darin bestehen, dass sie nicht über die für das Überschlagen notwendigen Vorkenntnisse (z.B. Verständnis Stellenwerte und Beherrschen der Grundoperationen) verfügen.

4.7 Problemlösen

4.7.1 Begriffsklärung

Schwierigkeiten beim Problemlösen werden als Hürde beim Mathematiklernen generell und als besonderes Merkmal von Kindern mit mathematischen Lernschwierigkeiten genannt (z.B. Montague/Applegate 2000, 215; Jordan/Oettinger Montani 1997; Jitendra/Xin 1997, 412ff.; Judd/Hickson Bilskey 1989, 546). In einer Untersuchung von Pedrotty Bryant, Bryant und Hammill (2000, 175) bezeichneten Lehrpersonen die mangelnde Problemlösefähigkeit (im Sinn von Schwierigkeiten beim Bearbeiten mehrstufiger (Text-)Aufgaben) als die größte Schwierigkeit von Schülerinnen und Schülern mit mathematischen Lernschwierigkeiten.

Trotz der häufigen Verwendung wird der Begriff des Problemlösens meistens nicht genau definiert. „The term has served as an umbrella under which radically different types of research has been conducted" beschreibt Schoenberg (1992, 363) die Situation. In einer eher allgemeinen Charakterisierung wird mathematisches Problemlösen folgendermaßen umschrieben:

> „In summary mathematical problem solving is the cognitive process of figuring out how to solve a mathematics problem that one does not already know how to solve" (Mayer/Hegarty 1996, 31).

Die in der (vor allem englischsprachigen) Literatur verwendeten Problemlöseaufgaben entsprechen Problemstellungen, die in der deutschsprachigen Literatur oft als „Sachaufgaben" bezeichnet werden. Je nach Quelle werden jeweils unterschiedliche Aufgabentypen unterschieden. Krauthausen und Scherer (2003, 78ff.) nehmen folgende Differenzierung vor:

- Rechengeschichten: Sachaufgaben, welche die Kinder selber schreiben.
- Sachbilder: Standardisierte Bilder, welche eindeutig eine Anzahl oder einen Zahlensatz bildlich darstellen sollen; die Zahlen sind in der Regel Anzahlen empirischer Dinge, die Operationen wegnehmen, dazufügen, teilen usw. Die Sache selbst hat dienende Funktion.
- Eingekleidete Aufgaben: In Worte gekleidete Rechenaufgaben ohne echten Realitätsbezug, die Rechenoperation ist vorgegeben.
- Textaufgaben: Rechenaufgaben in Textform, wobei die Sache nebensächlich und austauschbar ist. In der Regel müssen mehrere Daten/Zahlen/Größen miteinander in Beziehung gebracht werden, die Rechenoperation ist vorgegeben.
- Sachprobleme oder Sachaufgaben: Originale Daten aus der Umwelt werden als eigenständige Angaben vorgegeben, dazu können unterschiedliche Fragen und Problemstellungen formuliert werden. Im Vordergrund steht die Auseinandersetzung mit der Sache, die Rechenoperation ist nicht vorgegeben.

Viele Lehrpersonen verbinden mit „Problemlösen" einzig das Lösen von Textaufgaben oder so genannt „eingekleideten Aufgaben". Diese sind nach folgendem Muster aufgebaut (Schoenfeld 1992, 338): a) Eine bestimmte Aufgabe wird verwendet, um eine neue Rechentechnik einzuführen, b) die neue Technik wird anhand dieser Aufgabe illustriert, und c) die Schülerinnen und Schüler lösen in Folge mehrere solcher Aufgaben, um die eingeführte Fertigkeit zu trainieren. Der Kontext des Problems spielt keine Rolle, es geht nicht um das Lösen des Problems an sich, dieses wird nur als Vehikel für das Üben der Rechenoperationen gebraucht. Die Schülerinnen und Schüler müssen sich demzufolge nicht um das Verständnis des Problems bemühen. Es genügt, wenn sie die Zahlen aus dem Text nehmen und damit die Rechenoperation durchführen, die im Moment Thema ist (vgl. Mayer/Hegarty 1996, 47; Schoenfeld 1992, 254). Dieses durch die eingekleideten Aufgaben provozierte und damit „erlernte Verhalten" führt dazu, dass die Schülerinnen und Schüler auch bei anderen Aufgaben, welche „echtes Problemlösen" erfordern würden, nach dem dargestellten Muster verfahren: Sie rechnen mit den vorhandenen Zahlen, ohne auf den Kontext zu achten.

Beim eigentlichen Problemlösen führt dieses Verhalten aber nicht zu Erfolg, denn es geht in erster Linie darum, eine Situation zu verstehen, zu durchdenken, mit mathematischen Methoden zu bearbeiten und Lösungen zu finden. Es geht viel mehr um die Sache selber als um das Rechnen.

> „Das Lösen von Sachaufgaben ist ein komplexer und anspruchsvoller Vorgang, ein Problemlöseprozess, der uns unweigerlich mit der Problematik des Verstehens konfrontiert" (Winter 1994, 11).

Zu diesem Prozess gehört auch das Mathematisieren.

Mathematisieren

Mathematisieren erscheint in vielen Lehrplänen als Richtziel, hier beispielhaft aufgezeigt am Kanton Bern (Erziehungsdirektion Bern 1995, Math 2):
> „Mathematisierfähigkeit: Aus realen Gegebenheiten den mathematischen Gehalt herausschälen und mit mathematischen Methoden bearbeiten: - aus Situationen, Bildern und Texten Daten gewinnen und ordnen, - Gesetzmäßigkeiten und Strukturen erkennen und beschreiben, - Zusammenhänge verallgemeinern und in mathematischer Formelsprache ausdrücken, - Ergebnisse darstellen, deuten und überdenken".

Zum Mathematisieren gehört auch die Umkehrung des hier beschriebenen Vorgangs: ausgehend von Rechenaufgaben die Beziehung zu realen Gegebenheiten herstellen, den Zusammenhang zwischen dem Allgemeinen und dem spezifischen Beispiel aufzeigen usw. Mathematisieren ist für verschiedene mathematische Lernprozesse zentral. Es ist u.a. ein Aspekt des Operationsverständnisses, bei welchem es darum geht, Einsicht in die in einer Operation enthaltene Handlung zu gewinnen und die Verbindung zur formalen Schreibweise herzustellen. Dies wird in den ersten Schuljahren mit dem Erzählen, Zeichnen und Lösen von Rechengeschichten erarbeitet. Weitere Bedeutung erhält Mathematisieren beim Problemlösen.

Im Folgenden werden die einzelnen Schritte des Problemlöseprozesses ausführlich dargestellt. Im Anschluss daran wird auf (häufig) auftretende Schwierigkeiten eingegangen.

4.7.2 Prozess des mathematischen Problemlösens

Problemlösen erfordert komplexe Denkprozesse, d.h. das Durcharbeiten verschiedener Schritte: a) das Verstehen von numerischer und/oder verbaler Information; b) das Umsetzen dieser Information in eine innere Repräsentation und c) das Entwickeln von Lösungsvorschlägen (Montague/Appelgate 2000, 216). Mayer und Hegarty (1996, 35ff.) unterscheiden zwei verschiedene Arten von Problemlösestrategien:

- „Direct translation strategy" (Strategie „direkte Übersetzung"): Heuristisches Vorgehen, das vor allem auf dem Aufstellen einer Rechnung beruht, unabhängig vom Kontext. Die aufgenommene Information wird umgehend in eine Gleichung umgesetzt. Dies bietet den Vorteil, dass wenig Anforderungen an das Gedächtnis gestellt werden, führt jedoch häufig zu falschen Lösungen. Kinder, die diese Strategie anwenden, werden aus diesem Grund als „nicht-erfolgreiche Problemlöser" bezeichnet.
- „Problem model strategy" (Strategie „Problem modellieren"): Gewichtet inhaltliche Überlegungen. Die verschiedenen, in einer Aufgabe genannten Informationen werden in Beziehung gesetzt, bevor gerechnet wird. Die Strategie führt häufig zu richtigen Lösungen. Von Kindern, die diese Strategie verwenden, wird deshalb auch von „erfolgreichen Problemlösern" gesprochen.

Anhand der Strategie „Problem modellieren" kann der Prozess, welcher zu erfolgreichem Problemlösen führt, in drei Schritten dargestellt werden:

1) Entwicklung und Aufbau einer Textbasis: Beim Problemlösen wird in einem ersten Schritt eine Verstehensgrundlage auf der Basis des Textes erstellt. Der erlesene Inhalt wird mit schon vorhandener Information verknüpft.
2) Entwicklung und Aufbau der *Problemrepräsentation*: In einem nächsten Schritt wird eine Repräsentation des Problems aufgebaut. Dies geschieht, indem die bearbeitende Person Teile des Textes mehrmals liest und innerhalb des Kontextes zu verstehen versucht. Welches sind die zentralen Variablen und Informationen? Wie stehen diese in Beziehung zueinander? Worauf beziehen sich z.B. die Wörter „weniger" oder „mehr" im Text?
3) Entwicklung und Aufbau einer Lösungsstrategie: Sobald die innere Repräsentation des Problems vorhanden ist, kann der eigentliche arithmetische Lösungsvorgang geplant werden.

Reusser (1992) analysiert den beschriebenen dreischrittigen Prozess noch umfassender. Er bezeichnet das Lösen einer mathematischen Textaufgabe als Interpretations- und Konstruktionsprozess über mehrere theoretisch unterscheidbare, transitive Verarbeitungsstufen:

„Am Anfang des Prozesses steht das Verständnis des Aufgabentextes im engeren Sinne bzw. die Erzeugung einer *Textbasis*. Diese wird unter Nutzung des allgemeinen und aufgabenspezifischen Weltwissens sodann zu einem *episodischen Situations- oder Problemlösemodell ausgebaut*, das heißt: die durch den Aufgabentext denotierte Handlungs- und Problemsituation wird in ihrer zeitlich-funktionalen Struktur herausgearbeitet. In weiteren Schritten wird die noch konkrete Handlungs-Situationsvorstellung auf ihr mathematisch relevantes Beziehungsgerüst, das *mathematische Problemmodell*, und anschließend auf die *Gleichung* (Rechnung) reduziert, und es wird ein *numerisches Ergebnis* ermittelt. Dieses wird zuletzt in einen situationsbezogenen Antwortsatz eingeordnet" (Reusser 1992, 231; Hervorhebungen im Original).

Der eigentliche Mathematisierungsprozess setzt demnach ein, wenn das episodische Problemmodell in ein mathematisches umgewandelt wird. Schwarzkopf (2002, 451) bezeichnet dies als zwei unterschiedliche Rahmungen, welche vorgenommen werden müssen: eine sachbezogene Rahmung (Erfahrungen mit der Realität) und eine innermathematische Rahmung (Operieren mit Zahlen).

Beim Problemlösen handelt es sich somit per se um ein komplexes Geschehen, welchem eine direkte Übersetzungsstrategie nicht gerecht werden kann.

Problemlösen erfordert *immer* das Verarbeiten und Weiterentwickeln von Informationen auf verschiedenen Ebenen.

Im Folgenden werden weitere Faktoren, welche den Problemlöseprozess beeinflussen und oft auch zu Schwierigkeiten führen, dargestellt. Dabei lassen sich generelle Schwierigkeiten und spezifische Probleme lernschwacher Schülerinnen und Schüler nicht immer klar unterscheiden. Deshalb werden Schwierigkeiten zuerst grundsätzlich beschrieben, und wenn dazu Studien zur Population der rechenschwachen Schülerinnen und Schüler vorliegen, werden diese an Ort und Stelle angeführt.

4.7.3 Einflussfaktoren und Schwierigkeiten

Aufgabenkontext und Aufgabenformulierung

Im Kontext der anspruchsvollen Problemmodellierungsstrategie, wie sie vorgängig beschrieben wurde, spielt auch der Aufgabenkontext bzw. die Aufgabenformulierung eine Rolle. Unterschieden werden mehrere Typen und Komplexitätsgrade von Sach- bzw. Textaufgaben. Je nach Autorin oder Autor werden verschiedene Kategorisierungen vorgenommen.

Konsistente und inkonsistente Aufgaben

Mayer und Hegarty (1996) unterscheiden konsistente und inkonsistente Aufgaben.

> *Konsistente Aufgabe*: In B. kostet eine Tasse Kaffee 3.50 Fr. In Z. kostet eine Tasse Kaffee 20 Rappen mehr. Wenn eine Person in Z. zwei Tassen Kaffee trinkt, wie viel muss sie bezahlen?
>
> *Inkonsistente Aufgabe*: In B. kostet eine Tasse Kaffee 3.50 Fr. Das ist zwanzig Rappen weniger als eine Tasse Kaffee in Z. Wenn eine Person in Z. zwei Tassen Kaffee trinkt, wie viel muss sie bezahlen?

Innerhalb des so genannt konsistenten Beispieles meint „mehr" auch tatsächlich „mehr" im Sinn von „größeres Resultat". Im inkonsistenten Beispiel steht das Wort „weniger", meint aber inhaltlich dasselbe wie im ersten Beispiel: Der Kaffee ist in Z. teurer. Schülerinnen und Schüler, die sich im inkonsistenten Beispiel am Schlüsselbegriff „weniger" orientieren rechnen „Fr. 3.30 • 2 = 6.60 → zwei Tassen Kaffee in Z. kosten 6.60, in B. kosten diese Fr. 7.- → der Kaffee in B. ist teurer als in Z".

Eine weitere Unterscheidung wird zwischen „direkten" und „indirekten" Aufgabentypen gemacht. Bei indirekten Aufgaben ist die Anfangsvariable unbekannt. Schülerinnen und Schüler mit mathematischen Lernschwierigkeiten lösen solche Aufgaben signifikant schlechter als direkte Aufgaben, bei welchen die Anfangsvariable bekannt ist (Cawley u.a. 2001, 319).

Vergleichs-, Kombinations- und Austauschaufgaben

Umfassende Studien zum Verstehen von Textaufgaben wurden von Stern (1998) durchgeführt. Sie hat untersucht, ob sich verschiedene Typen von Aufgaben auf die Lösungshäufigkeit auswirken. Es wurden Vergleichs-, Kombinations- und Austauschaufgaben miteinander verglichen:

- Vergleichsaufgabe: Maria hat 5 Murmeln. Hans hat 8 Murmeln. Wie viele Murmeln hat Hans mehr als Maria?
- Kombinationsaufgabe: Maria hat 3 Murmeln, Hans hat 5 Murmeln. Wie viele Murmeln haben die beiden zusammen?
- Austauschaufgabe: Maria hat 2 Murmeln. Dann gibt ihr Hans 5 Murmeln. Wie viele Murmeln hat Maria jetzt?

Vergleichsaufgaben sind für Kinder generell viel schwieriger zu lösen als Kombinationsaufgaben und Austauschaufgaben. Das lässt sich wie folgt erklären (ebd., 135): In den Vergleichsaufgaben geht es nicht in erster Linie um den konkreten Mengenvergleich (im Sinn einer Kardinalzahl), sondern um das Herstellen von Beziehungen zwischen zwei (oder mehr) Mengen. Stern nennt dies die „Relationalzahl". Diese ist schwieriger zu erfassen als die Kardinalzahl, welche eine „konkrete" Menge darstellt. Vergleichsaufgaben wurden besser gelöst, wenn den Kindern die Möglichkeit geboten wurde, diese in eine Geschichte einzubetten, die es ermöglichte, die Differenzmenge als konkrete Menge zu interpretieren.

> „Zusammenfassend lässt sich also sagen, dass sich im Lösen bestimmter Textaufgaben in allen Altersstufen ein anspruchsvolles mathematisches Verständnis ausdrückt. Bei gleicher zugrunde liegender Formel sind einige Textaufgaben

einfach, weil sie an ein intuitives Verständnis anknüpfen, während andere schwierig sind, weil das zugrunde liegende Situationsmodell nur über die kulturelle Mathematik zu erschließen ist" (Stern 2005, 141).

Stern (1998, 222) diskutiert auch, inwiefern sich die Präsentation von Textaufgaben ohne Fragen (Hans hat drei Murmeln. Er verschenkt drei seiner Murmeln) auf das Entstehen bzw. Nicht-Entstehen eines Problemlösemodells auswirkt. Sie kommt zum Schluss, dass derartige Aufgaben Kinder oft zum Spekulieren über nicht-mathematische Aspekte der Situation verleite (Was hat Hans sonst noch für Spielsachen?) und das Entstehen eines Problemlösemodells nicht unbedingt fördere.

> „Die Präsentation einer Aufgabe ohne Frage kann den Prozess der expliziten Verfügbarkeit eines Problemmodells fördern, wenn dieses Problemmodell bereits auf einer impliziten Ebene verfügbar ist. Ansonsten löst eine ohne Frage dargebotene Aufgabe möglicherweise große Verwirrung aus und ist kontraproduktiv" (Stern 1998, 222).

Einschrittige und mehrschrittige Aufgaben

Häsel (2001, 73) legt dar, dass die Komplexität einer Aufgabe weiter durch die Anzahl der notwendigen Operationen und deren Verknüpfung bestimmt ist. Bei Simplexaufgaben ist eine Operation notwendig, bei Komplexaufgaben sind es mindestens zwei.

> „Für Aufgaben mit linearer Struktur ist es typisch, dass sie eine ständige Aneinanderlagerung von Simplexen darstellen. Bei Aufgaben mit verzweigter Struktur wird hingegen nicht nur die berechnete Größe mit einer gegebenen Größe verbunden, sondern es sind Rückgriffe auf die vorher berechnete Größe notwendig" (Häsel 2001, 74).

Komplexaufgaben stellen somit höhere Anforderungen an die Problemlösefähigkeit. Die Daten aus einer Studie von Parmar, Cawley und Frazita (1996) zeigen, dass Schülerinnen und Schüler mit umfassenden Lernproblemen auch im 8. Schuljahr bei der Bearbeitung von Aufgaben, die nicht durch direkte Addition oder Subtraktion zu lösen waren und mehr als einen Bearbeitungsschritt erforderten, mehrheitlich scheiterten. Diese Schülerinnen und Schüler konnten nur Aufgaben lösen, welche mit einer einfachen Übersetzungsstrategie zu bewältigen waren. Der Grund für dieses Scheitern wird im Mathematikunterricht gesehen: Wenn Schülerinnen und Schüler trainiert worden seien, Aufgaben immer nach einem bestimmten Muster zu lösen, sei es nicht verwunderlich, wenn sie diese Strategie auch mehrheitlich anwenden würden (ebd., 427).

Bedeutung des Kontexts

Eine weitere Erschwernis im Umgang mit Textaufgaben kann der Kontext sein. In einer eigenen Untersuchung hat Häsel (2001) festgestellt, dass lernbehinderte Kinder kontextgebundene Aufgaben (Einkaufen usw.) signifikant schlechter lösten als gewöhnliche Rechenaufgaben ohne Kontext. Weiter zeigte sich, dass die Art des Kontextes bzw. die Vertrautheit mit diesem eine Rolle spielt: Aufgaben zur Thematik „Einkaufen" wurden besser gelöst als solche zum Thema „Ausflug".

Die Autorin hat auch untersucht, wie Kinder mit Lernbehinderungen mit offenen Aufgabenstellungen umgehen. Diese waren als Einkaufsaufgaben gestaltet, bei welchen den Kindern ein zur Verfügung stehender Geldbetrag sowie verschiedene Gegenstände samt Preisangabe vorgegeben wurden. Die Kinder sollten jeweils Gegenstände auswählen, die sie für ihren Geldbetrag kaufen könnten. Diese offenen Aufgaben wurden gleich gut bearbeitet wie „geschlossene" Aufgaben, bei welchen alle Faktoren vorgegeben waren. Der unterschiedliche Grad von Offenheit schien das Finden eines richtigen Lösungsansatzes – im Gegensatz zum Kontext – nicht zu beeinflussen (ebd., 153).

Aufgabenpräsentation

Ostad (1998, 11f.) hat in einer Untersuchung bezüglich des Aufgabentyps interessante Unterschiede zwischen Schülerinnen und Schülern mit und ohne mathematische Lernschwierigkeiten festgestellt. Untersucht wurde in mehreren Stichproben, ob die Aufgabenpräsentation (Textaufgabe oder Aufgabe mit Gleichungsschreibweise) in verschiedenen Schuljahren einen Einfluss auf die Lösungshäufigkeit hat. Kinder ohne Lernschwierigkeiten lösten Textaufgaben im zweiten Schuljahr schlechter als normale Gleichungsaufgaben. In der Stichprobe des sechsten Schuljahres konnten keine Unterschiede mehr festgestellt werden. Kinder mit Lernschwierigkeiten zeigten in allen Schuljahren größere Probleme beim Lösen von Textaufgaben als beim Bearbeiten von Aufgaben mit

Gleichungsschreibweise. Das heißt also, dass bei den Kindern ohne Schwierigkeiten mit zunehmendem Alter ein kompetenterer Umgang mit Textaufgaben festzustellen war. Bei den rechenschwachen Kindern zeigten sich in allen Schuljahren dieselben Schwierigkeiten. Allerdings muss darauf hingewiesen werden, dass diese Forschungsresultate nicht auf einer Längsschnittstudie beruhen, sondern durch einen Querschnitt mit verschiedenen Klassen in verschiedenen Schuljahren gewonnen wurden und Hinweise auf Veränderung deshalb nur mit Vorsicht zu betrachten sind.

Zusammenfassend kann festgehalten werden, dass Art und Weise der Darstellung und Formulierung der verwendeten Text- bzw. Problemlöseaufgaben einen Einfluss auf die Lösungshäufigkeit haben. Es handelt sich dabei um unterrichtliche Variablen im weitesten Sinn, welche das Problemlöseverhalten beeinflussen. Im Folgenden werden weitere Faktoren, die in der Literatur diskutiert werden, dargestellt.

Unterrichtsbedingte Faktoren

Drill statt Problemlösen

Ein Aspekt, welcher die Schwierigkeiten beim Problemlösen mitbestimmt, ist das vorherrschende Verständnis von mathematischem Lernen. Algozzine u.a. (1987) haben Lehrmeister dazu befragt, welche mathematischen Kompetenzen sie als wichtig erachten bzw. welche mathematischen Fähigkeiten für das Berufsleben besonders bedeutend seien. Die Lehrmeister haben die Fähigkeit, die vier Grundoperationen auszuführen, als zentral eingestuft. Aufgrund von Alltagserfahrungen und informellen Befragungen von Studierenden kann vermutet werden, dass Lehrpersonen (und auch Eltern) ein ähnliches Urteil abgeben würden. Daraus kann geschlossen werden, dass bezüglich Mathematikunterricht häufig eine Sichtweise und damit auch eine Praxis dominieren, welche nicht in erster Linie Verständnis von mathematischen Problemen, sondern Drill von Verfahren gewichten. Das bedeutet, dass im Unterricht häufig das Üben von Standardverfahren praktiziert wird und echte Problemlöseaufgaben weniger Raum erhalten, und dass Schülerinnen und Schüler folglich auch keine Erfahrungen damit machen können. Goldman und Hasselbring (1997, 203) kritisieren in diesem Zusammenhang, dass Textaufgaben, wie sie häufig in Schulbüchern erscheinen, gar keine „echten Probleme" seien, den Namen „Problem" nicht verdienen würden – und infolgedessen kaum einen Beitrag zum Problemlösen bieten könnten (vgl. auch Radatz 1991, 86).

Heimlicher Lehrplan

Verschaffel (2002, 70) spricht von „versteckten Regeln", welche Schülerinnen und Schüler, aber auch Lehrpersonen beim Problemlösen bzw. Sachrechnen anwenden und welche – zusammen mit anderen Faktoren – zu den erwähnten Schwierigkeiten führen können:
- Jede Aufgabe, die in einem Mathematikbuch steht oder von der Lehrperson präsentiert wird, ist sinnvoll und lösbar.
- Für jede Aufgabe gibt es eine einzige, korrekte und eindeutige numerische Antwort.
- Diese eindeutige numerische Antwort erhält man, wenn man die im Text vorkommenden Zahlen in einer (oder mehreren) mathematischen Operation(en) einsetzt.
- Solche Aufgaben können gelöst werden, wenn man sich an ähnliche Aufgaben bzw. an ähnliche Operationen erinnert.
- Der Text enthält alle notwendigen Informationen, es müssen keine zusätzlichen Informationen gesucht werden.
- Wenn die Information im Text nicht mit den Alltagserfahrungen und dem Alltagswissen übereinstimmt, soll dies ignoriert werden, da es ja ums Rechnen geht und nicht um die Sache.

Dieser heimliche Lehrplan macht deutlich, dass Problemlösen nicht nur als besondere Schwierigkeit der Schülerinnen und Schüler betrachtet werden darf, sondern im Kontext von unterrichtlichen Aspekten gesehen werden muss. Es muss beispielsweise gefragt werden, welches Gewicht dem wirklichen Problemlösen im Unterricht überhaupt gegeben wird, ob, wie und wann es überhaupt angewendet wird. Jitendera und Xin (1997, 435) haben festgestellt, dass das Lösen von Textproblemen bei Schülerinnen und Schülern mit mathematischen Lernschwierigkeiten häufig erst thematisiert wird, wenn die Kinder die Grundoperationen beherrschen. Sie trainieren somit über Jahre diese Rechnungen und werden folglich einseitig mit einem Verständnis von mathematischem Lernen konfrontiert, welches auf das direkte Anwenden eines (auswendig) gelernten Verfahrens ausgerichtet ist. Es erstaunt deshalb nicht, wenn die Kinder dieses Vorgehen später auch auf andere Aufgabentypen wie z.B. Problemlöseaufgaben anwenden (vgl. auch Bottge 1999, 82) und diesen, wenn sie dann endlich vorgelegt werden, eher hilflos gegenüberstehen.

Anspruchsniveau des Mathematikunterrichts

Im Kontext des Problemlöseverhaltens muss auch das Anspruchsniveau des Mathematikunterrichts betrachtet werden. Renkl und Stern (1994, 35) weisen darauf hin, dass ein Zusammenhang besteht zwischen den kognitiven Eingangsvoraussetzungen einer Klasse und den Lernaufgaben, welche die Lehrpersonen ihren Klassen stellen. Die Autorin und der Autor haben in ihrer Untersuchung festgestellt, dass Klassen mit günstigeren kognitiven Lernvoraussetzungen häufiger als andere Klassen Aufgaben bearbeiteten, bei welchen es um Einsicht und Verständnis ging. Ein solches Angebot wirkte sich positiv auf das Lösen von einfachen und komplexen Textaufgaben aus, während sich die häufige Darbietung von basalen arithmetischen Aufgaben nur auf das Lösen von einfachen Aufgaben auswirkte. Das Anspruchsniveau des Unterrichts beeinflusst somit die Lösungshäufigkeit von Textaufgaben.

> „Bemerkenswert ist, dass, je nach Textaufgabenskala, bis über die Hälfte der mit dem Faktor «Schulklassenzugehörigkeit» aufgeklärten Varianz auf die Art der im Unterricht präsentierten Lernaufgaben zurückgeht. Mit der Auswahl geeigneter Lernaufgaben ergibt sich für den Lehrer also eine wichtige Möglichkeit, die Leistung im Lösen von Textaufgaben zu beeinflussen (Renkl/Stern 1994, 37; Zeichensetzung im Original).

Lehrpersonen müssen somit bewusst darauf achten, welches Aufgabenangebot sie ihren Schülerinnen und Schülern vorlegen.

Besondere Schwierigkeiten beim Problemlösen: Fehlende Voraussetzungen

Algozzine u.a. (1987) haben anhand einer sehr großen Stichprobe festgestellt, dass Jugendlichen mit unterdurchschnittlichen Mathematikleistungen grundlegende Fähigkeiten fehlen, welche für das Problemlösen wichtig sind. Nur 25% der untersuchten Population konnten beispielsweise die Aufgaben im Bereich

Messen lösen (vgl. für den Regelbereich auch Outhred 2002). Gerade das Verständnis von Größen ist jedoch oft unabdingbare Voraussetzung zum Bewältigen von Problemlöseaufgaben.

Cawley u.a. (2001, 323) wiesen nach, dass das mathematische Vokabular bei Schülerinnen und Schülern mit Lernschwierigkeiten weniger entwickelt ist als bei Regelschülerinnen und –schülern, und dass sich dies auf das Problemlösen auswirkt. Das bedeutet, dass diesen Kindern nicht klar ist, was mathematische Begriffe wie „gleich", „multiplizieren" usw. bedeuten (vgl. auch Pedrotty Bryant u.a. 2000, 175). In diesem Zusammenhang wird weiter vermutet, dass Problemlöseaufgaben besondere Schwierigkeiten bereiten, weil sie nicht nur mathematische, sondern auch sprachliche Kenntnisse erfordern (Carnine 1997, 130). Dieser Aspekt wurde in Kapitel 3.4.2 im Zusammenhang mit dem Zweitspracherwerb ausführlicher diskutiert.

Besondere Schwierigkeiten beim Problemlösen:Orientierung an Schlüsselwörtern

Schwierigkeiten beim Problemlösen manifestieren sich besonders bei (traditionellen) Textaufgaben (Xin/Jitendra 1999, 207). Ein weit verbreitetes Vorgehen ist die Orientierung an „Schlüsselwörtern". Die Schülerinnen und Schüler konzentrieren sich auf bestimmte Wörter, auf einzelne Begriffe, welche ihnen (vermeintliche) Lösungshilfen bieten, und sie achten nicht weiter auf den Inhalt. Aufgrund dieser isolierten Begriffe führen sie dann eine Rechenoperation durch (Cawley 2001, 325; Goldman/Hasselbring 1997, 201). Wörter wie „zusammen" oder „mehr" führen zu Addition, „weniger" zu Subtraktion usw. Judd und Hickson Bilsky (1989, 544) wiesen nach, dass das Vorhandensein von „eindeutigen" Schlüsselbegriffen („mehr" erfordert die Operation Addieren) die Lösungshäufigkeit einer Aufgabe signifikant beeinflusst.

Mayer und Hegarty (1996, 42ff.) stellten fest, dass erfolgreiche Problemlöser mehr Zeit zum Lesen von inkonsistenten als von konsistenten Problemen verwendeten. Dabei ist interessant, dass die erfolgreichen Kinder vor allem mehr Zeit aufwendeten, um die zur Lösung der Aufgabe relevanten Wörter bzw. Textteile mehrmals zu lesen. Nicht-erfolgreiche Schülerinnen und Schüler lasen vor allem Zahlen oder Schlüsselwörter mehrmals. Sie hatten in der Folge Schwierigkeiten, sich in der Rückschau an das Problem bzw. an die Beziehung der verschiedenen Variablen zu erinnern. Sie konnten in erster Linie einzelne Wörter wiedergeben. Aufgrund dieser Untersuchungen müsste mit Schülerinnen und Schülern, welche Schwierigkeiten beim Problemlösen aufweisen, vorerst daran gearbeitet werden, das „Problem" überhaupt zu verstehen und wahrzunehmen (vgl. auch Moreau/Coquin-Viennot 2003, 112). Dazu müssten Strategien der Problemmodellierung aufgebaut werden, wie sie z.B. im Modell von Reusser (vgl. 4.7.2) beschrieben sind (für konkrete Hinweise siehe Moser Opitz/Schmassmann 2004, 45ff.).

Schwierigkeiten beim Mathematisieren

Auch Kinder ohne mathematische Lernschwächen zeigen immer wieder die Tendenz, Zahlen unabhängig vom Inhalt irgendwie zusammenzurechnen. Bekannt sind die so genannten „Kapitänsaufgaben" (z.B. ein 27 Jahre alter Kapitän hat 23 Ziegen und 36 Schafe, wie alt ist der Kapitän?), bei welcher die meisten Kinder Schafe und Ziegen addieren, um das (bekannte) Alter des Kapitäns zu ermitteln (vgl. Selter/Spiegel 1997, 66; Radatz 1991, 85; Baruk 1989). Dieses Verhalten kommt bei Lernproblemen noch stärker zum Tragen. Radatz (1991) beschreibt eine Untersuchung, in welcher Grundschulkinder aufgefordert wurden, für jemanden, der ihre Sprache nicht spricht, zu den Aufgaben 4 + 3 und 7 − 2 eine Zeichnung zu machen, welche den Rechenvorgang erklärt. Die Zeichnungen wurden mit den Rechenleistungen in Zusammenhang gebracht. Bei der Addition zeichneten 15% der guten Rechnerinnen und Rechner Geschichten, welche die zugrunde liegende Operation eindeutig aufzeigten. 60% stellten Mengenoperationen dar (zeichneten z.B. Punkte oder Striche), 11% zeichneten Symbole (notierten z.B. die Gleichung). Bei den schlechten Rechnerinnen und Rechnern zeichneten bei der Addition nur 2% der Kinder Rechengeschichten, 26% verwendeten Mengendarstellungen, und 68% griffen auf Zahlensymbole zurück. Bei der Subtraktionsaufgabe zeigte sich dasselbe Bild. Schlechten Rechnerinnen und Rechnern fiel es somit schwer, den Rechenaufgaben „Sinn" zu geben, diese mit Bedeutung zu füllen.

„Für rechenschwache Schüler existieren offensichtlich ‚Klüfte' zwischen den konkreten Handlungserfahrungen, den vermeintlichen Veranschaulichungen und der formalen Mathematik. Ein Grund dafür kann darin zu sehen sein, dass für diese Kinder in der Vorschulzeit und außerhalb des Mathematikunterrichts bei Handlungen und Darstellungen das soziale Verstehen und Lernen im Vordergrund steht, nicht aber ein mathematisches Interpretieren" (Radatz 1991, 85).

Die generelle Schwierigkeit beim Mathematisieren wirkt sich besonders deutlich beim Bearbeiten von Problemlöse- bzw. Sachaufgaben aus.

Intervention und Förderung

Es wird immer wieder diskutiert und untersucht, welche Art von Problemlösestrategien Kinder mit mathematischen Lernschwierigkeiten verwenden und welche Interventionen hilfreich bzw. effektvoll sein können. Die vorliegenden Konzeptionen reichen von eher allgemeinen Hinweisen (z.B. „Zeit effektiv nutzen", Carnine 1997) bis hin zu äußerst differenzierten Analysen des Leseverhaltens erfolgreicher und nicht-erfolgreicher Problemlöser.

„Every day mathematics"

Eine Studie ging der Frage nach, ob durch ein „every day mathematics program", bei welchem innovative Formen des Problemlösens gepflegt werden, Einfluss auf das Problemlöseverhalten von Kindern mit mathematischen Lernschwächen genommen werden kann (Woodward u.a. 2001). Innerhalb eines halben Jahres konnte in der Gruppe der lernschwachen Kinder tatsächlich eine Verbesserung des Problemlöseverhaltens erreicht werden. Allerdings wurden die Daten nur deskriptiv ausgewertet, und es wurden keine statistischen Analysen durchgeführt. Zudem gab es innerhalb der Gruppe der lernschwachen Kinder große Leistungsunterschiede. Während der eine Teil der Gruppe große Fortschritte erzielte, konnte bei den anderen Kindern auch nach der Intervention kein grundlegendes mathematisches Verständnis bei den vorgelegten Textaufgaben festgestellt werden. Diese Resultate weisen einmal mehr darauf hin, dass es nicht *die* mathematische Lernstörung gibt, sondern dass sich verschiedene Formen und Schweregrade immer wieder in unterschiedlicher Ausprägung zeigen, die sich auch unterschiedlich entwickeln (vgl. 2.3.1) bzw. unterschiedlich beeinflussbar sind.

Ergebnisse einer Metaanalyse

Jitendra und Xin (1997) haben in einer Metaanalyse die Ergebnisse verschiedener Studien, welche die Wirkung der Vermittlung verschiedener Problemlösestrategien überprüfen, zusammengefasst. Aufgrund der vorhandenen Resultate muss gefolgert werden, dass Repräsentationstechniken wie Zeichnen oder das Herstellen von Diagrammen nur dann effektvoll sind, wenn wichtige inhaltliche Beziehungen einer (Text-)Aufgabe verstanden sind. Weiter zeigten vor allem diejenigen Interventionen Wirkung, welche aus einer Kombination verschiedener Maßnahmen bestanden (z.B. Aufbau verschiedener kognitiver und metakognitiver Strategien wie ein Problem laut lesen, paraphrasieren, zeichnen, Hypothese aufstellen, schätzen, rechnen). Isolierte Interventionen wie z.B. die Orientierung an Schlüsselwörtern erzielten keine große Wirkung. Als besonders wirksam erwies sich in dieser Studie das sequentierte Bearbeiten von Textaufgaben (das Erarbeiten von Aufgaben mit immer höherem Schwierigkeitsgrad über eine gewisse Zeitspanne) und das Präsentieren der Aufgaben in einem bedeutungsvollen Kontext. Bei der Durchsicht der Studien fällt allerdings auf, dass viele (sehr) kleine Stichproben untersucht wurden, d.h. dass die Ergebnisse nicht verallgemeinert werden dürfen.

Strategietransfer und Training metakognitiver Fähigkeiten

In mehreren Untersuchungen (Fuchs u.a. 2002; Fuchs u.a. 2003a; Fuchs u.a. 2003b; Fuchs u.a. 2004) wurde überprüft, ob sich eine Intervention, welche den Strategietransfer explizit fördert, positiv auf das Problemlösen auswirkt. In der letzten Studie (2004) konnten Transfereffekte nachgewiesen werden. Ein weiterer Faktor, welcher den Problemlöseprozess beeinflusst, ist das Einsetzen metakognitiver Fähigkeiten. Bezüglich des mathematischen Lernens werden das Unterscheiden von Aufgabenmerkmalen, das Planen des Vorgehens, die Reflexion des Problemlöseprozesses und dessen Evaluation als zentrale Fähigkeiten genannt (Desoete u.a. 2001, 435). Das Anwenden von metakognitiven Fähigkeiten scheint demnach ein zentraler Faktor für das Bewältigen von Problemlöseaufgaben zu sein, welcher Kindern mit mathematischen Lernschwierigkeiten nur eingeschränkt zur Verfügung steht (vgl. ebd.). Es stellt sich natürlich die Frage, ob sich diese Fähigkeiten schulen und beeinflussen lassen. Sonntag (2002) hat in einer Studie mit lernbehinderten Sonderschülern, in welcher eine Experimentalgruppe an einem Training zum induktiven Denken teilnahm, einen signifikanten Transfer der Intervention auf das Lösen von Textaufgaben nachgewiesen. Die Schülerinnen und Schüler zeigten signifikante Fortschritte bezüglich des Eliminierens von irrelevanten Informationen in Textaufgaben.

Zusammenfassend kann mit Montague (1997, 165) festgehalten werden, dass Kinder mit mathematischen Lernschwierigkeiten mehr brauchen als den Umgang mit Schulbüchern und realen Problemen, um gute Problemlöser zu werden – und auch mehr als das Vermitteln von bestimmten Vorgehensweisen. Gefordert wird ein Unterricht, welcher explizit auf den Problemlöseprozess Einfluss nimmt, sich mit der Sache auseinandersetzt und gleichzeitig auch die besonderen Lernvoraussetzungen der Kinder mit mathematischen Lernschwierigkeiten beachtet. Wenn Winter (1994, 11) davon spricht, dass das Bearbeiten von Sachaufgaben im Regelbereich eine beträchtliche didaktische Herausforderung sei, ist diese Herausforderung im sonderpädagogischen Bereich noch viel größer.

Im vorliegenden Kapitel wurde aufgezeigt, dass spezifische Inhalte der Grundschulmathematik für das arithmetische Lernen zentral sind, und dass Schülerinnen und Schüler mit mathematischen Lernschwierigkeiten beim Erwerb bestimmter Inhalte scheitern. Aufgrund der vorliegenden Untersuchungen lässt sich nicht nachweisen, warum dies so ist. Es kann jedoch festgestellt werden, dass die besprochenen Inhalte bzw. die damit verbundenen „Stolpersteine" weder in Unterrichtskonzepten noch in Förderansätzen für rechenschwache Schülerinnen und Schüler konzeptuell verankert sind. Dies lässt den Schluss zu, dass dem Erwerb des genannten Lernstoffes sowohl in der Forschung als auch in der Praxis vermehrt Beachtung geschenkt werden muss. Die im Folgenden dargestellte Studie unternimmt einen Schritt in diese Richtung.

5 Zu einem umfassenden Verständnis mathematischer Lehr- und Lernstörungen

5.1 Zusammenfassung

In den bisherigen Ausführungen wurden Schwierigkeiten beim Mathematiklernen von verschiedensten Seiten her betrachtet und beschrieben. Die wichtigsten Aspekte sollen hier zusammenfassend dargestellt werden.

Intelligenzkriterium

In den vorangehenden Ausführungen (vgl. 2.1.1) ist deutlich geworden, dass die WHO-Definition (unterdurchschnittliche Mathematikleistung bei durchschnittlichem IQ und durchschnittlichen Lese- und Rechtschreibleistungen) kritisch zu betrachten ist. Insbesondere ist der IQ als Diagnosekriterium für Rechenschwäche bezüglich verschiedener Aspekte in Frage zu stellen (vgl. 18ff.). Es gibt empirische Hinweise darauf, dass Schülerinnen und Schüler auf verschiedenen Intelligenzniveaus ähnliche Schwierigkeiten beim Mathematiklernen zeigen. Intelligenz wirkt sich vor allem als „flüssige Intelligenz" über das mathematische Vorwissen auf die Mathematikleistung aus.

Sprachliche Aspekte und Mathematiklernen

Schülerinnen und Schüler, welche Probleme beim Lesen und/oder Rechtschreiben *und* beim Mathematiklernen haben, sind neueren Untersuchungen zufolge häufiger anzutreffen, als während langer Zeit angenommen worden ist (vgl. 24ff.). Das bedeutet aber nicht, dass bei Problemen beim Schriftspracherwerb und beim Mathematiklernen dieselben grundlegenden Kompetenzen beeinträchtigt sind. Es wird davon ausgegangen, dass für Schwierigkeiten beim Mathematiklernen spezifische kognitive Konzepte – und andere als beim Schriftspracherwerb – maßgebend sind (vgl. 25).

Spezifische Hinweise liegen zum Zusammenhang von Mathematikleistung und Lesekompetenz vor. Die Lesekompetenz steht mit der Mathematikleistung in einem Zusammenhang, das Umgekehrte trifft jedoch nicht zu (ebd.).

Spracherwerbsstörungen können einen Risikofaktor für das Entstehen von Rechenschwäche darstellen, und zwar hat sich insbesondere die beeinträchtigte Zählkompetenz (Kenntnis der Zahlwortreihe) als bedeutsamer Aspekt herausgestellt (vgl. Kapitel 4.2.2). Kinder mit Spracherwerbsstörungen zeigen signifikant mehr Schwierigkeiten beim Erwerb der Zählkompetenz. Dies kann – muss aber nicht – das mathematische Lernen beeinflussen.

Teilleistungsstörungen

Am Konzept der Teilleistungsstörungen wird auf verschiedenen Ebenen Kritik geübt (2.1.1 und 2.1.2). Insbesondere ist darauf hinzuweisen, dass es keine Untersuchungen gibt, welche auf einen direkten und ursächlichen Zusammenhang zwischen beeinträchtigten Wahrnehmungs- und Motorikkompetenzen und dem Erwerb mathematischer Kompetenzen hinweisen. Aus diesem Grunde ist bei mathematischen Lernschwierigkeiten eine Förderung, welche isoliert basale Lernvoraussetzungen fördert, in Frage zu stellen. Basale Voraussetzungen wie Wahrnehmung oder Raumorientierung spielen vor allem bei der Bearbeitung bestimmter Aufgabenstellungen bzw. im Umgang mit Darstellungen eine Rolle (vgl. S. 50) und können so mathematisches Lernen erschweren. Für die Förderung bzw. den Unterricht bedeutet dies, dass bei Aufgabenstellungen, Darstellungen usw. darauf zu achten ist, ob diese bezüglich Raumorientierung, Wahrnehmung usw. besondere Anforderungen enthalten und ob Schülerinnen und Schüler im Umgang damit Schwierigkeiten haben.

Genetische und neuropsychologische Aspekte

Kapitel 2.2 stellt Forschungsergebnisse zu genetischen und neuropsychologischen Aspekten dar, von welchen angenommen wird, dass sie Risikofaktoren für das Entstehen von Rechenschwäche darstellen. Es wird davon ausgegangen, dass für Kinder, welche in einer Familie aufwachsen, wo Rechenschwäche vorkommt, ein höheres Risiko besteht, beim Mathematiklernen Schwierigkeiten zu haben als für Kinder aus Familien ohne solche Probleme.

Typologisierungen, welche versuchen, Rechenschwäche auf bestimmte neuropsychologische Auffälligkeiten zurückzuführen, konnten bisher nicht bestätigt werden (Kap. 2.2.2). Es liegen jedoch Hinweise vor, dass für bestimmte Bereiche der Zahlverarbeitung spezifische neuronale Netzwerke (Module) verantwortlich sind (vgl. 48ff.), und es wird untersucht, ob sich bei rechenschwachen Schülerinnen und Schülern spezifische – oder auch beeinträchtigte – Verarbeitungsmuster zeigen. Dazu liegen jedoch noch keine abschließenden Forschungsergebnisse vor. Es muss auch gefragt werden, welche pädagogische Relevanz solchen Erkenntnissen zukommt.

Gedächtnisprobleme

Es besteht Konsens darüber, dass Schülerinnen und Schüler mit mathematischen Lernschwierigkeiten Probleme haben, Zahlfakten abzurufen, und dass Gedächtnisprobleme den Erwerb mathematischer Kompetenzen erheblich beeinflussen (Kap. 2.3.2, 54ff.). Verschiedene Untersuchungen weisen darauf hin, dass der gesamte Komplex „Arbeitsgedächtnis" betroffen ist. Allerdings muss beachtet werden, dass es einen engen Zusammenhang gibt zwischen der Gedächtnisleistung und dem mathematischen Wissen. In vielen Untersuchungen werden Gedächtnisaufgaben gestellt, welche an bestimmte mathematische Inhalte gebunden sind – an diejenigen Inhalte also, welche von Rechenschwäche betroffene Schülerinnen und Schüler nur mit Schwierigkeiten erwerben.

Mathematische Lehrstörungen

Mathematische Lernschwierigkeiten können auch „Lehrstörungen" sein, verursacht durch einen nicht angepassten Mathematikunterricht (vgl. 2.2.1, 15ff.). Kritisiert wird insbesondere, dass Mathematiklernen oft als ein Auswendiglernen von nicht verstandenen Algorithmen betrachtet wird. Dies führt unter anderem dazu, dass Schulbücher Seite um Seite durchgearbeitet werden, statt auf den Aufbau von mathematischem Verständnis und Problemlösen Gewicht zu legen. Zum sonderpädagogischen Mathematikunterricht wird kritisch angemerkt, dass kleinschrittiges Vorgehen und zum Vorneherein eingeschränkte Lernziele zu einem geringen Anspruchsniveau dieses Unterrichts führen.

Neuere Untersuchungen weisen zudem darauf hin, dass das Fachwissen der Lehrpersonen für die Lernfortschritte der Schülerinnen und Schüler eine entscheidende Rolle spielt.

Leistungsrückstand und besondere Merkmale

Die numerischen Vorkenntnisse bei Schulbeginn stellen einen zentralen Prädiktor für die spätere Mathematikleistung während der Grundschulzeit dar.

Eine ganze Reihe von Untersuchungen weist weiter darauf hin, dass Schülerinnen und Schüler mit Rechenschwäche im Vergleich zu ihren Kameradinnen und Kameraden ohne Schwierigkeiten einen Leistungsrückstand von mehreren Schuljahren aufweisen und den Lernstoff der Grundschule nicht verstanden haben (Kap. 2.3.1, 53ff.). Als besondere Merkmale von Rechenschwäche werden zudem rezepthaftes Anwenden von Prozeduren, abzählendes Rechnen sowie Schwierigkeiten beim Automatisieren und beim Problemlösen genannt.

Selbstreguliertes Lernen und Geschlechterdifferenzen

Wie in Kapitel 3 dargestellt wurde, muss mathematisches Lernen auch im Kontext des selbstregulierten Lernens (Fähigkeit, Lernprozesse auszulösen, zu steuern und aufrechtzuerhalten) betrachtet werden. Die Selbstwirksamkeit (aufgabenspezifische Wahrnehmung der eigenen Fähigkeiten) wird vor allem durch die aktuellen Leistungserfahrungen bestimmt. Rechenschwache Schülerinnen und Schüler scheinen über eine geringere mathematische Selbstwirksamkeit zu verfügen als ihre Kolleginnen und Kollegen ohne solche Probleme.

Zwischen dem mathematischen Selbstkonzept und mathematischen Leistungen bestehen komplexe Wechselbeziehungen. Es kann angenommen werden, dass mathematische Leistungen zumindest teilweise das Selbstkonzept und auch die Motivation beeinflussen und dass das mathematische Selbstkonzept – im Gegensatz zur Selbstwirksamkeit, welche von den aktuellen Schulleistungen abhängt – mehrheitlich von früheren mathematischen Leistungen bestimmt wird. Leistungsbezogene Aspekte scheinen zudem das Selbstkonzept mit zunehmendem Alter immer mehr zu beeinflussen.

Ängstlichkeit gegenüber dem Mathematiklernen tritt bei älteren Schülerinnen und Schülern häufiger auf als bei jüngeren, und es wird angenommen, dass unterrichtliche Aspekte dabei zumindest teilweise mitbestimmend sind (65ff.).

In einer Reihe von Studien wurde nachgewiesen, dass Mädchen im Fach Mathematik schlechtere Leistungen aufweisen als Jungen und dass sich deren mathematisches Selbstkonzept auch anders entwickelt (Kap. 3.2, 69ff.). Knaben zeigen ein größeres Interesse am Fach Mathematik und haben eine positivere Einschätzung der eigenen Fähigkeiten. Letzteres trifft auch dann zu, wenn Mädchen gleich gute Leistungen erbringen wie Jungen. Untersuchungen zeigen, dass Geschlechterstereotype in der Umwelt (Mathematik als männliche Domäne) die negative mathematische Selbsteinschätzung von Mädchen (mit)beeinflussen.

(Soziale) Herkunft und Zweitspracherwerb

In den Kapiteln 3.3.1 und 3.3.2 wird mathematisches Lernen im Kontext von (sozialer) Herkunft und Zweitspracherwerb diskutiert. Der sozio-ökonomische Status gilt generell als wesentlicher Prädiktor für Schulerfolg. In engem Zusammenhang damit steht auch die Kenntnis der Schulsprache Deutsch. Ausländische und anderssprachige Kinder und Jugendliche kommen oft aus Familien mit einem tiefen sozio-ökonomischen Status und sind bezüglich der Kenntnis der Schulsprache Deutsch benachteiligt. Diese Schülerinnen und Schüler werden – unabhängig von ihren Leistungen – häufiger als Schweizer Kinder in Klassen mit einem geringen Anforderungsniveau überwiesen.

Bezüglich des Mathematikerwerbs spielt weiter die „cognitive academic language proficiency" CALP eine wichtige Rolle. Es geht dabei um die Kenntnis der formalen Beziehungen auf der logischen Ebene eines Satzes. CALP spielt vor allem beim Verstehen von Textaufgaben eine zentrale Rolle (vgl. 79ff.). Sachaufgaben, welche Formulierungen enthalten, die das Verständnis formaler Beziehungen erfordern, erschweren es anderssprachigen Schülerinnen und Schülern, solche Aufgaben zu bearbeiten.

Erwerb des mathematischen Basisstoffes

Kapitel 4 befasst sich mit den mathematischen Inhalten und umfasst eine fachliche/fachdidaktische Analyse des Lernstoffes der ersten vier Schuljahre. Es werden eine Reihe von Einzeluntersuchungen referiert, welche a) darauf hinweisen, dass bestimmter Lernstoff für den weiteren mathematischen Lernprozess zentral ist, oder b) dass Schülerinnen und Schülern mit mathematischen Lernschwierigkeiten der Erwerb bestimmter Inhalte schwer fällt. Aufgrund der vorliegenden Studien kann davon ausgegangen werden, dass folgende Aspekte zentral sind für den weiteren arithmetischen Lernprozess:

- Erwerb der Zählkompetenz
- Verständnis Dezimalsystem
- Teil-Ganze-Beziehungen (z.B. Zahlzerlegung, Ergänzen, Verdoppeln)
- Inverses Prinzip der Addition und Subtraktion
- Konzeptuelles Verständnis der Multiplikation
- Einsicht in Rechengesetze
- Multiplikationsaufgaben mit den Faktoren 2 und 5 (→ verdoppeln, halbieren)
- Halbschriftliches Rechnen
- Schriftliches Rechnen: Einsicht erwerben
- Problemlösen: Situations- und Problemlösemodell aufbauen.

Rechenschwache Schülerinnen und Schüler zeigen vor allem Probleme bei folgenden Lerninhalten:

- Zählen
- Bündeln, Einsicht Stellenwerte, Zahlaufbau
- Aufgaben des Typs $a \pm ? = c$
- Rechnen mit der Null
- Konzeptuelles Verständnis Multiplikation und Division
- Verständnis von schriftlichen Verfahren
- Vermischen von Überschlagsrechnen und Runden
- Problemlösen, Mathematisieren: Problemlösen generell, Orientierung an Schlüsselwörtern, Verständnis von Relationalzahlen
- Abrufen von Zahlenfakten → zählendes Rechnen

Im Folgenden werden die hier zusammengefassten Forschungsergebnisse zu einem umfassenden Verständnis von Schwierigkeiten beim Mathematiklernen zusammengeführt.

5.2 Rechenschwäche als Versagen im Mathematikunterricht

Die bisherigen Ausführungen zeigen: Schwierigkeiten beim Mathematiklernen lassen sich nur durch den Einbezug verschiedener Faktoren und Ebenen verstehen. Will man dieser Komplexität Rechnung tragen, ist es nicht einfach, eine griffige und „benutzerfreundliche" Bezeichnung zu finden, welche all die genannten Aspekte beinhaltet. Am besten genügt der Begriff „Rechenschwäche" diesen Anforderungen. Damit wird ausgedrückt, dass betroffene Schülerinnen und Schüler schwache Mathematikleistungen aufweisen, es bleibt aber offen, welche Faktoren dazu geführt haben. Mit dieser Begriffswahl wird allerdings der Nachteil in Kauf genommen, dass der Fokus auf dem „Rechnen" und weniger auf dem Verstehen von Mathematik liegt.

Rechenschwäche wird hier somit verstanden als stark unterdurchschnittliche Mathematikleistung, welche sich auf unterschiedlichen Intelligenzniveaus und manchmal in Kombination mit Lese-/Rechtschreibschwierigkeiten zeigt und durch komplexe Wechselwirkungen zwischen unterrichtlichen, individuellen und schulstrukturellen Faktoren zustande kommt. Rechenschwäche wird somit verstanden als ein Versagen im Mathematikunterricht: ein Versagen beim Erwerb mathematischer Kompetenzen aufgrund spezifischer individueller Voraussetzungen und auch als ein Versagen des Mathematikunterrichts. „Versagen des Mathematikunterrichts" meint dabei nicht das Versagen einzelner Lehrkräfte, sondern ein Versagen in dem Sinn, dass bestehende Unterrichtskonzeptionen, Förderkonzepte, Vorgehensweisen usw. die besonderen Bedürfnisse von rechenschwachen Schülerinnen und Schülern noch zu wenig zu berücksichtigen scheinen.

Im Folgenden wird versucht, Rechenschwäche in einem Modell darzustellen, welches der beschriebenen Komplexität Rechnung trägt und seinen Ausgangspunkt im Mathematikunterricht hat. Die verwendeten Ebenen werden in sehr loser Anlehnung an die Darstellung verschiedener Aspekte von Unterricht definiert, wie sie Feuser (1995) und Pitsch (2003) im Konzept der entwicklungslogischen Didaktik vorgenommen haben.

Im Zentrum des Modells (vgl. Abb. 8) steht ein Verständnis von Rechenschwäche, welche sich als ein „Versagen im Mathematikunterricht" äußert. Den Hintergrund bilden – grau dargestellt – gesellschaftliche und schulstrukturelle Faktoren (soziale Herkunft, Kenntnis der Schulsprache, Zuweisungsmechanismen zu Sonderklassen usw.), welche Mathematikleistungen beeinflussen. Mitbestimmend sind Faktoren auf weiteren Ebenen: auf der individuellen Ebene und auf der unterrichtlichen Ebene. Die Ebene *„Subjekt"* umfasst individuelle Voraussetzungen, es handelt sich um Risikofaktoren im Sinn von bestimmten Dispositionen des Subjektes, von welchen angenommen wird, dass sie Rechenschwäche mitverursachen können. Diese individuellen Voraussetzungen stehen in Wechselwirkung mit unterrichtlichen Faktoren. Letztere umfassen drei Ebenen: die Objektseite bezogen auf die Sachstruktur der mathematischen Inhalte, das dem Mathematikunterricht zugrunde liegende Lehr- und Lernverständnis sowie den Aufbau von Vorstellungen bzw. der mathematischen Begriffsbildung.

Die Ebene *„Sachstruktur"* betrifft die konkreten mathematischen Inhalte und ist fachlich/fachdidaktisch ausgerichtet. Wenn die Sachstruktur der mathematischen Inhalte im Unterricht nicht oder ungenügend berücksichtigt wird, kann dies das Entstehen von Rechenschwäche mitverursachen. Bei den hier dargestellten Themen handelt es sich um ausgewählte Inhalte zum Lernstoff der ersten vier Schuljahre, welche aufgrund theoretischer Entwürfe und empirischer Studien für den mathematischen Lernprozess als besonders wichtig erachtet werden. Dieser Lernstoff wird im Folgenden mathematischer Basisstoff genannt.

Die Ebene *„Lehr- und Lernverständnis"* umfasst die grundsätzliche Sichtweise von Mathematiklernen (kleinschrittig/rezepthaft versus offen/auf Verständnis ausgerichtet) sowie die daraus folgende Gestaltung des Mathematikunterrichts. Dazu gehört auch das Anforderungsniveau, welches durch Lehrpläne, Schulbücher oder konkrete Aufgabenstellungen vorgegeben ist.

Gesellschaftliche bzw. schulstrukturelle Ebene: Mathematikunterricht im Kontext von Faktoren wie ...

↗ ... soziale Herkunft, Kenntnis Schulsprache Deutsch ... ↘

Mathematikunterricht: „Lehr- und Lernverständnis": geringes Anforderungsniveau des sonderpäd. Unterrichts bzw. der Lehrpläne, kleinschrittiger Unterricht, Durcharbeiten von Schulbüchern anstatt Aufbau von Verständnis, Drill anstatt Problemlösen usw.

Subjekt
Individuelle Voraussetzungen

- Flüssige Intelligenz (→ Beziehung zu mathematischem Vorwissen)
- Genetische Risiken
- Neuropsychologische Voraussetzungen
- Sprachliche Aspekte
- Visuell-räumliche Kompetenzen zur Bearbeitung bestimmter Aufgabenstellungen
- Arbeitsgedächtnis
- Interesse, Motivation
- mathematisches Selbstkonzept, Selbstwirksamkeit usw.

Rechenschwäche als Versagen im Mathematikunterricht

Mathematikunterricht: Sachstruktur
Zentrale Elemente der Grundschulmathematik, insbesondere

- Zählkompetenz
- Einsicht Dezimalsystem
- Teil-Ganze-Beziehungen, inverses Prinzip von Addition und Subtraktion
- Kenntnis von Rechengesetzen
- Konzeptuelles Verständnis von Multiplikation und Division
- Kenntnis bestimmter Aufgabentypen
- Problemlösen usw.

Mathematikunterricht: „Aufbau von Vorstellungen": Aufbau der Mathematisierungsfähigkeit; Vorgehen beim Problemlösen; verwendete Aufgabenstellungen (z.B. Sachaufgaben) und Veranschaulichungen (z.B. in Schulbüchern) und Arbeitsmitteln; mathematische Begriffsbildung usw.

↖ ... Zuweisungsmechanismen zu Sonderklassen ... ↙

Geschlechterdifferenzen, Geschlechterstereotype ....

Abb. 8: Rechenschwäche im Kontext unterrichtlicher, individueller und schulstruktureller Faktoren

Die Ebene *„Aufbau von Vorstellungen"* enthält die (oft fehlenden) konkreten unterrichtlichen Bemühungen, mathematische Begriffe und Vorstellungen aufzubauen. Zu dieser Ebene gehören der Aufbau der Mathematisierungsfähigkeit, das Vorgehen beim Problemlösen, die verwendeten Aufgabenstellungen (z.B. problematisch formulierte Sachaufgaben) sowie Arbeitsmittel und Veranschaulichungen (z.B. ungeeignete Vorgehensweisen und Darstellungen, wie sie in Schulbüchern vorgeschlagen werden) usw.

In der im Folgenden dargestellten Untersuchung geht es darum, weitere Informationen zu verschiedenen Ebenen des dargestellten Modells zu erhalten. Im Zentrum steht erstens die vertiefte Auseinandersetzung mit der sachstrukturellen Ebene, konkret mit dem basalen Lernstoff. Dazu sollen mittels einer empirischen Untersuchung weitere Informationen gewonnen werden. Dies ist von besonderer Bedeutung, da zusätzliches Wissen zur Ebene Unterricht zu spezifischen Hinweisen für die Unterstützung von mathematischen Lernprozessen führen kann.

Zweitens wird in der untersuchte Stichprobe analysiert, ob und wie Merkmale der gesellschaftlichen bzw. schulstrukturellen Ebene mit der Mathematikleistung in Zusammenhang stehen.

Drittens interessieren individuelle Faktoren, dafür werden rechenschwache Schülerinnen und Schüler zu ihren mathematischen Lernerfahrungen und ihrer Einstellung zum Fach Mathematik befragt.

6 Darstellung der Untersuchung

6.1 Fragestellung und Untersuchungsplan

In den vorangehenden Kapiteln wurde aufgezeigt, dass Rechenschwäche im Kontext von individuellen, unterrichtlichen und schulstrukturellen Faktoren zu sehen ist. Die vorliegende empirische Untersuchung befasst sich in erster Linie mit unterrichtlichen Aspekten und verfolgt zwei Zielsetzungen: Erstens erfolgt eine Auseinandersetzung mit dem mathematischen Basisstoff und möglichen Schwierigkeiten bei dessen Erwerb. Zweitens interessiert die Einstellung von rechenschwachen Schülerinnen und Schülern zum Fach Mathematik und deren Erfahrungen beim Mathematiklernen.

Erwerb des mathematischen Basisstoffes

Grundlagen zum mathematischen Basisstoff der ersten Schuljahre wurden in Kapitel 4 aufgearbeitet. Diese fachliche/fachdidaktische Analyse weist auf zwei Sachverhalte hin: Erstens wurde deutlich, dass dieser Lernstoff gewisse „Stolpersteine" enthält, welche – in Verbindung mit anderen Faktoren – den mathematischen Lernprozess beeinträchtigen können. Zweitens wurde aufgrund der vorliegenden empirischen Untersuchungen herausgearbeitet, dass bestimmte Elemente dieses Lernstoffes für das mathematische Lernen bedeutsamer zu sein scheinen als andere. Solcher Lernstoff wird im Folgenden als „mathematischer Basisstoff" bzw. als „Basisstoff" bezeichnet.

Zu „Stolpersteinen" beim Mathematikerwerb bzw. zu einzelnen Aspekten des basalen Lernstoffes liegt eine Reihe von Einzeluntersuchungen vor. Was fehlt, ist eine Studie, welche die Kenntnis dieses gesamten Lernstoffes und dessen Bedeutung für das weitere Lernen überprüft. Diese Forschungslücke soll mit der vorliegenden Untersuchung geschlossen werden, und es werden folgende Fragen gestellt:

a) Welche mathematischen Kompetenzen lassen sich bei rechenschwachen Schülerinnen und Schülern im 5. und 8. Schuljahr nachweisen? Wie weit erfüllen diese die im Lehrplan der Volksschule formulierten Erwartungen?

b) Lassen sich typische Hürden empirisch nachweisen, welche rechenschwache Schüler und Schülerinnen im 5. und im 8. Schuljahr in ihrer mathematischen Lernbiographie nicht überwunden haben bzw. sind bezüglich fehlender oder falscher Vorstellungen von mathematischen Operationen und Strategien bei diesen Schülerinnen und Schülern übereinstimmende Schwierigkeiten zu beobachten?

Im Zentrum steht somit die Vermutung, dass „Kernelemente" des Lernstoffes der Grundschulmathematik generelle Voraussetzung für das erfolgreiche mathematische Weiterlernen in späteren Schuljahren sind.

In Kapitel 2.1 wurde erläutert, dass die Bedeutung des IQ-Kriteriums für die Diagnose von Rechenschwäche und insbesondere für die oft unterschiedlichen Fördermaßnahmen für Schülerinnen und Schüler mit verschiedenen Fähigkeitsprofilen in Frage gestellt ist. Auf diesem Hintergrund soll folgende Frage beantwortet werden:

c) Zeigen sich bei rechenschwachen Schülerinnen und Schülern mit durchschnittlichem bzw. unterdurchschnittlichem IQ bezüglich des mathematischen Basisstoffes unterschiedliche mathematische Leistungen?

Auf dem Hintergrund dieser Fragen werden folgende Hypothesen überprüft:

H1: Schülerinnen und Schüler im 5. und 8. Schuljahr, welche bezüglich des aktuellen Lernstoffes unterdurchschnittliche Mathematikleistungen aufweisen, weisen auch bezüglich des mathematischen Basisstoffes (zentraler Lernstoff der ersten vier Schuljahre) schlechtere Mathematikleistungen auf als gleichaltrige Schülerinnen und Schüler mit durchschnittlichen aktuellen Mathematikleistungen.

H2: Zwischen Schülerinnen und Schülern mit „unterdurchschnittlicher Mathematikleistung/unterdurchschnittlichem IQ" und solchen mit „unterdurchschnittlicher Mathematikleistung/durchschnittlichem IQ" lässt sich bezüglich der Leistung im Mathematiktest zum Basisstoff der ersten vier Schuljahre kein Leistungsunterschied feststellen.

Mathematisches Lernen im Kontext von selbstreguliertem Lernen, Geschlecht und weiteren Determinanten

In Kapitel 3 wurde mathematisches Lernen im Kontext von selbstreguliertem Lernen, Geschlecht und weiteren Determinanten wie Zweitsprache und Herkunft diskutiert. Dies führte zu folgender Frage:

d) Welcher Zusammenhang lässt sich in der hier vorliegenden Stichprobe zwischen der Mathematikleistung und Variablen wie Geschlecht, Herkunft bzw. Erstsprache, Schulungsform usw. nachweisen?

Auf dem Hintergrund zu den in Kapitel 3.1.1 vorliegenden Untersuchungen zur Selbstwirksamkeit (Vertrauen in spezifische mathematische Fähigkeiten), zum (mathematischen) Selbstkonzept und damit verbunden zur Motivation muss angenommen werden, dass rechenschwache Schülerinnen und Schüler eine negative Einstellung zum Fach Mathematik haben und Mathematiklernen mit negativen Erfahrungen verbinden, und dass insbesondere bei älteren Schülerinnen und Schüler die Mathematikleistung die Motivation beeinflusst. Da kaum Untersuchungen vorliegen, welche sich mit dem Erleben der mathematischen Lernerfahrungen von rechenschwachen Schülerinnen und Schülern bzw. mit deren Einstellung zum Fach Mathematik befassen, sollen solche Kinder und Jugendliche mittels eines Interviews zu den genannten Aspekten befragt werden. Es interessieren folgende Fragen:

e) Unterscheidet sich die Einstellung zum Fach Mathematik von rechenschwachen Schülerinnen und Schülern von derjenigen von Kindern und Jugendlichen ohne Lernschwierigkeiten bzw. lässt sich bezüglich der Beliebtheit des Faches Mathematik ein Unterschied feststellen?

f) Welche Erfahrungen machen rechenschwache Schülerinnen und Schüler sowie eine Vergleichsgruppe beim Mathematiklernen? Was erleben die Kinder und Jugendlichen als besonders schwierig, was positiv? Wie begründen sie ihre Einstellung zum Fach Mathematik?

Untersuchungsplan

Zur Beantwortung der Fragen wurde folgendes Vorgehen gewählt (vgl. Abb. 9): Mit den Schülerinnen und Schülern einer merkmalsspezifisch repräsentativen Ausgangsstichprobe[3] (Stichprobe 1) mit möglichst vielen fünften und achten Klassen aus der Deutschschweiz wurde ein IQ-Test und ein lernzielorientierter Mathematiktest durchgeführt. Zudem wurde mittels eines Fragebogens zuhanden der Lehrpersonen folgende Daten erhoben: Geschlecht, Alter, Anzahl besuchte Schuljahre, Erstsprache, Nationalität, Einschätzung der Mathematikleistung und der Deutschkenntnisse durch die Lehrperson, Noten in Mathematik und Deutsch, von einer Fachinstanz erteilte Diagnosen wie Lernbehinderung oder Dyskalkulie sowie die Schulungsform (Sonderklasse, Regelklasse, integra-

---

[3] Nähere Angaben zur Stichprobe siehe 6.2.

tive Schulung). Aus dieser Stichprobe 1 wurde die eigentliche Untersuchungsstichprobe (Stichprobe 2, vgl. 6.4) mit rechenschwachen Schülerinnen und Schülern sowie mit einer Vergleichsgruppe gezogen. Mit diesen ausgewählten Kindern und Jugendlichen wurden ein Test zu den mathematischen Basiskompetenzen sowie ein Interview zur Einstellung zum Fach Mathematik bzw. den mathematischen Lernerfahrungen durchgeführt.

In einem ersten Schritt werden die Stichprobe 1 sowie die verwendeten Instrumente beschrieben, in einem nächsten Schritt die Stichprobe 2. Der Untersuchungsplan zur Beantwortung dieser Fragen sieht wie folgt aus (Abb. 9):

Stichprobe 1		Stichprobe 2	
		5. Schuljahr	8. Schuljahr
5. Schuljahr: N = 2458 8. Schuljahr: N = 1540	Rechenschwach 1 (RS 1)	N = 41 m = 21, w = 20 IQ 75-95 Mathematik schwach	N = 46 m = 22, w = 24 IQ 75-95 Mathematik schwach
Regel- u. Sonderklassen aus der Deutschschweiz	Rechenschwach 2 (RS 2)	N = 48 m = 24, w = 24 IQ 95 -115 Mathematik schwach	N = 39 m = 21, w = 18 IQ 95-115 Mathematik schwach
	Vergleichsgruppe (VGL)	N = 45 m = 22, w = 23 IQ 95 -115 Mathe durchschnittl.	N = 47 m = 23, w = 24 IQ 95 -115 Mathe durchschnittl.
November 2002		April – Juni 2003	
Eingesetzte Instrumente IQ Test: CFT 20 (TL[4]) Mathematiktest (LP)[4] Rating Einstellung Mathe, Einschätzung Leistung		**Eingesetzte Instrumente** Test zur Erfassung mathematischer Basiskompetenzen Interview zur mathematischen Lernbiografie und zur Einstellung zum Fach Mathematik (TL)[4]	

Abb. 9:   Untersuchungsplan

---

[4] TL: Testdurchführung durch ausgebildete Testleiterinnen und Testleiter. LP: Testdurchführung durch Lehrperson nach schriftlicher Anleitung.

6.2 Stichprobe 1

In einem ersten Schritt ging es darum, eine merkmalsspezifisch repräsentative Stichprobe zu gewinnen, d.h. eine Stichprobe, in welcher Schülerinnen und Schüler mit Rechenschwäche möglichst repräsentativ verteilt sind. Nach Bortz und Döring (2006, 397) ist eine Stichprobe merkmalsspezifisch repräsentativ, wenn ihre Zusammensetzung hinsichtlich einiger relevanter Merkmale der Populationszusammensetzung entspricht. Solche sind bezogen auf die hier vorliegende Untersuchung insbesondere die Schulleistung Mathematik und damit verbunden Merkmale wie Geschlecht, Kenntnisse der Schulsprache Deutsch, die Schulungsform (Integration, Separation, Schulmodelle auf der Sekundarstufe usw.) usw. Zur Gewinnung einer solchen Stichprobe wurden Klassen aus sämtlichen Deutschschweizer bzw. zweisprachigen Kantonen sowie Klassen aus ländlichen und städtischen Gebieten einbezogen.

Tab. 7: Übersicht über die Stichprobe 1

	5. Klasse[5]	8. Klasse
Anzahl Klassen total	146	118[**]
Anzahl Sonderklassen	24	33
Anzahl Schülerinnen/Schüler	2458	1540
Jungen/Mädchen	1273/1185	857/693
Status Lernbehinderung[*]	213	303
Dyskalkulie abgeklärt	43	38
Durchschnittliches Alter	11.5	14.8
Nationalität CH/andere Nationalität	1883/530	1011/478
Erstsprache Deutsch/andere Erstsprache	1907/504	1062/414

[*]Status Lernbehinderung: Schülerinnen und Schüler, welchen im Lauf der Schulzeit von einer Fachinstanz der Status Lernbehinderung zugeteilt wurde.

[**]Schulmodelle: Realklassen = 62, Kooperative Klassen mit Niveauunterricht = 13, Sekundarklasse C (ZH) = 5, Sonderklassen für Lernbehinderte = 33, diverse (z.B. gemischte Kleinklasse) = 5

---

[5] Aufgrund von Missing Data stimmt die gesamte Anzahl der Schülerinnen/Schüler insgesamt nicht immer mit den Summen in den einzelnen Bereichen (z.B. Geschlecht, Nationalität usw.) überein.

Um eine repräsentative Verteilung von rechenschwachen Schülerinnen und Schülern zu erhalten, wurden *am selben Schulort* jeweils möglichst viele Klassen (5. und 8. Klassen; Regel- und Sonderklassen für Lernbehinderte) untersucht. Dies entspricht einer Klumpenstichprobe (vgl. ebd., 435). Im 8. Schuljahr wurden aus forschungsökonomischen Gründen nur Real- und Lernbehindertenklassen in die Untersuchung aufgenommen, da davon ausgegangen wurde, dass es in den Sekundarklassen nur eine geringe Anzahl von Schülerinnen und Schülern mit Rechenschwäche gibt. Der Aufwand für das Auffinden dieser Jugendlichen wäre unverhältnismäßig groß gewesen. Erschwert wurde die Stichprobenziehung im 8. Schuljahr durch die verschiedenen Schulmodelle auf der Oberstufe. Es gibt stark gegliederte Modelle, welche unterschiedliche Klassentypen führen, kooperative Modelle mit Leistungsniveaus in einzelnen Fächern sowie verschiedene Zwischenformen. Generell wurden Schülerinnen und Schüler der mittleren und tieferen Leistungsniveaus in die Untersuchung einbezogen. In gegliederten Modellen wurden Realklassen und Sonderklassen für Lernbehinderte untersucht.

Die Adressen von in Frage kommenden Schulen wurden von den kantonalen Behörden vermittelt, und diese wurden angeschrieben und um Mitarbeit gebeten. Tabelle 7 gibt einen Überblick über die Daten der Stichprobe 1.

6.3 Instrumente für die Vortests

6.3.1 Mathematiktest 5. und 8. Schuljahr

Für die vorliegende Untersuchung mussten für das 5. und 8. Schuljahr Mathematiktests konstruiert werden, mit welchen die Mathematikleistung bezüglich des aktuellen Lernstoffes überprüft werden konnte. Die Tests mussten einerseits das ganze Leistungsspektrum umfassen und andererseits – bedingt durch das Untersuchungsanliegen der Erfassung von Kindern mit mathematischen Leistungsschwächen – eine ausreichende Differenzierung im unteren Leistungsbereich gewährleisten.

Schulleistungstests basieren häufig auf dem Modell der lernzielorientierten Leistungsmessung (vgl. Arnold 2002, 123). Kennzeichnend für solche Tests ist, dass die Leistung bezogen auf einen spezifischen Inhalt erfasst wird. Zentrales Gütekriterium ist die curriculare Validität. „Ein Schulleistungstest gilt dann als curricular valide, wenn er die im Curriculum definierten und im Unterricht tatsächlich vermittelten Lernleistungen zuverlässig und gültig umfasst" (Heller/Hany 2002, 93; vgl. auch Bryant/Pedrotty Rivera 1997, 629). Im Rahmen der vorliegenden Untersuchung ging es darum, Schülerinnen und Schüler mit deutlich unterdurchschnittlichen Mathematikleistungen zu ermitteln. Da es auch schwachen Schülerinnen und Schülern möglich sein sollte, zumindest einige wenige Aufgaben zu lösen, konnte es nicht darum gehen, einen streng curriculumsvaliden Test zu erarbeiten. Es erfolgte eine Orientierung an „zentralen Lerninhalten" und einer Validierung durch eine Einschätzung von Experten. Die Tests wurden so konstruiert, dass in einem ersten Schritt sämtliche Lehrpläne aus der Deutschschweiz gesichtet wurden. Aufgrund dieser Analyse wurden Themen zusammengestellt, welche in allen Lehrplänen als Lernstoff vorkamen. Dazu wurden im Anschluss Aufgaben entwickelt. Wichtig war, dass nicht nur Prozeduren abgefragt wurden, sondern auch konzeptuelles Verständnis überprüft wurde (Helwig u.a. 2002, 104f.). Um die Aufgaben für die Schülerinnen und Schüler von Format und Darstellung her möglichst vertraut zu gestalten, wurden zusätzlich häufig verwendete Schulbücher konsultiert. Themenbereiche und Darstellungen, welche nur in bestimmten Kantonen bzw. Schulbüchern vorkamen (z.B. Mengenlehre), wurden aus dem Test ausgeklammert. Dadurch wurde auch ausgeschlossen, dass bestimmte Schülerinnen und Schüler durch einen ihnen gut bekannten Aufgabentyp bevorteilt waren. Weiter wurden verschiedene Formen von Antwortmöglichkeiten angeboten (Multiple Choice, Kurzantworten, ausführliche Antworten).

Mathematiktest 5. Klasse

Der Mathematiktest für die Ausgangsstichprobe wurde zu Beginn des 5. Schuljahres durchgeführt. Überprüft wurden deshalb in erster Linie der Lehrstoff des 4. Schuljahres und einige Inhalte, von denen anzunehmen war, dass sie zu Beginn der 5. Klasse im Unterricht behandelt werden. In einem ersten Schritt wurde anhand der beschriebenen Lehrplananalyse ein „Kerncurriculum" zum 4. Schuljahr herausgearbeitet:

- Zahlenraum bis 10'000 (Zahlen erfassen, lesen, schreiben, ordnen, vergleichen)
- Kopfrechnen im Zahlenraum bis 1000
- schriftliche Verfahren zu Addition (höchstens zwei Summanden), Subtraktion (ein Subtrahend), Multiplikation (ein Faktor einstellig) und Division (Divisor einstellig)
- Größen (Fr., Rp.; l, dl; m, cm; kg, g) in passenden Einheiten schreiben; addieren und subtrahieren von zweisortigen Größen
- einfache direkte Zuordnungsaufgaben
- Sachrechnen: einfache Sachaufgaben

Der Test wurde im unteren Leistungsbereich ergänzt durch Aufgaben aus dem Stoff der 2. und 3. Klasse (Grundoperationen, zählen, Dezimalsystem). Damit wurde dem Anliegen von Helwig u.a. (2002, 109) Rechnung getragen, dass Tests für Kinder mit Rechenschwäche auch Aufgaben aus früheren Schuljahren enthalten sollen. Um zusätzlich Items im oberen Leistungsbereich zu gewinnen, wurden einfache, alltagsbezogene Aufgaben zum Bruchdenken (in Verbindung mit Geometrie), wie sie in den meisten Kantonen zu Beginn des 5. Schuljahres erarbeitet werden, sowie eine Aufgabe „Zahlenrätsel" aufgenommen[6].

Um die Inhaltsvalidität bestmöglich zu gewährleisten, wurde der Test zwei Experten (einem Primarlehrer/Fachdidaktiker und einem Mathematiker/Fachdidaktiker), welche an schweizerischen Schulbuchprojekten mitarbeiten und die Lehrpläne gut kennen, zur Stellungnahme vorgelegt. Der Test erfasste zudem die Einschätzung der Beliebtheit des Faches Mathematik (fünfstufiges Rating mit der Möglichkeit einer ausführlichen Begründung) sowie die Einschätzung der eigenen Leistungen (Rating; vgl. Abb. 10).

---

[6] Geometrische Aufgaben wurden weiter nicht berücksichtigt, da die zu dieser Schulstufe gehörenden geometrischen Inhalte und Lernziele vor allem auf der Handlungsebene erarbeitet werden und in einem Paper Pencil Test nur schwer zu überprüfen sind.

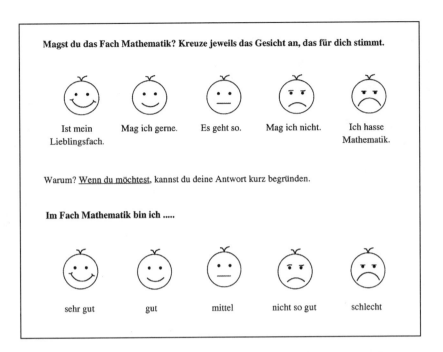

Abb. 10: Rating Einschätzung Beliebtheit und Leistung Mathematik

Testgütemerkmale

Für die Tests wurde eine (Pseudo-)Parallelform entwickelt. Zum Teil wurde die Aufgabenabfolge verändert, bei den einfachen Einstiegsaufgaben wurden andere Zahlenbeispiele gewählt. Beide Formen wurden in zwei Vorläufen mit jeweils 70 bzw. 80 Schülerinnen und Schülern erprobt.

Tab. 8: Testgütemerkmale im Vortest

	Test 5. Schuljahr			Test 8. Schuljahr		
	Form A	Form B	Gesamt	Form A	Form B	Gesamt
Schwierigkeit	.21 - .97	.24 - .95	.23 - .95	.21 - .84	.21 - .91	.20 - .90
Trennschärfe			.18 - .55			.20 - .57
Cronbach's alpha			.83			.81

Die Aufgaben wurden bezüglich Schwierigkeitsgrad, Trennschärfe und innerer Konsistenz analysiert und angepasst und entsprachen in der Endform den Anforderungen. Tabelle 8 gibt eine Übersicht über die Testgütemerkmale (Stichprobe 1). Die Schwierigkeit streut im Test des 5. Schuljahres in Form A zwischen .21 und .97, in Form B zwischen .24 und .95. Wie beabsichtigt, enthält der Test eine Anzahl einfacher Aufgaben, welche zum Teil den von Lienert und Raatz (1994, 115) angegebenen Höchstwert von .8 für die Itemschwierigkeit überschreiten. Die Schwierigkeit der meisten Items ist in Form A und B vergleichbar. Der größte Teil der Items weist mittlere Trennschärfen auf (vgl. Bortz/Döring 2006, 220). Bei einigen wenigen Items mussten aufgrund der Schwierigkeitsanforderungen Trennschärfeeinbussen in Kauf genommen werden. Als Faktor für die Überprüfung der Reliabilität bzw. der inneren Konsistenz wurde ein befriedigender Wert von Cronbach's alpha = .83 erreicht.

Tab. 9: Faktorenanalyse Vortest 5. Schuljahr

Item	Faktor 1 Erweit. Kenntnisse u. flexible Anwendung der Grundoperat.	Faktor 2 Standardprozeduren	Faktor 3 Grundop. im erweit. Zahlenraum
Addition schriftlich	-	**.785**	-
Subtraktion schriftlich	.105	**.753**	-
Multiplikation (Kopfr.)	.156	**.487**	.289
Division (Kopfrechnen)	**.396**	.344	.332
Dezimalsystem	**.459**	.277	.302
Größen	**.530**	-	-
Brüche	**.519**	.210	.174
Zahlenrätsel	**.640**	-	-
Sachrechnen 1	**.583**	.176	.369
Sachrechnen 2	**.650**	-	-
Kopfrechnen Plus/Minus	.205	.345	**.462**
Proportionalität	.332	.267	**.447**
Zahlen vergleichen	-.152	-	**.709**
Zählen	.275	.366	**.446**

Zur Bestimmung der Konstruktvalidität des Instrumentes wurde weiter eine Faktorenanalyse[7] durchgeführt (Hauptkomponentenanalyse mit orthogonaler Varimax-Rotation, vgl. Tab. 9). Die Analyse ergibt drei Faktoren und klärt 42.05% der Varianz auf. Der erste Faktor umfasst erweiterte mathematische Kenntnisse bzw. die flexible Anwendung der Grundoperationen und klärt 27.36% der Varianz auf. Der zweite Faktor beinhaltet Standardprozeduren (Varianzaufklärung 7.99%), und der dritte Faktor „Grundoperationen im erweiterten Zahlenraum" klärt noch zusätzliche 6.7%. Es ist zu beachten, dass die Division auf alle drei Faktoren annähernd gleich hoch lädt. Diese Faktoren stimmen überein mit dem vorgängig genannten „Kerncurriculum" für das 4. Schuljahr. Die hohe Varianzaufklärung des Faktors „erweiterte mathematische Kenntnisse und flexible Anwendung der Grundoperationen" weist darauf hin, dass es gelungen ist, mit dem Test konzeptuelles Verständnis zu überprüfen.

Mathematiktest 8. Schuljahr

Die Konstruktion des Tests für die 8. Klasse bereitete erhebliche Schwierigkeiten. Ausgangspunkt waren ursprünglich die Lernziele, die in den Lehrplänen für das 7. Schuljahr enthalten sind (Bereiche Arithmetik, Algebra, Geometrie, Sachrechnen)[8]. Zwei Vorläufe (durchgeführt mit Real-, Sekundar- und Lernbehindertenklassen, N = 67 bzw. N = 90) mit zwei parallelen Testformen zeigten jedoch, dass der Test für das Realniveau zu schwierig war. Der Test wurde vereinfacht, indem Aufgaben, welche den Grundanforderungen des 4., 5. und 6. Schuljahres entsprachen (Proportionalität, große Zahlen, Größen, Durchschnitte, schriftliches Rechnen, runden), aufgenommen wurden. Lernziele des 7. Schuljahres wurden nur noch teilweise berücksichtigt. Im dritten Vorlauf (N = 155) wurden schließlich Testgütemerkmale (Schwierigkeitsindex, Trennschärfe, innere Konsistenz) errechnet, welche den Erwartungen entsprachen. Auch dieser Test umfasste analog zum Test 5. Schuljahr die Einschätzung der Beliebtheit des Faches Mathematik sowie die Einschätzung der eigenen Leistungen und wurde ebenfalls den genannten Experten vorgelegt. Analog zum

---

[7] Generelle Angaben zu den Auswertungsmethoden werden in Kapitel 6.5 gemacht.
[8] Hier konnte auf zwei Vorlagen zurückgegriffen werden: auf einen am Heilpädagogischen Institut der Universität Freiburg/CH entwickelten Mathematiktest für das 7.-9. Schuljahr sowie die TIMSS-Aufgaben.

5. Schuljahr wurde eine (Pseudo-) Parallelform erstellt. Einige Items enthielten leicht veränderte Zahlenbeispiele, zudem wurde die Aufgabenabfolge bzw. Reihenfolge der Multiple Choice Antworten vertauscht. Tabelle 8 zeigt die Testgütemerkmale für die Stichprobe 1.

Die Schwierigkeit streut in Form A zwischen .2 und .8 und in Form B zwischen .2 und .9 und ist in den beiden Testformen bis auf wenige Ausnahmen vergleichbar. Die Trennschärfen sind – abgesehen von zwei Items – jeweils mittel oder hoch. Bei den Items mit tiefen Trennschärfen handelt es sich um zwei eher schwierige Multiple Choice Aufgaben, welche zusammen einen Faktor bilden (vgl. Tab. 10) und wahrscheinlich häufig durch Raten gelöst wurden. Die Reliabilität (Cronbach's alpha von .81) kann als befriedigend bezeichnet werden.

Tab. 10: Faktorenanalyse Vortest 8. Schuljahr

Items	Faktor 1 Anwendung komplexer Prozeduren	Faktor 2 Vorstell. von großen Zahlen/Größen	Faktor 3 Mathematische Begriffe
Koordinatensystem	**.670**	-	.114
Runden	**.624**	.100	-
Flächenberechnung	**.640**	.181	.179
Bruchteile	**.578**	.317	-
Dezimalbruch-Bruch	**.482**	.295	-
Sachrechnen (Temperat.)	**.500**	.399	-
Drehung (Geometrie)	**.581**	.106	-
Sachrechnen (Zeit)	.363	.379	.123
Proportionalität	.131	**.710**	-
Grosse Zahlen	.162	**.678**	-
Größen	.333	**.591**	-
Überschlagen	.183	**.531**	-
Schriftl. Subtraktion	-	**.579**	.162
Verhältnisse	-	.105	**.693**
Algebra	.119	-	**.769**

Die Faktorenanalyse (Hauptkomponentenanalyse mit orthogonaler Varimax-Rotation) zur Überprüfung der Konstruktvalidität ergibt drei Faktoren, welche 42.9% der Varianz aufklären. Faktor 1 (28.49%) umfasst die Anwendung komplexer Prozeduren bzw. das Bearbeiten mehrschrittiger Aufgaben. Faktor 2 beinhaltet die Vorstellung von großen Zahlen und Größen (7.69%). Hier ist zu beachten, dass die Aufgabe „Zeit" (Größe von Zeitangaben einschätzen) auf die zwei ersten Faktoren fast gleich hoch lädt. Zum dritten Faktor „Mathematische Begriffe" (6.73%) gehören die Aufgaben „Algebra" und „Verhältnisse"; es sind jene Items, welche eine tiefe Trennschärfe aufweisen.

6.3.2 Intelligenztest

Für die Intelligenzmessung wurde ein Gruppentest benötigt, welcher vor allem im unteren Leistungsbereich genügend differenziert und relativ frei ist von soziokulturellen bzw. erziehungsspezifischen und sprachlichen Einflüssen. Zu diesem Zweck wurde der „Culture Fair Test" CFT 20 (Weiß 1980) ausgewählt, welcher in Anspruch nimmt, die genannten Kriterien zu erfüllen (ebd., 33).

Der Test misst vor allem Aspekte der „flüssigen Intelligenz", d.h. die Fähigkeit, komplexe Beziehungen in neuartigen Situationen wahrzunehmen und zu erfassen (ebd., 17). Wie in Kapitel 2.1.1 dargestellt wurde, wird diesem Intelligenzfaktor eine wichtige Bedeutung in Bezug auf das Mathematiklernen zugeschrieben. Der Test umfasst folgende Bereiche: Fortsetzen von Reihen, Klassifikationen, Matrizen und topologische Schlussfolgerungen. Die Subtests bestehen aus sprachfreien, in zeichnerischer Form dargestellten und nach Schwierigkeit geordneten Einzelaufgaben. Reliabilität und Validität genügen den Anforderungen (vgl. 25ff.). Da die Normierung des Tests schon relativ lange zurückliegt, wird in der Praxis häufig angemerkt, dass er eher zu gut messe. Diesem Umstand wurde bei der Stichprobenzusammensetzung durch ein streng festgelegtes Auswahlkriterium (siehe 6.4.1) Rechnung getragen. Der Test wurde von geschulten Testleiterinnen und Testleitern durchgeführt.

6.4 Stichprobe 2

6.4.1 Stichprobenzusammensetzung

Ziel der Untersuchung war es, die mathematischen Leistungen und die Einstellung zum Fach Mathematik von rechenschwachen Schülerinnen und Schülern mit denjenigen einer Vergleichsgruppe mit durchschnittlichen Leistungen zu vergleichen. Zu diesem Zweck musste aus der Stichprobe 1 eine möglichst repräsentative Stichprobe von rechenschwachen Schülerinnen und Schülern sowie eine Vergleichsgruppe gezogen werden. Dabei wurden verschiedene Schichtungsmerkmale berücksichtigt, welche im Folgenden beschrieben werden. Als rechenschwach wurden Kinder und Jugendliche bezeichnet, welche im Vortest deutlich unterdurchschnittliche Mathematikleistungen zeigten und deren Leistungen von den Lehrpersonen als schwach bzw. mäßig eingeschätzt wurden. Tabelle 11 gibt eine Übersicht über die Leistungen Mathematik und IQ der Stichprobe 1 im Vortest.

Tab. 11 Ergebnisse Vortest Mathematik und IQ-Test in Stichprobe 1

	5. Klasse			8. Klasse		
	N	M	SD	N	M	SD
Mathematik	2435	30.33	8.587	1518	20.99	8.463
IQ CFT 20	2410	104.42	15.148	1487	99.29	14.108

Da es sich beim Vortest um einen leichten Test gehandelt hatte, wurde die unterdurchschnittliche Mathematikleistung in einem ersten Schritt über ein „weiches Auswahlkriterium" definiert. Es wurde ein cut-off Score von M – 1 SD im Vortest festgelegt. Um Sprachverständnisprobleme bei der Durchführung des Interviews auszuschließen, wurden weiter nur Schülerinnen und Schüler berücksichtigt, welchen die Lehrpersonen genügende Deutschkenntnisse attestierten[9].

---

[9] Das Kriterium der Lese-/Rechtschreibschwierigkeiten und damit verbunden dasjenige der kombinierten Lernstörungen konnte aus forschungsökonomischen Gründen nicht berücksichtigt werden.

In Kapitel 2.1.1 wurde aufgezeigt, dass trotz der Infragestellung des IQ-Kriteriums für Kinder mit durchschnittlichem und unterdurchschnittlichem IQ oft unterschiedliche Fördermaßnahmen angeboten werden. Um zu dieser Thematik nähere Hinweise zu erhalten, wurde ein IQ-Kriterium festgelegt, welches es erlaubt, Schülerinnen und Schüler mit einem unterschiedlichen Fähigkeitsprofil miteinander zu vergleichen. Als unterdurchschnittlich galt ein IQ 75 bis 94 (Begründung vgl. 6.3), als durchschnittlich ein IQ von 95 bis 115.

Tab. 12: Merkmale der Stichprobe 2 (Untersuchungsstichprobe)

	Rechenschwach 1		Rechenschwach 2		Vergleichsgruppe	
	Klasse 5	Klasse 8	Klasse 5	Klasse 8	Klasse 5	Klasse 8
N	41	46	48	39	45	47
Mean Vortest Mathe	$15.32^{1)}$	$9.28^{1)}$	$16.54^{1)}$	$10.13^{1)}$	$30.71^{1)}$	$20.85^{1)}$
SD Mathe	3.83	3.09	3.59	2.35	0.7	0.96
Mean IQ	$86.45^{2)}$	$82.85^{2)}$	$101.85^{2)}$	$100.72^{2)}$	$104.27^{2)}$	$102.13^{2)}$
SD IQ	5.33	5.43	5.55	4.87	5.91	5.75
Mean Alter	$12.0^{3)}$	$14.8^{3)}$	$11.53^{3)}$	$14.7^{3)}$	$11.46^{3)}$	$14.6^{3)}$
Besuchte Schuljahre	$4.44^{4)}$	$7.24^{4)}$	$4.21^{4)}$	$7.15^{4)}$	$4.07^{4)}$	$7.15^{4)}$
Geschlecht m/w	21/20	22/24	24/24	21/18	22/23	23/24
Nat. CH/nicht CH	35/6	32/14	40/8	32/7	39/6	39/8
Erstspr. deutsch/andere	36/5	36/10	40/8	31/8	39/6	40/7
Diagnose LB[5)]	20	33	19	16	1	4
Sonderklasse	13	25	11	9	1	2

1) Mathematik: 5. Kl. F = 352.414 (df 2); 8. Kl. F = 359.414 (df 2); Scheffé RS 1/RS 2 p > 0.05
2) IQ: 5. Kl. F = 125.238 (df 2); 8. Kl. F = 179.983 (df 2); Scheffé RS 2/VGL p > 0.05
3) Alter: 5. Kl. F = 11.583 (df 2), Scheffé RS 1/RS 2 und RS 1/VGL p < 0.05; RS 2/VGL p > 0.05; 8. Kl.: F = 1.317 (df 2), Scheffé p > 0.05 für alle Gruppen
4) Anzahl Schuljahre: 5. Kl. F = 7.956 (df 2), Scheffé RS 1/RS 2 und RS 1/VGL p < 0.05; RS 2/VGL p > 0.05; 8. Kl. F = .773 (df 2) Scheffé für alle Gruppen p > 0.05
5) Von einer Fachinstanz gestellte Diagnose Lernbehinderung

In einem ersten Schritt wurden somit alle Schülerinnen und Schüler ausgewählt, welche a) einen IQ zwischen 75 und 115 aufwiesen und b) im Vortest Mathematikleistungen zeigten, welche dem Mittelwert der jeweiligen Ausgangsstichprobe entsprachen bzw. ≤ M − 1 SD waren. Aus dieser reduzierten Stichprobe wurden für beide Schuljahre per Zufallsauswahl drei Gruppen (jeweils hälftig Jungen und Mädchen) mit jeweils 40-50 Kinder und Jugendlichen gebildet:

- Rechenschwach 1 (RS 1): IQ 75 – 94, Mathematik unterdurchschnittlich[10]
- Rechenschwach 2 (RS 2): IQ 95 – 115, Mathematik unterdurchschnittlich
- Vergleichsgruppe (VGL): IQ 95 – 115

Jeweils zwei Gruppen pro Schuljahr mussten in einem Bereich statistisch vergleichbare Leistungen aufweisen: Gruppe RS 1 und RS 2 in Mathematik; Gruppe RS 2 und die Vergleichsgruppe bezüglich des IQ. Angestrebt wurden zudem vergleichbare Voraussetzungen bezüglich Alter und Anzahl Schuljahre. Die nach den genannten Kriterien ausgewählten Schülerinnen und Schüler sowie deren Eltern wurden von den Lehrpersonen um ihr Einverständnis für die Teilnahme am Mathematiktest und am Interview gebeten.

Zur Überprüfung der Gruppenunterschiede wurde mit den Variablen „Mathematikleistung", „IQ", „Alter" und „Anzahl besuchte Schuljahre" pro Schuljahr eine vierfaktorielle Varianzanalyse mit Posthoc Test (Scheffé) durchgeführt. Tabelle 12 zeigt die Daten der definitiven Stichprobe. Bezüglich Mathematikleistung sind zwischen RS 1 und RS 2 in beiden Schuljahren keine statistisch signifikanten Unterschiede vorhanden, das Gleiche gilt für den IQ der Gruppen RS 2/VGL. Im 5. Schuljahr sind die Schülerinnen und Schüler der Gruppe RS 1 signifikant älter als die anderen Schülerinnen und Schüler und haben mehr Schuljahre besucht. Im 8. Schuljahr ist bezüglich der Variablen „Alter" und „Anzahl besuchte Schuljahre" kein statistisch signifikanter Unterschied zwischen den Gruppen festzustellen.

---

[10] Bei der Beurteilung der Mathematikleistung wurde zusätzlich noch die Leistungseinschätzung der Lehrperson berücksichtigt.

6.4.2 Instrument zur Überprüfung des mathematischen Basisstoffes

Für die eigentliche Untersuchung der Schülerinnen und Schüler mit unterdurchschnittlichen mathematischen Leistungen und einer Vergleichsgruppe galt es, ein Instrument für beide Schuljahre zu entwickeln, mit welchem basale mathematische Kompetenzen sowie die diesen zugrunde liegenden Vorstellungen erfasst werden konnten. Auf der Grundlage der in Kapitel 4 dargestellten theoretischen Überlegungen und empirischen Studien wurde ein Instrument konstruiert, welches elf Bereiche (vgl. Tab. 13) umfasste[11].

Tab. 13: Aufgabenbereiche Mathematiktest

Bereiche	Aufgabenbeispiele
Zählen	Einer-, Zweier-, Hunderterschritte vorwärts, Einer- u. Zehnerschritte rückwärts
Addition	3 + 5, 73 + 5, 143 + 5 usw.
Subtraktion	9 – 4, 59 – 40, 690 – 40 usw.
Ergänzen	73 + _ = 100, 1596 + _ = 1600 usw.
Halbieren, verdoppeln	2 • 7, 2 • 17 usw.
Multiplikation	3 • 7, 30 • 40, 3 • 600 usw.
Division	12 : 4; 160 : 4, 1000 : 8 usw.
Dezimalsystem	Bündeln, Entbündeln, Zahlenstrahl, Stellenwerte
Textaufgaben	Peter hat 42 CDs. Er gibt Lea 5 CDs. Wie viele CDs hat er noch? usw.; Divisionsaufgabe mit Kontext Geld
Operationsverständnis/ Mathematisieren	Aufgaben wie 3 + 5, 12 : 4 mit Material, Rechengeschichte, Zeichnung darstellen
Überschlagen, (Halb-) Schriftliches Rechnen	Halbschriftlich: 199 + 198, 301 – 297; Überschlagen und schriftliches Rechnen: 7000 – 1624, 23 • 305; Frage zum Übertrag

Jeder Bereich enthielt fünf Items, welche mit richtig oder falsch bewertet wurden. Beim Kopfrechnen waren die Zahlenbeispiele so gewählt, dass zwischen den Aufgaben operative Beziehungen hergestellt werden konnten (3 + 5 → 73 + 5) und dass sie ohne besondere Anforderungen an das Arbeitsgedächtnis zu

---

[11] Vgl. auch Zusammenfassung in Kapitel 5. Zum Teil konnte auf ein Instrument von Schäfer (2005) zurückgegriffen werden.

lösen waren. Beim Kopfrechnen wurde für die Verwendung der Strategien „Abrufen" (Antwort innerhalb von 4 sec) und „Ableiten/Zerlegen" ein Zusatzpunkt erteilt. Weitere Beurteilungskriterien der Aufgaben werden bei der Darstellung der entsprechenden Ergebnisse in Kapitel 8 aufgeführt.

Da in der Praxis immer wieder nach dem Zusammenhang von Händigkeit und Rechenschwäche gefragt wird, wurde zusätzlich erhoben, ob die Schülerinnen und Schüler rechts- oder linkshändig schreiben.

Das Instrument wurde vorgängig in einigen Einzelsituationen mit Schülerinnen und Schülern aus 5. und 8. Klassen (Regelklassen, Sonderklassen für Lernbehinderte) erprobt. Die Einzelinterviews wurden im Anschluss daran von ausgebildeten Schulischen Heilpädagoginnen und von einigen fortgeschrittenen Studierenden durchgeführt. Diese Testleiterinnen wurden speziell auf ihre Aufgabe vorbereitet. Sämtliche Testdurchführungen wurden auf Tonträger aufgenommen. Da es sich um einen Einzeltest handelte, konnten die Testgütemerkmale erst anhand der Daten der Untersuchungsstichprobe ermittelt werden.

Konstruktvalidität

Zur Bestimmung der Konstruktvalidität des verwendeten Instrumentes wurde eine Faktorenanalyse durchgeführt (Hauptkomponentenanalyse mit orthogonaler Varimax-Rotation). Da das Instrument den Anspruch erhebt, mathematische Basiskompetenzen zu messen, erhielt diese Analyse eine wesentliche Bedeutung. Cawley u.a. (2001, 313) beklagen, dass viele mathematische Tests bezüglich Inhaltsvalidität (und damit noch viel mehr bezüglich Konstruktvalidität) ungenügend seien. Inbesondere seien viele Instrumente zu wenig auf die konkreten mathematischen (Lehrplan-)Inhalte abgestimmt. Dieser Mangel sollte mit dem vorliegenden Instrument wenn möglich behoben werden.

Faktorenanalyse 5. Schuljahr

Die Aufgabengruppen laden auf zwei Faktoren[12], der erste Faktor klärt 29.7%, der zweite 25.09% der Varianz auf (vgl. Tab. 14). Damit werden insgesamt 54.8% der Varianz durch die beiden Faktoren erklärt. Der erste Faktor wird „Verständnis und Anwendung von elementaren Operationen und Kenntnissen" genannt. Er enthält – abgesehen von der Division – Kompetenzbereiche, welche nicht den Grundoperationen zugeordnet werden können und klärt etwas mehr Varianz auf als Faktor 2. Es ist bemerkenswert, dass die Division nicht auf denselben Faktor lädt wie die anderen Grundoperationen. Allerdings laden die „Punktoperationen" (Verdoppeln/Halbieren, Multiplikation und Division) auf beiden Faktoren hoch und können somit als besonderer inhaltlich definierter Bereich betrachtet werden, auch wenn sie keinen eigenen Faktor bilden.

Tab. 14: Fakorenanalyse Mathematikleistung 5. Schuljahr

	Faktor 1 Verständnis und Anwendung von elementaren Operationen und Kenntnissen	Faktor 2 Grundoperationen (ohne Division)
Zählen	0.120	**0.639**
Addition	-	**0.799**
Subtraktion	0.224	**0.580**
Ergänzen	0.410	**0.685**
Verdoppeln/Halbieren	**(0.478)**	**0.555**
Multiplikation	**(0.504)**	**0.563**
Division	**0.634**	**(0.419)**
Operationsverständnis	**0.731**	-
Dezimalsystem	**0.673**	0.316
Textaufgaben	**0.609**	0.361
(Halb-)Schriftl. Rechnen	**0.814**	0.212

---

[12] Es wurde keine Vorgaben für eine bestimmte Anzahl von Faktoren gemacht. Zur Interpretation der Faktoren siehe 6.5.

Faktorenanalyse 8. Schuljahr

Die Aufgabengruppen laden auf drei Faktoren[13], wobei der Bereich „Ergänzen" auf zwei Faktoren eine hohe Ladung aufweist (Tab. 15). Der Faktor 1 „Flexible Anwendung von elementaren Operationen und Kenntnissen" klärt 36.66% der Varianz auf, der Faktor 2 „Punktoperationen" 10.59% und der dritte Faktor „Strichoperationen" 9.88%. Insgesamt werden 57.13% der Varianz durch diese Faktoren erklärt, wobei der Faktor 1 den weitaus größten Anteil hat. Bezüglich der inhaltlichen Bestimmung der Faktoren ergibt sich ein ähnliches Bild wie in der 5. Klasse, allerdings deutlicher. Faktor 2 beinhaltet die Punktoperationen (wobei die Division im Gegensatz zur 5. Klasse sehr hoch auf diesen Faktor lädt) und Faktor 3 die Strichoperationen (wobei „Ergänzen" auf zwei Faktoren hoch lädt). Faktor 1 enthält wie im 5. Schuljahr die Bereiche Operationsverständnis, Dezimalsystem, Textaufgaben und (Halb-)Schriftliche Operationen. Für die Zählaufgaben ergibt sich im 8. Schuljahr ein anderes Bild als im 5. Schuljahr: Der Bereich lädt hoch auf den ersten Faktor. Es könnte sein, dass diese Aufgaben für die Achtklässler äußerst ungewohnt und weit weg von ihren aktuellen mathematischen Erfahrungen sind. Deshalb wurde für diesen Faktor auch die Bezeichnung „Flexible Anwendung von elementaren Operationen und Kenntnissen" gewählt. Damit wird betont, dass ein Inhalt, welcher verstanden und verinnerlicht ist, auch in einer „ungewohnten Situation" zur Verfügung steht. Flexibles Denken ist ein wesentlicher Aspekt mathematischer Kompetenz und z.B. auch zum Lösen von Ergänzungsaufgaben nötig.

Itemanalyse

Die Trennschärfe der elf mathematischen Bereiche wurde innerhalb der aufgeführten Faktoren berechnet. Alle Bereiche weisen im 5. und 8. Schuljahr mittlere oder hohe Trennschärfen auf (vgl. Bortz/Döring 2006, 219). Im 5. Schuljahr liegen diese Werte zwischen .43 und .72; im 8. Schuljahr zwischen .32 und .64.

---

[13] Die erreichten Faktorladungen entsprechen hier nur teilweise den in Kapitel 6.5 dargelegten Empfehlungen von Bortz (2006, 551) und müssten deshalb – um aussagekräftig interpretiert werden zu können – repliziert werden. Das Ergebnis deckt sich jedoch inhaltlich mit demjenigen vom 5. Schuljahr sowie mit den theoretischen Annahmen.

Das heißt, dass Schülerinnen und Schüler, welche einen hohen (bzw. einen tiefen) Gesamtscore aufweisen, auch in den einzelnen Testbereichen eine hohe (bzw. tiefe) Punktzahl erreicht haben. Die einzelnen mathematisch-inhaltlich definierten Bereiche des Tests können somit als relevante Bestandteile der mathematischen Basiskompetenz betrachtet werden. Die Reliabilitätskoeffizienten (Cronbach's alpha) von 0.86 im 5. Schuljahr und 0.82 im 8. Schuljahr genügen den Anforderungen (Bortz/Döring 2006, 220).

Tab. 15: Fakorenanalyse Mathematikleistung 8. Schuljahr

	Faktor 1	Faktor 2	Faktor 3
	Flexible Anwendung von elementaren Operationen u. Kenntnissen	Punktoperationen	Strichoperationen
Zählen	.659	.159	.145
Addition	-	-	.843
Subtraktion	.141	.397	.640
Ergänzen	.538	.224	.446
Verdoppeln/ Halbieren	.495	.529	.106
Multiplikation	-	.865	.146
Division	.292	.779	-
Operationsverständnis	.536	.211	-.229
Dezimalsystem	.792	-.111	.207
Textaufgaben	.529	.360	.113
(Halb-)Schriftl. Rechnen	.514	.394	.204

6.5 Auswertung der Daten

Wahl der statistischen Verfahren

Zur Beantwortung der Fragestellungen wurden verschiedene statistische Verfahren eingesetzt. Diese werden hier überblicksmässig beschrieben. Auf konkrete Voraussetzungen und Details wird jeweils bei den entsprechenden Analysen näher eingegangen.

Konstruktvalidität der Instrumente – Faktorenanalysen: Faktorenanalysen sind geeignet, um eine Vielzahl möglicher Variablen auf einige wenige Einflussfaktoren zurückzuführen (vgl. Backhaus 2000, 253). Dieses Verfahren wurde, wie schon beschrieben, im Rahmen der Testkonstruktion eingesetzt. Es wurden Hauptkomponenten-Analysen mit orthogonaler Varimax-Rotation durchgeführt. Dabei werden die Faktoren so rotiert, dass die Varianz der Faktorenladungen pro Faktor möglichst groß ist (Bortz 2006, 548). Von besonderer Bedeutung ist die Interpretation der Faktoren. Hier ist zum einen die inhaltliche – theoretisch begründete – Deutung wichtig. Weiter sollten Faktorenladungen nach Bortz (ebd. 551) einen Wert von 0.4 aufweisen. Zudem können Faktoren in Stichproben mit N < 300 nur interpretiert werden, wenn mindestens zehn Variablen eine Ladung über 0.4 oder vier Variablen eine Ladung über 0.6 aufweisen.

Unterschiedshypothesen und Varianzanalysen: Zur Prüfung der in Kapitel 6.1 formulierten Hypothesen wurden für den Vergleich von drei Gruppen einfache Varianzanalysen mit Post-hoc Test (Scheffé) durchgeführt bzw. t-Tests für unabhängige Stichproben, wenn zwei Gruppen miteinander verglichen wurden. Nach Bortz (2006, 275) sichert der Scheffé-Test den gesamten, mit allen Einzelvergleichen verbundenen Hypothesenkomplex ab. Sowohl die Varianzanalyse als auch der t-Test sind an bestimmte Voraussetzunge gebunden, insbesondere diejenige der normalverteilten Fehlerkomponenten und der homogenen Fehlervarianzen (Bortz 2006, 141 und 285). Diese Voraussetzungen sind nicht in jedem Fall vollumfänglich gegeben. Die Alternative wäre die Durchführung mehrerer Tests für ordinalskalierte Daten. Dies hätte den Nachteil, dass mit der Durchführung mehrerer Tests Zufallssignifikanzen hätten auftreten können. Zudem würden mit der Wahl von ordinalskalierten Verfahren wertvolle Informationen verloren gehen. Da sowohl t-Test als auch Varianzanalyse als robuste Verfahren gelten (Backhaus u.a. 2000, 99), werden solche Verletzungen teilweise in Kauf genommen. Dies wird jeweils an den entsprechenden Stellen diskutiert.

Zur Beschreibung von Merkmalen, die nominal skaliert sind, können Kreuztabellen bzw. χ^2-Tests verwendet werden (vgl. Bortz 2006, 155ff.). Dies interessiert hier bezüglich der Frage der Einstellung von rechenschwachen Schülerinnen und Schülern zum Fach Mathematik bzw. der Beliebtheit des Faches in den drei Untersuchungsgruppen RS 1, RS 2 und VGL (Frage f, siehe 6.1). Es werden Häufigkeiten von zwei mehrfach gestuften Merkmalen verglichen. Der χ^2-Test erfordert folgende Voraussetzung: Jedes untersuchte Objekt muss eindeutig einer Kategorie zugeordnet werden können, und die erwarteten Häufigkeiten in jeder Kategorie müssen größer als fünf sein (ebd., 164).

Zusammenhangshypothesen: Um zu überprüfen, ob zwischen der Kenntnis des mathematischen Basisstoffes und der aktuellen Mathematikleistung ein gerichteter Zusammenhang besteht, werden lineare Regressionsanalysen eingesetzt, d.h. es wird überprüft, ob zwischen zwei Variablen eine lineare Beziehung besteht (Bortz 2006, 183). Das lineare Regressionsmodell basiert auf verschiedenen Prämissen (Backhaus u.a. 2000, 33ff:). Es wird erstens gefordert, dass die Beziehungen in den Parametern linear sein müssen (z.B. keine Wachstumsphänomene aufweisen). Weiter muss darauf geachtet werden, dass keine wichtigen Variablen vernachlässigt werden (underfitting) bzw. dass das Modell nicht zu viele erklärende Variablen enthält (overfitting). Die Fehlervariablen müssen homogen sein (Heteroskedastizität), und es wird davon ausgegangen, dass die Residuen in der Grundgesamtheit unkorreliert sind (Autokorrelation). Eine weitere Prämisse besagt, dass die Regressoren nicht linear abhängig sein dürfen (Multikollinearität).

Inhaltsanalysen bzw. inhaltliche Kategorisierung: An mehreren Stellen wird ein inhaltsanalytisches Vorgehen gewählt, indem Aussagen bzw. Fehlerarten oder Vorgehensweisen aufgrund inhaltlicher Übereinstimmung oder auf der Grundlage von theoretischen Konzepten kategorisiert werden. Diese Vorgehensweisen werden jeweils an Ort und Stelle beschrieben, insbesondere in Kapitel 9 bezüglich der Auswertung der Interviews.

Berücksichtigung von hierarchischen Datenstrukturen

Wie in Kapitel 3 dargestellt wurde, interessierte in der vorliegenden Untersuchung der Einfluss von Faktoren wie IQ, Geschlecht, Erstsprache, usw. auf die Mathematikleistung. Angaben dazu erfolgen durch eine ausführliche Beschreibung der Stichprobe 1 (Ausgangsstichprobe). Traditionellerweise werden die genannten Zusammenhänge mittels Regressionsanalysen berechnet. Da im Kontext der vorgelegten theoretischen Grundlagen auch Kontextvariablen wie z.B. die Schulklasse interessiert, wurde der Mehrebenenansatz gewählt. Schülerinnen und Schüler sind in Klassen organisiert, Klassen in Schulen, Schulen in Schulgemeinden usw. Diese Kontexte beeinflussen das Verhalten und die Leistung von einzelnen Individuen. Um solche Beziehungen zwischen individuellen und kontextuellen Variablen zu berücksichtigen, wird in der Sozialforschung die Verwendung von Modellen vorgeschlagen, welche der Komplexität dieser Strukturen Rechnung tragen: Mehrebenenmodelle. Snijders und Bosker (1999, 1) beschreiben Mehrebenenmodelle als eine Methode für die Analyse von Daten mit komplexem Variabilitätsmuster. In diesen Modellen werden verschiedene Quellen von Variabilität berücksichtigt und Effekte des sozialen Kontexts und des individuellen Verhaltens beschrieben.

Auch wenn in der vorliegenden Untersuchung die Variable „Schulklasse" nicht explizit untersucht wurde, ist es angebracht, diesen kontextuellen Einfluss zu berücksichtigen. Wird dies unterlassen, besteht die Gefahr, dass die für Regressionsmodelle geltende Forderung nach Homoskedastizität (Unabhängigkeit der Störvariablen von unabhängigen Variablen, Hox 2002, 14; Backhaus u.a. 2000, 38) nicht eingehalten werden kann und Autokorrelationen (insbesondere Korrelationen der Störvariablen auf Individuumsebene mit der Klasse) in Kauf genommen werden. Dies führt zu einer Unterschätzung der Standardfehler und in der Folge zu unberechtigten Signifikanzentscheidungen (Hox 2002, 5). Mit der Verwendung von Mehrebenenmodellen kann diesen Schwierigkeiten entgegengetreten werden, da Variablen auf verschiedenen Ebenen simultan analysiert werden können. Vorhandene Abhängigkeiten werden beschrieben bzw. modelliert, und dadurch werden zuverlässigere Schätzungen erreicht. Für die vorliegende Untersuchung wurden lineare Mehrebenenmodelle mit den Ebenen „Schülerin/Schüler" und „Klasse" verwendet. Dabei interessiert einerseits die Varianz eines bestimmten Merkmals zwischen den Gruppen bzw. Schulklassen sowie andererseits dessen Varianz innerhalb der Klassen, d.h. die Varianz auf Individuumsebene (Schülerinnen und Schüler).

7 Mathematikleistungen im Kontext verschiedener Merkmale

Die Stichprobe 1 (2458 Kinder im 5. Schuljahr und 1540 Jugendliche im 8. Schuljahr) diente einerseits zur Gewinnung der Untersuchungsstichprobe. Andererseits wurde diese Stichprobe hinsichtlich weiterer Merkmale untersucht und beschrieben. Dadurch sollten Informationen gewonnen werden zum Einfluss der Faktoren IQ, Geschlecht, Erstsprache und Schulungsform auf die Mathematikleistung. In den Kapiteln 2.1.1, 3.2 und 3.3 wurde aufgezeigt, dass diese Faktoren – unter anderen – die Mathematikleistung beeinflussen. Dabei muss beachtet werden, dass es sich um eine Querschnittuntersuchung und damit um ein populationsbeschreibendes Vorgehen handelt, bei welchem es um eine möglichst genaue Schätzung von verschiedenen Merkmalsausprägungen geht (vgl. Bortz/Döring 2006, 51).

Zuerst wird in den beiden Stichproben überprüft, inwiefern die Intelligenz die Mathematikleistung voraussagt. Zudem interessiert, ob und in welcher Art und Weise die Variablen Geschlecht, Erstsprache Deutsch, Nationalität, Schulungsform (Sonderklasse, Regelklasse) und das Merkmal Lernbehinderung mit der Mathematikleistung in Beziehung stehen. Da – wie in Kapitel 6.5 aufgezeigt wurde – davon ausgegangen wird, dass die schulischen Leistungen auch von der Klassenzugehörigkeit abhängig sind, wird für diese Auswertungen der Mehrebenenansatz gewählt. Dies soll es erlauben, Erkenntnisse über den Einfluss von Klassenvariablen zu gewinnen. In einem ersten Schritt wird die Bildung der Modelle generell beschrieben, in einem weiteren Kapitel werden die konkreten Modelle dargestellt und interpretiert.

7.1 Mehrebenenmodelle: Allgemeine Modellbeschreibung

In einem ersten Modell (Random-Intercept-Modell RI) wird die Variable „Mathematikleistung" durch eine Konstante (Intercept) erklärt, welche jedoch – im

Unterschied zu traditionellen regressionsanalytischen Modellen – die Varianz auf Klassen- und auf Individuumsebene aufzeigt. Die Regressionsgleichung setzt sich somit aus einem fixen Parameter oder „grand mean" (Intercept) und den Residuen (Varianz Ebene Klasse[14] und Ebene Individuum) zusammen. Letztere beinhalten variable Effekte. Dies führt zur Gleichung

Abhängige Variable Math_{ij} = Intercept_{0ij} + Residuen_{ij} oder $Y_{ij} = \beta_{0ij} + e_{ij}$.

Die Gesamtvarianz wird in die Varianz auf Ebene 2 (Klasse, μ_{0j}) und Ebene 1 (Schüler, e_{ij})[15] aufgeteilt in

$Y_{ij} = \beta_{0ij} + \mu_{0j} + e_{ij}$.

In den weiteren Modellen werden jeweils zusätzliche Variablen zur Erklärung der Mathematikleistung in das Modell aufgenommen. Das führt zur Gleichung

Math_{ij} = Intercept_{0ij} + erklärende Variable(n)$_{ij}$ + Residuen_{ij} oder $Y_{ij} = \beta_{0ij} + \beta_1 x_{ij} + \beta_2 z_{ij} + \ldots + \mu_{0j} + e_{ij}$.

Mit jeder Aufnahme einer neuen erklärenden Variable verändert sich das Modell. Damit die Modelle miteinander verglichen werden können, muss von einer stabilen Stichprobengröße ausgegangen werden. Aus diesem Grund müssen sämtliche missing cases der verwendeten Variablen aus dem Datensatz entfernt werden. Der statistische Vergleich der Modelle erfolgt über die Devianz. Die Devianz ist die statistische Prüfgröße, mit welcher die Güte des Modells bzw. der Grad der Übereinstimmung zwischen Modell und Daten angezeigt wird. Ein einzelner Devianzwert kann nicht interpretiert werden, sondern es geht immer darum, die Werte von verschiedenen Modellen (vom selben Datensatz) zu vergleichen (Snjider/Bosker 1999, 89). Modelle mit tieferer Devianz sind „bessere" Modelle. Die Differenz der Devianz zweier Modelle hat eine χ^2-Verteilung. Die Modelle unterscheiden sich bezüglich der Anzahl der geschätzten Parameter (Anzahl der Freiheitsgrade ist gleich der Differenz der Parameter der beiden

---

[14] In Mehrebenenmodellen wird davon ausgegangen, dass jede Klasse einen unterschiedlichen Intercept und eine unterschiedliche Steigung aufweist. Dies wird in der Gleichung durch das tiefer gestellte j gekennzeichnet (vgl. Hox 2002, 12).

[15] Für e_{ij} wird ein Mittelwert von Null und eine zu schätzende Varianz angenommen. Die Notation wird in verschiedenen Publikationen unterschiedlich gehandhabt.

Modelle; vgl. Hox 2002, 16.). Es kann folgende Faustregel angewendet werden: Nimmt die Differenz der Devianzen zweier Modelle pro Freiheitsgrad mindestens einen Wert von 4 an, handelt es sich beim komplexeren Modell bei einer Irrtumswahrscheinlichkeit von $\alpha = 0.05$ um ein signifikant besseres Modell.

7.2 Mathematikleistung, IQ, Geschlecht, Erstsprache und Schulungsform

Nullmodell

5. Schuljahr

Im ersten Modell wird ein globaler „grand mean" für die durchschnittliche Mathematikleistung im 5. Schuljahr[16] geschätzt. Es handelt sich dabei um einen „fixen" Effekt bezogen auf das individuelle Schülermerkmal. Tabelle 16 gibt einen „grand mean" von 29.12 (Standardfehler S.E. 0.53) an. Die Varianz auf Ebene 2 (34.31, S.E. 4.61) zeigt an, wie die einzelnen Klassenmittelwerte um den „grand mean" streuen. Mit e_{ij} wird die Varianz auf Individuumsebene angezeigt (53.26, S.E. 0.1.63), d.h. es wird der Wert für denjenigen Teil der individuellen Abweichungen gegeben, welcher nicht durch die Prädiktorvariable erklärt werden kann. Sollte dieser Varianzanteil weiter aufgeklärt werden, könnte dies allein durch individuelle Merkmale geschehen. Klasseneffekte haben hier keinen Einfluss. Der Intra-Class-Koeffizient ρ gibt an, welcher Anteil der Varianz durch die Strukturierung der Daten durch Klassen erklärt wird[17] (Hox ebd., 15). Anders formuliert: Mit dem Intra-Class-Koeffizienten wird ausgedrückt, wie stark die Mathematikleistung von Schülerinnen und Schülern aus derselben Klasse durch ihre Klassenzugehörigkeit bestimmt wird. Der Intra-Class-Koeffizient im Null-Modell beträgt .39. Der Anteil der Varianz auf Klassenebene beträgt somit 39%.

---

[16] Die um Fälle mit missing data reduzierte Stichprobe besteht aus N = 2272.

[17] Die Formel für ρ lautet: Varianz Ebene 2/(Varianz Ebene 2 + Varianz Ebene 1) oder $\rho = \mu_{0j}/(\mu_{0j} + e_{ij})$.

8. Schuljahr

Der „grand mean" im 8. Schuljahr[18] beträgt 19.6 (S.E. 0.61). Die Varianz auf Klassenebene ist 36.12 (S.E. 5.44) und auf Individuumsebene 39.4 (S.E. 1.6). Dies ergibt einen hohen Intra-Class-Koeffizienten von .47.

Bildung weiterer Modelle

In der Folge wird nun in jedem neuen Modell eine zusätzliche Prädiktorvariable aufgenommen und deren Einfluss auf die Mathematikleistung überprüft. Bei den neu dazu kommenden Variablen wird jeweils angegeben, welcher zusätzliche Varianzanteil durch diese erklärt werden kann. Die Reihenfolge der aufgenommenen Variablen ergibt sich – unabhängig vom Mehrebenenansatz – aus Forschungsinteresse und theoretischen Überlegungen. Für die hier vorliegende Untersuchung wird zuerst die Intelligenz ins Modell aufgenommen, gefolgt von „Geschlecht". Wie in Kapitel 2.1 dargelegt wurde, wird davon ausgegangen, dass ein Teil der Mathematikleistung durch den Intelligenzfaktor erklärt werden kann. Auch bezüglich des Geschlechts weisen Studien darauf hin, dass zumindest für das 8. Schuljahr Geschlechterdifferenzen zu erwarten sind (vgl. Kapitel 3.2). In Modell 3 wird als weitere Variable der Einfluss der Erstsprache Deutsch auf die Mathematikleistung untersucht[19]. Es ist zu beachten, dass es bei der Überprüfung dieser Variable nicht einfach um Sprachkenntnisse geht, sondern dass diese – wie in Kapitel 3.4 aufgezeigt wurde – in Zusammenhang mit Faktoren der sozialen Herkunft zu sehen sind.

Im letzten Modell interessiert zusätzlich zu den vorgängig aufgenommenen Variablen der Zusammenhang zwischen Schulungsform/Status Lernbehinderung und Mathematikleistung. Wie in Tabelle 7 ersichtlich wurde, haben im 5. Schuljahr 213 Kinder von einer Abklärungsinstanz den institutionellen Status „lernbehindert" erhalten, im 8. Schuljahr 303. Je nach örtlichen Gegebenheiten werden diese zum Teil in Sonderklassen für Lernbehinderte, zum Teil integrativ

---

[18] Im 8. Schuljahr besteht die Stichprobe nach dem Ausschluss von Fällen mit missing data aus N = 1332.

[19] Es wurden die Variablen Erstsprache und Nationalität (CH Pass/nicht CH Pass) erhoben. Da a) die beiden Variablen Erstsprache und Nationalität sehr hoch miteinander korrelieren und b) vorgängig durchgeführte Regressionsanalysen zeigten, dass bezüglich der Nationalität kein signifikanter Einfluss auf die Mathematikleistung ersichtlich ist, wurde nur die Variable Erstsprache ins Modell aufgenommen.

in Regelklassen geschult. Ausgehend davon wurden drei „Schülertypen" gebildet: Regelschüler/Regelschülerin (RS), Lernbehinderte in Sonderklassen (LB^{Son}) und integrativ geschulte Lernbehinderte (LB^{Int}).

Modell 1: Zusammenhang Mathematikleistung und Intelligenz

In diesem Modell interessiert der Einfluss der Intelligenz auf die Mathematikleistung. In der Fachliteratur (z.B. Hox 2002, 7) wird empfohlen, zur Berücksichtigung der Kontextvariable „Klasse" bei metrischen Variablen die individuellen Leistungen als Abweichungen vom Mittelwert der Gruppen zu verstehen. Es wird ein Mittelwert von 0 angenommen, und die individuellen Leistungen werden um diesen Wert zentriert. In den folgenden Modellen wird deshalb der zentrierte Mittelwert „IQ – 105" im 5. Schuljahr bzw. „IQ – 99" im 8. Schuljahr verwendet[20]. Die Gleichung lautet für Modell 1

$Math_{ij} = Intercept_{0ij} + IQ^{zent}_{ij} + \mu_{0j} + e_{ij}$.

Modell 5.1

Der Devianzwert (14926.52 < 15806.16) weist darauf hin, dass mit Modell 1 eine zuverlässigere Schätzung gelingt als mit dem Null-Modell (Tab. 16). Der „grand mean" der Mathematikleistung gibt hier die geschätzte Leistung für ein Kind mit einem IQ von 105[21] an. Der Parameter von 0.3 (S.E. 0.009) des IQ zeigt, dass ein signifikanter Einfluss des IQ auf die Mathematikleistung vorhanden ist[22] und dass die Mathematikleistung pro IQ-Einheit um 0.30 Punkte ansteigt bzw. abnimmt. Durch den Einbezug des IQ als erklärende Variable verändert sich auch die Varianz, und zwar sowohl auf Ebene „Klasse" als auch auf

---

[20] Mittelwert IQ der hier verwendeten aktuellen Stichprobe nach dem Ausschluss von missing cases. Beim Einbezug von Prädiktorvariablen ist das Problem der Multikollinearität zu beachten. Zwischen den abhängigen Variablen sollte keine lineare Abhängigkeit bestehen, da die Standardfehler mit zunehmender Multikollinearität grösser werden und damit auch die Gefahr unzuverlässiger Schätzungen wächst (vgl. Backhaus u.a. 2000, 41f.). Im Anhang werden die Korrelationen der in den Modellen verwendeten Variablen dargestellt.

[21] Dies gilt für alle folgenden Modelle und wird nicht mehr jedes Mal erwähnt.

[22] Zur Überprüfung der Signifikanz eines Parameters bestehen verschiedene Möglichkeiten: t-Test Statistik oder der Waldtest (vgl. Snjiders/Boskers ebd., 86ff.). Die Überprüfung der Nullhypothese, dass ein bestimmter Parameter gleich Null ist, erfolgt hier via t-Test, wobei der geschätzte Parameter durch seinen Standardfehler dividiert wird. Werte, die grösser als 1.96 sind, weisen auf eine signifikante Parameterschätzung hin.

der Ebene der Schülerinnen und Schüler, und der Intra-Class-Koeffizient sinkt auf .27. Unter Einbezug der Intelligenz als erklärende Variable beträgt der Anteil Varianz auf Klassenebene somit noch 27%.

Tab. 16: Mehrebenenmodelle 5. Schuljahr

	Nullmodell		Modell 5.1		Modell 5.2		Modell 5.3		Modell 5.4	
	ß	S.E.	ß	S.E.	ß	S.E.	ß	S.E.	ß	S.E.
Fixe Effekte										
Intercept	29.12	0.53	29.9	0.35	30.78	0.38	31.30	0.37	32.79	0.26
IQ^{zent}			0.30*	0.009	0.30*	0.009	0.29*	0.009	0.25*	0.009
Girl					-1.92*	0.26	-1.91*	0.26	-1.94*	0.25
anderssp.							-2.37*	0.35	-2.09*	0.34
LB^{Son}									-11.1*	0.79
LB^{Int}									-7.72*	0.71
Varianz Ebene 2										
μ_{0j}	34.31	4.61	13.97	2.02	14.73	2.08	13.3	1.93	3.87	0.74
Varianz Ebene 1										
e_{ij}	53.26	1.63	37.21	1.14	36.18	1.11	35.63	1.09	33.78	1.03
Devianz	15806.16		14926.52		14872.02		14827.210		14585.9	

N = 2272, * p < 0.001

Modell 8.1

Der Parameter für den zentrierten IQ von 99 beträgt im 8. Schuljahr 0.26 (S.E. 0.01) und steht somit in einem signifikanten Zusammenhang mit der Mathematikleistung (Tab. 17). Pro IQ-Einheit kann eine Veränderung der Mathematikleistung um 0.26 Punkte angenommen werden. Modell 1 stellt ein signifikant besseres Modell dar als das Nullmodell (8577.206 < 8936.329). Die Varianz verändert sich auf beiden Ebenen, der Intra-Class-Koeffizient bleibt jedoch – im Gegensatz zum 5. Schuljahr – mit .39 fast unverändert hoch. Die Mathematikleistung von Schülerinnen oder Schülern aus derselben Klasse wird somit immer noch zu einem sehr hohen Anteil durch die Klassenzugehörigkeit erklärt. Dieser Unterschied zum 5. Schuljahr lässt sich durch die unterschiedlichen Schulmodelle erklären. Während es auf der Primarstufe Regelklassen und Sonderklassen gibt, werden Achtklässler, bedingt durch die oft gegliederten Modelle, mehr selektioniert und verschiedenen Klassen(bzw. Niveau-)typen zugeteilt.

Tab. 17: Mehrebenenmodelle 8. Schuljahr

	Nullmodell		Modell 8.1		Modell 8.2		Modell 8.3		Modell 8.4	
Fixe Effekte	ß	S.E.	ß	S.E.	ß	S.E.	ß	S.E.	ß	S.E.
Intercept	19.6	0.61	20.07	0.46	20.93	0.48	21.16	0.49	23.32	0.46
IQ^{zent}			0.26^*	0.01	0.25^*	0.01	0.25^*	0.01	0.22^*	0.01
Girl					-2.14^*	0.32	-2.16^*	0.32	-2.33^*	0.31
andersspr.							-0.76	0.39	-0.57	0.38
LB^{Son}									-7.52^*	0.92
LB^{Int}									-5.53^*	0.78
Varianz Ebene 2										
μ_{0j}	36.12	5.44	19.74	3.10	20.75	3.2	20.39	3.17	12.36	2.06
Varianz Ebene 1										
e_{ij}	39.4	1.6	30.89	1.25	29.67	1.2	29.62	1.2	28.51	1.15
Devianz	8936.329		8577.206		8532.086		8528.305		8434.794	

N = 1332, * p < 0.001

Modell 2: Zusammenhang Mathematikleistung, Intelligenz, Geschlecht

In Modell 2 wird das Geschlecht als erklärende Variable (dummy-Variable) in die Gleichung einbezogen. Der Einbezug der dichotomen Variable Geschlecht geschieht durch so genanntes „contrast-coding" (Snijders/Bosker ebd., 89). „Girl" wird gegen „Boy" kontrastiert und ins Modell aufgenommen. Die Gleichung lautet

$Math_{ij} = Intercept_{0ij} + IQ^{zent}_{ij} + girl_{ij} + \mu_{0j} + e_{ij}$.

Modell 5.2

Der „grand mean" von 30.78 (S.E. 0.38) gibt nun die durchschnittliche Mathematikleistung für einen Jungen im 5. Schuljahr mit IQ 105 an. Der Koeffizient für die Kategorie Mädchen ist -1.92 (S.E. 0.26). Das heißt, dass die geschätzte Mathematikleistung für ein Mädchen (mit vergleichbarem IQ) 30.77 − 1.92 = 28.85 beträgt und signifikant schlechter ist als für einen Jungen. Der Intra-Class-Koeffizient steigt geringfügig auf .29. Das bedeutet, dass die Mathematikleistung unter Berücksichtigung der Variable Geschlecht stärker von der Klassenzugehörigkeit abhängig ist als ohne deren Einbezug. Anders gesagt: Es ist u.a. die Klassenzugehörigkeit, die mitbestimmt, ob Mädchen im Fach Mathematik bessere oder schlechtere Leistungen zeigen. Die Devianz weist auf eine signifikante Verbesserung gegenüber Modell 1 hin (14872.02 < 14926.52).

Modell 8.2

Die geschätzte Mathematikleistung für einen Jungen im 8. Schuljahr beträgt 20.93 (S.E. 0.48). Ein Mädchen (mit vergleichbarem IQ) zeigt eine um -2.14 Punkte schlechtere Leistung. Mädchen weisen somit auch im 8. Schuljahr signifikant schlechtere mathematische Leistungen auf als Jungen. Die Varianzanteile verändern sich im neuen Modell wiederum nur geringfügig. Die Devianzwerte weisen auf ein besseres Modell hin (8532.086 < 8577.206).

Modell 3: Zusammenhang Mathematikleistung, Intelligenz, Geschlecht, Erstsprache Deutsch

In Modell 3 wird als weitere Variable der Einfluss der Erstsprache Deutsch auf die Mathematikleistung untersucht. Es kann angenommen werden, dass es sich beim größten Teil der anderssprachigen Schülerinnen und Schüler um solche mit Migrationshintergrund handelt. Anderssprachigkeit wird gegen Erstsprache Deutsch kontrastiert und als dummy-Variable ins Modell aufgenommen.

$\text{Math}_{ij} = \text{Intercept}_{0ij} + \text{IQ}^{zent}_{ij} + \text{girl}_{ij} + \text{anderssprachig}_{ij} + \mu_{0j} + e_{ij}.$

Modell 5.3

Der „grand mean" von 31.30 gibt die geschätzte Mathematikleistung eines Jungen mit Erstsprache Deutsch an. Der Einfluss der Variable „anderssprachig" auf die Mathematikleistung ist signifikant. Der Intercept für einen anderssprachigen Jungen liegt mit 28.93 (31.30 – 2.37) tiefer als für einen Jungen mit Erstsprache Deutsch. Der Intercept für ein deutschsprachiges Mädchen ist mit 31.3 – 1.91 = 29.39 leicht höher als für einen anderssprachigen Jungen. Am tiefsten ist der „grand mean" für ein nicht-deutschsprachiges Mädchen (31.3 – 1.91 – 2.37 = 27.02). Die Varianz auf Klassen- und Individuumsebene sowie der Intra-Class-Koeffizient bleiben annähernd stabil. Der Devianzwert zeigt wiederum eine signifikante Verbesserung des Modells an (14827.210 < 14872.02).

Modell 8.3

Zum Ersten fällt beim neuen Modell auf, dass es sich im Vergleich zum Modell 2 *nicht* um ein signifikant besseres Modell handelt. Der Unterschied der Devianzwerte (8528.305 < 8532.086) ist kleiner als 4 und somit nicht signifikant. Der Einfluss der Variable „anderssprachig" wird für das 8. Schuljahr nicht signifikant (β = -0.76, S.E. 0.39). Die mathematischen Leistungen von Schülerinnen und Schülern mit Erstsprache Deutsch/nicht Deutsch unterscheiden sich somit *nicht* voneinander. Dies ist insofern interessant, als sich im 5. Schuljahr ein signifikanter Einfluss dieser Variable zeigt. Auf dieses Ergebnis wird in der Diskussion näher eingegangen.

Modell 4: Zusammenhang Mathematikleistung, Intelligenz, Geschlecht, Sprache und Merkmal Lernbehinderung

In Modell 4 interessiert zusätzlich zu den vorgängig aufgenommenen Variablen der Zusammenhang zwischen Schulungsform/Status Lernbehinderung und Mathematikleistung. Es wird überprüft, ob bezüglich der drei Schülertypen Regelschüler/Regelschülerin (RS), Lernbehinderte in Sonderklassen (LB^{Son}) und integrativ geschulte Lernbehinderte (LB^{Int}) signifikante Beziehungen zur Mathematikleistung festzustellen sind. Die beiden Typen „lernbehindert" werden gegen den Schülertyp Regelklasse (RS) kontrastiert und als dummy-Variablen ins Modell aufgenommen. Die Gleichung lautet

$\text{Math}_{ij} = \text{Intercept}_{0ij} + \text{IQ}^{zent}_{ij} + \text{girl}_{ij} + \text{anderssprachig}_{ij} + \text{LB}^{Son}_{ij} + \text{LB}^{Int}_{ij} + \mu_{0j} + e_{ij}$.

Modell 5.4

Modell 4 ist ein signifikant besseres Modell als Modell 3 (14585.9 < 14827.21). Der „grand mean" von 32.79 (S.E. 0.26) zeigt im neuen Modell die geschätzte Mathematikleistung eines deutschsprachigen Regel*schülers* an. Diese unterscheidet sich immer noch signifikant von der Leistung einer deutschsprachigen Regel*schülerin* (-1.94 Punkte). Für einen Jungen mit Erstsprache Deutsch und mit einem Status Lernbehinderung, welcher eine Sonderklasse besucht, sinkt die geschätzte Mathematikleistung signifikant um 11.09 Punkte (S.E. 0.79). Bei einem integrierten Schüler mit Lernbehinderung und Erstsprache Deutsch sind es -7.72 Punkte (S.E. 0.71). Wird der Parameter für „Geschlecht" einbezogen, sinkt der „grand mean" weiter. Tabelle 18 gibt einen zusammenfassenden Überblick über die Ergebnisse dieses Modells. Daraus wird ersichtlich, dass Regel*schüler* mit Erstsprache Deutsch die besten Mathematikleistungen aufweisen. Die schlechtesten Leistungen erzielen anderssprachige Mädchen, welche in einer Sonderklasse geschult werden. Der „grand mean" fällt mit 17.67 fast auf die Hälfte des Wertes eines deutschsprachigen Regelschülers.

Tab. 18: Einfluss der Variablen Geschlecht, Erstsprache Deutsch und Status Lernbehinderung auf die Mathematikleistung im 5. Schuljahr

	Geschätzte Mathematikleistung (N = 2272)					
	Regelklasse deutsch	Regelklasse ansderssspr.	LB^{Int} deutsch	LB^{Son} deutsch	LB^{Int} ansderssspr.	LB^{Son} ansderssspr.
Junge	**32.79**	30.7	25.07	21.7	22.98	19.61
Mädchen	30.85	28.76	23.13	19.76	21.04	**17.67**

Durch den Einbezug der Variable „Schulungsform/Status Lernbehinderung" verändert sich die Varianz auf Klassenebene erwartungsgemäß, und der Intra-Class-Koeffizient sinkt auf .10.

Modell 8.4

Der „grand mean" für einen (deutschsprachigen) Regel*schüler* beträgt 23.32 (S.E. 0.46). Die Beta-Werte für IQ und „girl" bleiben im Vergleich zu den vorangehenden Modellen ungefähr gleich und zeigen einen signifikanten Einfluss auf die Mathematikleistung, wogegen der Koeffizient für „anderssprachig" weiter sinkt. Signifikant wird hingegen der Einfluss der Variable „Lernbehinderung". Der Intercept für einen Jungen mit Status Lernbehinderung, welcher integrativ geschult wird, beträgt 23.32 – 5.53 = 17.79, für einen Jungen in der Sonderklasse für Lernbehinderte 23.32 – 7.52 = 15.8. Die Varianz auf der Individuumsebene bleibt annähernd gleich, hingegen verändert sich die Varianz auf Klassenebene, was zu einer Veränderung des Intra-Class-Koeffizienten führt (.30). Dieser ist jedoch immer noch viel höher als im 5. Schuljahr. Es handelt sich um ein signifikant besseres Modell als Modell 8.3 (8434.794 < 8528.305).

Modell 8.5: Zusammenhang Mathematikleistung, Intelligenz, Geschlecht und Merkmal Lernbehinderung im 8. Schuljahr

Da die Variable „Anderssprachigkeit" im 8. Schuljahr keinen signifikanten Einfluss auf die Mathematikleistung aufweist, wird ein neues Modell gebildet, und die nicht-signifikante Variable „anderssprachig" wird aus der Gleichung entfernt.

$Math_{ij} = Intercept_{0ij} + IQ^{zent}_{ij} + girl_{ij} + LB^{Son}_{ij} + LB^{Int}_{ij} + \mu_{0j} + e_{ij}$.

Modell 8.5 (vgl. Tab. 19) ist ein besseres Modell als Modell 8.3 (8437.043 < 8528.305). Der Intercept für einen Regelschüler beträgt 23.16 (S.E. 0.46). Für einen Jungen mit Status Lernbehinderung in einer Regelklasse verändert sich die geschätzte Mathematikleistung um -5.59, für einen Sonderschüler um -7.58. Mädchen weisen signifikant schlechtere Leistungen auf. Der Intra-Class-Koeffizient bleibt mit .30 hoch – viel höher als im 5. Schuljahr. Die Klassenzugehörigkeit hat somit im 8. Schuljahr einen viel größeren Einfluss auf die Mathematikleistung als im 5. Schuljahr.

Tab. 19: Modell 8.5 für das 8. Schuljahr

	Modell 8.5	
Fixe Effekte	ß	S.E.
Intercept	23.16	0.46
IQ^{zent}	0.23*	0.01
Geschlecht (girl)	-2.31*	0.31
LB^{Son}	-7.58*	0.92
LB^{Int}	-5.59*	0.78
Varianz Ebene 2		
μ_{0j}	12.50	2.08
Varianz Ebene 1		
e_{0ij}	28.53	1.15
Devianz	8437.043	

* $p < 0.001$

Auch im 8. Schuljahr sind es die Regel*schüler*, welche die beste, und die Sonderklassen*schülerinnen*, welche die schlechteste Mathematikleistung zeigen (vgl. Tab. 20). Die Leistungsunterschiede zwischen den beiden Extremgruppen sind auch hier sehr hoch. Allerdings sind die Unterschiede zwischen lernbehinderten Schülerinnen und Schülern in Regel- und Sonderklassen kleiner als im 5. Schuljahr.

Tab. 20: Einfluss der Variablen Geschlecht und Status Lernbehinderung auf die Mathematikleistung im 8. Schuljahr

	Geschätzte Mathematikleistung (N = 1332)		
	Regelklasse	LB^{Int}	LB^{Son}
Junge	**23.16**	17.57	15.58
Mädchen	20.85	15.26	**13.27**

7.3 Zusammenfassung und Interpretation

Die dargestellten Mehrebenenmodelle zeigen, dass im 5. Schuljahr sowohl Intelligenz, Geschlecht, Erstsprache Deutsch und der Status Lernbehinderung in Zusammenhang mit der Schulungsform die Mathematikleistung beeinflussen. Die besten Leistungen zeigen deutschsprachige Regel*schüler*, die schlechtesten Leistungen anderssprachige *Schülerinnen* in Sonderklassen. Anhand der Ergebnisse der Mehrebenenmodelle wird sichtbar, dass die Mathematikleistung im 5. Schuljahr von der Klassenzugehörigkeit abhängig ist. In Modell 4, welches die Zugehörigkeit zur Regel- oder Sonderklasse berücksichtigt, werden noch 10% der Varianz durch die Klassenzugehörigkeit erklärt. Auffallend sind weiter die Leistungsunterschiede zwischen lernbehinderten Kindern in Regel- und in Sonderklassen. Im 8. Schuljahr zeigt sich zum Teil ein ähnliches, zum Teil ein unterschiedliches Bild. Auch hier ergibt sich ein signifikanter Einfluss der Variablen Intelligenz, Geschlecht sowie des Merkmals Lernbehinderung/Schulungsform. „Erstsprache" hat hingegen keinen signifikanten Einfluss auf die Mathematikleistung. Auffallend ist zudem der hohe Intra-Class-Koeffizient, welcher sich in allen Modellen zeigt. Dieser lässt sich zumindest teilweise mit den Schulmodellen auf der Oberstufe erklären: Wie eingangs dargestellt wurde, sind dort häufig stark gegliederte Modelle mit Klassen mit unterschiedlichen Leistungsniveaus zu finden. Dies führt zu einem großen Einfluss der Variablen „Klasse". Im Folgenden werden diese Resultate aufgrund der in Kapitel 3 dargelegten theoretischen Überlegungen und empirischen Ergebnisse diskutiert.

Geschlechterdifferenzen

Die Geschlechterunterschiede bezüglich der Mathematikleistung, welche in der Stichprobe vorliegen, bestätigen einmal mehr die in Kapitel 3.2 dargestellten Befunde zu den unterschiedlichen Mathematikleistungen von Jungen und Mädchen in der Schweiz. Mädchen erbringen signifikant tiefere Mathematikleistungen als Jungen, in der hier vorliegenden Stichprobe schon im 5. Schuljahr. Aus den Resultaten der Mehrebenenmodelle geht hervor, dass diese Geschlechterdifferenzen nicht nur von individuellen Faktoren abhängig sind, sondern auch vom

Kontext Schulklasse beeinflusst werden. Dieser Befund kann mit den in Kapitel 3.2 aufgezeigten Forschungsergebnissen in Zusammenhang gebracht werden. Die tieferen mathematischen Leistungen von Mädchen werden u.a. mit deren tieferem Selbstkonzept bezüglich ihrer mathematischen Leistungen und der Einstellung von Lehrpersonen „Mädchen sind schlecht in Mathematik" erklärt.

Erstsprache Deutsch – Zweitsprache Deutsch

Die Variablen „Erstsprache Deutsch" bzw. „Anderssprachigkeit" beinhalten – wie in Kapitel 3.4.2 aufgezeigt wurde – eine ganze Reihe von Faktoren. Anderssprachige Schülerinnen und Schüler im 5. Schuljahr zeigen schlechtere Mathematikleistungen als Kinder mit der Erstsprache Deutsch. Im 8. Schuljahr wurde kein solcher Unterschied gefunden. Eine mögliche Erklärung für dieses unterschiedliche Ergebnis in den beiden Schuljahren bietet die wahrscheinlich unterschiedlich lange Aufenthaltsdauer in der Schweiz. So kann vermutet werden, dass eine Mehrheit der untersuchten Achtklässler länger in der Schweiz lebt als die anderssprachigen Fünftklässler und mehr Zeit für den Zweitspracherwerb zur Verfügung hatte bzw. sich länger mit der „anderen Kultur" und der Schulsprache auseinandersetzen konnten (vgl. 3.4.2 und Müller 1997 sowie Cummins 1991).

Schulungsform

Auffallend ist der große Leistungsunterschied zwischen Schülerinnen und Schülern mit Status Lernbehinderung in integrativen und separativen Schulungsformen – im 5. Schuljahr noch viel deutlicher als im 8. Schuljahr. Das vorliegende Ergebnis bestätigt die von Haeberlin u.a. (1990) gefundenen Ergebnisse, dass in Regelklassen integrierte Lernbehinderte bessere schulische Leistungen aufweisen als Schülerinnen und Schüler in Sonderklassen. Es könnte somit angenommen werden, dass lernbehinderte Schülerinnen und Schüler, welche integrativ geschult werden, bessere Mathematikleistungen zeigen als Kinder und Jugendliche, welche separiert geschult werden, da eine integrative Schulungsform ein höheres Anspruchsniveau vorhanden ist (vgl. 4.7.3 und Renkl/Stern 1994).

8 Empirische Ergebnisse: Kenntnis des mathematischen Basisstoffes

8.1 Hypothesenprüfung

In der Untersuchung wurde u.a. der Frage nachgegangen, ob Schülerinnen und Schüler mit unterdurchschnittlichen mathematischen Leistungen im 5. und 8. Schuljahr Kenntnisse des elementaren mathematischen Lernstoffes der ersten vier Schuljahre erworben haben oder nicht. Ausgehend von den theoretischen Grundlagen in Kapitel 4 wurden folgende Hypothesen abgeleitet (vgl. 6.1):

H1: Schülerinnen und Schüler im 5. und 8. Schuljahr, welche bezüglich des aktuellen Lernstoffes unterdurchschnittliche Mathematikleistungen aufweisen, weisen auch bezüglich des mathematischen Basisstoffes (zentraler Lernstoff der ersten vier Schuljahre) schlechtere Mathematikleistungen auf als gleichaltrige Schülerinnen und Schüler mit durchschnittlichen aktuellen Mathematikleistungen.

H2: Zwischen Schülerinnen und Schülern mit „unterdurchschnittlicher Mathematikleistung/unterdurchschnittlichem IQ" und solchen mit „unterdurchschnittlicher Mathematikleistung/durchschnittlichem IQ" lässt sich bezüglich der Leistung im Mathematiktest zum Basisstoff der ersten vier Schuljahre kein Leistungsunterschied feststellen.

Zur Überprüfung der Hypothesen wurde eine einfache Varianzanalyse ANOVA mit anschließendem Post-hoc Test (Scheffé) durchgeführt. Die Gruppen werden folgendermaßen bezeichnet:

- Rechenschwäche (RS) 1: Mathematik unterdurchschnittlich, IQ unterdurchschnittl.
- Rechenschwäche (RS) 2: Mathematik unterdurchschnittlich, IQ durchschnittlich
- Vergleichsgruppe VGL: IQ und Mathematik durchschnittlich

Die Ergebnisse werden im Folgenden dargestellt.

5. Schuljahr

Tabelle 21 belegt, dass ein signifikanter Leistungsunterschied zwischen der Vergleichsgruppe und den beiden Untersuchungsgruppen RS 1 und RS 2 besteht ($F = 66.434$, df 2, $p < 0.001$, siehe Resultate Scheffé-Test). Die Hypothese, dass rechenschwachen Schülerinnen und Schülern die Grundlagen des Basisstoffes der ersten vier Schuljahre fehlen, kann somit nicht widerlegt werden. Es handelt sich dabei um einen sehr starken Effekt ($\eta_p^2 = .504$)[23].

Tab. 21: Varianzanalytische Überprüfung der Mathematikleistung im 5. Schuljahr

Abhängige Variable: Mathematikleistung beim Einzelinterview						
	Mean	SD	Min	Max	Anzahl	Scheffé-Test
RS 1	66.93	12.38	39	94	41	RS 1/ RS 2 p > .05
RS 2	71.15	13.33	39	95	48	RS 1/ VGL p < 0.001
VGL	92.53	6.6	76	103	45	RS 2/ VGL p < 0.001
	SAQ	df	MQA	F	p	
Zwischen d. Grp.	16631.876	2	8315.94	66.434	.000	$\eta_p^2 = .504$
Innerhalb d. Grp.	16398.004	131	125.176			
Total	33029.881	133				

Es wurde weiter überprüft, ob der Leistungsunterschied zwischen den Untersuchungsgruppen RS 1 und RS 2 und der Vergleichsgruppe auch auf der Ebene der einzelnen mathematischen Leistungsbereiche besteht (Tab. 22).

Die Vergleichsgruppe zeigt in allen Bereichen signifikant bessere Leistungen als die Untersuchungsgruppen (t-Test für unabhängige Stichproben), jedoch nicht überall gleich deutlich. Die Grundoperationen werden grundsätzlich gut gelöst, die Division allerdings mit dem schlechtesten Ergebnis. In den Gruppen RS zeigt sich ein anderes Bild. Die Addition wird am besten gelöst, gefolgt von der Subtraktion und der Multiplikation. Verdoppeln/Halbieren, Ergänzen und Dividieren sind für diese Schülerinnen und Schüler deutlich schwieriger. Grosse Schwierigkeiten zeigen sich zudem bei den Aufgaben Zählen, Dezimalsystem, Operationsverständnis und (Halb-)Schriftliches Rechnen.

Zur Überprüfung von H2 (Unterschied der Gruppen mit durchschnittlichem/unterdurchschnittlichem IQ): Die Leistungen der Gruppe RS 1 sind etwas schlechter als diejenigen der Gruppe RS 2, der Unterschied wird jedoch nicht

---

[23] η_p^2 (partial eta quadrat) ist ein Effektstärkemaß und zeigt den Anteil der Varianzaufklärung (hier 50%) der abhängigen Variablen, der auf die unabhängige Variable (hier auf die Gruppe) zurückzuführen ist (Bortz 2006, 280). Eine Varianzaufklärung von 20% entspricht einer Effektstärke von 0.5 (Bortz 2006, 260).

signifikant (F = 66.434, df 2, p > 0.05, vgl. Scheffé-Test in Tab. 21). Die Hypothese, dass rechenschwache Schülerinnen und Schüler mit durchschnittlichem und unterdurchschnittlichem IQ dieselben Mathematikleistungen zeigen, kann nicht widerlegt werden.

Tab. 22: Mittelwertsvergleiche in den einzelnen Leistungsbereichen im 5. Schuljahr

	Mathematikleistungen 5. Schuljahr							
	RS 1 N = 41		RS 2 N = 48		VGL N = 45		Ergebnisse	
Bereich	M	SD	M	SD	M	SD	t-Wert RS - VGL	t-Wert RS 1 - RS 2
Zählen	5.2	2.88	5.77	2.57	7.36	2.02	4.032***	-.996 n.s.
Addition	8.8	1.5	8.94	1.39	9.51	0.94	2.267*	-.43 n.s.
Subtraktion	8.05	1.8	7.92	1.9	9.49	0.97	5.109***	.333 n.s.
Ergänzen	6.34	2.74	6.88	2.86	9.18	1.32	5.786***	-.896 n.s.
Verdoppeln/Halbieren	6.44	2.91	7.27	2.59	9.33	1.38	5.599***	-1.427 n.s.
Multiplikation	7.56	1.67	7.92	1.78	9.51	0.84	6.421***	-.964 n.s.
Division	6.2	2.6	6.75	2.37	8.96	1.17	6.310***	-1.054 n.s.
Dezimalsystem	5.44	1.85	6.0	1.87	8.16	1.43	7.610***	-1.42 n.s.
Textaufgaben	5.76	1.7	5.94	2.1	8.47	1.53	7.948***	-.443 n.s.
Operationsverständnis	5.07	2.14	5.15	2.73	7.69	1.56	6.394***	-.138 n.s.
(Halb-)Schriftl. Rechn.	2.05	1.24	2.67	1.36	4.87	1.27	10.331***	-2.223*

*** $p < 0.001$; * $p < 0.05$; n.s $p > 0.05$; t-Test für unabhängige Stichproben

Hier wurde mittels eines t-Tests[24] überprüft, ob sich die Leistungen der beiden Untersuchungsgruppen in den einzelnen Bereichen unterscheiden. Es zeigte sich nur im Bereich des (Halb-)Schriftlichen Rechnens ein sehr geringer Leistungsunterschied zugunsten der Gruppe RS 2 (t = -2.223, df 87, p < 0.5).

---

[24] Bei kleinen Stichprobenumfängen (n < 30) muss für die Durchführung parametrischer Verfahren die Voraussetzung der Normalverteilung erfüllt sein, zudem müssen die Varianzschätzungen annähernd gleich sein (Bortz 2006, 141). Für die Stichprobe im 5. Schuljahr ist die Voraussetzung der Normalverteilung in der Stichprobe der Gruppen RS nicht gegeben, hingegen ist diejenige der homogenen Varianzen erfüllt. Im 8. Schuljahr sind die Werte in der Stichprobe RS annähernd normalverteilt, in zwei Bereichen sind die Varianzen nicht homogen. Da die Stichprobengrösse jedoch > 30 ist, und der t -Test für unabhängige Stichproben bei annähernd gleichen Stichprobenumfängen auf Verletzungen robust reagiert, wird dieses Verfahren hier angewendet.

8. Schuljahr

Auch im 8. Schuljahr kann H1 (Schwierigkeiten Verständnis Basisstoff) nicht widerlegt werden (ANOVA, F = 37.225, df 2, p < 0.001; vgl. Resultate Scheffé-Test in Tab. 23). Die Gruppen RS 1 und RS 2 zeigen signifikant tiefere Mathematikleistungen als die Vergleichsgruppe, die Effektstärke ($\eta_p^2 = .366$) kann als hoch bezeichnet werden (Bortz 2006, 260).

Tab. 23: Varianzanalytische Überprüfung der Mathematikleistung im 8. Schuljahr

Abhängige Variable: Mathematikleistung im Einzelinterview						
	M	SD	Min	Max	Anzahl	Scheffé-Test
RS 1	73.94	12.19	45	93	46	RS 1/ RS 2 p > 0.05
RS 2	76.23	11.58	50	99	39	RS 1/ VGL p < 0.001
VGL	91.58	7.75	74	103	47	RS 2/ VGL p < 0.001
	SAQ	DF	MQA	F	p	
Zwischen d. Grp.	8394.631	2	4197.32	37.225	0.000	$\eta_p^2 = .366$
Innerhalb d. Grp.	14545.43	129	112.755			
Total	22940.061	131				

Im Gegensatz zum 5. Schuljahr unterscheiden sich jedoch die Leistungen von Vergleichsgruppe und Untersuchungsgruppen nicht in allen Kompetenzbereichen (Tab. 24). So ist bei der Addition kein signifikanter Leistungsunterschied festzustellen. In den Gruppen RS werden die Aufgaben zum Zählen, zum Dezimalsystem, zu den Textaufgaben, zum Operationsverständnis und zum (Halb-) Schriftlichen Rechnen am schlechtesten gelöst. In der Vergleichsgruppe werden die Strich- und die Punktoperationen ungefähr gleich gut bearbeitet. Etwas mehr Schwierigkeiten bereiten Zählen, Dezimalsystem, Operationsverständnis und Textaufgaben. Am schlechtesten werden in der Vergleichsgruppe die Aufgaben zum (Halb-)Schriftlichen Rechnen gelöst. Hier müsste geprüft werden, ob die Schülerinnen und Schüler sich nicht mehr gewohnt sind, solche Aufgaben zu lösen (häufige Verwendung des Taschenrechners), oder ob Defizite im Verständnis der Operation vorliegen.

Tab. 24: Mittelwertsvergleiche in den einzelnen Leistungsbereichen im 8. Schuljahr

Bereich	Mathematikleistung 8. Schuljahr							
	RS 1 N = 40		RS 2 N = 39		VGL N = 47		Ergebnisse	
	M	SD	M	SD	M	SD	t-Wert RS - VGL	t-Wert RS 1 – RS 2
Zählen	5.26	2.39	6.08	2.23	8.09	1.78	6.749***	-1.618 n.s.
Addition	9.15	1.19	8.54	1.59	9.34	1.19	1.934 n.s.	2.033*
Subtraktion	8.7	1.65	8.51	1.5	9.23	1.24	2.338*	.531 n.s
Ergänzen	6.96	2.6	7.67	2.17	9.06	1.47	4.6***	-1.356 n.s
Verdoppeln/Halbieren	7.15	2.68	7.77	2.25	9.45	1.18	5.201***	-1.136 n.s
Multiplikation	8.02	1.8	7.64	1.99	8.77	1.18	3.023**	.575 n.s
Division	7.37	2.15	7.03	2.18	8.77	1.45	4.410***	.729 n.s
Dezimalsystem	5.78	1.9	6.59	2.1	8.19	1.39	6.122***	-1.851 n.s
Textaufgaben	6.07	2.24	6.69	1.95	7.87	1.70	4.218***	11.366 n.s
Operationsverständ.	6.46	2.33	6.56	2.43	7.94	1.96	3.535**	0.001**
(Halb-)Schriftl. Rechn.	3.07	1.31	3.15	1.58	4.87	1.62	6.470***	-.283 n.s

*** $p < 0.001$; ** $p < 0.01$; * $p < 0.05$; n.s. $p > 0.05$

Zu H2: Die Leistungen der Gruppe RS 1 sind geringfügig schlechter als diejenigen von Gruppe RS 2, der Unterschied ist jedoch nicht signifikant (F = 37.225, df 2, p > 0.05, vgl. Resultat Scheffé-Test in Tab. 24). H2 kann somit auch für das 8. Schuljahr nicht widerlegt werden. Auch hier wurde dieses Resultat zusätzlich auf der Ebene der einzelnen mathematischen Kompetenzbereiche überprüft. Es ergibt sich nur für den Bereich „Dezimalsystem" eine geringe Überlegenheit der Gruppe RS 2, welche jedoch nur als tendenzieller Unterschied bezeichnet werden kann (t = -1.851, df 83, p = 0.06). Beim Addieren ist sogar eine leichte Überlegenheit der Gruppe RS 1 festzustellen (t = 2.003, df 83, p < 0.05). Die Leistungen dieser beiden Gruppen RS werden deshalb im Folgenden für beide Schuljahre gemeinsam dargestellt und als „Untersuchungsgruppen" (der rechenschwachen Jugendlichen) „RS" bezeichnet.

Es interessiert nun, ob sich in den unterdurchschnittlichen Mathematikleistungen der rechenschwachen Schülerinnen und Schüler spezifische Fehler und Stolpersteine ausmachen lassen. Diese Analysen erfolgen auf verschiedenen Ebenen:

- Analyse der einzelnen Testbereiche (Lösungshäufigkeit, Fehler usw.)
- Vorhersage der aktuellen Mathematikleistung durch die Kenntnis des Basisstoffes
- Fehleranalyse in der Übersicht
- Analyse der verwendeten Strategien in der Übersicht

8.2 Schwierigkeiten beim Erwerb des Basisstoffes

8.2.1 Vorgehen und Auswertungskategorien

Im Folgenden werden die unterschiedlichen mathematischen Leistungen der Untersuchungs- und Vergleichsgruppen auf der Ebene der mathematischen Inhaltsbereiche analysiert. Eine erste Übersicht dazu wurde in Tabellen 22 und 24 dargestellt und kommentiert. Die weitere Interpretation erfolgt auf der Basis der in Kapitel 4 erarbeiteten Grundlagen zum Erwerb des basalen Lernstoffes. Damit die Verbindung dazu besser hergestellt werden kann, werden die zentralen Aspekte des entsprechenden Bereiches zu Beginn der jeweiligen Analyse nochmals beschrieben. Vorerst werden jedoch die Auswertungskategorien dargestellt.

Fehleranalyse

Eines der Auswertungsverfahren besteht in einer qualitativen Fehleranalyse. Die falschen Resultate im Mathematiktest wurden auf der Grundlage eines vorgängig erstellten Fehlerrasters kategorisiert (Tab. 25), das sich am Vorschlag von Jost, Erni und Schmassmann (1992, 37ff.) orientiert. Die Fehleranalyse wurde von zwei unabhängigen Personen anhand der Lösungen, der Protokolle der Testleiterinnen sowie z.T. der Tonbandaufnahmen durchgeführt. Jeder falsch gelösten Aufgabe wurde ein Fehlercode zugewiesen[25].

---

[25] Es kam vor, dass ein Fehler zwei Kategorien zugewiesen wurde, wie folgendes Beispiel zeigt. Bei 30 • 40 wurden a) Addition und Multiplikation verwechselt, gleichzeitig wurde b) ein Stellenwertfehler gemacht, d.h. es wurden zwei Nullen „angehängt".

Tab. 25: Fehlerkategorien

Fehlerkategorie	Beschreibung
Schnittstellenfehler	(Fehlerhafte) Aufnahme, Wiedergabe und Notation von Symbolen. Oft Zusammenhang mit Wahrnehmungs- oder Raumorientierungsschwierigkeiten.
Zahlen vertauschen	Vertauschen von Zehnern und Einern.
Hörverständnis	Gesprochene Zahl wird falsch aufgenommen.
Zahlen lesen	Geschriebene Zahl wird falsch gelesen.
Zahlen sprechen	Beim Lesen einer Rechenaufgabe wird eine falsche Zahl gesagt.
Orientierungsfehler	Orientierung innerhalb der Aufgabe geht verloren, einzelne Schritte werden nicht oder fehlerhaft durchgeführt. Beispiel: $90 - 7 =$ wird gerechnet $3 + 4 = 7$ → Ergebnis 4.
Verständnis Begriff	Aspekt des Zahlbegriffs (z.B. Zahlenreihe, Dezimalzahl, Bruchzahl) oder Zahlbeziehungen sind nicht verstanden.
Falsche Analogie	Von einer Operation zur nächsten werden falsche Ableitungen gemacht bzw. falsche Beziehungen hergestellt: $2 \cdot 6 = 12$, $2 \cdot 16 = 120$.
Verständnis Null	Falsche Operation mit Null ($3 + 0 = 0$).
Stellenwertfehler	Ein Zehner, Hunderter, Tausender zu viel oder zu wenig; Fehler „Null anhängen oder streichen".
Zahlaufbau	Fehler beim stellengerechten Notieren von Zahlen. 4006 wird z.B. als 406 notiert.
Überschlagen	Es werden irgendwelche Zahlen genannt, keine Vorstellung von Größenordnungen.
Verständnis Operation	Fehler beim Durchführen einer bestimmten Operation.
Verwechseln Operation	Addition/Subtraktion; Addition/Multiplikation; Multiplikation/Division; Addition/Division werden vertauscht.
Richtungsfehler	Innerhalb einer Operation wird (bei einem Schritt) die Operationsrichtung gewechselt (z.B. Plus anstatt Minus).
Vorstellung Operation	Nicht oder nur teilweise nachvollziehbare Operation, welche nicht auf Verwechslung mit anderen Operationen beruht.
Schriftl. Verfahren	Fehler bei den Verfahren zur Addition, Subtraktion, Multiplikation, Division, Übertragsfehler.
Automatisierung	Operation wird korrekt durchgeführt, die Fehler sind auf nicht ganz korrekt durchgeführte Abläufe zurückzuführen.
Abzählfehler	Pluseins-Fehler/Minuseins-Fehler. Das Resultat ist um 1 (10) zu groß oder klein. Es wird zählend gerechnet, die Ausgangszahl wird mitgezählt. $12 + 5 = 16$ → 12, 13, 14, 15, 16.
Verfahrensfehler	Innerhalb einer mehrschrittigen Aufgabe wird z.B. einmal addiert anstatt subtrahiert oder umgekehrt.
Teilschritt fehlt	Innerhalb einer Aufgabe mit mehreren Schritten wird ein Schritt ausgelassen.
Perseveration	Hängen bleiben an etwas Bekanntem oder Ähnlichem: $19 - 9 = 9$, $250 : 2 = 150$.

Strategieverwendung

Rechenschwache Schülerinnen und Schüler sind oft zählende Rechner. Sie arbeiten beim Lösen von Rechenoperationen vor allem mit Einer-Einheiten, indem sie verbal oder an einem Arbeitsmittel vor- und rückwärts zählen. Eigentliches Rechnen findet nicht statt, es bleibt beim Zählakt. Zählendes Rechnen ist fehleranfällig (vgl. Kapitel 4.2). Im Einzeltest wurden deshalb bei den Aufgaben zu den Grundoperationen (inkl. Ergänzen, Verdoppeln/Halbieren) die Strategien beobachtet. Es wurde folgende Unterscheidung getroffen:

- Abzählen (verbal, Finger, Material)
- Abrufen (Antwort innerhalb von 4 sec)
- Ableiten (2 + 4 = 6 → 12 + 4 = 16); Zerlegen (55 + 47 → 50 + 40 + 5 + 7 = 102)
- schriftlicher Algorithmus
- Verwendung von Materialien

8.2.2 Zählen

Zählen 5. Schuljahr

Dem Zählen wird für den Erwerb arithmetischer Kompetenz eine hohe Bedeutung zugeschrieben. Zählen in Schritten gilt als wichtiger Faktor im Hinblick auf die Ablösung vom zählenden Rechnen. Auf Grund verschiedener Studien wird angenommen, dass Schülerinnen und Schüler mit Rechenschwäche über geringere Zählkompetenzen verfügen als andere Kinder (vgl. Kapitel 4.2).

Auf den ersten Blick scheinen die Aufgaben zum Zählen trotz des signifikanten Unterschiedes sowohl in den Untersuchungsgruppen (M = 5.51) als auch in der Vergleichsgruppe (M = 7.36) einen hohen Schwierigkeitsgrad aufzuweisen (Tab. 22). Bei einer differenzierteren Analyse zeigen sich in den beiden Gruppen doch sehr unterschiedliche Leistungen. 68.9% der Schülerinnen und Schüler in der Vergleichsgruppe erreichten Leistungen, welche zwischen dem Mittelwert und dem Maximum liegen. In den Untersuchungsgruppen erreichten nur 18% der Schüler entsprechende Leistungen. Eine detaillierte Aufgabenanalyse weist auf weitere interessante Unterschiede zwischen den Gruppen und auch zwischen den Schuljahren hin.

Das Zählen vorwärts und rückwärts in Einerschritten gelang auch den Schülerinnen in den Untersuchungsgruppen recht gut (Tab. 26). Zählen in größeren Schritten war für diese Schüler deutlich schwieriger. Bei diesen Aufgaben wurden besonders viele Fehler beim Übergang über den Zehner gemacht. So wurde bei der Aufgabe „Zähle von 187 an in Zweierschritten vorwärts" z.B. folgendermaßen gezählt: 187, **189, 200** oder 187, **189, 102**, 104. Häufig fanden auch Wechsel der Schrittgröße statt. In der Vergleichsgruppe gelang Zählen vorwärts in Einerschritten am besten, die anderen Zählaufgaben wurden etwas schlechter, jedoch alle etwa gleich gut gelöst. Das Zählen in Schritten größer als eins schien für diese Schülerinnen und Schüler keine besondere Hürde darzustellen.

Tab. 26: Lösungshäufigkeit Zählaufgaben

	Anzahl richtiger Lösungen in %			
	5. Schuljahr		8. Schuljahr	
Aufgabe	RS 1 u. RS 2	VGL	RS 1 u. RS 2	VGL
Einerschritte vorwärts	70.8	84.4	76.5	85.1
Einerschritte rückwärts	64.0	66.7	62.4	85.1
Zweierschritte vorwärts	**41.6**	68.9	**42.4**	78.7
Zehnerschritte rückwärts	**48.3**	68.9	**40.0**	68.1
Hunderterschritte rückwärts	**48.3**	75.7	58.8	85.1

Zu Unterschieden zwischen den Schuljahren: Bei einigen Zählaufgaben zeigen die Achtklässler schlechtere Leistungen als die Fünftklässler, nämlich beim Zählen in Einerschritten rückwärts und beim Zählen in Zehnerschritten rückwärts. Dies könnte damit zusammenhängen, dass solche Zählaufgaben für die Achtklässler sehr ungewohnt sind bzw. seit Jahren nicht mehr durchgeführt wurden.

Die Fehleranalyse (Tab. 27) zeigt, dass in den Untersuchungsgruppen am meisten Fehler in den Kategorien „Übergang über den Zehner bzw. Hunderter", „Zahlauslassung" und „Wechsel Schrittgröße" gemacht wurden. In der Vergleichsgruppe traten nur Auslassungsfehler gehäuft auf.

Zählen 8. Schuljahr

Die Schülerinnen und Schüler der Untersuchungsgruppen (M = 5.64) weisen im 8. Schuljahr schlechtere Leistungen beim Zählen auf als die Vergleichsgruppe (M = 8.09, $p < 0.001$; Tab. 24). Am schwierigsten war auch hier das Zählen in Schritten größer als eins, insbesondere das Zählen in Zweierschritten vorwärts und in Zehnerschritten rückwärts.

Im 8. Schuljahr zeigen sich ähnliche Fehlermuster wie im 5. Schuljahr. In den Untersuchungsgruppen dominierten die Fehler bei den Übergängen über den Zehner und Hunderter, Zahlauslassungen und Wechsel der Schrittgröße. Es waren jedoch mehr Abbrüche zu verzeichnen als im 5. Schuljahr. In der Vergleichsgruppe kam wiederum nur der Auslassungsfehler gehäuft vor.

Tab. 27: Fehler beim Zählen

Fehlerart	Anzahl Fehler 5. Kl.		Anzahl Fehler 8. Kl.	
	RS 1/2	VGL	RS1/2	VGL
Übergang Zehner	45	8	44	8
Übergang Hunderter	52	8	22	8
Übergang Tausender	9	4	5	1
Schnapszahl (auslassen von 33, 44 usw.)	8	4	11	0
Zahlauslassung	43	28	37	16
Wechsel Schrittgröße, falsche Schrittgröße	58	5	36	6
Abbruch/nicht kategorisierbar	19	6	33	3

Weitere Fehler: Richtungswechsel (9), Zahlendrehen (8), Zahlen lesen (2), Zahlenschreibweise (2)

Zusammenfassung Zählen

Die Schülerinnen und Schüler mit Rechenschwäche im 5. und 8. Schuljahr verfügen über signifikant schlechtere Zählkompetenzen als die Vergleichsgruppe. Sie zeigen vor allem Schwierigkeiten beim Zählen in Schritten größer als eins sowie bei den Übergängen über die Zehner und Hunderter. Diese Fehler bei den Übergängen weisen auf fehlende Kenntnisse des Bündelns und des Dezimalsystems hin (vgl. Kapitel 8.2.9).

Die häufigen Fehler in der Kategorie „Wechsel der Schrittgröße" lassen sich mit der schlechten Leistung beim Zählen in Schritten größer als eins generell erklären. Die Schülerinnen und Schüler scheinen am Weiterzählen in Einerschritten verhaftet zu bleiben und keine größeren Einheiten bilden zu können. Damit bestätigen sich die in anderen Studien festgestellten Schwierigkeiten von rechenschwachen Schülerinnen und Schülern beim Zählen (vgl. Kapitel 4.2.2). Die Stufe des flexiblen Zählens in Schritten (vgl. 4.2.1) als zweitletzte Phase innerhalb der Zählentwicklung ist nicht erreicht. Der Prozess der Zählentwicklung scheint bei diesen Schülerinnen und Schülern nicht abgeschlossen zu sein.

Auffallend sind die vielen Auslassungsfehler in der Vergleichsgruppe im 8. Schuljahr. Auf Grund von Beobachtungen während der Testdurchführung kann vermutet werden, dass es sich um Flüchtigkeitsfehler handelt, die entstanden sind, weil die Schülerinnen und Schüler die Aufgabe als einfach empfanden und schnell zählten.

8.2.3 Addition

Strichoperationen

Addieren, Subtrahieren und Ergänzen basieren auf der Einsicht in Zahlbeziehungen. Zerlegen, Verdoppeln und Halbieren sind Fähigkeiten, welche das Erarbeiten von Lösungsprinzipien zu den Strichoperationen ermöglichen und sich auf das kompetente Lösen von Rechenoperationen auswirken. Ergänzungsaufgaben des Typs $a \pm ? = c$ sind für Schülerinnen und Schüler mit Rechenschwäche besonders schwierig zu lösen. Dies kann auf mangelnde Einsicht in Zahlbeziehungen (insbesondere Teil-Ganze-Beziehungen) zurückgeführt werden (vgl. 4.4.1)

Addition 5. Schuljahr

Die Addition ist die Operation, welche von den Schülerinnen und Schülern in den Untersuchungsgruppen RS am besten gelöst wurde (M = 8.88; Vergleichsgruppe M = 9.51, $p < 0.05$; Tab. 22). Es gelang auch einem großen Teil dieser Kinder (71.9%), die Aufgabe korrekt zu veranschaulichen bzw. eine passende Rechengeschichte dazu zu erzählen. Dies weist darauf hin, dass die Operation verstanden ist. Der am häufigsten vorkommende Fehler ist der Abzählfehler. Das signifikant schlechtere Gesamtergebnis der Untersuchungsgruppen kommt bei der Addition nicht durch falsch gelöste Aufgaben zustande, sondern durch die häufige Verwendung von Abzählstrategien bzw. schriftlichem Rechnen.

Addition 8. Schuljahr

Im 8. Schuljahr wurden die Additionsaufgaben in den Untersuchungsgruppen sehr gut gelöst (M = 8.87). Es ist der einzige Bereich, in welchem es keinen statistisch signifikanten Leistungsunterschied zur Vergleichsgruppe gibt (M = 9.34, p > 0.05, Tab. 24). Das Veranschaulichen einer Additionsaufgabe gelang zudem dem größten Teil der Schülerinnen und Schüler (90.6%; Vergleichsgruppe 93.6%). Die meisten Schülerinnen und Schüler lösten die Aufgaben durch Abrufen oder Ableiten. Das bedeutet, dass die Achtklässler die Addition verstanden und auch automatisiert haben.

Zusammenfassung Addition

Die Operation „Addieren" scheint auch von den rechenschwachen Schülerinnen grundsätzlich in dem Sinn verstanden zu sein, dass ihnen das Mathematisieren gelingt und die Vorstellung des „dazu Tuns" vorhanden ist. Darauf weisen die richtigen Veranschaulichungen und die richtigen Resultate hin. Die rechenschwachen Schüler im 5. Schuljahr verfügen jedoch weniger als die Vergleichsgruppe über Rechenstrategien, welche über das bloße Abzählen hinausgehen. Sie scheinen somit über ein eingeschränkteres Operationsverständnis zu verfügen. Die Schülerinnen und Schüler fassen den zu addierenden Summanden nicht als Einheit bzw. Gesamtheit auf, sondern zerlegen ihn in lauter Einzelelemente. Deshalb können sie nur in Einerschritten weiterzählen, nicht aber den zweiten Summanden gesamthaft addieren. Im 8. Schuljahr zeigt sich diese Schwierigkeit nicht mehr; man kann davon ausgehen, dass die Schülerinnen und Schüler die Operation wirklich verstanden haben und Resultate abrufen können. Dieses Ergebnis steht in Übereinstimmung mit Befunden von Dowker (1998, 290ff.), welche zeigen, dass ältere Schülerinnen und Schüler Addition und Subtraktion besser beherrschen als jüngere, und dass ältere Kinder mehr Ableitungsstrategien verwenden als jüngere.

8.2.4 Subtraktion

Subtraktion 5. Schuljahr

Die Subtraktionsaufgaben (M = 7.98) wurden von den Untersuchungsgruppen schlechter gelöst als von der Vergleichsgruppe (M = 9.49; p < 0.001; Tab. 22). Dieses Resultat ist insgesamt schlechter als dasjenige bei der Addition. 68.5% der rechenschwachen Schüler konnten die Subtraktionsaufgabe korrekt veranschaulichen bzw. eine Rechengeschichte dazu erzählen (97.8% in der Vergleichsgruppe).

Die häufigste Fehlerkategorie war auch beim Subtrahieren fehlerhaftes Abzählen, insbesondere bei der Aufgabe 53 − 7 = 46, welche einen Zehnerübergang enthält. Allerdings gab es bei der Subtraktion – im Gegensatz zur Addition – mehr falsch gelöste Aufgaben als solche, die richtig, aber zählend gelöst wurden. Das heißt, dass die schlechtere Leistung der rechenschwachen Schülerinnen nicht wie beim Addieren vor allem durch die Verwendung der Abzählstrategie, sondern durch falsche Lösungen zustande kam. Einige Kinder rechneten schriftlich und machten dabei Fehler.

Subtraktion 8. Schuljahr

Die Subtraktion wurde im 8. Schuljahr von den Untersuchungsgruppen gut gelöst (M = 8.61, Vergleichsgruppe M = 9.23; p < 0.05), und der Leistungsunterschied zur Vergleichsgruppe war kleiner als in anderen Bereichen (Tab. 24). 81.2% der rechenschwachen Schülerinnen und Schüler gelang eine korrekte Veranschaulichung (VGL 89.4%). Der häufigste Fehler war der Abzählfehler, insbesondere bei den Aufgaben 53 − 7 = 46 und 430 − 70 = 360, also bei den Aufgaben mit einem Zehner- oder Hunderterübergang. Die meisten Schülerinnen und Schüler verwendeten die Strategien „Abrufen" bzw. „Ableiten/Zerlegen". Manchmal wurde das schriftliche Verfahren verwendet, am häufigsten bei der Aufgabe 430 − 70 = 360.

Zusammenfassung Subtraktion

Die vorliegenden Resultate lassen darauf schließen, dass die Subtraktion einen höheren Schwierigkeitsgrad aufweist als die Addition. Die vielen korrekten Lösungen beim Veranschaulichen der Rechenaufgabe weisen jedoch darauf hin, dass die Schülerinnen und Schüler über ein Operationsverständnis verfügen. Offenbar fehlen ihnen aber geeignete Strategien zum korrekten Durchführen der Operation: Abzählen sowie das fehlerhafte Verwenden des schriftlichen Verfahrens führen zum schlechten Gesamtergebnis. Dies steht in Übereinstimmung mit Studien, wie sie in Kapitel 4.4.2 dargestellt wurden. Im 8. Schuljahr wurde die Subtraktion besser gelöst als im 5. Schuljahr. Vor allem das flexible Abrufen gelang besser. Die Achtklässler scheinen somit über ein umfassenderes Verständnis der Subtraktion zu verfügen als die Fünftklässler.

8.2.5 Verdoppeln/Halbieren

Verdoppeln/Halbieren 5. Schuljahr

Beim Verdoppeln/Halbieren sind im 5. Schuljahr große Leistungsunterschiede zwischen der Vergleichsgruppe (M = 9.33) und den Gruppen RS (M = 6.63; p < 0.001; Tab. 24) sichtbar. Am schlechtesten wurde von den Untersuchungsgruppen die Aufgabe 108 : 2 gelöst, häufig mit Resultaten wie 800 oder 9000. Beim Verdoppeln und Halbieren wurden oft Analogiefehler gemacht (z.B. 2 • 7 = 14 → 2 • 17 = 114). Weiter kamen in diesem Bereich viele Abzählfehler vor, einige Stellenwertfehler (180 : 2 = 900) sowie das Verwechseln von Multiplikation und Division. Einige wenige Kinder zählten jeweils ab. Zudem wurde bei den Aufgaben 2 • 17, 2 • 107 und 180 : 2 oft schriftlich gerechnet.

Verdoppeln/Halbieren 8. Schuljahr

Verdoppeln/Halbieren wurde von den Gruppen RS in der achten Klasse deutlich schlechter gelöst als Addition und Subtraktion (M = 7.44; Vergleichsgruppe M = 9.45; p < 0.001, Tab. 24). Es traten die gleichen Fehler auf wie im 5. Schuljahr (viele Analogie- und Abzählfehler, vereinzeltes Verwechseln von Multiplikation und Division sowie Stellenwertfehler). Schwierigste Aufgabe war auch hier 180 : 2 = 90. Bei dieser Aufgabe fand sich eine große Palette von falschen Einzelresultaten (z.B. 12, 14, 109, 800). Es war oft nicht möglich, das Vorgehen der Schülerinnen und Schüler nachzuvollziehen bzw. diese konnten auch auf Nachfrage nicht erklären, wie sie zu ihrem Resultat gekommen waren.

Zur Strategieverwendung: Oft wurden Abruf- bzw. Ableitungsstrategien verwendet. 2 • 14, 2 • 107 und 108 : 2 wurden jeweils von etwa zehn Schülerinnen und Schülern schriftlich gerechnet.

Zusammenfassung Verdoppeln/Halbieren

Verdoppeln und Halbieren sind zentrale Aufgaben für den Aufbau der Rechenfähigkeit. Sie dienen als Merkaufgaben oder „Stützpunkte" für das Ableiten von schwierigeren Aufgaben (6 + 6 = 12 → 6 + 7 = 13; 10 • 7 = 70 → 5 • 7 = 35 usw.) und unterstützen die Ablösung vom zählenden Rechnen (vgl. auch Mabott/Bisanz 2003, 1098). Den rechenschwachen Schülerinnen und Schülern scheint diese „Lernhilfe" zu fehlen, sie zählen ab, verwenden jeweils (fehlerhaft) den schriftlichen Algorithmus oder stellen falsche Analogien her.

8.2.6 Ergänzen

Ergänzen 5. Schuljahr

Beim Ergänzen erreichten die rechenschwachen Schülerinnen und Schüler im 5. Schuljahr einen Mittelwert von 6.63 (VGL M = 9.18; p < 0.001; Tab. 22). Den höchsten Schwierigkeitsgrad wies die Aufgabe 1000 – ? = 670 auf. Hier wurde 19-mal das Resultat 430 genannt (ein Hunderter zu viel; durch folgende

Rechnung zustande gekommen: Von 600 auf 1000 ist 400; von 70 auf 100 ist 30 → 400 + 30 = 430).

Auffallend ist weiter, dass bei vielen der falsch gelösten Ergänzungsaufgaben völlig unmögliche Resultate genannt wurden (z.B. 1000 − **1330** = 670 oder 1596 − **4096** = 1600). Solche Fehler lassen einerseits auf fehlende Größenvorstellung, andererseits aber auch auf ein mangelndes Verständnis des Ergänzens (und damit der Beziehung zwischen Addition und Subtraktion) schließen. Weiter traten mehrmals Abzählfehler auf. Schwierigkeiten beim Operationsverständnis zeigten sich auch bei der Umsetzung einer Ergänzungsaufgabe in eine Rechengeschichte bzw. Veranschaulichung. Es gelang nur 25.8% der rechenschwachen Kinder, die Aufgabe 73 + ? = 100 korrekt zu veranschaulichen (VGL 44.44%). Dies weist darauf hin, dass Ergänzen generell eine schwierige Operation zu sein scheint. Bei keiner anderen Operation wurden zudem so viele Abzählstrategien verwendet wie bei den Ergänzungsaufgaben.

Ergänzen 8. Schuljahr

Die Ergänzungsaufgaben wurden im 8. Schuljahr mit einem Mittelwert von 7.28 gelöst (VGL M = 9.06; $p < 0.001$; Tab. 24). Im Gegensatz zum 5. Schuljahr wiesen jedoch alle Aufgaben einen ähnlichen Schwierigkeitsgrad auf (Lösungshäufigkeit zwischen 61.2% und 71.8%). Sehr häufig fanden sich auch Stellenwertfehler folgender Art: 73 + **37** = 100; 1000 − **430** = 670; 3600 − **17** = 3593. Unrealistische Resultate (3600 − **9993** = 3593) lassen auch im 8. Schuljahr auf eine fehlende Vorstellung der Operation „Ergänzen" schließen. Auch im 8. Schuljahr gelang es nur 34.1% der Schülerinnen und Schüler, die Ergänzungsaufgabe 73 + ? = 100 korrekt zu veranschaulichen. Allerdings wurde diese Aufgabe auch von der Vergleichsgruppe schlecht gelöst (46.8%). Auch wurden häufiger Zählstrategien verwendet als bei der Addition und Subtraktion. Zudem wurde bei allen Aufgaben auch auf das schriftliche Verfahren zurückgegriffen.

Zusammenfassung Ergänzen

Die genannten Schwierigkeiten und Fehler sowie die häufige Verwendung von Abzählen und schriftlichem Rechnen lassen darauf schließen, dass rechenschwache Schülerinnen und Schüler die Operation „Ergänzen" nicht oder nur teilweise verstanden haben. Einerseits scheint fehlende Einsicht ins Dezimalsystem bzw. mangelnde Vorstellung von großen Zahlen dazuzuführen. Darauf weisen die vielen „unsinnigen" Resultate und die Stellenwertfehler hin. Andererseits lässt sich aufgrund der Schwierigkeiten bei der Veranschaulichung der Aufgaben folgern, dass die Vorstellung des Ergänzens nur teilweise – oder auf einer formalen Ebene – vorhanden ist. Dieses Ergebnis stimmt überein mit den Befunden von Ostad (1998, 11), welcher bei rechenschwachen Schülerinnen und Schülern Schwierigkeiten mit Aufgaben des Typs a ± ? = c feststellte. Diese werden u.a. auf fehlende Einsicht in Zahlbeziehungen zurückgeführt (vgl. auch Kapitel 4.4).

Hier wäre es interessant zu wissen, welche Rolle unterrichtliche Aspekte gespielt haben. Es könnte sein, dass Ergänzungsaufgaben oft nur formal als Umkehraufgaben behandelt werden, und dass zu wenig Gewicht auf das Erarbeiten von Zahlbeziehungen (insbesondere des Zerlegens von Zahlen) einerseits und der Vorstellung des Ergänzens andererseits gelegt wird.

8.2.7 Multiplikation

Multiplikation 5. Schuljahr

Für kompetentes Multiplizieren ist das konzeptuelle Verständnis des Malnehmens zentral, das mit Vorteil über den räumlich-simultanen Aspekt anhand multiplikativer Strukturen erarbeitet wird (vgl. Kapitel 4.5). Zum Erarbeiten von Lösungsprinzipien für das kleine Einmaleins kommt den Aufgaben „zwei Mal" und „fünf Mal" besondere Bedeutung zu. Wichtig dafür ist sicheres Verdoppeln und Halbieren. Das Ausführen von Multiplikationsaufgaben mit Stufenzahlen (40 • 60 = 1200, 3 • 400 = 1200) erfordert Einsicht ins Dezimalsystem und fördert diese gleichzeitig.

Die Multiplikationsaufgaben wurden im 5. Schuljahr mit einem Mittelwert von 7.75 fast so gut gelöst wie die Subtraktion, meistens wurden die Resultate abgerufen oder abgeleitet. Auch hier sind jedoch deutliche Unterschiede zur Vergleichsgruppe sichtbar (M = 9.51; $p < 0.001$; Tab. 22). Die Aufgabe

2 • 7 = 14 wurde von fast 100% und 7 • 6 = 42 von über 80% der Schülerinnen und Schüler der Untersuchungsgruppen richtig gelöst. Sehr große Schwierigkeiten bereiteten die Aufgaben 30 • 40 und 3 • 600. Die Schüler scheiterten hier nicht beim Multiplizieren – sie machten fast ausschließlich Stellenwertfehler. So wurde bei der Aufgabe 30 • 40 viel häufiger als das richtige Resultat „1200" die Zahl „120" genannt. Weiter gab es einige wenige Verwechslungen der Operationen Addition und Subtraktion. Auch kamen Abzählfehler vor.

Grosse Schwierigkeiten zeigten sich beim Veranschaulichen der Multiplikationsaufgabe. Den Schülerinnen und Schülern mit Rechenschwäche gelang dies nur zu knapp 30% (VGL 57.8%). Oft wurden Multiplikator und Multiplikand als zwei Summanden dargestellt (mit einem Malpunkt dazwischen), oder die Kinder schlugen vor, die Einmaleinsreihe aufzusagen (vgl. 8.2.11).

Multiplikation 8. Schuljahr

Die Multiplikationsaufgaben wurden im 8. Schuljahr mit einem Mittelwert von 7.85 gelöst (VGL 8.77; 0 < 0.01; Tab. 24). Bezüglich der Lösungshäufigkeit der einzelnen Aufgaben ist das Bild sehr ähnlich wie im 5. Schuljahr. Aufgaben des kleinen Einmaleins wurden sehr gut gelöst, die meisten Fehler kamen bei den Aufgaben zum Stelleneinmaleins vor. So ließen sich auch hier sehr viele Stellenwertfehler (30 • 40 = 120) sowie einige Abzählfehler finden.

Das korrekte Veranschaulichen der Multiplikationsaufgabe gelang 48.2% der Schülerinnen und Schüler (VGL 55.3%); die Aufgaben wurden meistens durch Abrufen oder Ableiten gelöst.

Zusammenfassung Multiplikation

Beim Multiplizieren fällt auf, dass die Vergleichsgruppe der Fünftklässler besser abschneidet als diejenige der Achtklässler. Es könnte sein, dass die Schülerinnen und Schüler im 8. Schuljahr kaum noch mit solchen Aufgaben konfrontiert werden, dass sie z.B. fast ausschließlich mit dem Taschenrechner arbeiten und ihnen diese deshalb nicht mehr so geläufig sind. Im 5. Schuljahr dagegen wird das Einmaleins häufig noch trainiert.

Ansonsten zeigt sich beim Multiplizieren Widersprüchliches. Einerseits werden bestimmte Aufgaben des kleinen Einmaleins sehr gut gelöst – dies wird oft auch über Jahre in Form von „Reihen aufsagen" trainiert. Andererseits scheint jedoch das Verständnis der Operation „Multiplikation" (im Sinn der Mathematisierungsfähigkeit) zu fehlen, und Multiplikationsaufgaben werden oft als Additionen dargestellt. Dies kann auch damit zusammenhängen, dass im Unterricht häufig der Zugang zur Multiplikation über das Addieren von gleichen Summanden erfolgt (vgl. 4.5.2). Zudem erschwert die mangelnde Einsicht ins Stellenwertsystem (vgl. auch Bereich Dezimalsystem) das Multiplizieren mit zweistelligen Faktoren, welche Nullen enthalten.

8.2.8 Division

Division 5. Schuljahr

Wichtig zum Verstehen der Division ist die Einsicht, dass eine Grundmenge in möglichst viele Teilmengen gleicher Größe geteilt wird. Zum Lösen von Kopfrechenaufgaben ist von Bedeutung, dass der Zusammenhang zwischen Division und Multiplikation verstanden ist und die Einmaleinsaufgaben zum Lösen der Divisionsaufgaben genutzt werden können. Für das Dividieren mit Stufenzahlen (1200 : 4 = 300, 1200 : 40 = 30) ist Einsicht ins Dezimalsystem erforderlich (vgl. Kapitel 4.5.2).

Von den Grundoperationen wurde die Division im 5. Schuljahr am schlechtesten gelöst (M = 6.49; Vergleichsgruppe M = 8.96; p < 0.001; Tab. 22). Die Division ist auch die Operation, welche bei der Faktorenanalyse auf den Faktor „Verständnis und Anwendung von elementaren Operationen und Kenntnissen" etwas höher lädt als auf den Faktor „Grundoperationen" (vgl. 6.4.2). Dies weist ebenfalls auf den besonderen Schwierigkeitsgrad der Division hin.

Am besten wurde die Aufgabe 12 : 4 = 3 (75.3%) gelöst, am schlechtesten die Aufgabe 1000 : 8 = 125 (11.1%). Hier griffen viele Schülerinnen – auch aus der Vergleichsgruppe – auf das schriftliche Verfahren zurück, obwohl sich die Aufgabe durch Halbieren (zuerst von 1000, dann von 500, dann von 250) ohne umfangreiche Rechenprozedur lösen ließe.

Sehr schwierig war für die rechenschwachen Schülerinnen und Schüler auch die Veranschaulichung einer Divisionsaufgabe mit einer Geschichte oder Materialien. Nur 19.1% zeigten hier Erfolg (VGL 51.1%).

Bei der Aufgabe 160 : 40 = 4 wurde sehr häufig als Resultat 400 genannt – dies lässt auf Schwierigkeiten im Verständnis der Stellenwerte bzw. des Dezimalsystems schließen. Solche Stellenwertfehler kamen auch in anderer Form und bei allen Divisionsaufgaben gehäuft vor. Weitere häufige Fehlerkategorien waren das Verwechseln von Multiplikation und Division sowie Abzählfehler.

Division 8. Schuljahr

Die Division gehört zusammen mit dem Ergänzen zu der am schlechtesten gelösten Grundoperation im 8. Schuljahr (Gruppe RS M = 7.21; Vergleichsgruppe M = 8.77; p < 0.001; Tab. 24). Am häufigsten kam der Stellenwertfehler vor (z.B. 160 : 40 = 400), zudem einige Abzählfehler, Analogiefehler (z.B. 160 : 4 = 40 → 160 : 40 = 140) sowie Perserverationen (z.B. 1000 : 8 = 150). Die schwierigste Aufgabe war 1000 : 8 = 125 (Lösungshäufigkeit 14.1%; Vergleichsgruppe 51.1%). Diese wurde sehr häufig schriftlich gelöst. Die Palette der Resultate war sehr breit. Insgesamt wurden 20 verschiedene Resultate zwischen 1 und 8000 genannt. Eine Veranschaulichung der Divisionsaufgabe gelang in den Untersuchungsgruppen 31.8% der Schülerinnen und Schüler (VGL 63.8%).

Cawley u.a. (2001, 318) haben in ihrer Untersuchung festgestellt, dass das Divisionsverständnis von lernschwachen Achtklässlern etwa dem von Fünftklässlern in der Regelschule entspricht. In den vorliegenden Daten liegen die Leistungen der Achtklässler der Gruppe RS deutlich unter denen der Vergleichsgruppe der 5. Klasse. Die Untersuchungsgruppen haben bezüglich der Division somit das Niveau von Fünftklässlern in der Regelschule nicht erreicht und zeigen noch tiefere Leistungen als die von Cawley beschriebenen.

Zusammenfassung Division

Insgesamt lassen diese Resultate darauf schließen, dass sowohl im 5. als auch im 8. Schuljahr die Operation Division nicht oder nur teilweise verstanden ist.

Zusätzlich spielt das (mangelnde) Verständnis des Dezimalsystems auch beim Dividieren eine wesentliche Rolle.

Die Aufgabe 1000 : 8 wird im 8. Schuljahr nur wenig besser gelöst als im 5. Schuljahr. Da solche Aufgaben im Zusammenhang mit Größen auch im Alltag häufig verwendet werden, erstaunt es, dass die Achtklässler dieselben Leistungen zeigen wie die Fünftklässler. Einmal mehr bestätigt sich, dass diese rechenschwachen Schülerinnen und Schüler trotz längerer Schulzeit solchen Basisstoff nicht beherrschen. Die Aussage von Cawley (2001, 319; vgl. 4.5.1), dass Multiplikation und Division für viele Schülerinnen und Schüler einen „cutoff" Punkt darstellen, zeigt sich für die Division sehr deutlich. Darauf lassen die vielen Fehler sowie die fehlenden oder falschen Veranschaulichungen schließen. Den rechenschwachen Schülerinnen und Schülern fehlt somit auch die Voraussetzung zum Bruchdenken in den weiterführenden Schuljahren.

8.2.9 Dezimalsystem

Dezimalsystem 5. Schuljahr

Bündeln, Entbündeln, das Verständnis von Stellenwerten sowie die Kenntnis verschiedener Veranschaulichungen sind zentrale Elemente für die Einsicht ins Dezimalsystem. In verschiedenen Untersuchungen wird ein Zusammenhang zwischen der Kenntnis des Dezimalsystems und dem gelungenen Ausführen von Rechenoperationen hergestellt (vgl. Kapitel 4.3).

Die Aufgaben zum Dezimalsystem (Tab. 22) gehörten für die Fünftklässler zu den schwierigsten Aufgaben des Mathematiktests (Mittelwert in den Untersuchungsgruppen 5.74, in der Vergleichsgruppe 8.16, $p < 0.001$). Eine differenziertere Analyse der Aufgaben gibt interessante Hinweise. Die Aufgabe zum dem Dezimalsystem zugrunde liegenden Prinzip des Bündelns lösten 30% der Schülerinnen der Untersuchungsgruppen falsch. Wenn in Betracht gezogen wird, dass Bündeln im Hunderterraum zum Schulstoff des zweiten Schuljahres gehört und *die* Grundlage für das Verständnis des Dezimalsystems darstellt (Zahlaufbau aus Zehnern und Einern; Stellenwerte), ist dieses Ergebnis als erschreckend zu werten. Auf dem Hintergrund dieses Resultates erstaunt es nicht, dass die Aufgaben zum Entbündeln und zu den Stellenwerten noch schlechter gelöst wurden (Tab. 28). Diese zwei Aufgaben zeigen auch für die Vergleichsgruppe einen hohen Schwierigkeitsgrad. Fehler beim Einordnen von Zahlen am Zahlenstrahl weisen auf Schwierigkeiten beim Erkennen von Größenbeziehungen hin.

Dezimalsystem 8. Schuljahr

Auch im 8. Schuljahr wiesen die Aufgaben zum Dezimalsystem für die Schülerinnen und Schüler der Gruppen RS einen hohen Schwierigkeitsgrad auf (M = 6.15; Vergleichsgruppe = 8.19; $p < 0.001$; Tab. 24), und es zeigten sich ähnliche Schwierigkeiten wie im 5. Schuljahr. Die Aufgabe zum Zahlaufbau wurde am besten gelöst, gefolgt von der Bündelungsaufgabe (Tab. 22). Grosse Schwierigkeiten bereiteten auch hier die Stellenwerte, das Entbündeln und das Einordnen von Zahlen am Zahlenstrahl.

Tab. 28: Ergebnisse Dezimalsystem

	Richtig gelöste Aufgaben in %			
	5. Schuljahr		8. Schuljahr	
	RS 1/RS 2	VGL	RS 1/ RS 2	VGL
Mit 56 Plättchen Zehnerbündel machen	70.8	97.8	75.3	97.9
Was bedeutet die 2 bzw. die 3 in der Zahl 1234?	79.8	93.3	81.2	89.4
100 000 – 10 = ?; 10 000 – 100 = ?	**24.7**	60	**17.6**	53.2
3T, 42Z, 7E = 3427; 2T, 1H, 35Z, 4E = 2545	**19.1**	51	**20.0**	53.2
Zahlen am Zahlenstrahl einordnen	**31.5**	66.7	**40.0**	70.2

Zusammenfassung Dezimalsystem

Zusammenfassend ist festzustellen, dass viele der rechenschwachen Schülerinnen und Schüler beim Verständnis des Dezimalsystems große Lücken haben. Bündeln, Entbündeln, Zahlaufbau, Größenbeziehungen und in der Folge das Verständnis der Stellenwerte sind häufig nicht verstanden. Dies wirkt sich auf die Rechenoperationen, auf das Erkennen von Zahlbeziehungen und das Erarbeiten von Ableitungsstrategien aus (vgl. 4.3.2). Zwischen den Leistungen im 5. und 8. Schuljahr lässt sich kaum ein Unterschied feststellen.

8.2.10 Textaufgaben

Textaufgaben 5. und 8 Schuljahr

Mit den Textaufgaben wird ein besonderer Aspekt der Problemlösefähigkeit untersucht. Dazu gehören das Verstehen von numerischer und/oder verbaler Information, das Umsetzen dieser Information in eine innere Repräsentation und das Entwickeln von Lösungsvorschlägen. Die Fähigkeit, die dazu führt, ein Sachproblem in ein mathematisches Problem umzuwandeln, ist die Mathematisierungsfähigkeit.

Bezüglich des Problemlösens werden verschiedene Schwierigkeiten von rechenschwachen Schülerinnen und Schülern genannt. So haben Aufgabentyp, Aufgabenformulierungen, Kontext usw. sowie unterrichtliche Faktoren einen Einfluss auf die Lösungshäufigkeit (vgl. Kapitel 4.7.3).

Tab. 29: Textaufgaben

	Richtige Lösungen in Prozent			
	5. Schuljahr		8. Schuljahr	
Aufgabe	RS1/RS 2	VGL	RS1/RS 2	VGL
Subtraktion (Austauschaufgabe, Endmenge gesucht): P. hat 42 CDs. Er gibt 5 CDs seiner Freundin A. Wie viele CDs hat er noch?	97.8	100	90.6	100
Subtraktion (Vergleichsaufgabe): S. hat 56 CDs. S. hat 4 CDs mehr als A.. Wie viele CDs hat A.?	**52.8**	86.7	**58.8**	68.1
Addition (Austauschaufgabe; Anfangsmenge gesucht): T. hat eine CD Sammlung. Er gibt L. 6 CDs. Nun bleiben ihm 37 CDs. Wie viele CDs hatte T. am Anfang?	85.4	95.6	84.7	87.2
Addition (Vergleichsaufgabe): T. hat 40 CDs, M. hat 30 CDs mehr als T., und J. hat 20 CDs weniger als M.. Wie viele CDs haben alle zusammen?	**16.9**	64.4	**24.7**	59.6
Division (Sachkontext Geld): Drei Nussgipfel kosten 7 Fr. 20 Rp. Wie viel kostet ein Nussgipfel?	**22.5**	64.4	**29.4**	57.4

Für diesen Bereich wurden je zwei Austausch- und Vergleichsaufgaben gestellt (vgl. ebd.). Zusätzlich war eine Aufgabe auf den Kontext Geld bezogen, da angenommen wurde, dass dieser Alltagsbezug das Lösen der Aufgabe erleichtern könnte. Die Schülerinnen und Schüler wurden jeweils gebeten, die Rechnung zu notieren bzw. ihr Vorgehen zu erläutern.

Der Mittelwert für den Bereich „Textaufgaben" im 5. Schuljahr beträgt für die Untersuchungsgruppen 5.85 (VGL 8.47; $p < 0.001$; Tab. 22). Im 8. Schuljahr ist das Resultat in den Untersuchungsgruppen etwas besser (RS M = 6.35, VGL M = 7.87; $p < 0.001$; Tab. 24). Es fällt jedoch auf, dass die Vergleichsgruppe im 5. Schuljahr derjenigen im 8. Schuljahr überlegen ist.

Sowohl in den Untersuchungsgruppen als auch in der Vergleichsgruppe wurde die Austauschaufgabe zur Subtraktion (sprachliche Formulierung ist konsistent; „gibt" stimmt mit dem Subtraktionsmodus überein) von fast allen Schülern richtig gelöst. Am schlechtesten gelöst wurden von allen Gruppen die beiden Vergleichsaufgaben. Dieses Resultat steht in Übereinstimmung mit anderen Untersuchungen (Stern 1998, 135) und wird damit erklärt, dass hier mit der „Relationalzahl" gearbeitet werden muss. Diese besteht nicht einfach aus einer Anzahl, sondern kommt durch das Herstellen von verschiedenen Beziehungen zustande (vgl. 4.7.3). Bei diesen Aufgaben waren die Leistungsunterschiede zwischen Untersuchungs- und Vergleichsgruppe viel größer als beispielsweise bei den Austauschaufgaben. Diese wurden von beiden Gruppen annähernd gleich gut gelöst. Das Herstellen von Beziehungen, welches sich nicht an einer Kardinalzahl orientieren kann, war somit für die RS-Gruppen besonders schwierig.

Schlecht gelöst wurde die Divisionsaufgabe mit dem Sachkontext Geld. Auf Grund der Schwierigkeit der Division war ein solches Resultat einerseits zu erwarten. Andererseits sind Kontext und Zahlenbeispiele alltagsbezogen gewählt, was die Lösung hätte erleichtern können. Dem war nicht so. Vielen Schülerinnen und Schülern war es nicht möglich, einen Lösungsweg bzw. die passende Divisionsaufgabe zu finden. Oft wurde die Rechnung 3 : 7.20 aufgestellt.

Zusammenfassend kann festgehalten werden, dass sich ein großer Teil der in Kapitel 4.7.3 beschriebenen Schwierigkeiten beim Problemlösen in den vorliegenden Ergebnissen bestätigt.

8.2.11 Operationsverständnis

Das Operationsverständnis steht in enger Beziehung zur Mathematisierungsfähigkeit. Es wurde deshalb überprüft, ob die Schülerinnen und Schüler die der Operation zugrunde liegende Handlung verstanden haben und beschreiben, zeigen oder zeichnen können. Es handelt sich dabei um eine „Rückübersetzung" von der Gleichung zur „realen Gegebenheit" und kann als Mathematisierungsleistung betrachtet werden (vgl. 4.7). Als Zahlenbeispiel diente jeweils eine zuvor gelöste Kopfrechenaufgabe, meistens im Zahlenraum 1 – 20.

Tab. 30: Kriterien Bewertung Veranschaulichungen

Korrekte Veranschaulichung	
Die Operation ist vollständig dargestellt, die einzelnen Glieder sowie das Resultat sind ersichtlich.	
Beispiele	*Addition:* „Es waren mal 3 Zwerge. Dann kommen 5 Zwerge dazu. Wie viele Zwerge sind es dann? Es ist eine große Familie von 8 Zwergen" (Schülercode 13706).
	Subtraktion: „Stell dir vor, es sind 9 Kinder auf dem Spielplatz. Es beginnt zu regnen, und 5 Kinder gehen heim. Wie viele Kinder bleiben noch bei Regenwetter auf dem Spielplatz"? (22911)
	Ergänzen: „Stell dir vor, du hattest 100 kleine Stücklein Schokolade, und du hast nur noch 73. Wie viel hast du gegessen"? (17413).
	Multiplikation: „Man hat 3 Haufen mit je 7 Bonbons und rechnet die zusammen".
	Division: „Martin hat 12 Tüten mit Gummibärchen, und er hat 4 Freunde eingeladen. Jeder von ihnen bekommt 3 Tüten" (16606).
Teilweise korrekte Veranschaulichung	
Die Darstellung ist grundsätzlich richtig, es wird jedoch eine verwandte Aufgaben oder eine Umkehraufgabe dargestellt bzw. eine Zerlegung vorgenommen	
Beispiele	Ergänzungsaufgabe bei der Addition, Subtraktionsaufgabe beim Ergänzen.
	Der zweite Summand oder der Subtrahend werden in Einerschritte zerlegt.
	Weiterzählen (mit Material) bei der Ergänzungsaufgabe.
	Nennen der Umkehraufgabe beim Ergänzen und der Division.
	Darstellen der Aufgabe 7 • 3 (anstatt 3 • 7).
Falsche Veranschaulichung	
Antwort auf formaler Ebene, Beschreiben des Rechenweges, falsche Darstellung	
Beispiele	Wiederholen der Rechenaufgabe.
	Formale Erklärung: Dann muss man so rechnen ... .
	„Reihe aufsagen" bei der Multiplikation und Division.
	Darstellungen wie ★★★ + ★★★★★★ = ★★★★★★★★★

Die Aufgabe lautete folgendermaßen:

„Stell dir vor, ein Kind (in der ersten Klasse) kann diese Aufgabe nicht lösen, versteht sie nicht. Versuche, die Aufgabe für ein solches Kind zu erklären. Du kannst eine Geschichte oder eine Zeichnung dazu machen oder die Aufgabe mit den Materialien zeigen".

Den Schülerinnen und Schülern standen gängige mathematische Arbeitsmittel sowie Streichhölzer, Wendeplättchen usw. zur Verfügung. Die Bewertung dieser Lösungen wurde so vorgenommen, dass zwischen vollständigen und korrekten, teilweise richtigen und falschen Veranschaulichungen unterschieden wurde (Tab. 30).

Operationsverständnis 5. Schuljahr

Auch bezüglich des Operationsverständnisses unterscheiden sich die Untersuchungsgruppen (M = 5.11) signifikant von der Vergleichsgruppe (M = 7.69; p < 0.001; Tab. 22). Allerdings sind hier deutliche Unterschiede zwischen den verschiedenen Operationen festzustellen (Tab. 31). Bei der Addition und Subtraktion gelang die Veranschaulichung auch in den Gruppen RS gut, bei den anderen Operationen tauchten oft Schwierigkeiten auf. Häufig wichen die Schülerinnen und Schüler auf formale Erklärungen aus oder sagten, dass sie die Aufgabe nicht erklären könnten. Einige Beispiele sollen die Schwierigkeiten exemplarisch veranschaulichen (Tab. 32).

Tab. 31: Lösungshäufigkeit Operationsverständnis

	Anzahl richtige Lösungen in %			
	5. Schuljahr		8. Schuljahr	
Aufgabe	Gruppen RS	Vergleichsgruppe	Gruppen RS	Vergleichsgruppe
	korrekt	korrekt	korrekt	korrekt
3 + 5 = 8	71.9	93.3	90.6	93.6
9 − 5 = 4	68.5	97.8	81.2	89.4
73 + _ = 100	**25.8**	44.4	**34.1**	46.8
3 • 7 = 21	**29.2**	57.8	**48.2**	55.3
12 : 4 = 3	**19.1**	51.1	**31.8**	63.8

Operationsverständnis 8. Schuljahr

Die Untersuchungsgruppen (M = 6.51) lösten die Aufgabe zum Operationsverständnis ebenfalls signifikant schlechter als die Vergleichsgruppe, allerdings war der Unterschied geringer als in anderen Bereichen (M = 7.94; p < 0.01). Dabei wurden Addition und Subtraktion annähernd so gut gelöst wie in der Vergleichsgruppe (Tab. 31).

Tab. 32: Beispiel falscher Veranschaulichungen

	Beispiele
Formale Erklärung, Beschreibung Rechenweg	
73 + _ = 100	„Zuerst 7 dazu tun bis es 80 gibt und dann fehlen noch 20." (5. Kl., 12201)
	„Es ist schwierig zu erklären. Es bleiben 7 übrig, dann habe ich noch die vordere Zahl vorgestellt." (8. Kl., 14909)
3 • 7 = 21	„Die Lehrerin sagte, rechne 3 • 7. Der Junge konnte es nicht und ging zur Lehrerin. Diese erklärte: Zusammenzählen. Der Junge macht das, das gibt 21." (5. Kl., 28402)
	„3 • 7 rechnet man 7 + 7 + 7." (8. Kl., 22608)
12 : 4 = 3	„Ein Lehrer stellt eine Rechenaufgabe an der Tafel. Die Kinder sollen das ausrechnen. Ein Kind sagt 3. Der Lehrer fragt: Stimmt das? Alle sagen ja." (5. Kl., 20107)
	„Zuerst müssen wir denken, welche Reihe dass es gibt." (8. Kl., 14909)
Einbettung in Sachkontext gelingt nicht.	
73 + ? = 100	„Man hat 73 Bleistifte, dann kommen 27 Kinder dazu → 100." (8. Kl., 36405)
3 • 7 = 21	„Der Lehrer stellt 3 Leute auf. Er nimmt noch 7 dazu. Dazwischen stellt er einen Punkt. Die anderen müssen herausfinden, was das für eine Malrechnung ist." (5. Kl., 20107)
	„Also 3 • 7, dann muss man 7 + 7 + 7 → Ergebnis. Man hat 3 Bleistifte, und es kommen einfach 7 Kinder, also 3 • 7 ... also drei Bleistifte, und es kommen noch 7 Kinder, also 3 • 7 → Ergebnis." (8. Kl., 36405)
12 : 4 = 3	„Ein Mann will Kerzen anzünden, und dazu braucht er 12 Streichhölzer. Jetzt wollen 4 nicht mehr brennen. Er legt sie zurück in die Streichholzschachtel." (5. Kl., 10317)
Darstellung mit Material gelingt nicht.	
73 + _ = 100	„10 Hunderterplatten nehmen, 7 wegnehmen, nein 8 ... ich weiß auch nicht wie." (5. Kl, 22817)
12 : 3 = 4	„Nicht mit Material erklären, ich würde ihr sagen wie viel." (8. Kl., 14911)
Zählen anstatt operieren	
73 + _ = 100	„Zuerst kannst du 100 und dann zählst du 73 zurück: 99, 98 ... " I: „Wann merkst du, dass du 73 hast?" „Ich sollte anders zählen: Auf 100 → 1, 99 → 2, ... bis auf 73." (5. Kl., 33810)
Verwendung von Ziffern	
3 • 7 = 21	„Ich nehme 2 Zehner und 1 Einer, dann zähle ich zusammen. 2 Zehner plus 1 Einer gibt 21." (5. Kl., 35009)

Die größten Leistungsunterschiede waren beim Ergänzen, der Multiplikation und Division zu finden. Hier fanden die Schülerinnen und Schüler oft nur formale oder keine Erklärungen. Werden die Ergebnisse der Achtklässler mit denjenigen der Fünftklässler verglichen, fällt auf, dass die Gruppen RS im 8. Schuljahr deutlich bessere Leistungen zeigen (vgl. Tab. 31).

Exkurs: Rechnen mit Äpfeln

Beim Veranschaulichen der Rechenaufgaben zeigte sich eine (unerwartete) Besonderheit: 32.8% der Fünftklässler und 44.7% der Achtklässler wählten mindestens einmal als Aufgabenkontext das Thema Äpfel (vor allem bei der Addition und Subtraktion), obwohl in der Anweisung keinerlei Hinweise darauf gegeben wurden. Wahrscheinlich entsprechen Äpfel am ehesten den eingekleideten Aufgaben bzw. Textaufgaben („Sätzlirechnungen"), welche die Schülerinnen und Schüler zu lösen gewohnt sind.

Zusammenfassung Operationsverständnis

Die Schülerinnen und Schüler der Untersuchungsgruppen zeigen nicht generell Schwierigkeiten mit dem Operationsverständnis und dem hier überprüften Aspekt des Mathematisierens, sie haben Schwierigkeiten bei bestimmten Operationen. Beim Addieren und Subtrahieren können oft passende Veranschaulichungen erarbeitet werden. Das heißt auch, dass die Schülerinnen und Schüler die Aufgabenstellung an sich verstanden haben. Schwierigkeiten ergeben sich vor allem beim Ergänzen, bei der Multiplikation und der Division. Dafür gibt es verschiedene Erklärungsansätze. Es kann argumentiert werden, dass die rechenschwachen Schülerinnen und Schüler diese Operationen nicht verstanden haben und es ihnen deshalb Mühe bereitet, sie in eine Veranschaulichung umzusetzen. Es könnte aber auch sein, dass die Operationen im Unterricht in erster Linie formal behandelt wurden, dass kein Mathematisieren stattfand und die Schülerinnen und Schüler deshalb kein Operationsverständnis aufbauen konnten.

Darstellungen wie ★★ + ★★★ = ★★★★★ können durch „Lehrschwierigkeiten" erklärt werden. Es kommt immer wieder vor, dass in Schulbüchern, auf Übungsblättern oder sogar in Förderkonzepten Rechenaufgaben auf diese Art und Weise falsch (!) veranschaulicht werden (z.B. Hetter 2003, Auszug aus dem Internet, 16.04.2005; Lüscher/Maunder-Gottschall 1991, 198).

8.2.12 (Halb-)Schriftliches Rechnen und Überschlagen

Halbschriftliches Rechnen gilt als „Werkzeug" zum Bewältigen von Rechenanforderungen (vgl. Kapitel 4.4.1). Es setzt einerseits Kenntnis des Dezimalsystems voraus, fördert diese aber auch gleichzeitig. Es wurden zwei Aufgaben vorgelegt (199 + 198 und 701 – 698), welche auf Grund des Zahlenmaterials ohne weiteres auch als Kopfrechenaufgaben gelöst werden konnten. Es wurden folgende Strategien unterschieden:
- Vereinfachen (z.B. 200 + 200 – 3 = 397 oder von 698 bis 701 fehlen 3)[26]
- Halbschriftl. (Stellenwerte extra: 100 + 100 = 200; 90 + 90 = 180; 8 + 9 = 17 → 200 + 180 + 17 = 397; schrittweise: 199 + 100 = 299; 299 + 90 = 389; 389 + 8 = 397)
- Schriftlicher Algorithmus

Halbschriftliche Aufgaben 5. Schuljahr

Die Additionsaufgabe 199 + 198 = 397 wurde im 5. Schuljahr von den Untersuchungsgruppen deutlich besser gelöst als die Subtraktionsaufgabe 701 – 698 = 3 (77.1% richtige Lösungen für die Addition, 45.9% richtige Lösungen für die Subtraktion). Die Fehler bei der Subtraktionsaufgabe wurden deshalb genauer analysiert.

Zur Aufgabe 701 – 698 = 3 lagen 38 der genannten Resultate zwischen 17 und 1703, waren also völlig unrealistisch. Sehr häufig kam das Ergebnis 103 vor (durch einen Übertragsfehler bei der schriftlichen Subtraktion). Ein anderes häufiges Resultat war 197. Dieses kam folgendermaßen zustande: 700 – 600 = 100 → 98 – 1 = 97 → 100 + 97 = 197) und lässt auf fehlendes Verständnis der Subtraktion mit größeren Zahlen schließen (Verfahrensfehler).

---

[26] Pro richtige Lösung wurde ein Punkt verteilt, bei den halbschriftlichen Aufgaben konnte durch die Anwendung der Vereinfachungsstrategie jeweils ein Zusatzpunkt gewonnen werden.

Tab. 33: Beim halbschriftlichen Rechnen verwendete Strategien im 5. Schuljahr

	Untersuchungsgruppen 5. Kl.				Vergleichsgruppe 5. Kl.			
	Richtige Lösungen	Verwendete Strategien (%)			Richtige Lösungen	Verwendete Strategien (%)		
	%	Hilfs- aufg.	halb- schriftl.	schrift- lich	%	Hilfs aufg.	halb- schriftl.	schrift- lich
199 + 198	70.8	2.2	42.7	**50.6**	97.8	8.9	44.4	**42.2**
701 – 698	37	2.2	31.5	**53.9**	75.5	**24.2**	33.3	**37.8**

Zwischen Untersuchungs- und Vergleichsgruppe zeigten sich zum Teil Unterschiede bezüglich der verwendeten Strategien (Tab. 33). In der Vergleichsgruppe wurde die Strategie „Vereinfachen" häufiger verwendet als in den Gruppen RS, besonders bei der Subtraktionsaufgabe. Sowohl in den Untersuchungsgruppen als auch in der Vergleichsgruppe wurde häufig schriftlich gerechnet, in den Gruppen RS jeweils etwa von der Hälfte der Kinder. Trotz der häufigen Verwendung des schriftlichen Verfahrens wurde die Aufgabe oft falsch gelöst. Die Fehleranalyse (Tab. 35) bestätigt dieses Resultat: Häufige Fehler zeigten sich beim Verfahren der schriftlichen Subtraktion, insbesondere beim Übertrag.

Halbschriftliche Aufgaben 8. Schuljahr

Im 8. Schuljahr wurde die halbschriftliche Additionsaufgabe 199 + 198 = 397 von 80% der Schülerinnen richtig gelöst (VGL 89.4%), die Gruppen RS verwendeten jedoch häufiger das schriftliche Verfahren.

Die Subtraktionsaufgabe 701 – 698 wurde von den Untersuchungsgruppen deutlich schlechter gelöst als die Addition (47.1%; Vergleichsgruppe 83%). Bei den Lösungsstrategien zeigte sich dasselbe Muster wie bei der Addition: Es wurde in erster Linie schriftlich gerechnet, jedoch oft fehlerhaft. Die häufigsten Fehler waren Fehler beim Übertrag oder aber eine fehlende Vorstellung der schriftlichen Operation (z.B. wird der Minuend vom Subtrahend abgezogen). Die Hilfsaufgabe wurde nur von wenig Schülerinnen und Schülern verwendet.

Tab. 34: Beim halbschriftlichen Rechnen verwendete Strategien im 8. Schuljahr

	Untersuchungsgruppen 8. Kl.				Vergleichsgruppe 8. Kl.			
	Richtige Lösungen	Verwendete Strategien (%)			Richtige Lösungen	Verwendete Strategien (%)		
	%	Hilfs-aufg.	halb-schriftl.	schrift-lich	%	Hilfs-aufg.	halb-schriftl.	schrift-lich
199 + 198	80	2.4	35.3	**61.2**	89.4	**23.4**	44.7	**29.8**
701 - 698	47.1	11.8	34.1	**52.9**	83	**34**	31.9	**34**

Schriftliches Rechnen 5. Schuljahr

Die schriftlichen Verfahren verlieren zunehmend an Bedeutung. Von fachdidaktischer Seite her wird gefordert, dass Verständnis und Einsicht im Zentrum des Erarbeitens der schriftlichen Verfahren stehen sollen, auch für rechenschwache Schülerinnen und Schüler (vgl. Kapitel 4.4.1). Bei den schriftlichen Verfahren wurden die Subtraktion (7000 – 1624) und die Multiplikation (23 • 305) geprüft. Dies geschah nicht unbedingt in der Meinung, dass es sich dabei um Basisstoff handelt. Vielmehr ging es darum, die in der Praxis oft vertretene Sichtweise zu überprüfen, dass das Vermitteln von schriftlichen Verfahren als wichtiges Lernziel für rechenschwache Schülerinnen und Schüler zu betrachten sei. Bei der schriftlichen Subtraktion wurden die Schülerinnen und Schüler zusätzlich nach der Bedeutung des Übertrags gefragt. Da diese Frage nicht in allen Interviews gestellt wurde, konnte sie nicht in die Auswertung einbezogen werden.

Die schriftliche Subtraktion wurde im 5. Schuljahr von 56.2% der rechenschwachen Schüler richtig gelöst (VGL 93.3%), die Multiplikation von 37.1% (VGL 64.4%). Bei der Subtraktion waren die meisten Fehler der Untersuchungsgruppen bei der Durchführung der schriftlichen Verfahren generell auszumachen (Vertauschen Minuend und Subtrahend, Vermischen von Abziehen und Ergänzen usw.). Weiter kamen Abzählfehler und Übertragsfehler vor.

Bei der Multiplikation gab es viele Fehler, welche auf mangelnde Einsicht ins Verfahren hinweisen. So wurden sehr häufig Zehner und Einer untereinander notiert. Dies lässt zwei Folgerungen zu: Es kann vermutet werden, dass die Schülerinnen das Distributivgesetz nicht oder nur bruchstückhaft verstanden haben und in der Folge nicht jede Stelle des Multiplikanden mit jeder Stelle des Multiplikators rechnen. Ein anderer Grund kann in fehlender Einsicht ins Stelleneinmaleins (Zehner mal Einer = Zehner, Einer mal Einer = Einer usw.) liegen. Weiter tauchten bei der Multiplikation oft Fehler mit der Null auf (0 • 3 = 3). Die Schülerinnen und Schüler übertrugen die Regel für Addition und Subtraktion auf die Multiplikation. Dieser Fehler kam in der Vergleichsgruppe fast ebenso häufig vor wie in den Untersuchungsgruppen.

Schriftliches Rechnen 8. Schuljahr

Im 8. Schuljahr wurde die schriftliche Subtraktion von 60% der Schülerinnen und Schüler in den Untersuchungsgruppen richtig gelöst (VGL 78.7%). Auch hier weisen häufige Fehler auf eine mangelnde Vorstellung der Operation hin. Minuend und Subtrahend wurden vertauscht, Subtrahieren und Ergänzen wurden vermischt usw.

Die Multiplikation war schwieriger, sie wurde von 49.4% der Jugendlichen richtig gelöst (VGL 61.7%). Hier waren Fehler mit der Null häufig. In der Vergleichsgruppe gab es – im Gegensatz zum 5. Schuljahr – kaum Fehler mit der Null. Weiter kamen wie im 5. Schuljahr häufig Fehler vor, die das Verfahren der Multiplikation grundsätzlich betreffen (keine Kenntnis des Distributivgesetzes, fehlendes Einrücken der Einerstelle usw.).

Zusammenfassung (Halb-)Schriftliches Rechnen

Anhand der dargestellten Resultate kann das häufig verwendete Argument, bei lernschwachen Schülerinnen und Schülern sei Gewicht auf das Lernen und Vermitteln schriftlicher Verfahren zu legen, damit sie eine „Krücke" bzw. ein Rezept zum Rechnen in der Hand hätten, entkräftet werden. Obwohl die rechenschwachen Schülerinnen die Verfahren häufig anwenden, führt dies nur sehr begrenzt zu Erfolg. Nur etwas mehr als die Hälfte der rechenschwachen Schülerinnen und Schüler konnten die Subtraktionsaufgabe richtig lösen, zwischen 40% und 50% die Multiplikation. Der Forderung von Schipper (2003, 102, vgl. auch Kapitel 4.4.1), dass beim Erarbeiten der schriftlichen Verfahren Verstehen und Einsicht wichtiger sind als eine rezepthafte Ausführung, kann somit nur zugestimmt werden.

Die häufigen Fehler beim Rechnen mit der Null stehen in Einklang mit anderen Untersuchungen (vgl. 4.4.2). Insbesondere bestätigt sich, dass die Regel für Addition und Subtraktion auf die Multiplikation übertragen wird (Gerster 1989). Interessant sind hier die Unterschiede zwischen den Vergleichsgruppen im 5. und 8. Schuljahr: Fehler mit der Null treten im 8. Schuljahr in der Vergleichsgruppe kaum mehr auf. Die Schülerinnen und Schüler scheinen die unterschiedliche Bedeutung der Null bei verschiedenen Operationen verstanden zu haben.

Überschlagen

Überschlagen 5. Schuljahr

Überschlagen wird als wichtige Kompetenz, auch zur Bewältigung mathematischer Anforderungen im Alltag, betrachtet. Es erfordert die Größenvorstellung von Zahlen, das Runden, das Beherrschen der Grundoperationen sowie den Umgang mit „Ungenauigkeit" (vgl. Kapitel 4.6).

Zum Überschlagen wurden zwei Aufgaben vorgelegt, und zwar die schriftliche Subtraktions- und Multiplikationsaufgabe. Das Zahlenmaterial war so gewählt, dass Runden leicht möglich war[27]. Die Aufgabe zur Subtraktion wurde in den Untersuchungsgruppen von 18% (VGL 64.4%) und die Multiplikation von 16.9% (VGL 57.8%) richtig gelöst. Die lernschwachen Schüler antworteten auf die Frage: „Wie bist du zu diesem Resultat gekommen?" jeweils: „Einfach etwas gesagt". Dies führte oft zu völlig unrealistischen Ergebnissen. So ergab sich zur Aufgabe „Wie viel ungefähr gibt 23 • 305" eine Streuung zwischen 9 und 60 000. Bei der Subtraktion kam es auch vor, dass die Schülerinnen und Schüler das exakte Resultat nannten. Sie hatten „schriftlich im Kopf" gerechnet. Neben der generellen Unfähigkeit zu überschlagen und völlig unrealistischen Größenvorstellungen kamen beim Überschlagen der Multiplikationsaufgabe oft Stellenwertfehler vor (eine Null zu wenig, eine Null zu viel).

---

[27] Aufgaben: 7000 – 1624 und 23 • 305. Zur Bewertung wurde ein Range festgelegt. Für 23 • 305 galten z.B. Resultate zwischen 6000 und 7000 als richtig.

Überschlagen 8. Schuljahr

Das korrekte Überschlagen der Subtraktionsaufgabe gelang im 8. Schuljahr 37.6% der Jugendlichen in den Untersuchungsgruppen (VGL 61.7%). Die Multiplikationsaufgabe 23 • 305 wurde von 23.5% richtig überschlagen (VGL 57.4%). Ein großer Teil der Resultate lag im Bereich zwischen 10 und 4000, es wurden aber auch Resultate wie 12 000, 60 900 oder 69 000 genannt. Auch hier kamen Stellenwertfehler gehäuft vor (600 oder 700 als Resultat anstatt 6000 oder 7000), jedoch weniger oft als im 5. Schuljahr.

Zusammenfassung Überschlagen

Die Resultate beim Überschlagen weisen auf große Schwierigkeiten (nicht nur) der rechenschwachen Schülerinnen und Schüler hin. Wenn bedacht wird, dass Größenvorstellungen, das Verständnis der Stellenwerte und das Beherrschen der Grundoperationen als Voraussetzungen dafür gelten (vgl. 4.6 und Lemaire/ Lechacheur 2002, 299), erstaunt das Resultat nicht: Die rechenschwachen Schülerinnen und Schüler bringen diese Voraussetzungen nicht mit.

Bemerkenswert ist der deutliche Leistungsunterschied beim Überschlagen der Subtraktionsaufgabe zwischen den Schülerinnen und Schülern im 5. und 8. Schuljahr. Die Achtklässler zeigen deutlich bessere Resultate. Zum einen haben sie wahrscheinlich häufiger als die Fünftklässler „schriftlich im Kopf" gerechnet. Insgesamt wurde in den Untersuchungsgruppen nämlich 50-mal (bei N = 85) das exakte Resultat genannt. Zum anderen kann die in Kapitel 4.6 beschriebene Entwicklung des Schätzens mit zunehmendem Alter eine Rolle gespielt haben.

8.3 Fehleranalyse in der Übersicht

Bei der Darstellung der einzelnen mathematischen Bereiche wurde jeweils auf häufig vorkommende Fehler hingewiesen. Im Folgenden wird ein Überblick über die Häufigkeit der verschiedenen Fehlerarten gegeben.

Fehler 5. Schuljahr

Die Fehleranalyse in ihrem Überblick (Tab. 35) zeigt, dass im 5. Schuljahr drei Fehlerkategorien dominieren: Stellenwertfehler, Abzählfehler und Fehler beim Überschlagen. Interessant ist, dass diese Fehler bei unterschiedlichen Operationen gehäuft vorkommen.

Der am häufigsten auftretende Fehler ist der Stellenwertfehler. Dieser findet sich in erster Linie beim Ergänzen, bei Multiplikation, Division und dem Überschlagen der Multiplikationsaufgabe, nicht aber beim Addieren und Subtrahieren. Der Zählfehler dagegen tritt bei allen Operationen etwa gleich häufig auf. Das vermehrte Vorkommen des „Fehlers beim Überschlagen" (und damit verbunden eine sehr tiefe Lösungsrate der Aufgabe) weist darauf hin, dass die Schülerinnen und Schüler nicht verstanden haben, was Überschlagen meint, und dass sie nicht über Größenvorstellungen oder passende Rechenstrategien verfügen. Weiter kommen viele Fehler vor, welche auf mangelndes Operationsverständnis schließen lassen. „Typische Dyskalkuliefehler", wie sie in der Literatur oft erwähnt werden (z.B. Zahlen vertauschen, Zahlen lesen usw.), treten nur vereinzelt auf. In diesem Kontext wurde auch untersucht, ob ein Zusammenhang besteht zwischen Händigkeit (linkshändig, rechtshändig) und Mathematikleistung. Es konnten jedoch keine solchen Beziehungen nachgewiesen werden.

Fehler 8. Schuljahr

Auch im 8. Schuljahr sind Stellenwert- und Abzählfehler sowie Fehler beim Überschlagen sehr häufig zu finden. Die Stellenwertfehler kommen in den gleichen Operationen gehäuft vor wie im 5. Schuljahr, ebenso wird bei allen Operationen abgezählt.

Zusammenfassung Fehler

Grundsätzlich treten im 5. und 8. Schuljahr dieselben Fehler häufig auf. Am häufigsten kommt der Stellenwertfehler vor. Er lässt auf fehlende Kenntnis des Dezimalsystems schließen. Das häufige Vorkommen des Abzählfehlers in den Untersuchungsgruppen stimmt überein mit anderen Untersuchungen, in welchen rechenschwache Schülerinnen und Schüler als zählende Rechnerinnen und

Rechner beschrieben werden (vgl. Kapitel 4.4.2). Auf dieses Ergebnis wird bei der Analyse der verwendeten Strategien noch näher eingegangen.

Tab. 35:   Überblick über die Rechenfehler

Fehlerart	Fehler RS 5. Kl.	Fehler RS 8. Kl.	Fehler VGL 5. Kl.	Fehler VGL 8. Kl	Häufig betroff. Operationen
Schnittstellenfehler					
Zahlen drehen (5), Zahlen lesen (12), Zahlen sprechen (1), Hörverständnis (1), Orientierungsfehler (1)					
Verständnis Begriff					
Analogiefehler	47	38	4	2	Verdoppeln/Halbieren
Verständnis Null	13	15	10	2	Schriftliche Multiplikation
Stellenwertfehler	**183**	**169**	27	42	Ergänzen, Mult., Div., Überschlagen
Fehler b. Überschlagen	127	95	42	15	
Weitere Fehler	Zahlaufbau (1)				
Verständnis Operation					
Verwechseln plus/minus	8	11	3	2	Ergänzen
Verwechseln plus/mal	7	4	2	0	
Verwechseln mal/durch	18	3	0	0	5. Kl.: Division., Verdoppeln/Halbieren
Richtungsfehler	7	7	0	5	8. Kl.: Ergänzen, schriftl. Subtraktion
Vorstellung Operation	**55**	**30**	6	3	Ergänzen, Subtraktion. halbschriftl.
Verfahren schriftl. Subtr.	24	21	2	3	
Verfahren schriftl. Mult.	42	22	5	10	
Übertrag	31	25	1	2	Halbschriftl. und schriftl. Subtr.
Weitere Fehler	verwechseln plus/geteilt (1), Verfahren schriftl. Division (6), schriftl. Add. (2)				
Automatisierungsfehler					
Abzählfehler	**140**	**117**	26	39	Grundoperationen, schriftl. Subtraktion
Verfahrensfehler	10	11	4	4	
Teilschritt vergessen	6	8	2	1	
Perseveration	6	10	4	4	

8.4 Vorhersage der Mathematikleistung durch die Kenntnis des Basisstoffes

In den bisherigen Ausführungen wurde dargestellt, dass rechenschwache Schülerinnen und Schüler bestimmte Bereiche der Grundschulmathematik nicht oder nur teilweise erworben haben. Im Folgenden interessiert nun, ob sich die Mathematikleistung, wie sie im Vortest erhoben wurde, durch die Kenntnis des mathematischen Basisstoffes vorhersagen lässt bzw. ob ein gerichteter Zusammenhang zwischen der Leistung im Vortest und der Kenntnis des Basisstoffes besteht. Zu diesem Zweck wurden zwei Regressionsanalysen[28] durchgeführt: a) Eine Analyse mit der abhängigen Variable „Mathematikleistung im Vortest" und den Prädiktorvariablen „Gesamtleistung im Test zum Basisstoff" und IQ so wie b) eine schrittweise Regressionsanalyse mit der abhängigen Variable „Mathematikleistung im Vortest" und den Prädiktorvariablen „IQ", „Zählen", „Addition", „Subtraktion", „Ergänzen", „Verdoppeln/Halbieren", „Multiplikation", „Division", „Operationsverständnis", „Dezimalsystem" und „Textaufgaben". Die Bereiche (Halb-)Schriftliches Rechnen und Überschlagen wurden nicht als Prädiktorvariable aufgenommen, da davon ausgegangen werden muss, dass die Kenntnis der anderen Bereiche eine wesentliche Voraussetzung für diese beiden Bereiche darstellen. Im 8. Schuljahr wurde zudem die Addition ausgeschlossen, da sich in diesem Bereich kein signifikanter Leistungsunterschied zwischen den Gruppen RS und der Vergleichsgruppe gezeigt hat (vgl. Kap. 8.2.3). Mit den verbleibenden Variablen wurde das schrittweise Verfahren gewählt, weil interessierte, durch welches Modell die Daten nach statistischen Kriterien besonders gut abgebildet werden. Beim schrittweisen Vorgehen werden die unabhängigen Variablen einzeln nacheinander in die Regressionsgleichung einbezogen, wobei jeweils diejenige Variable ausgewählt wird, die ein bestimmtes Gütekriterium maximiert. Solche Modelle müssen allerdings sorgfältig auf ihre Sachlogik hin überprüft werden (Backhaus 2000, 55).

---

[28] Bei der Regressionsanalyse müssen die unabhängigen Variablen auf Multikollinearität überprüft werden, hohe Korrelationen (nahe 1) bedeuten eine ernsthafte Verletzung der Voraussetzungen (vgl. Backhaus u.a. 2000, 42), welche hier nicht vorliegt (vgl. Korrelationsmatrix im Anhang).

Bezüglich der Kenntnis des Basisstoffes generell zeigt sich ein signifikanter Zusammenhang mit der Mathematikleistung im Vortest (Tab. 36). Im 5. Schuljahr werden 68.8% der Varianz durch die Kenntnis des Basisstoffes aufgeklärt und 17% durch den IQ. Im 8. Schuljahr beträgt die Varianzaufklärung für den Basisstoff Mathematik 52.3% und für den IQ 32.5%. Der Grund für die höhere Varianzaufklärung des IQ im 8. Schuljahr kann wiederum in der Stichprobenauswahl (Realklassen, Klassen für Lernbehinderte) gesehen werden.

Tab. 36: Regressionsanalyse „Vorhersage der Mathematikleistung durch die Kenntnis des mathematischen Basisstoffes und des IQ"

Bereich	5. Klasse		8. Klasse	
	ß	t	ß	t
Math	.688	11.283***	.523	7.751***
IQ	.171	2.803***	.325	4.808***

5. Kl.: R^2 = .605, df = 2, F = 100.263***
8. Kl.: R^2 = .533, df = 2, F = 73.557***

*** $p < 0.001$

Weiter wurde untersucht, ob und wie die Mathematikleistung im Vortest durch die Einzelbereiche des mathematischen Basisstoffes erklärt werden kann (schrittweise Regressionsanalyse). Tabelle 37 gibt eine Übersicht über die einzelnen Modelle sowie über die signifikanten Prädiktoren für das Modell mit der höchsten Varianzaufklärung im 5. Schuljahr. Es zeigt sich, dass im 5. Schuljahr die Bereiche Division, Textaufgaben, Operationsverständnis, IQ, Dezimalsystem und Verdoppeln/Halbieren einen signifikanten Beitrag zur Erklärung der Mathematikleistung erbringen. Der Bereich „Textaufgaben" weist den höchsten Vorhersagewert auf. Sachlogisch ist dieses Modell sinnvoll, es handelt sich vor allem um Bereiche, welche im Test hoch auf den Faktor „Verständnis und Anwendung von elementaren Operationen und Kenntnissen" laden (vgl. Kapitel 6.4.2 sowie Moser Opitz 2006b).

Tab. 37: Regressionsanalyse „Vorhersage der Mathematikleistung im 5. Schuljahr" durch Bereiche des mathematischen Basisstoffes

Regressionsanalyse mit abhängiger Variable Mathematikleistung im Vortest						
Modell	R²	F	df	Modell 6		
Modell 1	.393	85.347**	1	Prädiktoren	β	t
Modell 2	.530	73.733**	2	Division	.245	3.692***
Modell 3	.595	63.722**	3	Textaufgaben	.254	4.038***
Modell 4	.632	55.463**	4	Operationsverständnis	.192	3.416**
				IQ	.155	2.696**
Modell 5	.654	48.387**	5	Verdoppeln/halbieren	.166	2.6*
Modell 6	.670	42.907**	6	Dezimalsystem	.161	2.454*

*p < 0.05, **p < 0.01, ***p < 0.001

Im 8. Schuljahr (Tab. 38) zeigen sich ähnliche Resultate. Hier weist der IQ den höchsten Vorhersagewert auf, gefolgt vom „Dezimalsystem", der Division und den Textaufgaben. Zusätzlich zeigt sich ein signifikanter Einfluss der Zählkompetenz, welcher im 5. Schuljahr nicht nachgewiesen werden konnte. Wie in 6.4.2 dargestellt wurde, kann vermutet werden, dass für die Achtklässler die Zählaufgaben ungewohnt waren, und dass sie – weil sie diese Kompetenz wahrscheinlich nie richtig erworben hatten – entsprechende Schwierigkeiten bekundeten, diese Fähigkeit flexibel anzuwenden. Nicht-signifikant wird hingegen im 8. Schuljahr der Einfluss der Variablen „Operationsverständnis" und „Verdoppeln/Halbieren".

Tab. 38: Regressionsanalyse „Vorhersage der Mathematikleistung im 8. Schuljahr" durch Bereiche des mathematischen Basisstoffes

Regressionsanalyse mit abhängiger Variable Mathematikleistung im Vortest						
Modell	R²	F	df	Modell 4		
Modell 1	.315	59.847***	1	Prädiktoren	β	t
Modell 2	.427	48.153***	2	IQ	.319	4.397***
Modell 3	.474	38.309***	3	Zählen	.237	3.270**
Modell 4	.512	33.292***	4	Division	.224	3.360**
				Dezimalsystem	.226	3.122**

*p < 0.05, **p < 0.01, ***p < 0.001

Auch dieses Modell hält einer sachlogischen Überprüfung stand. Zählen, Dezimalsystem und Textaufgaben gehören zu dem bei der Instrumentenkonstruktion errechneten Faktor „flexible Anwendung von elementaren Operationen und Kenntnissen". Die Division gehört zum Faktor „Punktoperationen" (vgl. 6.4.2 und Moser Opitz 2006b); es handelt sich um die für die Achtklässler schwierigste Grundoperation.

Diese Ergebnisse weisen darauf hin, dass nicht das Verständnis der Grundoperationen im Sinn der Durchführung von Prozeduren die Mathematikleistung voraussagt, sondern Inhalte, welche Verständnis und Einsicht in grundlegende mathematische Beziehungen erfordern. Dazu kann auch die Division gezählt werden. Wenn z.B. die anderen Grundoperationen noch durch Abzählprozeduren gelöst werden können, so ist das bei der Division kaum mehr möglich. Die vorliegenden Resultate weisen somit darauf hin, dass dem Aufbau von Verständnis und Einsicht in den genannten Bereichen mathematischer Basiskompetenzen eine zentrale Bedeutung für den späteren Mathematikerwerb zukommt. Zudem muss darauf hingewiesen werden, dass der IQ in der Stichprobe der schwächeren Schülerinnen und Schüler der Real- und Lernbehindertenklassen einen deutlich höhere Varianzaufklärung aufweist als im 5. Schuljahr.

8.5 Übersicht über die verwendeten Strategien

Während des Einzeltests wurde bei den Grundoperationen (inkl. Ergänzen und Verdoppeln/Halbieren) jeweils beobachtet bzw. ermittelt, mit welcher Strategie die Schülerinnen und Schüler die Aufgaben lösten. Tabelle 39 zeigt die Zusammenfassung der Ergebnisse (Anzahl Aufgaben, bei welchen eine bestimmte Strategie verwendet wurde).

Strategien 5. Schuljahr

Es fällt auf den ersten Blick auf, dass in der 5. Klasse in der Vergleichsgruppe viel weniger abgezählt wurde als in den beiden Untersuchungsgruppen. Dabei wurde in Gruppe RS 2 viel häufiger gezählt als in Gruppe RS 1. Bei der Gruppe der Kinder mit unterdurchschnittlichen Mathematikleistungen und durchschnittlichem IQ sind somit die meisten „zählenden Rechner" zu finden. In einer weiteren Analyse wurde überprüft, ob jeweils viele oder wenige Kinder abzählen. Es zeigte sich, dass in allen Gruppen nur ein Teil der Schülerinnen und Schüler zu den zählenden Rechnern gehört. Vor allem in Gruppe RS 2 im 5. Schuljahr findet sich ein großer Teil von Schülerinnen und Schülern, welche viele Aufgaben (10 bis 20) durch Abzählen löste.

Strategien 8. Schuljahr

Im 8. Schuljahr wurden ebenfalls in Gruppe RS 2 die meisten Abzählstrategien verwendet. Allerdings wurden im Vergleich zum 5. Schuljahr grundsätzlich viel weniger Aufgaben zählend gelöst, und besonders in Gruppe RS 1 wurden vermehrt Abrufstrategien eingesetzt. Das lässt vermuten, dass der Prozess des Automatisierens von „Basisaufgaben" im 8. Schuljahr weiter fortgeschritten ist als im 5. Schuljahr.

Ein weiterer Aspekt, den es zu diskutieren gilt, ist die Verwendung des schriftlichen Verfahrens. Dieses wurde im 8. Schuljahr häufig in der Gruppe RS 1 angewendet. Es kann vermutet werden, dass das Normalverfahren im Unterricht sehr häufig verwendet und eingesetzt wird.

Tab. 39: Übersicht über die verwendeten Strategien

	Anzahl Aufgaben, die mit einer bestimmten Strategie gelöst wurden[29]									
	abzählen		abrufen		ableiten, zerlegen		schriftlich		Material	
	5. Kl.	8. Kl.	5. Kl.	8. Kl.	5. Kl.	8. Kl.	5. Kl.	8. Kl.	5. Kl.	8. Kl.
RS 1	**81**	**47**	810	982	198	221	**54**	**82**	1	3
RS 2	**167**	**81**	947	799	209	163	**56**	**54**	7	5
VGL	28	10	1136	1183	151	173	28	22	0	0

---

[29] Das Total der verwendeten Strategien stimmt nicht mit der Anzahl gelöster Aufgaben überein, da es manchmal bei falschen Lösungen nicht möglich war, die Strategie zu bestimmen.

Zusammenfassung Strategien

Die häufigere Verwendung von Zählstrategien bei rechenschwachen Schülerinnen und Schülern wird in mehreren Untersuchungen referiert (vgl. Kapitel 2.4.5) und wird durch die vorliegenden Daten einmal mehr bestätigt. Interessant ist dabei, dass im 8. Schuljahr weniger Zähltätigkeit festzustellen ist. Vor allem bei Addition und Subtraktion zeigt sich, dass die Achtklässler weniger abzählen bzw. dass weniger Abzählfehler vorkommen. Gültige Aussagen über eine allfällige Entwicklung der Strategien hin zu weniger Abzählen mit zunehmendem Alter könnten jedoch nur mit einer Längsschnittuntersuchung gemacht werden. Allerdings weisen auch einige der referierten Studien auf einen höheren Grad von Automatisierung der Grundoperationen mit zunehmendem Alter hin.

Bei einigen Aufgaben kamen Abzählfehler vor, auch wenn Abzählen nicht als Strategie festgestellt werden konnte (vgl. Ergebnisse zu Abzählfehlern im vorangegangenen Abschnitt). Dies könnte damit zusammenhängen, dass die Zeitlimite für das Abrufen mit 4 sec wohl etwas zu hoch angesetzt war, und dass die Schülerinnen und Schüler abzählten, ohne dass dies bemerkt wurde. Das weist darauf hin, dass die zählenden Rechnerinnen und Rechner im Anwenden ihrer Strategie sehr geübt sind. Sie tun dies so schnell, dass es nicht beobachtet werden kann bzw. erst durch die Fehlerart ersichtlich wird.

8.6 Zusammenfassung

Die vorangegangenen Ausführungen haben gezeigt: Rechenschwache Schülerinnen und Schüler haben grundlegende Elemente des Basisstoffes der ersten vier Schuljahre nicht verstanden. Anhand der vorliegenden Daten lassen sich die Schwierigkeiten beim Erwerb des Basisstoffes differenziert beschreiben. In Tabelle 40 werden diese zusammenfassend dargestellt. Die genannten Schwierigkeiten zeigen sich bei Schülerinnen und Schülern mit durchschnittlichem und unterdurchschnittlichem IQ in derselben Art und Weise bzw. im selben Ausmaß. In vielen Bereichen sind zudem im 5. und 8. Schuljahr dieselben Schwierigkeiten zu beobachten. Ausnahme bildet das Lösen von Additions- und (in etwas eingeschränkterem Maß) von Subtraktions- und Multiplikationsaufgaben. Hier erzielen die Achtklässler bessere Resultate als die Fünftklässler. Sie zählen insbesondere weniger ab bzw. können die Ergebnisse besser abrufen.

Tab. 40: Zusammenfassung der Schwierigkeiten

Themenbereich	Häufige Schwierigkeiten/Fehler
Zählen in Schritten größer als 1	Häufig Fehler beim Zehner- bzw. Hunderterübergang, Zahlauslassungen.
Addition	5. Schuljahr: oft richtige Lösungen, aber häufig Abzählen.
	8. Schuljahr: gute Leistung, kein Unterschied zur Vergleichsgruppe.
	Beide Schuljahre: Veranschaulichung einer Additionsaufgabe gelingt häufig, Operationsverständnis scheint vorhanden zu sein.
Subtraktion	Vor allem Abzählfehler. Veranschaulichung einer Subtraktionsaufgabe gelingt häufig, Operationsverständnis scheint vorhanden zu sein.
Ergänzen	Häufige Verwendung des schriftlichen Verfahrens oder zählendes Rechnen. Viele unsinnige Resultate, Veranschaulichung ist kaum möglich, Operationsverständnis scheint nicht oder nur teilweise vorhanden zu sein.
Verdoppeln/Halbieren	Häufig Verwendung des schriftlichen Algorithmus, viele Analogiefehler.
Multiplikation	Aufgaben des kleinen Einmaleins werden gut gelöst. Vor allem Fehler beim Stelleneinmaleins und Schwierigkeiten beim Veranschaulichen. Operationsverständnis scheint nicht oder nur teilweise vorhanden zu sein.
Division	Am schlechtesten gelöste Grundoperation, viele Stellenwertfehler. Grosse Schwierigkeiten beim Veranschaulichen einer Rechenaufgabe. Operationsverständnis scheint kaum vorhanden zu sein.
Textaufgaben	Schwierigkeiten bei Vergleichsaufgaben sowie beim Sachkontext Geld.
Dezimalsystem	Schwierigkeiten beim Bündeln, Entbündeln, beim Verständnis von Stellenwerten und bei der Einsicht in Größenbeziehungen.
Überschlagen	Häufig „schriftliches Rechnen im Kopf" oder unrealistische Resultate, welche auf fehlende Größenvorstellungen hinweisen, Stellenwertfehler.
(Halb-)Schriftliches Rechnen	Häufige, jedoch fehlerhafte Verwendung des schriftlichen Verfahrens, insbesondere viele Fehler beim Übertrag.
Strategieverwendung	Häufig zählendes Rechnen oder Verwendung des schriftlichen Verfahrens bei einfachen Kopfrechenaufgaben. Fünftklässler zählen häufiger ab als Achtklässler.

Regressionsanalysen haben dieses Resultat bestätigt. Ein großer Anteil der Mathematikleistung von Fünft- und Achtklässlern lässt sich durch die Kenntnis des Basisstoffes erklären, und zwar besonders durch diejenigen Bereiche, welche Verständnis von Zahlbeziehungen und die flexible Anwendung der Grundoperationen erfordern. Im 5. Schuljahr sind dies die Bereiche Textaufgaben, Division, Operationsverständnis, Dezimalsystem und Verdoppeln/Halbieren; im 8. Schuljahr Zählen, Dezimalsystem, Division und Textaufgaben.

Zusammenfassend kann festgehalten werden: Fehlende Kompetenzen bezüglich spezifischer Elemente der Grundschulmathematik scheinen verantwortlich zu sein für die Schwierigkeiten beim Erwerb des aktuellen Schulstoffes. Wenn der basale Lernstoff der ersten vier Schuljahre erworben ist, gelingt – wie die Ergebnisse der Vergleichsgruppen aufzeigen – der Erwerb von weiterführenden mathematischen Inhalten in höherem Mass. Auch wenn momentan noch keine Studien vorhanden sind, welche nachweisen, dass der Erwerb des basalen Lernstoffes zu besseren Mathematikleistungen führt, kann angesichts der referierten Resultate kann davon ausgegangen werden, dass dem Erwerb der genannten mathematischen Inhalte (Tab. 40) für den Unterricht, die Förderung und die Diagnostik wesentliche Bedeutung zukommt.

9 Erfahrungen beim Mathematiklernen: Interviewstudie

9.1 Durchführung der Interviews

9.1.1 Fragestellung, Vorgehen und Stichprobe

In Kapitel 3 wurden Untersuchungsergebnisse zum selbstregulierten Lernen, insbesondere zu den Themen „mathematisches Selbstkonzept" und „Ängstlichkeit gegenüber Mathematik" referiert. Davon ausgehend wurden folgende Fragen gestellt (vgl. Kap. 6.1).

- Unterscheidet sich die Einstellung zum Fach Mathematik von rechenschwachen Schülerinnen und Schülern von derjenigen von Kindern und Jugendlichen ohne Lernschwierigkeiten bzw. lässt sich bezüglich der Beliebtheit des Faches Mathematik ein Unterschied feststellen?

- Welche Erfahrungen machen rechenschwache Schülerinnen und Schüler sowie eine Vergleichsgruppe beim Mathematiklernen? Was erleben die Kinder und Jugendlichen als besonders schwierig, was positiv? Wie begründen sie ihre Einstellung zum Fach Mathematik?

Die erste Frage wird aufgrund der Angaben zur Beliebtheit des Faches Mathematik im Vortest beantwortet[30]. Zur Beantwortung der zweiten Frage wurden mit den Schülerinnen und Schülern Interviews durchgeführt, da bisher kaum Untersuchungen vorliegen, welche Auskunft darüber geben, wie von Rechenschwäche betroffene Schülerinnen und Schüler ihre Situation erleben, was für sie besonders schwierig ist, woran sie besonders leiden. Zu diesem Zweck wurde ein strukturierter Leitfaden (Tab. 41) entwickelt, in welchem wiederholt Fragen zum selben Themenbereich gestellt wurden. Dies war vor allem auch darum nötig, weil sich in den Voruntersuchungen gezeigt hatte, dass es oft besondere Anstrengungen brauchte, um mit den Schülerinnen und Schülern zur interessierenden Thematik ins Gespräch zu kommen. Es kam immer wieder vor, dass die

---

[30] Rating mit den Antwortmöglichkeiten „Ist mein Lieblingsfach", „Ich mag Mathematik", „Es geht so", „Mag ich nicht", „Ich hasse Mathematik".

Kinder und Jugendlichen mit zwei oder drei Worten oder mit „ich weiß nicht" antworteten.

Tab. 41: Interviewleitfaden

1	Im November hast du diesen Mathematik-Test gemacht. Du konntest damals eines dieser Gesichter ankreuzen. Weißt du noch, was du angekreuzt hast?

	Keine Begründung im Vortest	Begründung im Vortest vorhanden
2	Kannst du mir erklären warum Mathe dein Lieblingsfach ist/ du Mathe gerne/ mittel gerne/ nicht gerne hast/ du Mathematik hassest	Weißt du noch, was du damals geschrieben hast, warum das so ist? Du hast damals hingeschrieben, dass ... . Kannst du das etwas genauer erklären?

	Veränderung der Einstellung
3	Wie war das in der ersten und der zweiten Klasse mit der Mathematik? Welches Gesicht hättest du damals angekreuzt? Warum?

	Falls andere Einschätzung als heute
4	Das war damals anders als heute. Wann hat sich das geändert? Warum hat sich das geändert?

5	Du hast angekreuzt, dass du ... bist in Mathematik. Warum denkst du, dass du gut/schlecht ... bist? - Was kannst du besonders gut in Mathematik? Oder: Gibt es etwas, was du gut kannst in Mathematik? - Was findest du schwierig in Mathematik? Oder: Gibt es etwas, was du schwierig findest in Mathematik? - Was findest du am schönsten in Mathematik? Oder: Gibt es etwas, was du schön findest in Mathematik? - Was findest du mühsam oder schlimm in Mathematik? Oder: Gibt es etwas, was du mühsam oder schlimm findest in Mathematik?

	Schwierigkeiten, Mathe unbeliebt	Mathe beliebt, keine Schwierigkeiten
6	- Was müsste sich ändern, damit du Mathematik lieber hättest? - Was würde dir helfen, in Mathematik besser zu werden?	- Was ist für dich wichtig, damit du Mathematik weiter gern hast? - Was ist für dich wichtig, damit du weiterhin gut bist in Mathematik?

	Verifizierung
7	Verschiedene Kinder haben Folgendes geschrieben: - Ramona: Ich kann lernen und lernen und nochmals lernen, ich werde gleichwohl nicht besser. - Lea: Rechnen macht Spaß und ist nicht so schwer zu verstehen. - Lars: In Mathematik verstehe ich viele Sachen nicht. Geht es dir manchmal auch so, wie in einem dieser Sätze beschrieben ist? Welcher Satz ist das? In welcher Situation war das? Gibt es einen Satz, der auf dich nicht zutrifft? Welcher Satz? Warum?

Das gewählte Vorgehen kann der Form eines Struktur-Interviews zugeordnet werden, enthält aber auch Elemente eines biographischen Interviews. Es stellt somit eine Mischung von standardisiertem und narrativem Interview dar (vgl. Hopf 2003) und lässt sich am besten durch den Begriff des „problemzentrierten Interviews" (Witzel 1985) beschreiben. Es sollen Informationen zu folgenden Bereichen gewonnen werden.

- Ausführliche Begründung zur Beliebtheit des Faches Mathematik, Informationen zu Schwierigkeiten beim Mathematiklernen (Fragen 1, 2, 5)
- Informationen zur mathematischen Lernbiografie (Fragen 3 und 4)
- Benötigte Unterstützung für eine Veränderung der Situation (Frage 6)
- Verifizierung des bisher Gesagten anhand einer Stellungnahme zu fiktiven Schüleraussagen (Frage 7)

Der Einstieg ins Gespräch erfolgte durch die Bezugnahme auf die Einschätzung der Beliebtheit des Faches Mathematik im Vortest. Die anschließenden Fragen sollten die Schülerinnen und Schüler animieren, möglichst viel über ihre Erfahrungen und Erlebnisse beim Mathematiklernen zu erzählen. Die Verifizierung anhand der fiktiven Schüleraussagen hatte denselben Zweck und erwies sich als fruchtbar. Sie führte oft dazu, dass die Schülerinnen und Schüler von konkreten (schwierigen) Erlebnissen und Situationen im Mathematikunterricht zu sprechen begannen, welche sie vorher nicht erwähnt hatten.

Stichprobe

Im Rahmen der Einzeluntersuchung wurden 266 Kurzinterviews geführt, neun Gespräche gingen jedoch aufgrund von technischen Schwierigkeiten bei der Aufnahme verloren. Insgesamt konnten 257 Gespräche ausgewertet werden.

Tab. 42: Stichprobenbeschreibung Interviewstudie

	Anzahl Interviews			
	Gruppe RS 1	**Gruppe RS 2**	**Vergleichsgruppe**	**Total**
5. Schuljahr	39	48	44	131
8. Schuljahr	43	37	46	126
				257

9.1.2 Auswertung und Darstellung der Ergebnisse

Auswertungsmethoden

In der vorliegenden Interviewstudie ging es darum, Informationen zur Frage nach der Einstellung zum Fach Mathematik und zu Erfahrungen beim Mathematiklernen zu sammeln, zu ordnen und zu vergleichen. Dies beinhaltet einerseits die Klassifizierung des Materials im Sinn der Konstruktion deskriptiver Systeme (Mayring 2003a, 22), weiter aber auch Gruppenvergleiche und Hypothesenfindung. Die gewählten Methoden lassen sich einerseits als zusammenfassende Inhaltsanalyse bzw. induktive Kategorienbildung verstehen. Andererseits wird eine Methodentriangulation vorgenommen, indem im Anschluss an die strukturierende Inhaltsanalyse eine quantitative Auswertung stattfindet.

Bei der zusammenfassenden Inhaltsanalyse bzw. der induktiven Kategorienbildung geht es darum, das Material so zu reduzieren, dass die wesentlichen Inhalte erhalten bleiben, dass jedoch gleichzeitig ein überschaubares Dokument entsteht (vgl. Mayring 2003b, 472). Um dies zu erreichen, werden die Kategorien schrittweise aus dem Material entwickelt. Bei der strukturierenden Inhaltsanalyse werden vorher festgelegte Ordnungskriterien verwendet. Es geht darum, bestimmte Aspekte aus einem Material herausfiltern, unter vorher festgelegten Ordnungskriterien einen Querschnitt durch das Material legen oder das Material unter bestimmte Kriterien einschätzen" (Mayring 2003b, 473). Induktive und deduktive Kategorisierung (Mayring 2003a, 74) sowie eine anschließende Quantifizierung der Resultate für deskriptive Gruppenvergleiche stellen somit die wesentlichen Vorgehensweisen dar.

Durchführung

Die Interviews wurden vor der Durchführung des Tests zum mathematischen Basisstoff von den Testleiterinnen konsequent auf Hochdeutsch geführt. Viele Schülerinnen und Schüler baten jedoch, auf Schweizerdeutsch antworten zu dürfen. Um die Gesprächsbereitschaft nicht durch sprachliche Barrieren zu gefährden, wurde dies ermöglicht. Eine ganze Reihe von Interviews musste deshalb aus verschiedenen Schweizer Dialekten übersetzt werden. Die Transkription erfolgte möglichst wortgetreu.

Die transkribierten Interviews wurden mit Hilfe des Programms Max$_{QDA}$ kodiert. Übereinstimmend mit den vorgängig beschriebenen Auswertungsmethoden wurden verschiedene Arten der Kategorisierung bzw. Codierung verwendet. Als übergeordnete Ordnungskriterien wurden in erster Linie die Fragen des Leitfadens gewählt, und Aussagen aus dem gesamten Interview wurden diesen zugeordnet. Innerhalb dieser Kategorien wurden anschließend Codes am Material selber generiert, ohne dass vorformulierte Theoriekonzepte beigezogen wurden. Etwa die Hälfte dieser Codierungen erfolgte durch zwei Personen, was im weitesten Sinn dem „konsensuellen Codieren" (Schmidt 2003, 453) entspricht. Die so geordneten Aussagen wurden anschließend zusammenfassend dargestellt. Dadurch entstand einerseits die Grundlage für die Interpretation, andererseits auch die Basis für die Häufigkeitsauswertung. Diese Zusammenfassungen werden im Folgenden dargestellt und mit Originalzitaten illustriert. Für deren Darstellung wurden folgende Regeln und Zeichen (welche gleichzeitig auch den Transkriptionsregeln entsprechen) verwendet:

≈	Satzabbruch
/	Kurze Pause
/ /	Längere Pause
/?/	Unverständliche Passage
(U)	Unterbrechung
KAPITÄLCHEN	starke Betonung
[I:], [Sch:]	gleichzeitige Rede Interviewerin/Befragte
[]	zur besseren Verstandlichkeit von der Autorin eingesetzte Wörter

Passagen, welche sich stark an den Dialekt anlehnen, wurden übersetzt bzw. durch deutsche Ausdrücke ersetzt. Diese sind im Text jeweils kursiv gekennzeichnet. Die Originalausdrücke stehen in Normalschrift in Klammer.

9.2 Beliebtheit des Faches Mathematik: Einschätzung und Begründungen

9.2.1 Übersicht zur Beliebtheit des Faches

Als Einstieg ins Interview wurde auf die Einschätzung der Beliebtheit des Faches Mathematik Bezug genommen, welche die Schülerinnen und Schüler im Vortest mittels einer Ratingskala vorgenommen hatten (vgl. Kapitel 6.3.1). Den Schülerinnen und Schülern wurde ihre damalige Entscheidung und Begründung vorgelegt, und sie wurden aufgefordert, dazu Stellung zu beziehen bzw. ihre Entscheidung nochmals zu begründen. In Tabelle 43 wird anhand der Daten des Vortests eine Übersicht zu diesen Einschätzungen gegeben.

Tab. 43: Einschätzung der Beliebtheit des Faches Mathematik im Vortest

	Anzahl Aussagen Lieblingsf./gerne			Anzahl Aussagen es geht so			Anzahl Aussagen nicht gerne/hasse		
	5. Kl.	8. Kl.	**Total**	5. Kl.	8. Kl.	**Total**	5. Kl.	8. Kl.	**Total**
RS 1	12	16	**28**	18	23	**41**	11	7	**18**
	9%	12.1%		13.4%	17.4%		8.2%	5.3%	
RS 2	17	11	**28**	22	21	**43**	9	7	**16**
	12.7%	8.3%		16.4%	15.9%		6.7%	5.3	
VGL	23	20	**43**	22	23	**45**	0	4	**4**
	17.2%	15.1%		16.4%	17.4%		0%	3%	
			99			**129**			**38**

5. Klasse N = 134; 8. Klasse N = 132[31]

---

[31] Die Zusammenstellung bezieht sich auf die gesamte Untersuchungsstichprobe von N = 266; auch die Schülerinnen und Schüler, von denen kein transkribiertes Interview vorliegt, sind hier einbezogen. 100% entsprechen jeweils allen Fünft- und allen Achtklässlern der Untersuchungsstichprobe.

Die Antworten zeigen, dass Mathematik bei ca. 37% der insgesamt 266 befragten Schülerinnen und Schülern beliebt ist, ca. 48% mögen das Fach „es geht so", und nur 14% mögen Mathematik gar nicht. Angesichts der Tatsache, dass es sich bei den Befragten vor allem um rechenschwache Schülerinnen und Schüler handelt, ist die Beliebtheit des Faches erstaunlich groß. Es zeigt sich jedoch auch, dass die Schülerinnen und Schüler in beiden Vergleichsgruppen Mathematik erwartungsgemäß etwas häufiger gerne mögen als diejenigen in den Gruppen RS. Dies trifft insbesondere für das 5. Schuljahr zu. Die Kategorie „es geht so" wird von allen Gruppen ungefähr gleich häufig gewählt. Bei „nicht gerne"/„hasse" zeigt sich ein deutlicher Unterschied zwischen den Gruppen: Diese Kategorie wird viel häufiger von den Schülerinnen und Schülern in den Gruppen RS gewählt. Ein Chi-Quadrat-Test ergibt allerdings nur für das 5. Schuljahr einen signifikanten Unterschied bezüglich der Beliebtheit zwischen den Gruppen ($\chi^2 = 14.057$, df 4, $p < 0.05$)[32]. Rechenschwache Schülerinnen und Schüler im 5. Schuljahr mögen somit Mathematik weniger gern als die Kinder ohne Schwierigkeiten. Im 8. Schuljahr lässt sich kein solcher Unterschied feststellen ($\chi^2 = 2.877$, df 4, $p > 0.05$).

Die Schülerinnen und Schüler haben die Wahl der Beliebtheitskategorien jeweils differenziert begründet. Diese Aussagen werden folgendermaßen dargestellt: Zuerst erfolgt eine Darstellung der fünf Kategorien „Mathematik als Lieblingsfach", „ich mag Mathematik gerne", „es geht so", „ich mag Mathematik nicht gerne" und „ich hasse Mathematik". Die häufigsten Begründungen werden jeweils aufgelistet und anhand von Originalzitaten illustriert. Im Anschluss daran werden Aussagen dargestellt, welche die Schülerinnen und Schüler zu ihrer mathematischen Lernbiografie, zu Schwierigkeiten, besonderen Kompetenzen usw. gemacht haben.

---

[32] Die Voraussetzungen für die Durchführung des χ^2-Tests (vgl. 6.5) sind erfüllt. Für die Freiheitsgrade beim Vergleich der Häufigkeiten von mehrfach gestuften Merkmalen muss die Summe der Zeilen- und Spaltensummen jeweils n ergeben, das ergibt (k-1) Zeilensummen und ℓ-1 Spaltensummen, die frei variieren (Bortz 2006, 173). Der χ^2-Wert hat somit (k-1) • (ℓ-1) Freiheitsgrade.

Mathematik ist mein Lieblingsfach

14 Schülerinnen und Schüler sagten, dass sie Mathematik einfach gerne machen, dass sie Zahlen oder auch die Herausforderung des mathematischen Denkens lieben. Solche Begründungen finden sich in allen Gruppen, besonders häufig in den Gruppen RS 1 und in der Vergleichsgruppe, am wenigsten in Gruppe RS 2.

    Sch: „Ehm ja, ich löse gerne mathematische Probleme."

    I: „Und besondere mathematische Probleme oder einfach allgemein."

    Sch: „Ehm also, gern habe ich schwierige [Probleme], wo man nachdenken muss, sehr viel [nachdenken muss] sogar." (8, VGL, 18106)

Von zehn Kindern und Jugendlichen (aus allen Gruppen) werden gute Leistungen als Begründung genannt. Acht andere Schülerinnen und Schüler lieben Mathematik, weil es anders ist als Deutsch oder anders als andere Fächer oder weil die Leistungen besser sind als in anderen Fächern.

    „Ja. Ich bin Legastheniker, und deshalb habe ich in der Rechtschreibung sehr viele Probleme, in der Mathematik dagegen habe ich keine Probleme. Und ich mache es auch sehr gerne." (5, VGL, 33403)

Weiter werden vereinzelt die Lebensrelevanz des Faches sowie die spannenden Themen und das Arbeiten mit dem Computer erwähnt.

    „Ich möchte später Bodenleger werden, da muss man auch die Mathematik sehr gut / einfach können. Weil wenn man falsch misst und zusammenzählt und dann zum Beispiel / / den Teppich schneidet, dann / sollte der nicht zu kurz oder zu lang sein. Ja, das ist einfach wichtig." (5, RS 2, 12909)

Ich mag Mathematik gerne

Bei den Schülerinnen und Schülern, die Mathematik gerne haben, sagen 20, dass das Fach spannend sei, dass es Spaß mache, dass sie es gerne täten usw. Weitere 12 Schülerinnen und Schüler haben dieses „gerne mögen" noch präzisiert. Sie knobeln gerne bzw. sind von Zahlen fasziniert.

    „Weil es lustig ist, mit den Zahlen zu spielen." (5, RS 1, 10401)

Im Weiteren werden die verschiedensten Begründungen genannt. 21-mal werden gute Leistungen als Begründung angegeben, und achtmal wird erwähnt, dass die Einstellung zum Fach Mathematik themenabhängig sei. Die Kinder rechnen z.B. gerne, aber schreiben nicht gerne Antwortsätze. Einige Schülerinnen und Schüler betrachten Mathematik als wichtiges Fach, „weil man es später braucht" oder „weil es wichtig ist". Weitere Kinder und Jugendliche mögen das Arbeiten in der Klasse bzw. mögen Mathematik, weil sie dort im Team arbeiten können.

Ich mag Mathematik „es geht so"

Die Kategorie „es geht so" ist die von allen Gruppen am häufigsten genannte Kategorie. Gleichzeitig wird „es geht so" auch von jeder Gruppen gleich häufig gewählt. Die Begründungen dafür sind vielfältig. Es gibt viele Einzelaussagen, die von Konzentrationsschwierigkeiten, vielen Hausaufgaben, schlechten früheren Erfahrungen, zu schnellem Unterrichtstempo usw. berichten. Die Hälfte der Schülerinnen und Schüler, welche Mathematik nicht besonders mögen (64 von 129), begründet dies mit schlechten Leistungen bzw. mit Schwierigkeiten.

38 weitere Schülerinnen und Schüler (ca. ein Drittel der 129 Kinder, die „es geht so" gewählt haben) berichten, dass es auf das Thema bzw. auf den Schwierigkeitsgrad der Aufgaben ankomme, ob sie Mathematik mögen oder nicht. Wenn etwas einfach sei, würden sie Mathematik mögen, wenn es schwierig sei, weniger. Dabei können auch noch Tagesform und Laune mitspielen.

> „Ja, manchmal haben wir von Litermass. Und manchmal habe ich auch einen schlechten Tag erwischt, wo mir alles nicht recht läuft, und dann haben wir noch etwas, das ich gar nicht gerne mache, zum Beispiel mit Litermass und Meter, das mache ich nicht so gerne. Und wenn ich eine gute Laune habe und wir machen auch noch etwas Gutes, wie eben mit Klötzchen oder mit Quadern und so, Dezimalzahlen, das ist gut." (5, RS 1, 26911)

Sieben Schülerinnen und Schüler, die Mathematik nicht besonders mögen, berichten von Nervosität, Angst oder Blockaden.

> Ja, ehm, manchmal≈ ich mag zwar Mathematik. Aber ich≈ manchmal habe ich es eben ein wenig≈ wenn ich es nicht kann, dann stürze ich in ein Loch und kann es nicht mehr." (8, RS 2, 18101)

Zwei Schüler nennen als Grund für ihr zwiespältiges Verhältnis zum Fach Mathematik die Gestaltung des Unterrichts durch die Lehrperson. Ein Achtklässler hat sehr klare Vorstellungen davon, wie sich der Mathematikunterricht ändern müsste, damit er lieber hingehen würde.

> Sch: „Er [der Lehrer] macht den Unterricht langweilig, er macht einfach genau das, was im Buch steht, also macht es einfach lang, langweilig und macht alles noch nach den alten Regeln und so. ...Er macht es einfach viel zu streng, er könnte auch irgendwie einmal ein Mathematikspiel machen oder mehr am Hellraumprojektor machen, oder dass man irgendwie selber am Hellraumprojektor ein Spiel machen kann, dass man gegeneinander spielt, wer schneller ausgerechnet hat, hat gewonnen oder so irgendwas, halt mal."
>
> I: „Wie macht er es dann?"
>
> Sch: „Er macht einfach≈ man muss≈ dann sagt er: Nehmt das und das hervor, dann müsst ihr von Seite 3 bis Seite 20 alles machen. Dafür habt ihr eine Woche Zeit, ihr könnt die Hausaufgaben, alles selber einteilen. Und dann müssen wir arbeiten. Und man darf fast, also man≈ er erklärt sehr, sehr schlecht, wenn man ihn etwas fragt. Und er macht es auch nicht gerne." (8, VGL, 18105)

Sechs Schülerinnen und Schüler bezeichnen Mathematik als langweilig. Das bezieht sich zum Teil auf die Sache selber, zum Teil jedoch auch auf den Unterricht. Elf Schülerinnen und Schülern sagen, Mathematik sei „nicht ihr Fach", Deutsch oder Mensch und Umwelt würden ihnen mehr liegen.

Zusammenfassend kann festgestellt werden, dass vor allem schlechte Leistungen oder Schwierigkeiten in einzelnen Bereichen dazu führen, dass Mathematik nicht sonderlich beliebt ist.

Ich mag Mathematik nicht

In dieser Kategorie werden ausschließlich Begründungen genannt, welche auf große Schwierigkeiten beim Mathematiklernen hinweisen. Ein Schüler gibt explizit an, dass er Mathematik nicht mag, als Begründung formuliert er die Sache jedoch pointierter und sagt, dass er Mathematik hasse.

> „Manchmal zu schwierige Aufgaben, für mich ist es einfach schwer zu verstehen. Darum hasse ich auch Mathematik." (5, RS 2 27004)

Ich hasse Mathematik

Am wenigsten beliebt ist Mathematik bei den Fünftklässlern, und zwar sowohl in Gruppe RS 1 wie in Gruppe RS 2 (13 Kinder). Im 8. Schuljahr sind es fünf Schülerinnen und Schüler. 15-mal werden schlechte Leistungen oder „nicht draus kommen" als Grund angegeben. Über diese Schwierigkeiten wird in Kapitel 9.1.2 ausführlich berichtet. Vereinzelt werden mangelnde Herausforderung, der Unterricht (Arbeiten am Mathematikplan) bzw. das Verhalten der Lehrperson oder Kombinationen dieser Faktoren als Begründung genannt.

> „Es ist einfach so, wenn wir in der Mathematikstunde rechnen, dann rechnen wir einfach. Es gibt nichts, das herausfordernd ist. Bei Deutsch ist das zum Beispiel anders, dann lesen wir Geschichten, wir schreiben Geschichten. Oder die Verben, die Wörter erzählen einfach etwas, und die Zahlen für mich nicht." (5, RS 2, 20822)

Zusammenfassung und Interpretation

Die rechenschwachen Schülerinnen und Schüler im 5. Schuljahr mögen Mathematik weniger als die Kinder ohne Schwierigkeiten. Im 8. Schuljahr lässt sich kein solcher Unterschied zwischen Untersuchungs- und Vergleichsgruppen nachweisen. Dies lässt sich u.a. damit erklären, dass leistungsbezogene Aspekte das (mathematische Selbstkonzept mit zunehmendem Alter stärker bestimmen (vgl. 3.1.2) Zudem muss davon ausgegangen werden, dass im 8. Schuljahr durch die Beschränkung der Stichprobe auf Realklassen und Klassen für Lernbehinderte vor allem Schülerinnen und Schüler befragt wurden, welche schon während der Grundschulzeit nicht zu den leistungsstärksten Kindern gehörten und deshalb eventuell schon immer nicht besonders gerne zur Schule gingen bzw. bestimmte Fächer nicht besonders mochten.

Von den Schülerinnen und Schülern, die Mathematik mögen, werden vielfältige Begründung genannt, oft auch Interesse an der Sache selber. Gute Leistungen werden auch erwähnt, scheinen jedoch nicht immer im Vordergrund zu stehen. Die Wahl „es geht so" und „ich mag Mathematik nicht" wird meistens mit Schwierigkeiten oder schlechten Leistungen begründet. Diese Schwierigkeiten werden im folgenden Kapitel genauer betrachtet.

9.2.2 Schwierigkeiten beim Mathematiklernen

In diesem Kapitel sollen diejenigen Faktoren und Erfahrungen aufgelistet werden, welche die Schülerinnen und Schüler in den Interviews spontan als negative Aspekte beim Mathematiklernen bzw. als Schwierigkeiten nennen. Negative Erlebnisse werden in den Interviews oft bei der Stellungnahme zu den vorgelegten (fiktiven) Schülerzitaten erzählt (vgl. Frage 7 in Tab. 41).

Es kommt auch immer wieder vor, dass Schülerinnen und Schüler, die Mathematik mögen oder gute Leistungen aufweisen, von Problemen berichten. Die folgende Darstellung der Schwierigkeiten erfolgt für die gesamte Stichprobe, und die Prozentangaben beziehen sich auf alle 257 Schülerinnen und Schüler. Es wird jedoch jeweils angegeben, in welchen Gruppen die Aussagen in erster Linie gemacht wurden.

Kein Erfolg trotz Anstrengung

51 Schülerinnen und Schüler (ca. 20%) berichten, dass sie sich immer bemühen und anstrengen, um im Fach Mathematik weiterzukommen – und dabei keinen Erfolg haben. Vor allem auf das fiktive Zitat „Ich kann lernen und lernen und nochmals lernen, ich werde gleichwohl nicht besser" erfolgen viele Reaktionen, und die Schülerinnen und Schüler erzählen von persönlichen, ähnlichen Erlebnissen. Dies kommt besonders häufig in der Gruppe RS 2 im 5. Schuljahr und in der Gruppe RS 1 im 8. Schuljahr vor. In vielen dieser Zitate kommen Hoffnungslosigkeit und auch Frustration zum Ausdruck.

> „Wenn wir eine Prüfung haben, und ich lerne und lerne, und ich gebe mir schon in den Stunden Mühe, viel zu verstehen. Aber es nützt einfach nichts, und dann bin ich halt wieder wütend. Weil es einfach nichts bringt." (5, RS 2, 20822)

Es wird auch erzählt, dass die mathematischen Inhalte zuerst verstanden, dann aber wieder vergessen werden, dass der mathematische Lernprozess ein ständiges Auf und Ab oder dass es ein fortdauerndes Kämpfen um Verstehen und Mitkommen sei.

> „Ja, wir hatten mal, am Anfang in der zweiten Oberstufe, ehh, Brüche und Gleichungen und so, miteinander vermischt. Und manchmal *verstand* (schnallte) ich es voll. Und so, ich konnte die

Aufgaben ohne Probleme lösen. Und dann gab es wieder eine Zeit, / da *verstand ich es nicht* (schnallte ich es nicht), einfach wieso das so und nicht so ist, oder. Und mir, es wurde mir schon erklärt, aber ich schnallte das einfach nicht, *ich verstand überhaupt nichts mehr* (ich hatte einfach Bahnhof)." (8, RS 1, 28206)

Ich verstehe es einfach nicht

25 Schülerinnen und Schüler (ca. 10%), vorwiegend aus den Gruppen RS im fünften Schuljahr, berichten von grundlegenden Schwierigkeiten. Sie würden die Inhalte einfach nicht verstehen, könnten nicht selbstständig arbeiten und müssten immer wieder fragen.

„Wenn mir die Lehrer≈, der Lehrer≈ oder also die Lehrerperson fragt, eine Frage≈, also eine Rechnung sagen, dann muss ich etwa eine Stunde studieren." (8, RS 1, 17505)

Die Schülerin weist mit ihrer Wortwahl „dann muss ich etwa eine Stunde studieren" auf sehr große Schwierigkeiten hin. Weiter erwähnen einige Kinder, dass der Stoff immer anspruchsvoller werde oder dass sie jeweils Schwierigkeiten hätten, in ein neues Thema einzusteigen.

„ ... Ja. Bei mir ist es so, dass, wenn wir Rechnen haben oder so, und wieder etwas Neues dazu kommt, kapiere ich es nicht sofort. Dann muss es mir der Lehrer nochmals erklären oder eine Kollegin, *bis sich der Knoten gelöst hat* (mir mal der Knopf aufgegangen ist). Bei mir ist das Problem, DASS ich es kapiere." (8, RS 1, 18201)

„Ja, manchmal verstehe ich gerade nicht, was Frau X. sagt, und dann komme ich nicht mit und manchmal wechselt sie die *Schulbuchseite* (Seite). Die anderen Kinder merken das, ich nicht so. Darum verstehe ich viele Sachen nicht." (5, RS 2, 27004)

In diesen Zitaten zeigt sich eindrücklich, wie differenziert die Schülerinnen und Schüler ihre Situation und ihre Schwierigkeiten wahrnehmen.

Prüfungsangst

Von 21 Schülerinnen und Schülern (ca. 8%) wird Prüfungsangst als besondere Schwierigkeit genannt. Interessant ist, dass dies viel häufiger Jugendliche im

8. Schuljahr betrifft, und dass die Gruppen RS 1 in beiden Schuljahren eher wenig von Prüfungsangst sprechen.

> „Ja, zum Beispiel bei einer Prüfung, einer Mathematikprüfung, und wenn plötzlich Aufgaben kommen auf einem Blatt und so, und dann me≈ (U) und dann habe ich plötzlich wie ein Blackout, dann weiß ich gar nichts mehr, und ja." (5, RS 2, 10317)

Prüfungsangst wird auch von Schülerinnen und Schülern aus der Vergleichsgruppe genannt. Ein Achtklässler aus dieser Gruppe berichtet beispielsweise, dass er einen Desensibilisierungskurs gegen Prüfungsangst besucht habe, und dass ihm das weitergeholfen habe. Dieses Auftreten von Angst bei den Achtklässlern steht in Übereinstimmung mit Untersuchungen zur Thematik „Ängstlichkeit und Mathematiklernen", wie sie in Kapitel 3.1.3 dargestellt wurden. Mit zunehmendem Alter zeigt sich generell eine höhere Ängstlichkeit gegenüber dem Fach Mathematik. Dafür verantwortlich gemacht werden zunehmend schlechtere Leistungen, es werden aber auch unterrichtliche Faktoren vermutet.

Gedächtnis- und Konzentrationsschwierigkeiten

13 Schülerinnen und Schüler aus verschiedenen Gruppen (5%) berichten, dass sie Gedächtnis- oder Konzentrationsprobleme hätten und ihnen das Mathematiklernen (auch) deshalb schwer falle.

> „Was macht Mathe schwer? / / Eh / / Man, man muss einfach, man muss zuerst 200-mal versuchen, bis es dann einmal klappt. Was macht Mathe schwer, also das kann ich nicht so gut sagen, eh / / Ja, eh, ich kann mir nicht so viel Zahlen im Kopf merken, so ‚Behalte' und so. Dann, dann merke ich, wenn ich es mir nicht aufschreibe, dann vergesse ich es, dann *gerate ich aus dem Konzept* (fliege ich raus), und die Rechnung wird falsch." (8, VGL, 36206)

Das Zitat enthält jedoch auch einen Hinweis darauf, dass nicht nur die Merkfähigkeit das Problem ist, sondern dass die Schülerin grundlegende Verständnisprobleme hat („man muss zuerst 200-mal versuchen").

Lerntempo

15 Schülerinnen und Schüler (ca. 6%), fast alle aus den Gruppen RS, erzählen, dass es ihnen im Unterricht zu schnell gehe, oder dass sie langsam lernen und arbeiten.

> „Wenn ich Minus machen muss und in fünf Minuten fertig sein muss, dann bin ich in fünf Minuten noch nicht fertig. Noch nicht mal eine [Rechnung] angefangen, meistens." (5, RS 1, 22101)

In einem anderen Zitat wird deutlich, dass das langsame Lerntempo auch mit unterrichtlichen Faktoren gekoppelt ist. Dieser Schüler erlebt immer wieder die Frustration, dass er an einer Aufgabe arbeitet, aber (aus seiner Sicht) nie die Chance erhält, selber zu einem Resultat zu kommen, weil die Lehrperson die Lösung schon vorher mitteilt.

> „Ja es ist eben, also ich meine, schon, nur schon zuerst ist es einfach schwierig, der Mathe zu folgen. Ich habe einfach nicht≈ ich wollte nie, in der Primarschule. Ich habe nie richtig aufgepasst in der Mathe, weil *ich schon dort absolut keinen Bock darauf hatte* (es mich dort schon angeschissen hat), und darum habe ich jetzt Löcher in der Oberstufe. Ja, es ist, sie haben heute einfach, sie machen viel zu großen Stress, machen einen riesigen Druck die ganze Zeit. Ja, darum einfach habe ich Mathe noch nie gerne gemacht. Ich brauche einfach≈ ich kann es schon. Aber bevor ich eine Aufgabe gelöst habe, hat er es schon lange gesagt, und dann *mag ich einfach überhaupt nicht mehr* (scheißt es mich einfach so, dann scheißt es mich einfach an). Wenn ich *mit einer Aufgabe beschäftigt* (daran) bin, dann bin ich fast fertig, und dann hat er [der Lehrer] schon gesagt, wie es funktioniert hätte, und das Resultat ist schon gesagt, und dann *habe ich überhaupt keine Lust mehr* (scheißt es mich einfach an). Dann mache ich die nächste [Aufgabe] natürlich auch nicht." (8, VGL, 36206)

Verschiedene Aussagen

Von einzelnen Schülerinnen und Schülern werden weitere Bereiche als schwierig angesprochen. Ein Mädchen, welches nach einer Konzeption arbeitet, bei der auch viel geschrieben wird, berichtet von Schwierigkeiten beim Schreiben.

> „Jaa, ehm, es war sehr schwierig, ich kann einfach nicht gut einen Satz schreiben mit einem Punkt, Anführungszeichen, ich habe dabei sehr viel Schwierigkeiten." (5, RS 2, 33411)

Ein anderes Kind nennt ähnliche Probleme und führt diese auf das Schulbuch zurück, weil dort häufig das Beschreiben von Rechenwegen gefordert wird. Zwei Schüler erwähnen, dass Mathematik anstrengend sei, weil man so viel denken müsse. Weiter werden generelle Probleme beim Lernen angesprochen, z.B. dass das Falsche gelernt werde. Drei Achtklässler erwähnen explizit, dass sie Lücken bezüglich des Verständnisses der Grundschulmathematik haben.

> „Es gibt einfach ein paar verschiedene Themen, die hatten wir in den vorherigen Klassen, 5. und 6., einfach nicht so gut durchgenommen, und die sind jetzt genau wieder gekommen. Mit den Größen, zum Teil, die konnte ich jetzt einfach nicht so gut." (8, RS 1, 35912)

Zusammenfassung

Die befragten Schülerinnen und Schüler haben ausführlich darüber berichtet, warum sie Mathematik nicht mögen, und sie schildern ihre Situation und ihre Schwierigkeiten differenziert. Tabelle 44 fasst die Ergebnisse zusammen.

Tab. 44: Zusammenfassung von häufig genannten Schwierigkeiten

Häufige Schwierigkeiten	%	Nennungen in den Gruppen
Kein Erfolg trotz Anstrengung	20	vor allem RS 2, 5. Schuljahr; RS 1, 8. Schuljahr
Grundlegende Schwierigkeiten	10	Gruppen RS im 5. Schuljahr
Prüfungsangst	8	RS 2 und VGL im 8. Schuljahr
langsames Lerntempo	6	Gruppen RS in beiden Schuljahren
Probleme Gedächtnis, Konzentration	5	alle Gruppen

In den Interviews stellt sich erwartungsgemäß heraus, dass die Schülerinnen und Schüler aus den Gruppen RS häufiger von Schwierigkeiten berichten als die Schülerinnen und Schüler der Vergleichsgruppe. Folgende Aspekte sind dabei bemerkenswert: Als besonders mühsam und frustrierend erwähnen die Schülerinnen und Schüler ihr vergebliches Bemühen um Erfolg. In Übereinstimmung mit den Ausführungen in Kapitel 3.1. kann dies als fehlendes Erleben von Selbstwirksamkeit gedeutet werden.

Von grundlegenden Schwierigkeiten im Sinne von „überhaupt nicht verstehen" ist vor allem bei den rechenschwachen Schülerinnen und Schülern im 5. Schuljahr die Rede. Im 8. Schuljahr wird dies viel weniger erwähnt. Für 6% der rechenschwachen Schülerinnen und Schüler aus allen Gruppen ist ihr langsames Lerntempo ein Problem. Das Thema Prüfungsangst ist der Faktor, welcher auch in den Vergleichsgruppen öfters als Schwierigkeit genannt wird, unabhängig vom Leistungsniveau.

9.3 Veränderung der Einstellung zum Fach Mathematik

Im Interview wurden die Schülerinnen und Schüler nach der Veränderung ihrer Einstellung zum Fach Mathematik gefragt. Nachdem sie begründet hatten, warum sie das Fach mögen bzw. nicht mögen, folgte die Frage, wie es denn in der ersten Klasse und in den weiteren Schuljahren gewesen sei. Sechs Schülerinnen und Schüler weisen explizit darauf hin, dass sie das nicht wüssten, und 19 Befragte geben an, dass sich diese Einstellung immer wieder verändere. Manchmal hätten sie gerne Mathematik, dann wieder nicht. Der größte Teil der Schülerinnen und Schüler berichtet jedoch über eine veränderte Einstellung. Tabelle 45 gibt eine Übersicht über die Art der Veränderung.

Insgesamt erzählen 50 Kinder und Jugendliche (ca. 19%), dass sie Mathematik schon immer gemocht bzw. nicht gemocht hätten, und dass im Verlaufe der Schulzeit keine Veränderung dieser Einstellung stattgefunden habe. Im 5. Schuljahr sind es Kinder aus allen Gruppen, die Mathematik schon immer mochten. Im 8. Schuljahr finden sich vor allem Schülerinnen und Schüler, die Mathematik noch nie besonders gerne hatten und nur wenige, die Mathematik schon immer mochten.

61 Schülerinnen und Schüler (ca. 24% aus allen Gruppen) berichten von einer sich positiv verändernden Einstellung. Sie mögen Mathematik heute lieber als früher. Interessanterweise betrifft dies auch eine ganze Reihe von Schülerinnen und Schülern aus den RS-Gruppen. Auf die Frage, warum sich die Einstellung positiv verändert habe, werden oft besondere Ereignisse genannt. Erwähnt

werden Klassenwechsel, Schulwechsel, bessere Leistungen, eine Lehrperson, welche besser erklärt oder mit welcher man sich besser verstanden hat usw.

Tab. 45 Übersicht über die Veränderung der Einstellung zum Fach Mathematik

	Anzahl Aussagen Veränderung					
	keine	negativ	positiv	wechselhaft	weiß nicht	Total
5. Schuljahr	31 (24%)	**63 (48%)**	24 (18%)	10 (8%)	3	131
8. Schuljahr	19 (15%)	**58 (46%)**	**37 (29%)**	9 (7%))	3	126
Total	50	121	61	19	6	257

Bei 121 der Befragten (ca. 47%) ist eine gegenteilige Entwicklung festzustellen: Sie mochten Mathematik früher lieber als heute. Dies betrifft Schülerinnen und Schüler aus allen Gruppen.

Im Folgenden werden Begründungen für die positiven und negativen Einstellungsveränderungen dargestellt. Die einzelnen Schülerinnen und Schüler nennen häufig mehrere Gründe.

Mathematikleistung

Die Einstellung zum Fach Mathematik steht für viele Schülerinnen und Schüler in enger Beziehung mit den sich verändernden mathematischen Leistungen. 30 Schülerinnen und Schüler (ca. 12%) aus allen Gruppen und Schuljahren berichten über bessere Leistungen und dadurch bedingt über eine positivere Einstellung zum Fach Mathematik.

> „... ja, weil, weil eh, ich habe es schon kapiert. Aber ich hatte einfach noch mehr Schwierigkeiten. Und eigentlich in der ganzen Primar (Grundschule in der Schweiz, 1.-6. Schuljahr; EMO) hatte ich, war eigentlich Mathematik das schlechteste Fach. Und dann in der sechsten Klasse, als wir die *Übertrittsprüfung in die Sekundarschule* (Sekprüfung) hatten, dann, ja, dann habe ich eigentlich den Knoten einfach fast gelöst, ja." (8, VGL, 18104)

Viel häufiger (107-mal, 42%) sind jedoch Aussagen, die den steigenden Schwierigkeitsgrad der Aufgaben bzw. das immer höhere Anspruchsniveau des

Unterrichts als Gründe für die zunehmende Unbeliebtheit des Faches Mathematik nennen, und zwar verteilt über alle Gruppen.

Persönliche Einstellung zur Schule verändert sich

Elf Schülerinnen und Schüler, vor allem aus dem 8. Schuljahr (RS 2 und Vergleichsgruppe), geben an, dass sich im Laufe der Zeit ihre Einstellung zur Schule und zum Lernen generell verändert habe. Eine Schülerin hat eine solche Einstellungsveränderung differenziert und auch selbstkritisch beschrieben.

    Sch: „Ja, dort, ich war früher – wenn ich mich≈ wie es mir meine Eltern erklärt haben – sehr auf etwas irgendwie / eh *neugierig* (gespannt) und irgendwie, ich wollte es einfach wissen, wie das geht und so. Und ja, jetzt nicht mehr so, eigentlich."

    I: „Bist du früher neugieriger gewesen als heute?"

    Sch: „Ja. Und ich bin es eigentlich immer noch, aber nicht so, was Mathe-Sachen anbelangt."

    I: „Ja. Also, das war damals so, dass du neugieriger warst und heute nicht mehr so."

    Sch: „Ja."

    I: „Und weißt du noch, wann sich das geändert hat ungefähr?"

    Sch: „Ja, das fing in der≈ so ab der sechsten Klasse an."

    I: „Ja. Weißt du warum?"

    Sch: „Ich denke, es ist eher das Teenie-Leben, das einen so verändert. Aber, ich denke mal, es ist das, aber ich weiß es nicht." (8, RS 1, 28206)

Unterrichtsbezogene und schulstrukturelle Faktoren

Klassen- oder Schulwechsel

20 Schülerinnen und Schüler (ca. 8%) berichten von Schul- oder Klassenwechseln, welche sich auf ihre Befindlichkeit im Fach Mathematik (und damit oft auch auf die Mathematikleistung) ausgewirkt hätten. Diese Wechsel betreffen reine Ortswechsel (auch vom Ausland), den Übertritt in die Sekundarstufe, aber auch Wechsel von der Klasse für Lernbehinderte in die Regelklasse und umge-

kehrt. Die Schülerinnen und Schüler machen dabei sehr unterschiedliche Erfahrungen. Ein Kind erzählt, in der Klasse für Lernbehinderte sei es langweilig gewesen, ein anderes berichtet von einer gegenteiligen Erfahrung. Einige Schülerinnen und Schüler mögen Mathematik nicht, weil sie vom Ausland in die Schweiz gezogen sind und die Sprache nicht verstanden haben.

Einfluss der Lehrperson

22 Schülerinnen und Schüler (ca. 9%) – davon die meisten aus dem 8. Schuljahr – berichten von negativen Erfahrungen mit Lehrpersonen. Diese hätten zu wenig erklärt, sich nur um die guten Schüler gekümmert, mit den Kindern geschimpft, sich nicht Zeit genommen usw.

> „Also, ehm, ich habe ja auch eine Dyskalkulie in der Mathe. Und ja, meine Lehrerin, die hat mich dann immer ignoriert und hat mir einfach immer schlechte Noten gegeben und hat gesagt, ‚ja, da kann man nichts machen, du bist einfach schlecht' und so." (8, RS 2, 14812)

Es gibt auch Schülerinnen und Schüler, die sich beklagen, dass die Lehrpersonen ihre Schwierigkeiten nicht erkannt bzw. falsch eingeschätzt und ihnen nichts zugetraut hätten.

> „Aber ich war eigentlich gut in der ersten Klasse, aber sie [die Lehrerin] hat einfach gedacht, nein, ich bin nicht gut, ich könne nicht lesen, und ja." (8, RS 1, 22610)

> „Aha, also die haben≈ ich meine es so: Dass die einfach nicht gemerkt haben, dass ich schlecht war." (8, RS 1, 29393)

Eine interessante Äußerung stammt von einer Fünftklässlerin. Sie sagt, dass sie Mathematik gehasst habe, weil ihr die Lehrerin geholfen habe.

> Sch: „Also, dort habe / habe ich immer eine Lehrerin gehabt, die mir, die mir geholfen hat, und das / also ich habe das schon gewollt, aber das ist nicht gut, und darum bin ich immer schlechter geworden."
>
> I: „Wie meinst du, ‚es ist nicht gut'? Also sie hat dir geholfen, und das war für dich nicht gut?"
>
> Sch: „Dass sie mir die Resultate gesagt hat."

> I: „Hat sie dir nicht viel erklärt? [Sch: Ja] Du hattest zwar das Resultat, aber du wusstest gar nicht warum. Wann hat sich das nachher für dich geändert?"
>
> Sch: „Als ich von der Kleinklasse weggekommen bin. Da hatte ich jemand, der sehr gut geholfen hat und nicht nur die Werte gesagt hat." (5, RS 1, 20304)

Elf Schülerinnen und Schüler (ca. 4%) erwähnen positive Erfahrungen.

> „Diese Lehrerin früher, sie hat es einfach besser erklärt, und wenn man nach vorne gegangen ist und sie gefragt hat, ob sie es mir nochmals erklären könnte, hat sie es auf einem anderen Weg erklärt, so dass man es besser begriffen hatte, oder so. Also sie hat versucht, verschiedene Wege zu erklären, wie es am besten geht, einfach welches≈ wenn ich≈ es gibt ja verschiedene Wege zum Rechnen, wenn ich *einen Weg nicht verstanden habe* (bei einem Weg nicht nachgekommen bin), dann hat sie mir einen anderen erklärt, oder so." (5, RS 1, 13415)

Meistens geht es bei diesen positiven Aussagen darum, dass die Lehrpersonen sich Zeit nehmen für die Schülerinnen und Schüler, dass sie gut erklären oder zumindest immer wieder bereit sind, dies zu tun.

Unterrichtliche Aspekte

Verschiedene Schülerinnen und Schüler nennen unterrichtliche Aspekte, welche zu einer negativen Einstellung zum Fach Mathematik geführt haben. Dabei fällt auf, dass sich die Wünsche widersprechen. Zwei Kinder arbeiten nicht gerne allein, während sich ein anderes dies gerade wünscht. Ein Schüler erzählt, dass „Rechnen auf Zeit" für ihn schwierig sei und er dann immer ein Blackout habe. Andere beklagen langweiligen (Frontal-)Unterricht oder zu viele Hausaufgaben. Einige Schülerinnen und Schüler merken an, dass sie im Unterricht unterfordert gewesen seien, wie folgendes Beispiel zeigt.

> Sch: „Ja, es waren einfach so einfache Aufgaben, immer nur praktisch das Gleiche, und es war unfair. Einer konnte immer bis fünfzig rechnen, und wir nur bis zwanzig, es war einfach ziemlich langweilig."
>
> I: „Mmh, und du kannst dich erinnern, dass du gerne, du hättest auch gerne bis fünfzig gerechnet?"
>
> Sch: „Ja, sehr gerne." (8, RS 2, 14608)

Nachhilfestunden, Heilpädagogischer Stützunterricht

Acht Schülerinnen und Schüler (vor allem Achtklässler aus der Gruppe RS 2 und der Vergleichsgruppe) erzählen von positiven Erfahrungen dank Unterstützung von außen. Sie besuchten Nachhilfeunterricht, erhielten heilpädagogische Unterstützung oder Hilfe von Seiten der Eltern oder Geschwister.

> „Ja, ich hatte einfach intensiv Mathe≈ also, immer wieder angeschaut, und so. Und ich habe auch≈ ja, noch mit meinem Bruder alles angeschaut, und das hat mir sehr geholfen. Und dann plötzlich ging es." (8, VGL, 22703)

Interessant ist, dass vor allem ältere Schülerinnen und Schüler vom Nutzen solcher Unterstützung berichten.

Einzelerfahrungen

In verschiedenen Einzelaussagen werden Krankheit, Schwierigkeiten mit großen Zahlen, langsames Arbeitstempo, Konzentrationsschwierigkeiten, mehr Anstrengung und Üben, Krisensituationen usw. als Begründung für eine veränderte Einstellung zum Fach Mathematik genannt. Ein Junge sieht die Ursache für die früheren Schwierigkeiten vor allem bei sich selber.

> Sch: „Weil ich einfach zu faul war zum selber Denken. Ich habe immer überall abgeschrieben und≈"
>
> I: „Waren damals schon Schwierigkeiten vorhanden?"
>
> Sch: „Also nein, ich war einfach zu denkfaul. Also es *hat mich einfach angeödet* (hat mich angegurkt) zu rechnen." (5, RS 1, 36503)

Diese vielfältigen Äußerungen weisen darauf hin, dass die Schülerinnen und Schüler ihr Lernverhalten und ihre Schulsituation auch selbstkritisch wahrnehmen und reflektieren können.

Zusammenfassung und Interpretation

Keine Veränderung der Einstellung

Bei den Schülerinnen und Schülern, bei welchen kein Einstellungswandel stattgefunden hat, fällt auf, dass in erster Linie die Achtklässler davon berichten, dass sie Mathematik noch nie gemocht hätten. Dies betrifft häufig auch Schülerinnen und Schüler aus der Vergleichsgruppe. Dieses Resultat kann mit der Stichprobenauswahl in Zusammenhang gebracht werden. Im 8. Schuljahr wurden nur Realschülerinnen und -schüler befragt. Es kann angenommen werden, dass es sich dabei um Personen handelt, deren Leistungen während der Grundschulzeit eher im mittleren (und evtl. unteren) Leistungsbereich lagen und welche darum Schule nie besonders mochten.

Begründungen für die Einstellungsveränderung

Bezüglich der Begründungen für die Einstellungsveränderung zeigen sich drei Hauptkategorien von Aussagen: die zunehmende Schwierigkeit des Faches, Ereignisse wie Klassen- oder Schulwechsel sowie negative Erlebnisse mit der Lehrperson. Mit 107 Antworten nennen gut 40% der befragten Schülerinnen und Schüler aus allen Gruppen den zunehmenden Schwierigkeitsgrad der Materie – und damit verbunden schlechtere Leistungen – als Grund für die sich zum Negativen hin veränderte Einstellung.

Etwa 10% führen diesen Wandel auf negative Erlebnisse mit der Lehrperson zurück. Zusammen mit Ereignissen wie Schulwechsel usw. scheinen somit solche „schulstrukturellen" Faktoren einen wesentlichen Einfluss auf die Beliebtheit bzw. Unbeliebtheit eines Faches zu haben.

Insgesamt ist festzustellen, dass sich bezüglich der Einstellungsveränderung nicht „das" Bild des rechenschwachen Schülers bzw. der rechenschwachen Schülerin herauskristallisiert. Einerseits spielen die Leistungserfahrungen eine wichtige Rolle, andererseits gibt es eine Reihe von anderen Faktoren, welche die mathematische Lernbiografie beeinflussen.

9.4 Besondere Schwierigkeiten

9.4.1 Das finde ich besonders schwierig ...

Im Interview wurden die Schülerinnen und Schüler auch nach besonders schwierigen Inhalten gefragt. 19 Schülerinnen und Schüler, mehrheitlich aus dem 8. Schuljahr, finden nichts schwierig oder können keine Angaben machen. Einzelne Schülerinnen und Schüler nennen keinen bestimmten Inhalt, sondern beschreiben schwierige Situationen.

> I: „Und was machst du dann, wenn du ein Blackout hast?"
>
> Sch: „Das ist meistens bei einer Prüfung, und dann habe ich eine schlechte Note. Und dann frage ich wieder, wie das geht, und nachher kommt es mir wieder [in den Sinn], und nachher kann ich es."
>
> I: „Also du hast das mehr in den Prüfungen, in der Stunde passiert dir das nie, dass du dort nicht mehr weiter ... ."
>
> Sch: „Ja, wenn man vor der Klasse steht und an der Wandtafel etwas erklären muss, dann ist es schon≈, dann stehst du unter Druck und dann weißt du nicht mehr, was sagen, oder hast die Idee vergessen. Eben manchmal." (5, VGL, 33403)

Die meisten Schülerinnen und Schüler können allerdings schwierige Bereiche präzise benennen. Häufig werden von einer befragten Person auch mehrere Themen genannt. Zwischen den Gruppen und zwischen den Fünft- und Achtklässlern ergeben sich teilweise Unterschiede. Deshalb werden die Ergebnisse zuerst für beide Stufen zusammen und dann pro Schuljahr gesondert dargestellt.

Schwierigkeiten, die im 5. und 8. Schuljahr auftreten

Textaufgaben

40 Schülerinnen und Schüler aus beiden Schuljahren und aus allen Gruppen (ca. 16%) nennen Textaufgaben als schwieriges Thema. Im 5. Schuljahr wird dies besonders häufig von den Kindern aus der Vergleichsgruppe (13), im 8. Schuljahr von den Jugendlichen aus der Gruppe RS 2 (9) erwähnt.

I: „Gibt es auch etwas, was du schwierig findest im Rechnen?"
Sch: „Satzrechnen."
I: „Und was findest du besonders schwierig daran?"
Sch: „Also die Sachen herauszupicken, also aus der Rechnung, was man dann zusammenrechnen muss. Eben den Rechnungsweg finden." (5, VGL 13811)

Die Begriffswahl „herauspicken" weist auf ein Vorgehen hin, bei welchem im Text nach einzelnen Begriffen gesucht wird, welche vorgeben, was zu rechnen ist, d.h. auf die Verwendung von Schlüsselwörtern (vgl. 4.7.2).

In weiteren Aussagen wird sichtbar, dass die Schülerinnen und Schüler – wie in Kapitel 4.7 beschrieben wurde – Schwierigkeiten haben, aufgrund des Textes bzw. der Problemrepräsentation ein mathematisches Modell zu entwickeln.

Sch: „Zum Beispiel bei den Textaufgaben. Wenn man da zum Anfang tausendmal ‚mal' oder ‚geteilt' rechnet, und am Schluss ist es wieder falsch. Und dann kommt der Lehrer und sagt ‚man muss es so rechnen', und dann war es so einfach."
I: „Aha, also du hast einfach etwas Falsches aus dem Text herausgelesen [Sch: ja, genau] und dann viel gerechnet, und dann war es falsch?"
Sch: „Hmm, hin und wieder. Und dabei (dann) war es einfach."
(8, RS 1, 17604)

Grosse Zahlen und Dezimalzahlen

Von 25 Schülerinnen und Schülern werden „große Zahlen" als bedeutendste Schwierigkeit genannt, und zwar, abgesehen von zwei Ausnahmen, immer in den Gruppen RS. Im 5. Schuljahr sind es die Kinder aus den beiden RS-Gruppen, die auf diese Schwierigkeiten hinweisen, im 8. Schuljahr nur die Jugendlichen der Gruppe RS 1. Somit bezeichnen ca. 10% der rechenschwachen Schülerinnen große Zahlen als erheblichste Schwierigkeit, oft auch in Verbindung mit anderen Themen oder bestimmten Operationen.

„Oh / also, wenn es über / über, also, wenn es über tausend ist. Also ja, Minusrechnen kann ich nicht so gut. Wenn es 1000 minus 555 zum Beispiel." (5, RS 2, 20308)

Die Achtklässler weisen zusätzlich auf Schwierigkeiten im Umgang mit großen Zahlen in Verbindung mit Kommastellen hin.

12 weitere Schülerinnen und Schüler (ca. 5%), vor allem aus der Gruppe RS 1 im 8. Schuljahr, weisen explizit darauf hin, dass ihnen das Arbeiten mit Dezimalzahlen Mühe bereite.

Diese Aussagen zu großen Zahlen und Dezimalzahlen stehen in Übereinstimmung mit den in Kapitel 8.2.9 dargestellten Schwierigkeiten der rechenschwachen Schülerinnen und Schüler beim Verständnis des Dezimalsystems: Die fehlende Einsicht ins dekadische System bereitet vor allem den rechenschwachen Schülerinnen und Schülern große Probleme.

Schriftliche Operationen

Von elf Schülerinnen und Schülern in beiden Schuljahren (4%), besonders aus den Gruppen RS im 5. Schuljahr, werden die schriftlichen Operationen als schwierig bezeichnet, insbesondere die Multiplikation und die Division, vereinzelt auch die Subtraktion. Die Aussagen zeigen, dass die Schülerinnen und Schüler beim schriftlichen Rechnen oft keine Ahnung haben, was sie tun.

> „Ja, so eine Art, so, rechnen≈ so eine komplizierte Sache, wo man zum Beispiel so≈ wenn man die Geteiltrechnung rechnen will, muss man so eine Art, so eine Treppe herunter machen. Solche Sachen, so geteilt. Das ist kompliziert, das finde ich besonders schlimm." (5, RS 2, 31411)

> „Also bei, wenn man es schriftlich machen muss, bei Mal und Durch, dann verwechsle ich es immer. Zum Beispiel, ob man es mit dem Kreuzchen machen muss, oder sonst schräg hinunter." (5, RS 2, 14409)

Diese Schülerin scheint die schriftliche Division und Multiplikation nur auf der Ebene eines Rezeptes bzw. als visuelles Bild von etwas, das „schräg hinunter geht" verstanden zu haben und hält sich an die Regel „Kreuzchen machen" (wahrscheinlich beim Einrücken bei der schriftlichen Multiplikation).

Division

Die Division (Kopfrechnen) gehört für die befragten Schülerinnen und Schüler zu den schwierigsten Operationen. 61 Schülerinnen und Schüler (ca. 24%) erzählen von Schwierigkeiten beim Dividieren, vor allem rechenschwache Kinder und Jugendliche, mehrheitlich im 5. Schuljahr.

Es wird mehrmals erwähnt, dass das Dividieren mit großen Zahlen besonders schwierig sei. Die Äußerungen weisen jedoch auch darauf hin, dass den Schülerinnen und Schülern die Einsicht ins Dividieren generell fehlt.

> „Ja, *Geteiltrechnungen* (Durchrechnungen), die nicht aufgehen. Das ist mühsam. Finde ich≈ ja, da habe ich sicher einen Fehler, dabei ist es richtig. Es geht auf, aber dabei ist es falsch. Da habe ich schon Probleme, bei den *Geteiltrechnungen* (Durchrechnungen) oder so." (8, RS 2, 18207)

Diese Schülerin geht davon aus, dass eine Divisionsaufgabe nur stimmt, wenn kein Rest übrig bleibt, und ist verwirrt, dass „es aufgeht", die Rechnung aber trotzdem falsch ist.

Bruchrechnen

Bruchrechnen wird von 47 Schülerinnen und Schülern (ca. 18%) als besonders schwierig bezeichnet, im 8. Schuljahr ab und zu in Verbindung mit Prozentrechnen. Die meisten dieser Aussagen stammen aus den Gruppen RS 2 und aus den Vergleichsgruppen. Die Schülerinnen und Schüler äußern meistens Probleme, welche das Verstehen von Brüchen grundsätzlich betreffen, wobei manchmal nicht klar ist, ob nicht auch noch das Dividieren mit einbezogen wird. Interessant ist hier, dass in den beiden Schuljahren dieselben Probleme auftauchen, obwohl die Brüche im 5. Schuljahr in der Regel neuer Lernstoff sind und dort größere Schwierigkeiten erwartet werden könnten. Das Bruchrechnen bleibt aber anscheinend auch in der 8. Klasse ein schwieriges Thema.

Unterschiedliche Problembereiche

Eine ganze Reihe weiterer Themenbereiche werden nur von wenigen Schülerinnen und Schülern genannt. Häufig wird auf konkrete mathematische Themen verwiesen, manchmal jedoch auch auf Aspekte, die den Lernprozess generell betreffen, z.B. das Kopfrechnen (häufig in Verbindung mit einer bestimmten Operation), das Lösen mehrschrittiger Aufgaben, Dreisatz, das Finden bzw.

Darstellen von Rechenwegen, der Umgang mit Mengendiagrammen und Operatoren, Zahlenstrahl, Wurzelziehen, Klammern usw.

Schwierigkeiten, die vor allem im 5. Schuljahr genannt werden

Grundoperationen: Subtraktion und Multiplikation

Schwierigkeiten bei den Grundoperationen Subtraktion und Multiplikation werden vor allem im 5. Schuljahr genannt, im 8. Schuljahr nur von einzelnen Schülerinnen und Schülern. Die Addition wird kein einziges Mal als schwierig bezeichnet. Im 5. Schuljahr werden elfmal Schwierigkeiten beim Subtrahieren und 15-mal Schwierigkeiten beim Multiplizieren erwähnt, ersteres vor allem und letzteres ausschließlich in den RS-Gruppen (ca. 20%)[33]. Dabei zeigen sich unterschiedliche Schwierigkeiten: Einige Kinder haben nicht verstanden, was Malrechnen ist, andere haben Schwierigkeiten mit dem Automatisieren der Reihen, mit dem großen Einmaleins oder mit dem Zehnereinmaleins.

Größen

Für elf Schülerinnen und Schüler (ca. 8%) im 5. Schuljahr – vor allem aus der Vergleichsgruppe – ist das Umgehen mit Größen besonders schwierig. Einerseits wird auf grundsätzliche Schwierigkeiten mit Größen hingewiesen, andererseits jedoch besonders auf das Umwandeln von Größenangaben.

„Vielleicht konnte ich nicht≈ Ich konnte mir nicht merken, zum Beispiel von Zentimeter auf Meter oder so." (5, VGL, 21701)

Größen gelten generell als schwieriges Thema, und in der Praxis wird oft beklagt, dass viele Schülerinnen und Schüler nur über unzureichende Größenvorstellungen verfügen. Deshalb erstaunt es auf den ersten Blick, dass die Schülerinnen und Schüler aus den Untersuchungsgruppen kaum Aussagen dazu machen. Ursache für dieses Ergebnis kann sein, dass diesen Kindern noch viel basalere mathematische Kenntnisse (z.B. Grundoperationen, Verständnis Dezimalsystem) fehlen und sie deshalb in erster Linie auf solche Inhalte hingewie-

---

[33] Die Prozentangaben beziehen sich hier auf die Stichprobe der Fünftklässler (N = 131).

sen haben. Interessanterweise werden die Größen von den Achtklässlern nur einmal als besondere Schwierigkeit erwähnt.

Schwierigkeiten, die vor allem im 8. Schuljahr genannt werden

Geometrie

Von zehn Schülerinnen im 8. Schuljahr (ca. 8%)[34] wird Geometrie als schwieriger Themenbereich bezeichnet, insbesondere in der Vergleichsgruppe. Häufig werden Schwierigkeiten beim Konstruieren erwähnt.

> „Eh / / Ja, zum Beispiel so mit Dreiecken, so Geometrie, so Sachen zeichnen, Genauigkeit, das verstehe ich manchmal überhaupt nicht, wie man das genau macht. Ich bin eben manchmal bei solchen Aufgaben so ungenau." (8, VGL, 22001)

Eine andere Schülerin äußert, dass sie keine „ruhige Hand" habe. Neben allgemeinen Aussagen „Geometrie ist schwierig" werden auch Probleme bei geometrischen Berechnungen genannt.

Formeln und Algebra

23 Achtklässler (ca. 18%) nennen Formeln oder Algebra als besonders schwierige Materie.

> „Einfach die Vorstellung mit den Buchstaben. Dass jetzt die Zahlen Buchstaben sind, fällt mir manchmal ein bisschen schwer." (8, RS 2, 22717)

Es fällt auf, dass fast die Hälfte der befragten Jugendlichen aus der Vergleichsgruppe Aussagen zum Thema Algebra und zu Formeln macht. Es kann angenommen werden, dass in den Gruppen RS nur wenige Aussagen zu dieser Thematik erfolgen, weil die Schülerinnen und Schüler aufgrund ihrer Schwierigkeiten gar nicht an diesen Inhalten arbeiten.

---

[34] Die Prozentangaben beziehen sich hier auf die Stichprobe der Achtklässler (N = 126).

Prozentrechnen

Elf Schülerinnen und Schüler (9%), mehrheitlich aus der Gruppe RS 1, nennen Prozentrechnen als schwierigen Bereich.

> „Prozentrechnen und Dreisatz, also das sind einfach≈ bei denen≈ wenn ich das sehe, *dann habe ich ein Blackout* (dann schaltet es, ist mein Hirn leer). Dann kann ich nichts mehr machen." (8, RS 1, 36503)

Zusammenfassung

Die Ergebnisse zu den genannten Schwierigkeiten werden im Folgenden zusammengestellt (Tab. 46).

Tab. 46: Zusammenfassung der in den Interviews genannten Schwierigkeiten

	Schwierige Bereiche	**%**	**Nennungen in den Gruppen**
5./8. Klasse (N = 257)	Division	24	vor allem RS 1 und RS 2 im 5. Schuljahr sowie RS 1 im 8. Schuljahr
	Bruchrechnen	18	mehrheitlich RS 2 und VGL in beiden Schuljahren
	Textaufgabe	16	vor allem VGL im 5. Schuljahr und RS 2 im 8. Schuljahr
	Grosse Zahlen	10	vor allem RS 1 und RS 2 im 5. Schuljahr und RS 1 im 8. Schuljahr
	Schriftl. Mult. und Div.	4	vor allem RS 1, 5. Schuljahr
5. Klasse (N = 131)	Kopfrechnen Subtr./Mult.	20	fast ausschließlich in den Gruppen RS
	Größen	8	vor allem Vergleichsgruppe
8. Klasse (N = 126)	Formeln und Algebra	18	50% der SchülerInnen der Gruppe VGL
	Geometrie	8	vor allem Vergleichsgruppe
	Prozentrechnen	9	vor allem Gruppe RS 1

Die Zusammenfassung ergibt ein sehr deutliches Bild: Für die rechenschwachen Schülerinnen und Schüler ist in beiden Schuljahren die Division und der Umgang mit großen Zahlen sehr schwierig. Im 5. Schuljahr werden auch die Subtraktion und die Multiplikation erwähnt. Für die Vergleichsgruppen ergeben sich andere Stolpersteine. Im 5. Schuljahr werden das Bruchrechnen und die Größen am häufigsten erwähnt. Im 8. Schuljahr bereiten Formeln und Algebra sowie die Geometrie am meisten Probleme. Diese Ergebnisse stehen in Übereinstimmung mit den Ergebnissen zum mathematischen Basisstoff, wie sie in Kapitel 8 dargestellt sind. Die rechenschwachen Schülerinnen und Schüler haben zentrale Elemente des Basisstoffes nicht verstanden. Das ist ihnen oft auch selbst bewusst, und sie bezeichnen diese Themenbereich im Interview als besonders schwierig. Ausnahme bilden Textaufgaben. Diese werden auch von der Vergleichsgruppe im 5. Schuljahr als schwierig eingestuft, obwohl diese Schülerinnen und Schüler in diesem Bereich des Tests gute Ergebnisse aufweisen.

9.4.2 Das finde ich besonders schlimm ...

Die Schülerinnen und Schüler wurden im Interview gefragt, was sie im Mathematikunterricht als „schlimm und mühsam" erleben würden. 68 der Interviewten (ca. 26%), gleichmäßig verteilt über alle Gruppen, finden explizit nichts schlimm im Fach Mathematik. Im Gegensatz dazu stellten vier Achtklässler aus den Gruppen RS fest, alles sei schlimm. Die anderen Schülerinnen und Schüler haben viele und vielfältige Aspekte erwähnt, die sie als mühsam erleben.

Nicht verstehen; Schwierigkeiten

24 Schülerinnen und Schüler (ca. 9%) finden es am schlimmsten, wenn sie im Mathematikunterricht Dinge nicht verstehen oder schlechte Noten haben. Dies betrifft vor allem die Gruppe RS 2 im 5. Schuljahr sowie RS 1 und die Vergleichsgruppe im 8. Schuljahr.

In einem Zitat kommt zum Ausdruck, dass die erfolglosen Bemühungen (für Lehrer und Schüler) frustrierend sind.

> „Wenn ich beim Rechnen nicht weiterkomme, wenn man es mir ungefähr tausendmal erklärt und ich trotzdem nicht mehr *mitkomme* (nachkomme), das ist mühsam." (8, RS 1, 17604)

Zwei Schülerinnen beschreiben sehr plastisch ihren emotionalen Zustand, in welchen sie jeweils hineingeraten.

> „Ja wenn ich etwas nicht kapiere, dann finde ich es *sehr, sehr* (über mega) schlimm, dann würde ich am liebsten alles fortwerfen, was ich habe. Und dann will ich überhaupt nicht mehr in die Schule gehen. Und nachher schaue ich es mit meinem Vater an, weil der kann das sehr gut. Und dann erklärt er es mir so langsam und dann kann ich mich wieder etwas *beruhigen* (abregen), und dann geht es nachher wieder." (5, RS 2, 13706)

> „Ja, wenn du voll, also nichts verstehst, gar nichts, einfach *keine Ahnung* (Bahnhof). Das ist katastrophal." (8, RS 1, 28206)

Unterrichtliche Aspekte

Insgesamt äußern sich 35 Schülerinnen und Schüler (13%) zu unterrichtlichen Aspekten, und zwar verteilt auf alle Gruppen. Es werden die verschiedensten Gründe angesprochen.

Fünf Schülerinnen und Schüler, vor allem aus dem 5. Schuljahr, fühlen sich manchmal von der Lehrperson im Stich gelassen. Ein Achtklässler beklagt, dass der Lehrer ihnen erstens nichts zutraue und zweitens zu schnell vorwärts gehe.

> „Also, wenn Herr X. sagt, es bringt ja nichts, euch *etwas zu lehren* (lernen). Denn wir haben ein paar [Schüler], die sind einfach langsam, und wenn es nicht nach *seinem Tempo* (seiner Schnelligkeit) geht, dann *hat man einfach keine Chance* (ist man einfach erschossen). Dann ja≈." (8, RS 2, 15110)

Andere Schülerinnen und Schüler beklagen sich, dass sie bei Fragen keine Unterstützung erhalten.

> „Ja, zum Beispiel, wenn eine schwierige Rechnung kommt, und ich kann die nicht lösen, dann gehe ich zu Herrn X. nach vorne und frage, wie man da rechnen muss. Und dann schickt er mich wieder an den Platz. Und dann muss ich noch einmal studieren und verstehe es einfach nicht (da komme ich einfach nicht draus)." (5, RS 2, 10317)

Von acht Schülerinnen und Schülern aus verschiedenen Gruppen werden Hausaufgaben als besonders mühsam bezeichnet, und sie fühlen sich damit überfordert. Meistens wird über zu viele (Mathematik-)Hausaufgaben geklagt, aber auch darüber, dass die Kinder nicht verstehen, was sie machen müssen.

Drei Schülerinnen und Schüler, alle aus den Gruppen RS im 8. Schuljahr, finden es schlimm, wenn sie vorrechnen bzw. an der Wandtafel rechnen müssen.

> „Ja, wenn man irgend in der Klasse aufgerufen wird vom Lehrer, man etwas ausrechnen soll und man keine Ahnung hat und einfach dort steht und nichts zu sagen weiß." (8, RS 2, 16204)

Ein rechenschwacher Fünftklässler beklagt sich, dass im Mathematikunterricht immer das Gleiche komme, zwei andere Kinder erzählen von langweiligem Unterricht. Andere Schüler sprechen den Umgang mit Fehlern im Unterricht an, allerdings auf sehr unterschiedlichen Ebenen. Für den einen Achtklässler ist es mühsam, wenn er mit den Verbesserungen nicht zu Rande kommt.

> „Ja einfach, wenn man Fehler hat und sie mehrmals verbessert hat und sie dann immer wieder falsch sind, das ist mehr so das Mühsame." (8, RS 2, 14608)

Ein Fünftklässler findet das Korrigieren im Klassenverband mühsam.

> „Ehmm, wenn wir die ganze Mathematikstunde nur korrigieren." (5, VGL, 17026)

Ein Kind findet es schlimm, dass man im Mathematikunterricht schnell sein muss. Ein Schüler möchten mehr für sich arbeiten können und fühlt sich gestört durch die Lehrperson.

> *„Wenn ständig gefragt wird* (wenn man ständig fragt) ‚wie geht das, das hier', das finde ich deprimierend." (8, RS 2, 11801)

Prüfungen

Sieben Schülerinnen und Schüler, abgesehen von einer Ausnahme alle aus dem 8. Schuljahr, finden Prüfungen schlimm und erzählen von Prüfungsangst oder Blackouts. Eine Schülerin äußert Versagensängste.

> „Prüfungen ... Da habe ich sofort wieder Angst, dass ich wieder eine schlechte Note habe, oder so. Ist automatisch wieder so." (8, RS1, 18201)

Ein Schüler aus der Vergleichsgruppe kritisiert den Lehrer und dessen Prüfungsmethoden.

> „Die Prüfungen, eine Prüfung schafft in unserer Klasse NIE jemand fertig. Nie. Er *gibt* (macht es) einfach genau eine halbe Stunde *Zeit.* Da nimmt er ungefähr die gleichen Prüfungen wie auf

anderen Stufen, und so haben wir genau eine halbe Stunde Zeit, und dann muss man abgeben. Und meistens hat niemand über einem C oder einem B. Außer er übt *sehr viel* (es enorm fest), aber alles auszurechnen schafft man in einer Prüfung nie." (8, VGL, 18105; der Schüler erzählt nachher, dass A die beste Bewertung sei)

Bestimmte mathematische Operationen und Themen

Insgesamt bezeichnen 80 Schülerinnen und Schüler (31%) eine oder mehrere Operationen als mühsam und schlimm. Am häufigsten werden Probleme bei bestimmten Operationen und Themen von den Gruppen RS im 5. Schuljahr und der Vergleichsgruppe im 8. Schuljahr erwähnt. Die Hälfte der Aussagen der letztgenannten Gruppe betrifft jedoch nicht den Basisstoff, sondern weiterführenden Stoff wie Bruchrechnen, Geometrie, Algebra, Koordinatensysteme, Formeln, Kettenrechnungen. Die Grundoperationen werden vor allem von den Fünftklässlern angesprochen.

Weitere Themen

Einige Schülerinnen und Schüler finden es mühsam, dass Mathematik anstrengend ist und sie trotz großen Anstrengungen nicht oder nur ein kleines Stück weiter bzw. nicht zu einer Lösung kommen. Ein Schüler äußert dies generell.

„Mühsam ist für mich, ja, wenn ich lange studiere und es dann doch nicht kann." (8, RS 1, 16303)

Verschiedene Einzelaussagen beziehen sich auf die Themen Fehler machen, Über- und Unterforderung, schlechte Laune, zu viele Mathematikstunden usw.

Zusammenfassung

Die zusammenfassende Darstellung in Tabelle 47 zeigt, dass rund ein Viertel der befragten Schülerinnen und Schüler in Mathematik nichts schlimm oder mühsam findet. Angesichts der Tatsache, dass vor allem rechenschwache Schülerinnen und Schüler befragt wurden, ist dies ein positives Ergebnis. Erstaunlich ist auch, dass nur 9% der Befragten die schlechten Leistungen bzw. das Nicht-Verstehen als schlimm erleben.

Die rechenschwachen Schülerinnen und Schüler im 5. Schuljahr nennen nicht in erster Linie ihr Versagen im Fach Mathematik generell, sondern konkrete Themen der Grundschulmathematik als schlimm und mühsam. Die Nennungen der Achtklässler der Vergleichsgruppe nehmen vor allem auf den weiterführenden Stoff Bezug und nicht basale Kenntnisse, über welche sie laut den Ergebnissen des Mathematiktests auch tatsächlich verfügen.

Tab. 47: Zusammenfassung Aussagen „Das ist schlimm, mühsam ..."

Schlimm, mühsam ist/ sind ...	%	Nennungen in den Gruppen
Bestimmte mathematische Themen	31	RS 1 und RS 2 im 5. Schuljahr
		8. Schuljahr: VGL; oft werden weiterführende mathematische Inhalte genannt
Nichts ist schlimm	26	gleichmäßig verteilt über alle Gruppen
Unterrichtliche Aspekte	13	verteilt über alle Gruppen
Schlecht sein; nicht verstehen	9	RS 2 im 5. Schuljahr, RS 1 und VGL im 8. Schuljahr

Die zahlreichen weiteren Begründungen zu verschiedensten Themen weisen darauf hin, dass die konkrete Gestaltung des Mathematikunterrichts bzw. der Lernsituation eine zentrale Rolle dafür spielt, ob die Kinder und Jugendlichen das Fach Mathematik mögen oder nicht.

9.5 Besondere Stärken

9.5.1 Das kann ich gut in Mathematik

Im Interview wurden die Schülerinnen und Schüler nach ihren Kompetenzen im Fach Mathematik gefragt. 14 Schülerinnen und Schüler können dazu keine genaue Aussage machen. Ein Junge antwortet auf die Frage, was er denn gut könne: „Ich habe Mühe, einfach" (8, RS 1 16003). Zehn Schülerinnen und Schüler beantworten die Frage genau gegenteilig mit „ich kann alles". Die meisten Schülerinnen und Schüler beschreiben jedoch differenziert, was sie im Fach Mathematik gut können.

Grundoperationen

Eine große Zahl von Schülerinnen und Schülern nennt die Grundoperationen als Bereich, welcher gut beherrscht wird. 38 Schülerinnen und Schüler aus allen Gruppen (ca. 5%) merken an, dass sie die Grundoperationen generell gut können. In einigen Aussagen werden einzelne Operationen ausgeschlossen bzw. wird gesagt, dass z.B. die Subtraktion oder Division etwas weniger gut beherrscht werde als die anderen Operationen. 59 weitere Schülerinnen und Schüler (23%) aus allen Gruppen sagen aus, dass sie gut addieren können, 13% sind gut beim Subtrahieren. Viel häufiger (67-mal) wird von guten Fähigkeiten beim Multiplizieren berichtet (26%). Die Multiplikation ist somit nach der Addition die am besten beherrschte Grundoperation, vor allem in der Gruppe RS 2 im 5. Schuljahr. Die Schülerinnen und Schüler in den Vergleichsgruppen erwähnen das Multiplizieren nur vereinzelt. Es kann angenommen werden, dass bei diesen Schülerinnen und Schülern anspruchsvollere Themen im Vordergrund stehen, weshalb sie die Grundoperationen weniger häufig nennen. Dividieren wird zehnmal als besondere Kompetenz erwähnt und neun Kinder und Jugendliche erzählen, sie seien gut im Kopfrechnen.

Bruchdenken, Bruchrechnen: 13 Schülerinnen und Schüler (ca. 5%) aus allen Gruppen finden, sie seien gut im Bruchrechnen bzw. Bruchdenken.

Geometrie: 27 Schülerinnen und Schüler (ca. 11%, vor allem aus dem 8. Schuljahr) nennen Geometrie als besondere Kompetenz. Gut die Hälfte dieser Aussagen stammt von Achtklässlern aus der Vergleichsgruppe.

> „Geometrie, also da bin ich eigentlich am besten. Also nicht von der Klasse her, aber das kann ich sehr gut, so mit Zirkel arbeiten, oder so Winkel berechnen, das kann ich. Aber ja, das ist dann auch das einzige." (8, VGL, 15303)

Schriftliche Operationen: Von 42 Schülerinnen und Schülern (ca. 16%) wird das schriftliche Operieren als besondere Fähigkeit genannt, und zwar vor allem im 5. Schuljahr (18 Mal in der Gruppe VGL 5). In einigen Aussagen wird zwischen den verschiedenen Operationen differenziert. So sagen vor allem die

Fünftklässler aus den Gruppen RS 1 und RS 2, dass sie bei bestimmten schriftlichen Operationen gut seien.

> „Ja, also schriftlich, wenn man Mal und Minus rechnen muss. Und wenn andere, also, dann fragen mich immer alle, wie man das jetzt hoch oder runter rechnen muss, so." (5, RS 2, 14409)

Textaufgaben: Neun Schülerinnen und Schüler (ca. 3%), vor allem aus dem 8. Schuljahr, können Textaufgaben besonders gut lösen.

> „Das logische Denken, also Textaufgaben und so, also das kann ich nicht besonders gut, aber ich kann es einfach. Ich bin ziemlich überall ein bisschen gut. Aber vor allem in Textaufgaben bin ich einfach besser als die anderen, weil ich irgendwie halt immer herausfinde, wie man es rechnen muss." (8, VGL, 18105)

Einzelaussagen: Wie bei den Schwierigkeiten finden sich auch bei den besonderen Fähigkeiten eine ganze Reihe von Einzelaussagen (z.B. Gleichungen, große Zahlen, Prozentrechnen, Wurzelrechnen, Kopfrechnen, Dreisatz, Klammern und Rechenbäume, Maßstab/Größen, Steigungen berechnen, Koordinatensystem, Taschenrechner, Runden, Formeln, Algebra, Dezimalzahlen, Teiler und Vielfache, Uhr, Zählen, Mengendiagramme usw.).

Zusammenfassung

Tabelle 48 fasst die Aussagen zu den besonderen Fähigkeiten zusammen:

Tab. 48: Zusammenfassung besondere Fähigkeiten

Besonders gut kann ich ...	%	Nennungen in den Gruppen
Grundoperationen		
Multiplikation	26	häufiger in den Gruppen RS
Addition	23	alle Gruppen
Alle Grundoperationen	15	alle Gruppen
Subtraktion	13	alle Gruppen
Schriftliche Operationen	16	vor allem 5. Schuljahr, besonders Vergleichsgruppe
Geometrie	11	vor allem 8. Schuljahr Vergleichsgruppe
Brüche	5	alle Gruppen
Textaufgaben	3	vor allem 8. Schuljahr

9.5.2 Das finde ich schön in Mathematik

Die Schülerinnen und Schüler wurden im Interview weiter gefragt, was sie am Fach Mathematik schön finden würden. Dies geschah mit der Absicht, genauere Aussagen darüber zu erhalten, ob die Schülerinnen und Schüler Mathematik dann mögen, wenn sie gute Leistungen haben, oder ob nicht auch andere Faktoren eine Rolle spielen. Elf Schülerinnen und Schüler, vorwiegend aus den Vergleichsgruppen, finden in Mathematik alles schön. 56 Kinder und Jugendliche (ca. 28%) finden an Mathematik nichts schön, und zwar vor allem in den Gruppen RS 1 in beiden Schuljahren sowie in der Gruppe RS 2 im 8. Schuljahr. 14 Schülerinnen und Schüler (5%), vor allem aus dem 5. Schuljahr, nennen nichtmathematische Aspekte wie Arbeiten am Wochenplan, Ausfärben von Aufgabenblättern, keine Hausaufgaben, das Abschreiben von Mathematikaufgaben usw. als schön.

> „Wenn es so≈ ja, ich finde es schön, wenn man so, manchmal haben wir so, Rechnungen, und dann müssen wir die so ausrechnen. Und unten muss man≈, rechnet man diese Zahl aus, unten muss man diese Zahl ausmalen, und am Schluss gibt es ein Bild." (5, VGL, 31114)

Diese Schülerin spricht von den so genannten „bunten Hunden", von Arbeitsblättern, bei welchen die Resultate unterschiedlich angefärbten Feldern zugeordnet werden, welche am Schluss ein Bild geben.

Es ist schön, erfolgreich zu sein

20 Schülerinnen und Schüler aus allen Gruppen (ca. 8%) finden es besonders schön, wenn sie erfolgreich sind.

> „Wenn es nicht so schwierige Themen sind und ich schnell drauskomme und es schnell begreife und ich es meinen Freunden erzählen kann, wie *man die Aufgaben löst* (das Thema geht), dann freue ich mich bei der Mathematik." (5, RS 2, 22717)

Schriftliches Rechnen ist schön

Neun Schülerinnen und Schüler aus allen Gruppen (ca. 3%) finden die schriftlichen Operationen schön.

Denken/lernen ist schön

Acht Schülerinnen und Schüler (ca. 3%), abgesehen von zwei Ausnahmen alle aus den Vergleichsgruppen, finden die denkerischen Anforderungen, welche im Mathematikunterricht gestellt werden, schön. Speziell wird Kopfrechnen genannt, aber auch ganz generell die kognitive Herausforderung oder die Möglichkeit, etwas zu lernen.

Zahlen sind schön, Mathematik ist schön

Dreizehn Schülerinnen und Schüler (5%) aus allen Gruppen finden es schön, mit Zahlen und Mathematik umzugehen. Die Begründungen dazu sind vielfältig: die „andere Dimension", Zahlen an sich, Umgehen mit Zahlen ... .

> „Ja, dass man in einer anderen Dimension denkt in Mathematik. Es ist nicht das Gleiche wie Französisch oder Deutsch oder ja, mit Sprachen ist einfach anders für den Kopf, das Gehirn, das ist noch gut." (8, RS 2, 15819)

Grundoperationen

33 Schülerinnen und Schüler (13%), davon 22 aus den RS-Gruppen im 5. Schuljahr, finden das Lösen von Grundoperationen schön. Dabei werden besonders häufig das Addieren und Multiplizieren bzw. das Auswendiglernen der Einmaleinsreihen genannt.

> I: „Gibt es auch etwas, das du schön findest in Mathematik?"
> Sch: „Die Zweier, und die Dreier lerne ich, einfach immer runter lesen, bis ich sie auswendig kann. Und dann die Fünfer, Siebner, ja."
> (5, RS 2, 30704)

Geometrie ist schön

24 Kinder und Jugendliche aus allen Gruppen (9%) finden Geometrie besonders schön. Gut ein Drittel der Aussagen stammt aus der Vergleichsgruppe im 8. Schuljahr, dort wird somit Geometrie besonders häufig erwähnt. In einigen Zitaten wird bemerkt, dass Geometrie besser verstanden werde als andere Themen.

> „Also, das Thema, das mir bis jetzt am besten gefallen hat, ist die Geometrie. Da war es für mich wie eine Art so Zeichnung, mit den Ornamenten und so. Das hat mir bis jetzt am besten gefallen. Das war nicht so schwierig." (5, RS 2, 31411)

Bruchrechnen

Sechs Schülerinnen und Schüler aus allen Gruppen nennen Bruchrechnen als besonders schöne Aktivität. Eine Schülerin mag Brüche, weil man da nicht so viel rechnen muss.

Verschiedenes

Auch hier gibt es eine ganze Reihe von vielfältigen und differenzierten Einzelaussagen. Es gibt Schülerinnen und Schüler, die bestimmte Übungsformen oder Spiele im Mathematikunterricht besonders schön finden. Zwei Achtklässler erwähnen, dass sie es gut finden, wenn man zusammen arbeiten kann, und zwei Schüler finden es schön, dass es im Fach Mathematik ruhig ist.

> „Also / ja, das Einzige, was schön ist, dass es ruhig ist in dieser Stunde." (seufzt; 8, RS 1, 39601)

Es kann angenommen werden, dass in diesen Klassen im Mathematikunterricht ab und zu Stillarbeit stattfindet und der Junge die dabei herrschende Ruhe genießt. Sechs Kinder, alle aus den RS-Gruppen, finden es schön, wenn sie Hilfe erhalten.

> „Ehm, ich muss gerade einmal überlegen / also ich finde noch gut, dass Herr X. uns immer hilft, wenn wir ihn brauchen, und ich finde es auch gut, dass wir jeden Donnerstag eine Aushilfe haben, Frau Y., die kann uns helfen. Dann erklärt sie uns, wir gehen hier nach hinten. Dann erklärt sie uns, wie die Rechnungen so gehen. Dann, wenn jemand aufstreckt, dann geht sie schnell zu ihm, und wir lösen die Rechnungen" (5, RS 1, 26911).

Weitere fünf Schülerinnen und Schüler finden Mathematik schön, weil man es im Alltag brauchen kann. Zweimal wird erwähnt, dass Mathematik dann schön sei, wenn das Lernniveau angepasst sei.

> „Mm, / ja, wenn eigentlich ein Thema für mich mal nicht schwer ist und nicht einfach, einfach so, dass ich es gut lernen kann." (5, VGL, 13006)

Weiter werden als schön folgende Aspekte je ein- oder zweimal genannt: Arbeiten mit dem Taschenrechner, Größen, Schnellrechnen, Gleichungen, rechnen mit Dezimalzahlen, der Einstieg in ein neues Thema, die Möglichkeit, sich zu verbessern, wenig Hausaufgaben, Kopfrechnen, Division, Textaufgaben, Zahlen schreiben, Zinsrechnen, große Zahlen, Fingerrechnen und etwas wiederholen.

Zusammenfassung

Wird die Zusammenfassung in Tabelle 49 betrachtet, fallen mehrere Dinge auf. Erstens einmal findet fast ein Drittel der befragten Schülerinnen und Schüler, vor allem aus den Gruppen RS, nichts schön im Fach Mathematik. Gleichzeitig kann aber auch festgestellt werden, dass viele der (rechenschwachen) Schülerinnen und Schülern eine ganze Reihe von Aspekten nennen, die sie in der Mathematik bzw. beim Mathematiklernen schön finden.

Tab. 49: Zusammenfassung Aussagen „Das ist schön in der Mathematik"

Das finde ich schön in Mathematik	%	Nennungen in den Gruppen
Nichts ist schön	28	RS 1 und RS 2 5. Schuljahr, RS 1 8. Schuljahr
Grundoperationen sind schön	13	vor allem Gruppen RS im 5. Schuljahr
Geometrie ist schön	9	vor allem Vergleichsgruppe 8. Schuljahr
Erfolgreich sein	8	alle Gruppen
Zahlen sind schön, Mathe ist schön	5	alle Gruppen
Nicht-mathematische Aspekte	5	vor allem 5. Schuljahr
Denken, lernen ist schön	3	vor allem Vergleichsgruppen
Schriftliche Operationen	3	alle Gruppen

9.6 Notwendige Veränderungen, Unterstützung

Die Schülerinnen und Schüler wurden gefragt, was sich a) verändern müsste, damit sie Mathematik lieber hätten bzw. welche Unterstützung sie dazu brauchen würden, oder b) was für sie wichtig sei, dass sie Mathematik weiter gern hätten. 13 Befragte, vor allem Jugendliche aus dem 8. Schuljahr, antworteten „ich weiß nicht".

Sich anstrengen, üben

116 Schülerinnen und Schüler (45%) sind der Meinung, sie müssten sich mehr anstrengen, damit sich etwas verändern würde. Es werden verschiedene Formen von Anstrengung genannt, manchmal auch in Kombination mit anderen Faktoren wie z.B. zusätzlicher Hilfe. Der größte Teil der befragten Kinder und Jugendlichen sieht jedoch bei sich allein Handlungsbedarf.

Zwölf Schülerinnen und Schüler (ca. 5%), vor allem aus den Vergleichsgruppen, denken, dass sie ihre Einstellung verändern müssten, damit sich auch beim Mathematiklernen etwas verändert.

I: „Ja, was müsste sich für dich ändern, damit du, ehm, die Mathematik lieber hättest?"

Sch: „Ja, ich glaube, lieber haben kann ich es nicht unbedingt, aber ich muss einfach jetzt, ehm, einfach, ehm, vielleicht die Berührungsängste vor der Mathe loswerden und versuchen, es einfach gut zu machen."

I: „Und was würde dir helfen dabei, dass du diese Berührungsängste nicht mehr hast, was denkst du?"

Sch: „Das weiß ich nicht." (8, RS 2, 14812)

75 Kinder und Jugendliche aus allen Gruppen (29%) denken, dass sie sich mehr anstrengen, mehr arbeiten und mehr üben müssten.

I: „ ... Und was denkst du, was würde dir helfen, in Mathematik besser zu werden?"

Sch: „Puh, um in Mathe besser zu sein?"

I: „Ja, weißt du, gibt es irgendetwas, was man tun könnte, was dir helfen würde?"

Sch: „Dass ich, dass ich von mir aus lernen würde. Dass ich ein wenig mehr, die Sachen wirklich anschaue."

I: „Da hab ich das also richtig verstanden: Du hast das Gefühl, es liegt vor allem an dir. Und nicht, dass die Schule oder jemand anderes oder so dir da helfen würde?"

Sch: „Nein" (8, RS 1, 25704).

Einige Schülerinnen und Schüler denken, dass sie häufiger nachfragen sollten, damit sie die Dinge besser verstehen würden.

Eine weitere Form von persönlicher Anstrengung, welche von 13 Schülerinnen und Schülern (ca. 5%, vor allem aus dem 8. Schuljahr) genannt wird, ist „besser aufpassen".

„Wenn ich in der Lektion aufpasse, also wenn ich nicht mit den Kollegen rede, oder so. Das hat mein Lehrer eben begriffen und hat mich an ein Einzelpult gesetzt. Und jetzt muss ich für die Proben eigentlich nicht lernen." (5, RS 2, 15501)

Neun Schülerinnen und Schüler (ca. 3%) denken, dass sie bewusster oder gezielter lernen müssten bzw. dass das Anpassen und Verändern von Lernstrategien wichtig ist, und vier Schülerinnen und Schüler weisen darauf hin, dass sie sich besser konzentrieren möchten.

Gute Leistungen

28 Kinder und Jugendliche (ca. 11%) müssten bessere Leistungen bzw. bessere Noten haben, damit sie Mathematik lieber hätten. Sie äußern, dass sie „besser sein" müssten bzw. Mathematik „können" möchten.

Lehrperson

27 Schülerinnen und Schüler aus allen Gruppen (ca. 10%) wünschen sich im Mathematikunterricht Veränderungen, die die Lehrperson betreffen. 13 Schülerinnen und Schüler, fast ausschließlich aus dem 8. Schuljahr, wünschen sich eine Veränderung des Unterrichts. Es wird beispielsweise mehr Handeln, weniger Frontalunterricht, mehr Spielen oder der Beizug von Veranschaulichungen gefordert.

Weitere 14 Schülerinnen und Schüler aus allen Gruppen finden, dass die Lehrpersonen besser erklären müssten.

Sch: „Also, eines ist der Taschenrechner, eines, also, eine gute Lehrperson."

I: „Was meinst du mit guter Lehrperson?"

Sch: „Einfach eine, die dir hilft, also mir hilft, ehm, mit den Arbeiten. Also, wenn man mal etwas nicht gewusst hat, dass man am nächsten Tag mal vorbeikommen kann. Dass sie dir das nochmals erklärt, und nicht gleich wütend wird." (8, RS 2, 29209)

Zwei Schüler beklagen, dass sie im Unterricht nur wenig Fragen stellen dürfen.

„Mit den Hausaufgaben noch≈ und mit den Hausaufgaben noch und mit den Fragen. Wenn wir nach vorne gehen fragen, hat uns die Stellvertretung immer geholfen. Herr X. sagt dann manchmal nur ‚das habe ich gesagt'." (5, RS 2, 14518).

Unterrichtliche Aspekte

Angepasstes Lerntempo, angepasstes Arbeitspensum

21 Schülerinnen und Schüler (8%, außer aus RS 1 im 8. Schuljahr aus allen Gruppen) wünschen sich mehr Zeit zum Lernen bzw. ein angepassteres Arbeitspensum. Es wird z.B. erwähnt, dass ein Inhalt zweimal erklärt werden sollte, dass mehr Zeit zum Üben und Vertiefen benötigt würde, dass der Schwierigkeitsgrad von Aufgaben nur langsam gesteigert werden sollte usw. Ein Junge scheint vor allem durch die Arbeitsmenge überfordert zu sein.

„Was ich müsste ändern? Eh / / ja, es müssten nicht so viel Aufgaben auf einmal sein. Einfach vielleicht, ja ein *Päckchen* (Stöcklein) auf 20 Minuten so, das ginge gerade noch. Aber ich meine, so nach einer Dreiviertelstunde Mathematik, dann ist einfach fertig, dann kann ich endlich gerade schlafen." (8, VGL, 36206)

Diverse unterrichtliche Aspekte

Jeweils drei bis fünf Schülerinnen und Schüler erwähnen weitere unterrichtliche Aspekte, die einen Einfluss auf ihre Einstellung zum Fach Mathematik haben. Einige möchten weniger Hausaufgaben. Andere weisen darauf hin, dass es wichtig ist, dass im Unterricht unterschiedliche Lernwege zugelassen werden oder auch, dass die Möglichkeit gegeben wird, „Merkhilfen" zu verwenden, indem Notizen oder Zeichnungen gemacht werden können. Vor allem von Achtklässlern wird beklagt, dass die Schulbücher oft zu kompliziert geschrieben seien. Ein Mädchen übt Kritik an den Textaufgaben.

> „Es müsste logischer werden. Also zum Beispiel bei Textaufgaben müsste die Aufgabe logisch gestellt werden, damit es auch mit der Realität verbunden wäre. Also nicht, dass irgendwie der Arbeiter zwei Tage hatte und in Realität sieben Wochen. Das ist noch oft so." (8, VGL, 25525)

Weiter finden sich sehr viele Einzelaussagen, die hier nur aufgezählt werden. Die Schülerinnen und Schüler würden Mathematik mehr lieben, wenn sie weniger Prüfungen hätten, wenn sich der Unterricht nicht verändern würde, wenn sie weniger schreiben müssten, wenn es einen anderen Stundenplan gäbe oder wenn sie ihre stofflichen Lücken schließen könnten usw.

Besondere Fördermaßnahmen

32 Schülerinnen und Schüler (ca. 12%), vor allem in den Gruppen RS im 5. Schuljahr, haben Nachhilfe- oder Förderunterricht erhalten oder wünschen sich solchen. Dabei werden verschiedene Aspekte genannt. Eine ganze Reihe von Kindern und Jugendlichen berichtet von positiven Erfahrungen mit zusätzlicher Unterstützung wie z.B. Nachhilfe- oder Förderunterricht. Ein Kind schätzt es beispielsweise, dass man im Förderunterricht Fragen stellen kann, ein anderes erzählt, dass die Lehrerin in der kleinen Klasse genügend Zeit zum Helfen habe, ein anderes wünscht sich gerade eine solche Klasse mit mehr Unterstützung.

> „Wenn Frau X. oder Herr Y. mehr Zeit für mich hätten, mir das nochmals erklären, wenn ich es nicht genau verstehe. Aber weil es ja so viele sind in der Halbklasse, muss sie überall sein. Sie kann nicht nur bei mir sein." (5, RS 2, 35010)

Unterstützung von Mitschülerinnen und Mitschülern

Neun Schülerinnen und Schüler (ca. 3%) finden es hilfreich, wenn sie Unterstützung von ihren Kameradinnen und Kameraden (oder Geschwistern) erhalten oder in Gruppen arbeiten können.

„Vor allem Gruppenarbeit finde ich wichtig, dass man in einer Gruppe etwas machen kann. Oder, so wie jetzt im Stützunterricht, das finde ich gut, dass man da, da schäme ich mich nicht so groß, für etwas zu fragen, das ich nicht verstehe. Und ja. Vor allem in den Gruppen zu arbeiten, mehr. Mit jemandem zusammen etwas tun." (8, VGL, 29304)

Lernstoff anpassen

40 Schülerinnen und Schüler aus allen Gruppen (ca. 16%) wünschen sich, dass bestimmte Inhalte in der Mathematik weggelassen werden bzw. dass es „einfacher wird".

Sch: „Es müssten zum Teil nicht so schwierige Aufgaben sein. Oder so kompliziert auch, dann würde mir Mathematik vielleicht auch mehr Spaß machen."

I: „Was wäre dann anders?"

Sch: „Ich würde es dann schneller begreifen."

I: „Und das wäre schön?"

Sch: „Ja. Das wäre schön."

I: „Was ist denn das Schöne am Begreifen?"

Sch: „Ich kann Rechnungen machen, die ich weiß. Ich kann sie lösen, ohne dass ich immer fragen muss und am Schluss auch eine gute Note habe." (8, RS 2, 22717)

Andere Schülerinnen und Schüler nennen explizit einzelne Themenbereiche, die aus ihrer Sicht unnötig bzw. besonders schwierig sind. Weniger Bruchrechnen, weniger Division, keine Algebra usw. werden gewünscht.

Sch: „Ja, nicht mehr so viele Zahlen, keine x, keine alpha, keine beta, einfach so etwas. Irgendwie so professorenmäßig. Und ja."

I: „Also verstehe ich das richtig, lieber einfach nur die Zahlen, die normalen Zahlen. Und dann hättest du Mathematik auch lieber?"

Sch: „Ja, doch, schon. Also mir stinkt einfach, dass alles so, ehm, alpha und da diese x heraus sind, oder so. Das bringt mich einfach aus dem Konzept (das bringt mich einfach draus)." (8, VGL, 15303)

Zusammenfassung und Interpretation

Im Folgenden werden die Äußerungen der Schülerinnen und Schüler zu Veränderungen und Unterstützung zusammengefasst (Tab. 50).

Tab. 50: Zusammenfassung Aussagen „Das müsste sich verändern ..."

Verändern müsste sich ...	%	Nennungen in den Gruppen
Mehr Anstrengung		
Mehr üben, mehr arbeiten	29	alle Gruppen
Besser aufpassen	5	vor allem 8. Schuljahr
Persönl. Einstellung muss sich ändern	5	vor allem Vergleichsgruppen
Gezielter Lernen	3	alle Gruppen
Lernstoff anpassen	16	alle Gruppen
Hilfe und Unterstützung von außen	12	vor allem Gruppen RS 5. Schuljahr
Bessere Leistungen, bessere Noten	11	alle Gruppen
Lehrperson muss sich ändern	10	Gruppen im 8. Schuljahr
Angepasstes Lern- und Arbeitspensum	8	alle Gruppen außer RS 1, 8. Schuljahr
Veränderung des Unterrichts	5	vor allem Gruppen 8. Schuljahr
Unterstützung von Gleichaltrigen	3	alle Gruppen

Die vorliegende Übersicht zeigt deutlich, dass fast die Hälfte der Schülerinnen und Schüler Handlungsbedarf bei sich selber sieht: mehr Anstrengung. Dieses Ergebnis steht im Widerspruch dazu, dass 20% der Befragten als besondere Schwierigkeit die vergebliche Anstrengung erwähnen (vgl. 9.1.2). Auch wenn sich die Schülerinnen und Schüler nicht als selbstwirksam erleben und immer wieder die Erfahrung machen, dass sie trotz Anstrengung nicht weiterkommen, sieht ein großer Teil der Befragten genau dies als Veränderungsmöglichkeit. Unterstützung und Hilfe von außen werden vor allem von den rechenschwachen Schülerinnen und Schülern erwähnt bzw. in Anspruch genommen. 16% der Befragten denken, dass der Lernstoff angepasst werden müsste. Dies zeigt, dass die Schülerinnen und Schüler wahrnehmen, dass sie in gewissen Bereichen Schwierigkeiten haben. Weiter fällt auf, dass zur Frage der Veränderung kaum

Unterschiede zwischen Untersuchungs- und Vergleichsgruppen festzustellen sind, wohl aber zwischen fünftem und achtem Schuljahr. Beispielsweise meinen 10% der Achtklässler, dass es an der Lehrperson liege, etwas zu verändern. Weitere 5% wünschen sich eine Veränderung des Unterrichts. Über den Grund, warum dies vor allem im 8. Schuljahr geschieht, können nur Vermutungen angestellt werden. Es könnte sein, dass die Achtklässler es eher wagen, Kritik an der Lehrperson zu äußern. Es könnte aber auch sein, dass an der Oberstufe eine andere Unterrichtskultur herrscht als an der Primarschule, und dass die Achtklässler dies (auch rückblickend) wahrnehmen.

9.7 Zusammenfassung

Mit der vorliegenden Interviewstudie sollte der Frage nachgegangen werden, wie Schülerinnen und Schüler mit Rechenschwäche und eine Vergleichsgruppe das Fach Mathematik und – wenn vorhanden – ihre Schwierigkeiten erleben.

Beliebtheit des Faches Mathematik

Die Studie ergibt, dass das Fach Mathematik auch bei Kindern und Jugendlichen mit Rechenschwäche erstaunlich beliebt ist, und dass sich bezüglich der Einschätzung im Vortest nur im 5. Schuljahr ein Unterschied zwischen den Gruppen „rechenschwach" und der Vergleichsgruppe zeigt. Im 8. Schuljahr, in welchem mit den Real- und Sonderklassen eine leistungsschwächere Population untersucht worden ist, ist kein solcher Unterschied nachweisbar.

Selbstreguliertes Lernen

Die am häufigsten genannte Schwierigkeit in den Interviews betrifft das fehlende Erleben von Selbstwirksamkeit. Die Schülerinnen und Schüler strengen sich an und geben sich Mühe, dies führt aber nicht zu Erfolg. Wie in Kapitel 3.1. aufgezeigt wurde, gilt die Selbstwirksamkeit im Sinn von Vertrauen in die eigenen Fähigkeiten als wichtiger Prädiktor für mathematische Leistungen. Zusätzlich zu den vorhandenen stofflichen Lücken beeinflussen somit auch die vielen Misserfolgserlebnisse die Mathematikleistung auf negative Art und Weise.

Dieses fehlende Erleben von Selbstwirksamkeit weist zudem darauf hin, dass es offenbar nicht gelungen ist, den betroffenen Schülerinnen Schülern im Unterricht Unterstützung und Förderung zukommen zu lassen, welche zu einem größeren Vertrauen in die eigenen Fähigkeiten geführt hätte.

Besondere Schwierigkeiten

Die befragten Kinder und Jugendlichen beschreiben zudem differenziert, welche mathematischen Themen sie als besonders schwierig oder besonders einfach erleben. Bei den rechenschwachen Schülerinnen und Schülern werden vor allem Themen aus der Grundschulmathematik als schwierig bezeichnet (Division, große Zahlen, Kopfrechnen Multiplikation und Subtraktion, Textaufgaben), vereinzelt aber auch weiterführende Themen wie Bruch- und Prozentrechnen. In den Vergleichsgruppen werden manchmal auch Grundschulthemen genannt (z.B. Textaufgaben), mehrheitlich bereiten jedoch weiterführende Inhalte wie Bruchrechnen, Größen, Formeln und Algebra Schwierigkeiten. Diese Selbsteinschätzung passt gut überein mit den in Kapitel 8 beschriebenen Schwierigkeiten und bestätigt, dass rechenschwache Schülerinnen und Schüler spezifische Elemente der Grundschulmathematik nicht verstanden haben.

Schöne Seiten des mathematischen Lernens

Auf eine unterschiedliche Einstellung zum Fach Mathematik zwischen Untersuchungs- und Vergleichsgruppen weisen die Resultate zur Frage „Was findest du schön am Fach Mathematik" hin. 28% der Befragten, mehrheitlich aus den Gruppen „rechenschwach", finden explizit nichts schön im Fach Mathematik. Allerdings gibt es auch viele rechenschwache Schülerinnen und Schüler, die dem Mathematiklernen auch „schöne Seiten" abgewinnen können. Bei anderen Fragen (was kannst du besonders gut, was findest du schlimm, was müsste sich verändern) zeigen sich kaum Unterschiede zwischen den Gruppen.

Ängstlichkeit und Mathematiklernen

Prüfungsangst wird von den Achtklässlern erwähnt, dies steht in Übereinstimmung mit Studien, welche von größerer Ängstlichkeit in höheren Schuljahren berichten und diese mit unterrichtlichen Faktoren in Verbindung bringen.

Veränderung der Situation

Auf ein weiteres Ergebnis der Befragung soll noch im Speziellen hingewiesen werden, und zwar auf die Frage nach einer möglichen Veränderung der Situation. Auf die Frage „Was müsste sich ändern, damit du Mathematik lieber hättest" haben 42% der Kinder und Jugendlichen aus allen Gruppen mit „ich müsste mich mehr anstrengen" geantwortet. Dies ist vor allem deshalb interessant, weil 20% der Schülerinnen und Schüler aus den Gruppen „rechenschwach" vergebliche Anstrengung als Begründung für die Unbeliebtheit des Faches genannt haben. Ausgerechnet die am häufigsten genannte negativ konnotierte Begründung wird als wichtigste und häufig einzige Veränderungsmöglichkeit genannt. Dies muss nachdenklich stimmen, da es darauf hinweist, dass die Schülerinnen und Schüler scheinbar selten erfahren, dass sie von außen – d.h. im Rahmen des Unterrichts – besondere Unterstützung erhalten können.

Unterrichtliche Variablen

Erwähnenswert ist weiter, dass 10% der Achtklässler aus allen Gruppen Handlungsbedarf bei der Lehrperson bzw. in der Veränderung des Unterrichts (5%) sehen. Dieser Aspekt müsste weiter untersucht werden – besonders auch angesichts der Tatsache, dass im 8. Schuljahr eine sehr hohe Abhängigkeit der Mathematikleistung von der Klassenzugehörigkeit festgestellt worden ist (vgl. Kapitel 7.2.3).

10 Zusammenfassung und Diskussion der Ergebnisse

10.1 Einordnung der Untersuchung

Inhaltliche Einordnung

In der vorliegenden Arbeit wurde ein umfassendes Verständnis von Rechenschwäche erarbeitet und anhand eines Forschungsüberblicks und eigener empirischen Studien aufgezeigt, dass komplexe Wechselwirkungsprozesse auf der unterrichtlichen, der gesellschaftlichen bzw. der schulstrukturellen und der individuellen Ebene das mathematische Lernen mitbestimmen und zu Rechenschwäche führen können.

Unterrichtliche Ebene: Verschiedene Studien weisen darauf hin, dass unterrichtliche Aspekte mathematische Lernprozesse (mit)beeinflussen. Insbesondere sind das dem Unterricht zugrunde liegende Lehr- und Lernverständnis, die Berücksichtigung wesentlicher Lerninhalte (mathematischer Basisstoff) und Aspekte, welche den Aufbau von mathematischer Vorstellung betreffen, zu nennen. Mit den empirischen Ergebnissen dieser Arbeit liegen neue und weiterführende Hinweise zur Bedeutung des mathematischen Basisstoffes vor. Es konnte nachgewiesen werden, dass rechenschwache Schülerinnen und Schüler spezifische Aspekte der Grundschulmathematik nicht erarbeiten konnten. Diese Resultate werden nachstehend zusammenfassend kommentiert und es werden Folgerungen gezogen (10.2.1).

Gesellschaftliche bzw. schulstrukturelle Ebene: In den theoretischen Ausführungen wurde dargestellt, dass Mathematiklernen – und damit verbunden auch Rechenschwäche – unter anderem im Kontext von gesellschaftlichen bzw. schulstrukturellen Faktoren zu betrachten ist. Die soziale Herkunft, die Kenntnis der Schulsprache Deutsch, das Anforderungsniveau eines bestimmten Klassentyps, Geschlechterstereotype usw. beeinflussen die Mathematikleistung. Die Ergebnisse der eigenen Studien bestätigen diese Befunde (vgl. 10.2.2) und weisen insbesondere darauf hin, dass die Mathematikleistung auch – und zum Teil stark – von der Klassenzugehörigkeit abhängt.

Individuelle Ebene: Der Forschungsüberblick zeigt, dass für das Entstehen von Rechenschwäche individuelle Faktoren eine Rolle spielen. Obwohl zum Teil widersprüchliche Ergebnisse vorliegen und abschließende Erkenntnisse ausstehen, scheinen die folgenden Faktoren eine Rolle zu spielen: Intelligenz in Zusammenhang mit mathematischem Vorwissen, genetische Risiken, neuropsychologische Voraussetzungen, das Leistungsprofil im Bereich Sprache, die Gedächtnisleitung sowie Aspekte wie Motivation, Interesse, das mathematische Selbstkonzept bzw. die Selbstwirksamkeit. Visuell-räumliche Kompetenzen können in Zusammenhang mit bestimmten Darstellungen und Aufgabenstellungen mathematisches Lernen erschweren, können aber – entgegen einer weit verbreiteten Annahme – nicht als eigentlicher Ursachenfaktor betrachtet werden.

Zu individuellen Faktoren liegen ebenfalls Forschungsergebnisse vor. Es zeigte sich, dass Schülerinnen und Schüler mit durchschnittlichem und unterdurchschnittlichem IQ beim Mathematiklernen dieselben Schwierigkeiten zeigen. Weitere Resultate geben Aufschluss über die Erfahrungen von rechenschwachen Schülerinnen und Schülern beim Mathematiklernen und deren Einstellung zum Fach Mathematik. Diese Ergebnisse bestätigen und ergänzen bisher vorhandenes Wissen, insbesondere zu den Themen des selbstregulierten Lernens (vgl. 10.2.3).

Empirische Studie

In der Untersuchung wurden Daten von zwei Stichproben bearbeitet: Eine merkmalsspezifische Stichprobe von 2458 Fünftklässlern und 1540 Achtklässlern aus allen Deutschschweizer und zweisprachigen Kantonen (Stichprobe 1) diente zur Auswahl der eigentlichen Untersuchungsstichprobe mit rechenschwachen Schülerinnen und Schülern (Stichprobe 2). Zudem wurde anhand dieser Daten analysiert, ob und inwiefern die Mathematikleistung von den Faktoren IQ, Geschlecht, Erstsprache Deutsch und Schulungsform beeinflusst wird.

Die Untersuchungsstichprobe (Stichprobe 2) bestand aus rechenschwachen Schülerinnen und Schülern (aufgeteilt in eine Gruppe mit durchschnittlichem und eine Gruppe mit unterdurchschschnittlichem IQ) und einer Vergleichsgruppe im 5. und 8. Schuljahr. Bei diesen Schülerinnen und Schülern wurden die

Kenntnisse spezifischer Aspekte der Grundschulmathematik überprüft und ausführlich analysiert. Zudem wurden Kurzinterviews zur Einstellung zum Fach Mathematik und zur mathematischen Lernbiografie durchgeführt. Bezüglich Repräsentativität kann davon ausgegangen werden, dass diese bezogen auf das hier interessierende spezifische Merkmal der schwachen Mathematikleistung gegeben ist.

Die Resultate der Studie werden zusammengefasst und aus den Ergebnissen werden Folgerungen gezogen bzw. Empfehlungen abgeleitet. Dabei ist zu beachten, dass es sich um die Daten einer Querschnittuntersuchung handelt, welche populationsbeschreibend sind und keine Aussagen über Entwicklung zulassen. Dies gilt insbesondere für den Vergleich von Fünft- und Achtklässlern.

10.2 Mathematiklernen im Kontext verschiedener Einflussfaktoren

10.2.1 Mathematische Kompetenzen von rechenschwachen Schülerinnen und Schülern

Kenntnis des mathematischen Basisstoffes

In der Untersuchung wurde die Hypothese überprüft, dass rechenschwache Fünftklässler und Achtklässler zentrale Elemente des mathematischen Basisstoffes nicht verstanden haben. Es konnte nachgewiesen werden, dass die rechenschwachen Kinder und Jugendlichen diesbezüglich signifikant tiefere Leistungen zeigen als die Vergleichsgruppen. Die Schwierigkeiten zeigten sich in der Gruppe der rechenschwachen Kinder und Jugendlichen mit durchschnittlicher und der Schülerinnen und Schüler mit unterdurchschnittlicher Intelligenz in jeweils gleicher Art. Der IQ als Unterscheidungskriterium für das Diagnostizieren von „Rechenschwäche" – und damit verbunden unterschiedliche Fördermaßnahmen – sind somit in Frage zu stellen. Aufgrund der vorliegenden Resultate müsste in beiden Gruppen Gewicht auf die Erarbeitung von spezifischen Inhalten der Grundschulmathematik gelegt werden.

Vorhersage der Mathematikleistung durch die Kenntnis des Basisstoffes und Analyse der Schwierigkeiten

In der Untersuchung konnte nachgewiesen werden, dass die Kenntnis des mathematischen Basisstoffes die Mathematikleistung bezogen auf den aktuellen Schulstoff zu einem großen Teil voraussagt. Diese Vorhersage wird durch Themen bestimmt, welche das Verständnis und die flexible Anwendung von elementaren Operationen erfordern. Im 5. Schuljahr sind dies die Bereiche Division, Textaufgaben, Operationsverständnis, Dezimalsystem sowie Verdoppeln/Halbieren; im 8. Schuljahr Zählen, Dezimalsystem und Division. Die Kenntnis des basalen Lernstoffes weist in beiden Schuljahren eine höhere Varianzaufklärung auf als die Intelligenz. Allerdings spielt die Intelligenz in der Stichprobe der Real- und Sonderklassenschülerinnen und -schüler im 8. Schuljahr eine zentralere Rolle als im 5. Schuljahr.

In den weiteren Analysen zeigten sich als besondere Schwierigkeiten der rechenschwachen Schülerinnen und Schüler das Zählen in Schritten größer als 1, das Operationsverständnis von Ergänzen, Multiplikation und Division, die Grundoperationen Ergänzen, Verdoppeln/Halbieren und Division, das Lösen von Textaufgaben (insbesondere Vergleichsaufgaben) und die Kenntnis des Dezimalsystems (Bündeln, Entbündeln, Verständnis Stellenwerte, Größenvorstellungen). Die häufigsten Fehler waren Stellenwert- und Abzählfehler. Stellenwertfehler weisen auf Probleme beim Verständnis des Dezimalsystems hin, die Abzählfehler auf die Strategie des zählenden Rechnens.

Bezüglich der Strategieverwendung ließ sich feststellen, dass die rechenschwachen Schülerinnen und Schüler häufiger Abzählstrategien oder das schriftliche Verfahren verwendeten als die Vergleichsgruppe, im 8. Schuljahr allerdings weniger oft als im 5. Schuljahr. Zudem wurden (halb-)schriftliche Verfahren von den Untersuchungsgruppen schlechter beherrscht als von den Vergleichsgruppen. Die rechenschwachen Schülerinnen und Schüler weisen somit bezüglich Strategieverwendung besonderen Förderbedarf auf.

Angesichts der dargestellten Ergebnisse stellt sich die Frage, ob Schülerinnen und Schüler, welche bezüglich des mathematischen Basisstoffes über ungenügende Kompetenzen verfügen, ihre Lücken durch geeignete Unterstützung und Förderung zumindest teilweise schließen könnten. Solche Studien fehlen noch, und die vorliegende Untersuchung kann diese Frage nicht beantworten – dazu müsste eine Interventionsstudie in Angriff genommen werden. Praxiserfahrungen und -beobachtungen weisen auf Erfolge hin und geben Anlass zu Überlegungen, welche Aspekte und Vorgehensweisen bei einer solchen Förderung besonders berücksichtigt werden müssten.

Folgerungen in Bezug auf die Erarbeitung des mathematischen Basisstoffes

Auch wenn zur Zeit der empirische Nachweis (noch) nicht erbracht worden ist, dass eine Aufarbeitung des mathematischen Basisstoffes zu besseren Leistungen bezogen auf den aktuellen Lernstoff führt, ist es sinnvoll und wichtig, Überlegungen zu einer solchen Förderung anzustellen. Dies ist insbesondere auch darum wichtig, weil angenommen werden kann, dass eine erfolgreiche Förderung auch Auswirkungen auf die Selbstwirksamkeit und damit auf das mathematische Selbstkonzept haben kann, was sich wiederum – positiv – auf die Mathematikleistung auswirken könnte. Aufgrund der dargestellten Ergebnisse und der theoretischen Studien ergeben sich Folgerungen auf unterschiedlichen Ebenen.

Prävention

Sowohl im Regelunterricht als auch im sonderpädagogischen Unterricht müssen in der Grundschule die für den mathematischen Lernprozess zentralen Inhalte besonders berücksichtigt werden. Es darf im Mathematikunterricht nicht um ein Durcharbeiten oder „Abarbeiten" von Schulbüchern gehen, sondern es gilt, zentrale Inhalte zu gewichten und sich immer wieder zu versichern, dass die Schülerinnen und Schüler diese auch verstanden haben (vgl. Moser Opitz 2005, 124f.). Aufgrund der vorliegenden Analysen sowie aufgrund der referierten empirischen Studien (vgl. Kapitel 4) betrifft dies insbesondere das Zählen in Schritten größer als 1, die Kenntnis des Dezimalsystems, das Operationsverständnis von Ergänzen, Multiplikation und Division, die Division generell sowie Textaufgaben und Verdoppeln/Halbieren.

Besondere Förderung

Mathematische Förderung hat ihren Platz grundsätzlich im Mathematikunterricht und nicht in davon losgelösten Therapien oder im Nachhilfeunterricht. Angesichts der großen Lücken der rechenschwachen Schülerinnen und Schüler wird jedoch bezweifelt, ob eine Aufarbeitung der fehlenden Inhalte ohne zusätzliche Fördermaßnahmen möglich ist. Die Schule müsste hier – in enger Verbindung mit dem Regelunterricht – besondere Angebote bereitstellen. Dabei sind folgende Aspekte zu berücksichtigen: Erstens muss gewährleistet werden, dass solche Förderung durch Fachkräfte erteilt wird, welche über die notwendigen fachlichen und fachdidaktischen Kompetenzen verfügen. Ist diese Voraussetzung nicht erfüllt, besteht die Gefahr, dass besondere mathematische Förderung zum Nachhilfeunterricht verkommt, indem versucht wird, den Schülerinnen und Schülern den gerade aktuellen Schulstoff nochmals zu erklären und viele (gleiche) Übungsaufgaben durchzuarbeiten. Aufgrund des fehlenden Verständnisses des Basisstoffes ist diesem Vorgehen jedoch meist wenig Erfolg beschieden. Zweitens ist wichtig, dass besondere Förderung eng mit dem Klassenunterricht verzahnt und mit dem aktuellen Schulstoff verbunden wird (für Beispiele vgl. Moser Opitz/Schmass-mann 2005). Verbunden mit einer speziellen Förderung besteht drittens die Notwendigkeit, dass die Leistungsbeurteilung für die von Rechenschwäche betroffenen Schülerinnen und Schüler angepasst wird. Es kann nicht sein, dass einerseits Grundschulstoff aufgearbeitet, andererseits jedoch die Erfüllung der Lehrziele nach Lehrplan gefordert wird. Diesbezüglich sind in der Praxis häufig noch keine brauchbaren Vorgehensweisen vorhanden – sie müssen noch entwickelt werden.

Aus- und Fortbildung von Lehrkräften und Fachpersonal

Die dargestellten Maßnahmen stellen hohe Ansprüche an Lehrkräfte generell und an das sonderpädagogisch geschulte Fachpersonal im Besonderen. Wie die fachliche bzw. fachdidaktische Analyse des Lernstoffes der Grundschulmathematik aufgezeigt hat, ist dies ein anspruchsvolles und auch aufwändiges Unterfangen, das von der einzelnen Lehrperson nicht im Alleingang geleistet werden kann. Den Lehrpersonen sind entsprechende Unterlagen und Materialien zur

Verfügung zu stellen (vgl. z.B. Moser Opitz/Schmassmann 2002, 2003, 2004, 2005). Wichtig ist auch, dass die Thematik in Aus- und Fortbildung berücksichtigt wird, und zwar vor allem in fachlicher und fachdidaktischer Hinsicht.

Diagnostik: Erstellen geeigneter Instrumente

In Praxis und Literatur wird zu Recht oft ein Mangel an geeigneten Diagnoseinstrumenten zur Erfassung von Rechenschwäche beklagt. Wie aufgezeigt wurde, werden in Tests häufig das Kopfrechnen oder die Kompetenz des schriftlichen Rechnens überprüft und viel weniger das mathematische Verständnis. Hier ist zweifelsohne noch Entwicklungsarbeit zu leisten. Es gibt einige (neuere) qualitative Lernstandserfassungen, welche sich auf mathematischer und mathematikdidaktischer Grundlage am Basisstoff orientieren und Hilfestellungen zur Erfassung solcher Kenntnisse bieten (z.B. Ganser 2005a und 2005b; Scherer 2005, 2003 und 1999; Moser Opitz/Schmassmann 2002, 2003, 2004, 2005). Es stehen jedoch immer noch kaum Instrumente zur Verfügung, welche a) fachlichen/fachdidaktischen Ansprüchen genügen, b) empirisch so abgestützt sind, dass sie einigermaßen zuverlässige Aussagen über unterdurchschnittliche Leistungen zulassen und c) auch bei älteren Schülerinnen und Schülern eingesetzt werden können. Das im Rahmen der Untersuchung verwendete Instrument scheint sich für den genannten Zweck zu eignen und soll mit entsprechenden Anpassungen der Praxis zugänglich gemacht werden (für die Schuljahre 1-3 vgl. auch Moser Opitz/Berger/Reusser 2007).

10.2.2 Gesellschaftliche und schulstrukturelle Aspekte

Einfluss der Variablen IQ, Geschlecht, Status Lernbehinderung/Schulungsform und Zweisprachigkeit auf die Mathematikleistung

Es wurde untersucht, ob sich bezüglich der Mathematikleistung Unterschiede zeigen zwischen den Geschlechtern, zwischen Kindern deutschsprachiger Herkunft und anderssprachigen Kindern sowie zwischen Schülerinnen und Schülern mit Status Lernbehinderung in verschiedenen Schultypen. Auch interessierte der Einfluss des IQ auf die Mathematikleistung.

In den Daten der Ausgangsstichprobe zeigte sich ein signifikanter Zusammenhang zwischen Mathematikleistung und Intelligenzquotient. Weiter wurden (bei kontrollierter Intelligenzvariable) Unterschiede in der mathematischen Leistung zwischen verschiedenen Gruppen von Schülerinnen und Schülern festgestellt: Mädchen erbrachten schlechtere Leistungen als Jungen; separiert geschulte Kinder mit Status Lernbehinderung zeigten schlechtere Leistungen als integrativ geschulte Kinder mit diesem Status; Fünftklässler, deren Muttersprache nicht Deutsch ist, wiesen schlechtere Leistungen auf als Kinder mit der Erstsprache Deutsch. Die Kenntnis der Schulsprache Deutsch der Fünftklässler steht somit in einem Zusammenhang mit der Mathematikleistung. Diesen Umstand gilt es insbesondere bei der Leistungsbeurteilung zu berücksichtigen. Wenn der besonderen Situation der anderssprachigen Schülerinnen und Schüler nicht durch eine angepasste Beurteilung Rechnung getragen wird, können die noch nicht gefestigten Sprachkenntnisse dazu führen, dass es – wie aus mehreren empirischen Studien bekannt ist – zu ungerechtfertigter Aussonderung der anderssprachigen Schülerinnen und Schüler kommt. Die Situation dieser Kinder muss somit sowohl bezüglich besonderer Förderung als auch bezüglich besonderer Beurteilung beachtet werden. Im 8. Schuljahr konnte dieser zuletzt diskutierte Zusammenhang zwischen Mathematikleistung und Schulsprache Deutsch nicht nachgewiesen werden. Dafür könnte – laut anderen Studien – die wahrscheinlich längere Aufenthaltsdauer der Achtklässler im deutschen Sprachraum verantwortlich sein. Ob diese Erklärung Gültigkeit hat, müsste jedoch in einer Längsschnittuntersuchung überprüft werden.

Abhängigkeit der Schulleistung von der Klassenzugehörigkeit

Die Ergebnisse der Mehrebenenmodelle weisen auf einen zusätzlichen schulstrukturellen Einflussfaktor hin: Die Mathematikleistung im 5. Schuljahr wurde zu 10% und im 8. Schuljahr zu 30% durch die Klassenzugehörigkeit bestimmt. Das bedeutet, dass 10% bzw. 30% der Mathematikleistung der einzelnen Schülerinnen und Schüler nicht durch individuelle, sondern ausschließlich durch Klassenvariablen erklärt werden können – und dies, obwohl durch die Bildung von verschiedenen Schulungstypen (Regelklassen, Integration bzw. Separation von Schülerinnen und Schülern mit Status Lernbehinderung) Klassenvariablen schon berücksichtigt worden sind. Insbesondere die große Abhängigkeit der Schulleistung von der Klassenzugehörigkeit von Real- und Sonderschülerinnen und -schülern im 8. Schuljahr gibt zu Besorgnis Anlass. Es müsste deshalb weiter untersucht werden, welche Faktoren zu solch großen Unterschieden zwischen den einzelnen Schulklassen führen: Handelt es sich dabei um Effekte der Klassenzusammensetzung durch Jugendliche mit eher schwächeren Schulleistungen oder spielen auch konkrete Aspekt auf der Unterrichtsebene eine Rolle? Hier ist weitere Forschung nötig.

10.2.3 Erfahrungen der rechenschwachen Schülerinnen und Schüler beim Mathematiklernen

Die Interviewstudie hat gezeigt, dass das Fach Mathematik auch bei den rechenschwachen Schülerinnen und Schülern erstaunlich beliebt ist. Im 5. Schuljahr ließ sich bezüglich der Beliebtheit des Faches zwar ein Unterschied zwischen den Untersuchungsgruppen und der Vergleichsgruppe feststellen, im 8. Schuljahr hingegen nicht. Die Aussagen in den Interviews weisen – wie auch die theoretischen Grundlagen – darauf hin, dass leistungsbezogene Aspekte mit zunehmendem Alter eine immer wichtigere Rolle spielen bezüglich der Beliebtheit des Faches Mathematik. Viele Schülerinnen und Schüler erzählten, dass sie Mathematik im Verlauf der Schulzeit immer weniger mochten, weil immer größere Schwierigkeiten auftraten.

Die befragten Kinder und Jugendlichen konnten ihre Schwierigkeiten differenziert beschreiben, sie nannten – in Übereinstimmung mit den Ergebnissen der Untersuchung zu den Kenntnissen des mathematischen Basisstoffes – oft Themen der Grundschulmathematik als besonders schwierig. Es wurde auch häufig gewünscht, dass der Mathematikunterricht „einfacher" werden müsse.

Besonders deutlich zeigte sich, dass die rechenschwachen Schülerinnen und Schüler darunter leiden, dass sie sich immer wieder erfolglos anstrengen.

Gleichzeitig wurde persönliche Anstrengung häufig als einzige Möglichkeit genannt, die schlechten Mathematikleistungen zu verbessern bzw. die Einstellung zum Fach Mathematik zu verändern.

Diese Aussagen machen deutlich, dass der Mathematikunterricht, wie ihn diese Schülerinnen und Schüler erleben, häufig noch nicht adäquat auf die Schwierigkeiten der Betroffenen eingehen kann und sich diese nicht adäquat unterstützt fühlen. Hier besteht zweifellos Handlungsbedarf – auf einige Möglichkeiten wurde vorgängig hingewiesen.

Im 8. Schuljahr zeigten sich in der Befragung einige Aspekte, welche von den jüngeren Schülerinnen und Schülern im 5. Schuljahr nicht genannt wurden: Die Achtklässler berichteten öfter von Prüfungsangst; zudem wurde mehrmals erwähnt, dass sich die Lehrpersonen bzw. der Unterricht verändern sollte. Auch dieses Resultat gibt Anlass – wie schon vorgängig erwähnt – den Mathematikunterricht der Real- und Sonderklassen im 8. Schuljahr näher zu untersuchen.

Die vorliegenden Ausführungen haben gezeigt: Rechenschwäche ist tatsächlich ein komplexes Phänomen, welches bei weitem noch nicht genügend erforscht ist. Andererseits liegen zur Erarbeitung des mathematischen Basisstoffes durchaus Ergebnisse und Erkenntnisse vor, welche auf konkrete Handlungsmöglichkeiten hinweisen, die es in Unterricht und Förderung umzusetzen gilt, damit auch rechenschwache Schülerinnen und Schüler zu Erfolgserlebnissen kommen und ihre Einstellung zum Fach Mathematik verändern können. Einzelerfahrungen zeigen, dass das sehr wohl möglich ist.

> *"... dort hat mir die Lehrerin Sachen erklärt, die ich gar nicht wusste. Und darum wusste ich auch: Aha, jetzt weiß ich, wie es geht und du kannst es. Und dann ist es auch gut herausgekommen". (8, RS 1, 36503)*

11 Verzeichnisse

11.1 Literatur

Aepli-Jomini, A.M. (1979): Das Problem der Rechenschwäche bei normal intelligenten Volksschülern. Zürich 1979

Affolter, W.; Amstad, H.; Döbeli, M.; Wieland, G. (2001): Das Zahlenbuch. Mathematik im 6. Schuljahr. Begleitband. Zug: Klett und Balmer

Alcarón, M.; Defries, J.C.; Light, J.G.; Pennington, B.F. (1997): A twin study of mathematics disability. In: Journal of Learning Disabilities 30, 617-623

Anghileri, J. (1999): Issues in teaching multiplication and division. In: Thompson, I.: Issues in teaching numeracy in primary schools. Buckingham/Philadelphia: Open University Press, 184-194

Arnold, K.H. (2002): Qualitätskriterien für die standardisierte Messung von Schulleistungen. Kann eine vergleichende Messung von Schulleistungen objektiv, repräsentativ und fair sein? In: Weinert, E.H. (Hrsg.): Leistungsmessungen in der Schule. 2. Aufl. Weinheim/Basel, 117-130

Ashcraft,: H.; Kirk, E.P.; Hopko, D. (1998): On the cognitive consequences of mathematics anxiety. In: Donlan, Ch.: The development of mathematical skills. Hove: Psychology Press, 175-196

Ashcraft, M.H.; Faust, M.W. (1994): Mathematics anxiety and mental arithmetic performance: An exploratory investigation. In: Cognition and Emotion 8, 97-125

Algozzine, B.; O'Shea, D.J.; Crews, W.B.; Stoddard, K. (1987): Analysis of mathematics competence of learning disabled adolescents. In: The Journal of Special Education 21, 97-107

Backhaus, K.; Erichson, B.; Plinke, W.; Weiber, R. (2000): Multivariate Analysemethoden. Eine anwendungsorientierte Einführung. Berlin/Heidelberg/New York: Springer

Baddeley, A.D. (1999): Essentials of human memory. Hove: Psychology Press

Bandura, A. (1997): Self-Efficacy. The exercise of control. New York: Freeman

Baroody, A.J. (1999a): The roles of estimation and the commutativity principle in the development of third graders' multiplication. In: Journal of Experimental Child Psychology 74, 157-193

Baroody, A.J. (1999b): Children's relational knowledge of addition and subtraction. In: Cognition and Instruction 17, 137-175

Baroody, A.J. (1986): Counting ability of moderately and mildly handicapped children. In: Education and Training of Mentally Retarded 21, 289-300

Barouillet, P.; Lépine, R. (2005): Working memory and children's use of retrieval to solve addition problems. In: Journal of Experimental Child Psychology 91, 183-204

Barth, K.H. (2003): Möglichkeiten der Früherkennung mathematischer Lernschwierigkeiten. In: Barth, K.H.: Lernschwächen früh erkennen. 4. ergänzte Aufl. München/Basel: Reinhardt, 135-158

Baruk, S. (1989): Wie alt ist der Kapitän? Über den Irrtum in der Mathematik. Basel/Berlin/Boston: Birkhäuser

Becker, J.; Selter, Ch. (1996): Elementary School Practices. In: Bishop, A.L. u.a. (Hrsg.): International Handbook of Mathematics Education. Bd. 1. Dordrecht/ Boston/London: Kluwer, 511-564

Benoit, L.; Lehalle, H.; Jouen, F. (2004): Do children aquire number words through subitizing or counting? In: Cognitive Development 19, 291-307

Berch, D.B. (2005): Making sense of number sense: Implications for children with mathematical disabilities. In: Journal of Learning Disabilities 38, 333-339

Blankennagel, J. (1999): Vereinfachen von Zahlen. In: Mathematik lehren 93, 10-13

Bönig, D. (2003): Schätzen – der Anfang guter Aufgaben. In: Ruwisch, S.; Peter-Koop, A.: Gute Aufgaben im Mathematikunterricht der Grundschule. Offenburg: Mildenberger, 102-110

Bönig, D. (1995): Multiplikation und Division. Empirische Untersuchungen zum Operationsverständnis von Grundschülern. Münster/New York: Waxman

Bortz, J. (2006): Statistik für Human- und Sozialwissenschaftler. 6. Aufl. Berlin u.a.: Springer

Bortz, J.; Döring, N. (2006): Forschungsmethoden und Evaluation für Human- und Sozialwissenschaftler 4. Aufl. Berlin u.a.: Springer

Bottge, B.A. (1999): Effects of contextualized math instruction on problem solving of average and below average achieving students. In: The Journal of Special Education 33, 81-92

Brainerd, Ch.J. (1979): The origins of number concept. New York u.a.: Praeger

Brainerd, Ch. J. (1978): Learning research and Piagetian theory: In: Siegel, L.S.; Brainerd, Ch.J. (Hrsg.): Alternatives to Piaget. Critical essays on the theory. New York/San Francisco/London: Academic Press, 69-109

Branch, W.B.; Cohen, M.J.; Hynd, G.W. (1995): Academic achievement and attention-deficit/hyperactivity disorder in children with left- or right-hemisphere dysfunction. In: Journal of Learning Disabilities 28, 35-43 und 64

Bühler-Niederberger, D. (1991): Legasthenie. Geschichte und Folgen einer Pathologisierung. Opladen: Leske und Budrich

Brühwiler, Ch.; Biedermann, H. (2005): Selbstreguliertes Lernen als Voraussetzung für erfolgreiches Mathematiklernen. In: Zahner Rossier, C. (Hrsg.): PISA 2003: Kompetenzen für die Zukunft. Zweiter nationaler Bericht. Neuenburg/Bern: Bundesamt für Statistik und Kantonale Konferenz der Erziehungsdirektoren, 55-73

Brühwiler, Ch.; Biedermann, H.; Zutavern, M. (2002): Selbstreguliertes Lernen im interkantonalen Vergleich. In: Bundesamt für Statistik (Hrsg.): Bildungsmonitoring Schweiz. Bern, St. Gallen, Zürich: Für das Leben gerüstet? Die Grundkompetenzen der Jugendlichen. Kantonaler Bericht der Erhebung PISA 2000. Neuchâtel, 35-49

Bryant, P.; Christie, C.; Rendu, A. (1999): Children's understanding of the relation between addition and subtraction: Inversion, identity, and decomposition. In: Journal of Experimental Child Psychology 74, 194-212

Bryant, B.R.; Pedrotty Rivera, D. (1997): Educational assessment of mathematical skills and abilities. In: Journal of Learning Disabilities 30, 57-68

Butler, F.M.; Miller, S.P.; Lee, K.; Pierce, T. (2001): Teaching mathematics to students with mild-to-moderate mental retardation: A review of the literature. In: Mental Retardation 39, 20-31

Camos, V. (2003): Counting strategies from 5 years to adulthood: Adaption to structural features. In: European Journal of Psychology of Education XVIII, 251-265

Canobi, C. (2004): Individual differences in children's addition and subtraction knowledge. In: Cognitive Development 19, 81-93

Carnine, D. (1997): Instructional design in mathematics for students with learning disabilities. In: Journal of Learning Disabilities 30, 130-141

Caroll, J.B. (1996): Mathematical abilities: Some results from factor analysis. In: Sternberg, R.J.; Ben-Zeev, T. (Hrsg.): The nature of mathematical thinking. Mahwah/New Jersey: Erlbaum, 3-25

Carpenter, T.P.; Franke, M.L.; Jacobs, V.R.; Fennema, E.; Empson S.B. (1997): A longitudinal study of invention and understanding in children's multidigit addition und subtraction. In: Journal for Research in Mathematics Education 29, 3-20

Carr, M.; Jessup, D.L.; Fuller, D. (1999): Gender differences in first-grade mathematics strategy use: parent and teacher contributions. In: Journal for Research in Mathematics Education 30, 20-46

Cawley, J.; Parmar, R.; Foley, T.E.; Salmon, S.; Roy, S. (2001): Arithmetic performance of students. Implications for standards and programming. In: Exceptional Children 67, 311-328

Cawley, J.F.; Parmar, R.; Yan, W., Miller, J.H. (1998): Arithmetic computation performance of students with learning disabilities: Implication for curriculum. In: Learning Disabilities Research & Practice 13, 68-74

Cawley, J.F.; Miller, J.H. (1989): Cross-Sectional Comparisons of the mathematical performance of children with learning disabilities: Are we on the right track toward comprehensive programming? In: Journal of Learning Disabilities 22, 250-259

Chouinard, E.; Vezeau, C.; Bouffard, T.; Jenkins, B. (1999): Gender differences in the development of mathematics attitudes. In: Journal of Research and Development in Education 32, 184-192

Cobb Morocco, C. (2001): Teaching for understanding with students with learning disabilities: New directions for research on access to the general education curriculum. In: Learning Disability Quarterly 24, 5-13

Cowan, R. (2003): Does it all add up? Changes in children's knowledge of addition combinations, strategies and principles. In: Baroody, A.J., Dowker, A.: The development of arithmetical concepts and skills. Constructing adaptive expertise. Mahwah/London: Erlbaum, 35-74

Cummins, J. (1991): Language Development and Academic Learning. In: Malavé, L.; Duquette, G. (Hrsg.): Language, Culture & Cognition. A collection of studies of first and second language acquisition. Clevedon/Philadelphia/Adelaide: Multilingual Matters, 161-175

Desoete, A.; Roeyers, H.; Buysse, A. (2001): Metacognition and mathematical problem solving. In: Journal of Learning Disabilities 34, 435-449

Donlan, Ch. (2003): The early numeracy of children with specific language impairments. In: Baroody, A.J.; Dowker, A.: The development of arithmetic concepts and skills. Constructing adaptive expertise. Mahwah/New Jersey/London: Erlbaum, 337-358

Donlan, Ch. (1998): Number without language? Studies of children with specific language impairments. In: Donlan, Ch.: The development of mathematical skills. Hove: Psychology Press, 255-247

Donczik, J. (2001): Rechenschwäche – Beziehungen zu Sprachstörungen. In: Die Sprachheilarbeit 46, 203-210

Dowker, A. (1998): Individual differences in normal arithmetical development. In: Donlan, Ch. (Hrsg.): The development of mathematical skills. Hove: Psychology Press, 275-302

Eggert, D. (1997): Von den Stärken ausgehen. Individuelle Entwicklungspläne in der Lernförderungsdiagnostik. Dortmund: borgmann

Elbaum, B.; Vaughn, S. (2003): For which students with learning disabilities are self-concept interventions effective? In: Journal of Learning Disabilities 36, 101-108

Erziehungsdirektion des Kantons Bern (1995): Lehrplan Volksschule. Bern

Ezawa, B. (2002): Mathematische Ideen statt mechanischer Rechenfähigkeiten im Unterricht mit lernschwachen Schülern! In: Zeitschrift für Heilpädagogik 3, 98-103

Fazio, B.B. (1999): Arithmetic calculation, short-term memory, and language performance with specific language impairment: A 5-year follow-up. In: Journal of Speech, Language, and Hearing Research 42, 420-431

Fazio, B.B. (1996): Mathematical abilities of children with specific language impairment: A 2-year follow-up. In: Journal of Speech and Hearing Research 39, 839-849

Fazio, B.B. (1994): The counting abilities of children with specific language impairment: A comparison of oral and gestural tasks. In: Journal of Speech and Hearing Research 37, 358-368

Feuser, G. (1995): Behinderte Kinder und Jugendliche zwischen Integration und Aussonderung. Darmstadt: Wissenschaftliche Buchgesellschaft

Flegel, D.; Schroeder, J. (2006): Welche Kompetenzen benötigt eine Wäscherin? Schulpädagogische Konsequenzen aus den realen Anforderungen in Jobs im unteren Qualifikationsbereich. In: Sonderpädagogische Förderung 50, 390-407

Fletcher, J.M.; Lyon, G.R.; Barnes, M.; Stuebing, K.; Francis, D.J.; Olson, R.K.; Shaywitz, S.E.; Shaywitz, B.A. (2002): Classification of learning disabilities: An evidence based evaluation. In: Bradley, R.; Danielson, L.; Hallahan, D.P. (Hrsg.): Identification of learning disabilities. Research to practice. Mahwah/London: Erlbaum, 185-250

Francis, D.J.; Fletcher, J.M.; Stuebing, K.; Lyon, G.R.; Shaywitz, B.A.; Shaywitz, S.E. (2005): Psychometric approaches to the identification of LD: IQ and achievement scores are not sufficient. In: Journal of Learning Disabilities 38, 98-108

Freudenthal, H. (1977): Mathematik als pädagogische Aufgabe. 2. Aufl. Stuttgart: Klett

Fritz, A.; Ricken, G.; Schmidt, S. (Hrsg.) (2003): Rechenschwäche. Lernwege, Schwierigkeiten und Hilfen bei Dyskalkulie. Weinheim/Basel/Berlin: Beltz

Fuchs, L.S.; Fuchs, D.; Prentice, K.; Hamlett, C.L.; Finelli, R.; Courey, S.J. (2004): Enhancing mathematical problem solving among third-grade students with schema-based instruction. In: Journal of Educational Psychology, 96, 635-647

Fuchs, L.S.; Fuchs, D.; Prentice, K.; Burch, M.; Hamlett, C.L.; Owen, R.; Hosp, M.; Jancek, D. (2003a): Explicitly teaching for transfer. Effects on third-grade students' mathematical problem solving. In: Journal of Educational Psychology 95, 293-305

Fuchs, L.S.; Fuchs, D.; Prentice, K.; Burch, M.; Hamlett, C.L.; Owen, R.; Schroeter, K. (2003b): Enhancing third-grade students' mathematical problem solving with self-regulated learning strategies. In: Journal of Educational Psychology 95, 306-315

Fuchs, D.; Mock, D.; Morgan, P.L.; Young, C.L. (2003c): Responsiveness-to-intervention: Definitions, evidence, and implications for the learning disabilities construct. In: Learning Disabilities Research & Practice 18, 157-171

Fuchs, L.S.; Fuchs, D.; Hamlett, C.L.; Appleton, A.C. (2002): Explicitly teaching for transfer: Effects on the mathematical problem-solving. Performance of students with mathematics disabilities. In: Learning Disabilities Research & Practice 17, 90-106

Fuchs, L.S.; Fuchs, D.; Speece, D.L. (2002): Treatment validity as an unifying construct for identifying learning disabilities. In: Learning Disability Quarterly 25, 33-45

Fuchs, L.S.; Fuchs, D. (2001): Principles for prevention and intervention of mathematics difficulties. In: Learning Disabilities Research & Practice 16, 85-95

Fuson, K. (1988): Children's counting and number concept. New York u.a.: Springer

Gaidoschik, M. (2002): Rechenschwäche – Dyskalkulie. Eine unterrichtspraktische Einführung für LehrerInnen und Eltern. Horneburg: Persen

Ganser, B. (Hrsg.) (2005a): Rechenschwäche überwinden. Band 1. Fehleranalyse/Lernstandsdiagnose mit Materialien und Kopiervorlagen. 2. Aufl. Donauwörth: Auer

Ganser, B. (2005b): Rechenschwäche überwinden. Band 2. Fehleranalyse/Lernstandsdiagnose mit Materialien und Kopiervorlagen. Klasse 3-5. Donauwörth: Auer

Gaupp, N. (2003): Arbeitsgedächtnisdefizite und Defizite numerischer Basiskompetenzen rechenschwacher Kinder. Berlin: Logos

Geary, D.C. (2004): Mathematics and learning disabilities. In: Journal of Learning Disabilities 37, 4-15

Geary, D.C. (1996): Biology, culture and cross-national differences in mathematical ability. In: Sternberg, R.J.; Ben-Zeer, T. (Hrsg.): The nature of mathematical thinking. Mahwah/New Jersey: Erlbaum, 145-171

Geary, D.C. (1994): Children's mathematical development. Washington: American Psychological Association

Geary, D.C. (1993): Mathematical Disabilities: Cognitive, neuropsychological and genetic components. In: Psychological Bulletin 114, 345-362

Geary, D.C.; Hoard, M.K.; Byrd-Craven, J.; DeSoto, M.C. (2004): Strategy choices in simple and complexe addition. Contribution of working memory and counting knowledge for children with mathematical disability. In: Journal of Experimental Child Psychology 88, 121-151

Geary, D.C.; Hoard, M.K.; Hamson, C.O. (1999): Numerical and arithmetic cognition. Patterns of functions and deficits in children at risk for mathematical disability. In: Journal of Experimental Child Psychology 74, 213-239

Geary, D.C.; Bow-Thomas, Ch.; Yao Y. (1992): Counting knowledge and skill in cognitive addition: A comparison of normal and mathematically disabled children. In: Journal of Experimental Psychology 54, 372-391

Geary D.C.; Brown, S.C.; Samaranayake, V.A. (1991): Cognitive addition: A short longitudinal study of strategy choice and speed-of-processing differences in normal and mathematically disabled children. In: Developmental Psychology 27, 787-797

Gersten, R.; Jordan, N.C.; Flojo, J.R. (2005): Early identifications for students with mathematics difficulties. In: Journal of Learning Disabilities 38, 293-304

Gersten, R.; Chard, D. (1999): Number sense: Rethinking arithmetic instruction for students with mathematical disabilities. In: The Journal of Special Education 33, 18-28

Gerster, H.D. (2003): Probleme und Fehler bei den schriftlichen Rechenverfahren. In: Fritz, A.; Ricken, G.; Schmidt, S. (Hrsg.): Rechenschwäche. Lernwege, Schwierigkeiten und Hilfen bei Dyskalkulie. Weinheim/Basel/Berlin: Beltz, 222-237

Gerster, H.D. (1996): Vom Fingerrechnen zum Kopfrechnen – Methodische Schritte aus der Sackgasse des zählenden Rechnens. In: Eberle, G.; Kornmann, R. (Hrsg.): Lernschwierigkeiten und Vermittlungsprobleme im Mathematikunterricht an Grund- und Sonderschulen. Möglichkeiten der Vermeidung und Überwindung. Weinheim: Deutscher Studien Verlag, 137-161

Gerster, H.D. (1994): Arithmetik im Anfangsunterricht. In: Abele, A.; Kalmbach, H. (Hrsg.): Handbuch zur Grundschulmathematik. Band 1: 1. und 2. Schuljahr. Stuttgart: Klett, 42-62

Gerster, H.D. (1989): Die Null als Fehlerquelle bei den schriftlichen Rechenverfahren. In: Grundschule 21, 26-29

Gerster, H.D. (1982): Schülerfehler bei schriftlichen Rechenverfahren – Diagnose und Therapie. Freiburg/Basel/Wien: Herder

Gerster, H.D.; Schultz, R. (1998): Schwierigkeiten beim Erwerb mathematischer Konzepte im Anfangsunterricht. Bericht zum Forschungsprojekt Rechenschwäche – Erkennen, Beheben, Vorbeugen. Freiburg/B (Pädagogische Hochschule), unveröffentlichter Bericht

Ginsburg, H.P. (1997): Mathematics learning disabilities: A view from developmental psychology. In: Journal of Learning Disabilities 30, 20-33

Gölitz, D.; Roick, T.; Hasselhorn, M. (2005): DEMAT 4. Deutscher Mathematiktest für vierte Klassen. Göttingen u.a.: Hogrefe

Goldman, S.R.; Hasselbring, T.S. (1997): Cognition and Technology Group at Vanderbilt: Achieving meaningful mathematics literacy for students with learning disabilities. In: Journal of Learning Disabilities 30, 198-208

Graf, P. (1987): Frühe Zweisprachigkeit und Schule. Empirische Grundlagen zur Erziehung von Migrantenkindern. München: Huber

Grissemann, H. (1996): Dyskalkulie heute. Sonderpädagogische Integration auf dem Prüfstand. Bern/Göttingen/Toronto/Seattle: Huber

Grissemann, H.; Weber A. (1993): Grundlagen und Praxis der Dyskalkulietherapie. Diagnostik und Interventionen bei speziellen Rechenstörungen als Modell sonderpädagogisch-kinderpsychiatrischer Kooperation. 2. Aufl. Bern u.a.: Huber

Grissemann, H.; Weber, A. (1982): Spezielle Rechenstörungen: Ursache und Therapie. Bern/Stuttgart/Wien: Huber

Grobecker, B. (1999): Mathematics reform and learning differences. In: Learning Disability Quarterly 22, 43-58

Grüntgens, W.J. (2001): Didaktische Prinzipien als Lernbehinderungen. In: Die Neue Sonderschule 46, 25-38

Grüntgens, W.J. (2000): Problemzentriertes Lernen statt didaktischer Prinzipien. Neuwied/Berlin: Luchterhand

Haeberlin, U.; Bless, G.; Moser, U.; Klaghofer, R. (1990): Die Integration von Lernbehinderten. Versuche, Theorien, Forschungen, Enttäuschungen, Hoffnungen. Bern/Stuttgart: Haupt

Haffner, J.; Baro, K.; Parzer, P.; Resch, F. (2005): Heidelberger Rechentest 1-4. Erfassung mathematischer Basiskompetenzen im Grundschulalter. Göttingen u.a.: Hogrefe

Hanich, L.B.; Jordan, N.C.; Kaplan, D.; Dick, J. (2001): Performance across different areas of mathematical cognition in children with learning difficulties. In: Journal of Educational Psychology 93, 615-626

Häsel, U. (2001): Sachaufgaben im Mathematikunterricht der Schule für Lernbehinderte. Theoretische Analyse und empirische Studien. Hildesheim/Berlin: Franzbecker

Helwig, R.; Anderson, L.; Tindal, G. (2002): Using a concept-grounded curriculum-based measure in mathematics to predict statewide test scores for middle school students with LD. In: The Journal of Special Education 36, 102-112

Heller, K.A.; Hany, E.A. (2002): Standardisierte Schulleistungsmessungen. In: Weinert, E.H. (Hrsg.): Leistungsmessungen in der Schule. 2. Aufl. Weinheim/Basel, 87-101

Helmke, A. (1992): Selbstvertrauen und schulische Leistungen. Göttingen u.a.: Hogrefe

Helmke, A.; Weinert, F.E. (1997): Bedingungsfaktoren schulischer Leistungen. In: Weinert, F.E. (Hrsg.): Psychologie des Unterrichts und der Schule. Sonderdruck aus der Enzyklopädie der Psychologie. Göttingen u.a.: Hogrefe, 71-176

Hengartner, E.; Röthlisberger, H. (1995): Rechenfähigkeit von Schulanfängern. In: Brügelmann, H. u.a.: Am Rande der Schrift. Zwischen Sprachenvielfalt und Analphabetismus. Beinwil am See: Libelle, 66-86

Hengartner, E.; Wieland, G. (Hrsg.) (1995): Das Zahlenbuch. Mathematik im 2. Schuljahr. Zug: Klett und Balmer

Herget, W. (1999): Ganz genau – genau das ist Mathe! In: Mathematik lehren 93, 4-9

Hetter, E. (2003): Rechenschwierigkeiten. Der Landrat – Schulpsychologischer Dienst. Rheinisch-Bergischer Kreis. In: www.rbk-online.de, 16.2.2005

Hiebert, J.; Wearne, D. (1996): Instruction, understanding, and skill in multidigit addition and subtraction. In: Cognition and Instruction 14 , 251-283

Hill, H.C.; Rowan, B.; Loewenberg Ball, D. (2005): Effects of teacher's mathematical knowledge for teaching on student achievement. In: American Educational Research Journal 42, 371-406

Hitch, G.J.; McAuley, E. (1991): Working memory in children with specific arithmetical learning difficulties. In: British Journal of Psychology 82, 375-386

Hopf, C. (2003): Qualitative Interviews – ein Überblick. In: Flick, U.; von Kardoff, E.; Steinke, I. (Hrsg.): Qualitative Forschung. Ein Handbuch. 2. Aufl. Hamburg: rowohlt, 349-360

Hosenfeld, J.; Strauss, B.; Köller, O. (1997): Geschlechterdifferenzen bei Raumvorstellungsaufgaben – eine Frage der Strategie? In: Zeitschrift für Pädagogische Psychologie 11, 85-94

Hox, J. (2002): Analysis. Techniques and Applications. Mahwah/New Jersey/London: Erlbaum

Hsiu-Zu, H.; Senturk, D.; Lam, A.G.; Zimmer, J.M.; Hong, S.; Okamotoa, Y. (2000): The affective and cognitive dimensions of math anxiety: A cross-national study. In: Journal for Research in Mathematics Education 32, 362-379

Hynd, G.W.; Clinton, A.B.; Hiemenz, J.R. (1999): The neuropsychological basis of learning disabilities. In: Sternberg, J.R.; Spear-Swerling, L. (Hrsg.): Perspectives on learning disabilities. Biological, cognitive, contextual. Colorado/Oxford: Westview Press 1999, 60-79

Jacobs, C.; Petermann, F. (2003): Dyskalkulie – Forschungsstand und Perspektiven. In: Kindheit und Entwicklung 12, 197-211

Jacobs, C.; Petermann ,F. (2005): Diagnostik von Rechenstörungen. Kompendien Psychologische Diagnostik. Band 7. Göttingen u.a.: Hogrefe

Jahnke-Klein, S. (2001): Sinnstiftender Mathematikunterricht für Jungen und Mädchen. Hohengehren: Verlag Schneider

Janssen, R.; De Boeck, P.; Viane, M.; Vallaeys, L. (1999): Simple mental addition in children with and without mild mental retardation. In: Journal of Experimental Child Psychology 74, 261-281

Jiménes Gonzáles, J.E.; García Espinel A.I. (2002): Strategy choice in solving arithmetic word problems: Are there differences between students with learning disabilities, G-V poor performance and typical achievement students? In: Learning Disabilities Quarterly 25, 113-122

Jiménes Gonzáles, J.E.; García Espinel A.I. (1999): Is IQ-achievement discrepancy relevant in the definition of arithmetic learning disabilities? In: Learning Disabilities Quarterly 22, 291-299

Jitendra, A.; Xin, Y.P. (1997): Mathematical word-problem-solving instruction for students with mild disabilities and students at risk for math failure: A research synthesis. In: The Journal of Special Education 30, 412-438

Jones E.D.; Wilson, R.; Bhojwani, S. (1997): Mathematics instruction for secondary students with learning disabilities. In: Journal of Learning Disabilities 30, 151-163

Jordan, N.C.; Hanich, L.B. (2003): Characteristics of children with moderate mathematics deficiencies: A longitudinal perspective. In: Learning Disabilities in Research & Practice 18, 213-221

Jordan, N.C.; Hanich, L. (2000): Mathematical thinking in second-grade children with different forms of learning disabilities. In: Journal of Learning Disabilities 33, 567-578

Jordan, N.C.; Hanich, L.B.; Kaplan, D. (2003a): A longitudinal study of mathematical competencies in children with specific mathematics difficulties versus children with comorbid mathematics and reading difficulties. In: Child Development 74, 834-850

Jordan, N.C.; Hanich, L.B.; Kaplan, D. (2003b): Arithmetic fact mastery in young children: A longitudinal investigation. In: Journal of Experimental Child Psychology 85, 103-119

Jordan, N.; Kaplan, D.; Hanich, L.B. (2002): Achievement growth in children with learning difficulties in mathematics: Findings of a two-year longitudinal study. In: Journal of Educational Psychology 94, 586-597

Jordan, N.C.; Blanteno Hanich, L.; Uberti, H.Z. (2003): Mathematical thinking and learning difficulties. In: Baroody, A.J.; Dowker, A.: The development of arithmetic concepts and skills. Constructing adaptive expertise. Mahwah/New Jersey/London: Erlbaum, 359-384

Jordan, N.C., Oettinger Montani, T. (1997): Cognitive arithmetic and problem solving: A comparison of children with specific and general mathematics difficulties. In: Journal of Learning Disabilities 30, 624-634

Jost, D.; Erni, J.; Schmassmann, M. (1992): Mit Fehlern muss gerechnet werden. Zürich: sabe

Judd; T.P.; Hickson Bilsky L. (1989): Comprehension and memory in the solution of verbal problems by mentally retarded and nonretarded individuals. In: Journal of Educational Psychology 81, 541-546

Kaufmann, S. (2003): Früherkennung von Rechenstörungen in der Eingangsklasse der Grundschule und darauf abgestimmte remediale Massnahmen. Frankfurt am Main u.a.: Peter Lang

Keeler, M.L.; Lee Swanson, H. (2001): Does strategy knowledge influence working memory in children with mathematical disabilities? In: Journal of Learning Disabilities 34, 418-434

Keller, C. (1997): Geschlechterdifferenzen: Trägt die Schule dazu bei? In: Moser, U. u.a.: Schule auf dem Prüfstand. Eine Evaluation der Sekundarstufe 1 auf der Grundlage der Third International Mathematics and Science Study. Chur/Zürich: Rüegger, 138-179

Klauer, K.J. (1992): In Mathematik mehr leistungsschwache Mädchen, im Lesen und Schreiben mehr leistungsschwache Jungen? Zur Diagnostik von Teilleistungsschwächen. In: Zeitschrift für Entwicklungspsychologie und Pädagogische Psychologie XXIV, 48-65

Köller, O.; Daniels, Z.; Schnabel, K.U.; Baumert, J. (2000): Kurswahlen von Mädchen und Jungen im Fach Mathematik: Zur Rolle von fachspezifischem Selbstkonzept und Interesse. In: Zeitschrift für Pädagogische Psychologie 14, 26-37

Kornmann, R.; Frank, A.; Holland-Rummer, C.; Wagner, H.J. (1999): Probleme beim Rechnen mit der Null. Erklärungsansätze und pädagogische Hilfen. Weinheim: Deutscher Studienverlag

Krajewski, K.; Schneider, W. (2006): Mathematische Vorläuferfertigkeiten im Vorschulalter und ihre Vorhersagekraft für die Mathematikleistungen bis zum Ende der Grundschulzeit. In: Psychologie in Erziehung und Unterricht 53, 246-262

Krajewski, K. (2005): Früherkennung und Frühförderung von Risikokindern. In: Von Aster, M.; Lorenz, J.H. (Hrsg.): Rechenstörungen bei Kindern. Neurowissenschaft, Psychologie, Pädagogik. Göttingen: Vandenhoeck & Ruprecht, 150-164

Krajewski, K. (2002): Vorhersage von Rechenschwäche in der Grundschule. Hamburg: Kovac

Krapp, A. (1997): Selbstkonzept und Leistung – Dynamik ihres Zusammenspiels: Literaturüberblick. In: Weinert, F.E.; Helmke, A.: Entwicklung im Grundschulalter. Weinheim: Psychologie Verlags Union, 325-339

Krauthausen, G. (2003): Entwicklung arithmetischer Fertigkeiten und Strategien – Kopfrechnen und halbschriftliches Rechnen. In: Fritz, A.; Ricken, G.; Schmidt, S. (Hrsg.): Rechenschwäche. Lernwege, Schwierigkeiten und Hilfen bei Dyskalkulie. Weinheim/Basel/Berlin: Beltz, 80-97

Krauthausen, G. (1995): Die «Kraft der Fünf» und das denkende Rechnen. In: Müller, G.N.; Wittmann, E.Ch.: Mit Kindern rechnen. Frankfurt am Main: Arbeitskreis Grundschule, 87-108

Krauthausen, G.; Scherer, P. (2003): Einführung in die Mathematikdidaktik. 2. Aufl. Heidelberg/Berlin: Spektrum Akademischer Verlag

Kretschmann, R. (2003): Manchmal ist Rechnenlernen schwer – eine entwicklungsökologische und systemische Problemsicht. In: Fritz, A.; Ricken, G.; Schmidt, S. (Hrsg.): Rechenschwäche. Lernwege, Schwierigkeiten und Hilfen bei Dyskalkulie. Weinheim/Basel/Berlin: Beltz, 179-200

Kroesbergen, E.H.; van Luit, J.E.H. (2005): Constructivist mathematics education for students with mild mental retardation. In: European Journal of Special Needs Education 20, 107-116

Kronig, W.; Haeberlin, U.; Eckhart, M. (2000): Immigrantenkinder und schulische Selektion. Bern/Stuttgart/Wien: Haupt

Krüll, K.E. (1994): Rechenschwäche – was tun? München/Basel: Reinhardt

Landerl, K.; Bevan, A.; Butterworth, B. (2004): Developmental dyscalculia and basic numerical capacities: a study of 8-9-year-old students. In: Cognition 93, 99-125

Lee Swanson, H. (2004): Working memory and phonological processing as predictors of children's mathematical problem solving in different ages. In: Memory & Cognition 32, 648-661

Lee Swanson, H.; Beebe-Frankenberger, M. (2004): The relationship between working memory and mathematical problem solving in children at risk and not at risk for serious math difficulties. In: Journal of Educational Psychology 96, 471-491

Lee Swanson, H.; Sachse-Lee, C. (2000): A meta-analysis of single-subject-design intervention research for students with LD. In: Journal of Learning Disabilities 33, 114-136

Lehmann, W.; Jüling, I. (2002): Raumvorstellungsfähigkeit und mathematische Fähigkeiten – unabhängige Konstrukte oder zwei Seiten einer Medaille? In: Psychologie in Erziehung und Unterricht 49, 31-43

Lehrplanteil Kleinklassen A (1995). Erziehungsdirektion des Kantons Bern. Bern

Lemaire, P.; Lecacheur, M. (2002): Children's strategies in computational estimation. In: Journal of Experimental Child Psychology 82, 281-304

Lienert, G.A.; Raatz, U. (1994): Testaufbau und Testanalyse. 5. Aufl. Weinheim: Beltz

Lobeck, A. (1992): Rechenschwäche. Geschichtlicher Rückblick, Theorie und Therapie. Luzern: Edition SZH

Loewenberg Ball, D.; Hill, H.C.; Bass, H. (2005): Knowing mathematics for teaching. Who knows mathematics well enough to teach third grade, and how can we decide? In: American Educator 3, 14-46

Lorenz, J.H. (2003): Überblick über Theorien zur Entstehung und Entwicklung von Rechenschwächen. In: Fritz, A.; Ricken, G.; Schmidt, S. (Hrsg.): Rechenschwäche. Lernwege, Schwierigkeiten und Hilfen bei Dyskalkulie. Weinheim/Basel/Berlin: Beltz, 144-162

Lorenz, J.H. (1997): Kinder entdecken die Mathematik. Braunschweig: Westermann

Lorenz, J.H. (1996): Zähler und Fingerrechner – Was tun? In: Die Grundschulzeitschrift. Sonderdruck Mathe, 59-60

Lorenz, J.H. (1993): Veranschaulichungsmittel im arithmetischen Anfangsunterricht. In: Lorenz, J.H. (Hrsg.): Mathematik und Anschauung. Köln: Aulis, 122-146

Lorenz, J.H. (1992): Anschauung und Veranschaulichungsmittel im Mathematikunterricht. Mentales visuelles Operieren und Rechenleistung. Göttingen/Toronto/Zürich: Hogrefe

Lorenz, J.H.; Radatz, H. (1993): Handbuch des Förderns im Mathematikunterricht. Hannover: Schroedel

Lüscher, B.; Maunder-Gottschall, R. (1991): Mathematik für Kleinklassen A. Arbeitsbuch 2. Numerischer Bereich. Liestal: Verlag des Kantons Basel-Landschaft

Mabott, D.J.; Bisanz, J. (2003): Developmental change and individual differences in children's multiplication. In: Child Development 74, 1091-1107

Manger, T.; Eikeland, O.J. (1998): The effects of mathematical achievement and cognitive ability in girl's and boy's mathematics self-concept. In: Zeitschrift für Pädagogische Psychologie 12, 210-218

Maier, P.H. (1996): Geschlechterdifferenzen im räumlichen Vorstellungsvermögen. In: Psychologie Erziehung Unterricht 43, 245-265

Marshall, R.M.; Schafer, V.A.; O'Donnel, L.; Elliot, J.; Handwerk, M.L. (1999): Arithmetic disabilities and ADD subtypes. Implication for DSM-IV. In: Journal of Learning Disabilities 32, 239-247

Mayer, R.E.; Hegarty, M. (1996): The process of understanding mathematical problems. In: Sternberg, R.J.; Ben-Zeer, T. (Hrsg.): The nature of mathematical thinking. Mahwah/New Jersey: Erlbaum, 29-53

Mayring, P. (2003a): Qualitative Inhaltsanalyse. Grundlagen und Techniken. 8. Aufl. Weinheim/Basel: Beltz

Mayring, P. (2003b): Qualitative Inhaltsanalyse. In: Flick, U.; von Kardoff, E.; Steinke, I. (Hrsg.): Qualitative Forschung. Ein Handbuch. 2. Aufl. Hamburg: rowohlt, 468-475

Mazzocco, M.M.M. (2005): Challenges in identifying target skills for math disability screening and intervention. In: Journal of Learning Disabilities 38, 318-323

Mazzocco, M.M.M. (2001): Math learning disability and math LD subtypes: Evidence from studies of Turner Syndrome, Fragile X Syndrome, and Neurofibromatosis Type 1. In: Journal of Learning Disabilities 34, 520-533

Mazzocco, M.M.M; Thompson, R.E. (2005): Kindergarten predictors of math learning disability. In: Learning Disabilities Research and Practice 20, 142-155

McLean, J.F.; Hitch, G.J. (1999): Working memory impairments in children with specific arithmetic learning difficulties. In: Journal of Experimental Child Psychology 74, 240-260

McCloskey, M. (1992): Cognitive mechanism in numerical processing: Evidence from aquired dyscalculia. In: Cognition 44, 107-157

Meltzer, L.; Roditi, B.; Houser, R.F.; Perlmann, M. (1998): Perception of academic strategies and competence in students with learning disabilities. In: Journal of Learning Disabilities 31, 437-451

Metz, U.; Marxer, P.; Weber, J.; Schneider, W. (2003): Overachievement im Lesen und Rechtschreiben. Folgerungen für die Diskrepanzdefinition der Legasthenie. In: Zeitschrift für Entwicklungspsychologie und Pädagogische Psychologie 35, 127-134

Metzler, B. (2001): Hilfe bei Dyskalkulie. Lernen durch Handeln bei Rechenschwäche. Dortmund: modernes lernen

Meyer, A.H.; Zahner, C. (2002): Kompetenzen in Lesen, Mathematik und Naturwissenschaften. In: Moser U.: Für das Leben gerüstet. Die Grundkompetenzen der Jugendlichen. Kurzfassung des nationalen Berichtes PISA 2000. EDK

Meyer, S. (1993): Was sagst du zur Rechenschwäche, Sokrates? Luzern: Edition SZH

Micallef, S.; Prior, M. (2004): Arithmetic learning difficulties in children. In: Educational Psychology 24, 175-200

Milo, B.F.; Seegers, G.; Ruijssenaars, W.A.J.J.M.; Vermeer, H.J. (2004): Affective consequences of mathematics instruction for students with special needs. In: European Journal of Special Needs Education 19, 49-68.

Milz, I. (2004): Rechenschwächen erkennen und behandeln. Teilleistungsstörungen im mathematischen Denken neuropädagogisch betrachtet. 6., völlig bearb. Aufl. Dortmund: borgmann

Montague, M.; Applegate, B. (2000): Middle school student's perceptions, persistence and performance in mathematical problem solving. In: Learning Disabilities Quarterly 23, 215-226

Montague, M. (1997): Cognitive strategy instruction in mathematics for students with learning disabilities. In: Journal of Learning Disabilities 20, 164-177

Monuteaux, M.; Faranone, S.V.; Herzig, K.; Navsaria, N.; Biedermann, J. (2005): ADHD and Dyscalculia: Evidence for independent familial transmission. In: Journal of Learning Disabilities 38, 86-93

Moreau, S.; Coquin-Viennot, D. (2003): Comprehension of arithmetic word problems in fifth-grade pupils: Representations and selection of information. In: British Journal of Educational Psychology 73, 109-121

Moser, U. (2005): Zusammenfassung und Diskussion. In: Zahner Rossier, C. (Hrsg.): PISA 2003: Kompetenzen für die Zukunft. Zweiter nationaler Bericht. Neuenburg/Bern: Bundesamt für Statistik und Kantonale Konferenz der Erziehungsdirektoren, 131-138

Moser, U.; Ramseier, E.; Berweger, S. (2002): Die Grundbildung in den drei Kantonen. In: Selbstreguliertes Lernen im interkantonalen Vergleich. In: Bundesamt für Statistik (Hrsg.): Bildungsmonitoring Schweiz. Bern, St. Gallen, Zürich: Für das Leben gerüstet? Die Grundkompetenzen der Jugendlichen. Kantonaler Bericht der Erhebung PISA 2000. Neuchâtel, 17-33

Moser Opitz, E. (2006a): Rechenschwäche. Grundsätzliche Überlegungen und aktuelle Forschungsergebnisse unter besonderer Berücksichtigung der Sprache. In: Bulletin Schweizerische Arbeitsgemeinschaft für Logopädie 120, 1-17

Moser Opitz, E. (2006b): Diagnostik von Mathematikleistungen und -schwächen. In: von Stechow, E.; Hofmann, Ch. (Hrsg.): Sonderpädagogik und PISA. Kritisch-konstruktive Beiträge. Bad Heilbrunn: Klinkhardt, 278-290

Moser Opitz, E. (2005): Lernschwierigkeiten Mathematik in Klasse 5 und 8. Eine empirische Untersuchung zu fehlenden mathematischen Basiskompetenzen. In: Vierteljahresschrift für Heilpädagogik und ihre Nachbargebiete 74, 113-128

Moser Opitz, E. (2004): Dyskalkulie: Krankheit, Erfindung, Mythos, Etikett ... ? Auseinandersetzung mit einem geläufigen, aber ungeklärten Begriff. In: Vierteljahresschrift für Heilpädagogik und ihre Nachbargebiete 73, 179-190

Moser Opitz, E. (2002): Zählen, Zahlbegriff, Rechnen. Theoretische Grundlagen und eine empirische Untersuchung zum mathematischen Erstunterricht in Sonderklassen. 2. Aufl. Bern/Stuttgart/Wien: Haupt

Moser Opitz, E. (2001): Sonderpädagogischer Mathematikunterricht ohne Fachdidaktik? Didaktische Hinweise zum Erstunterricht an Sonderklassen. In: Sonderpädagogischer Kongress 2001. Band II. Entwicklung fördern. Impulse für Didaktik und Therapie. Würzburg, 193-198

Moser Opitz, E. (1999): Mathematischer Erstunterricht im Heilpädagogischen Bereich: Anfragen und Überlegungen. In: Vierteljahresschrift für Heilpädagogik und ihre Nachbargebiete 68, 293-307

Moser Opitz, E.; Berger, D.; Reusser, L. (2007): BeSMath 1-3. Berner Screening Mathematik 1-3. Screening zum Erfassen von Schülerinnen und Schülern mit schwachen Mathematikleistungen. Erziehungsdirektion des Kantons Bern: Bern, www.erz.be.ch/besmath

Moser Opitz, E.; Schmassmann, M. (2005): Heilpädagogischer Kommentar zum Zahlenbuch 5 und 6. Hinweise zur Arbeit mit Kindern mit mathematischen Lernschwierigkeiten. Zug: Klett und Balmer

Moser Opitz, E.; Schmassmann, M. (2004): Heilpädagogischer Kommentar zum Zahlenbuch 4. Hinweise zur Arbeit mit Kindern mit mathematischen Lernschwierigkeiten. Zug: Klett und Balmer

Moser Opitz, E.; Schmassmann, M. (2003): Heilpädagogischer Kommentar zum Zahlenbuch 3. Hinweise zur Arbeit mit Kindern mit mathematischen Lernschwierigkeiten. Zug: Klett und Balmer

Moser Opitz, E.; Schmassmann, M. (2002): Heilpädagogischer Kommentar zum Zahlenbuch 2. Zug: Klett und Balmer

Moritz, K. (1990): „Wider die Resignation: Elemente eines erfolgreichen Mathematikunterrichts in der Hauptschule". In: Mathematische Unterrichtspraxis II, 43-48

Müller, G.N.; Wittmann, E.Ch. (1984): Der Mathematikunterricht in der Primarstufe. 3. Aufl. Braunschweig/Wiesbaden: Vieweg

Müller, R. (1997): Sozialpsychologische Grundlagen des schulischen Zweitspracherwerbs bei MigrantenschülerInnen. Theoretische Grundlagen und empirische Studien bei zweisprachigen und einsprachigen SchülerInnen aus der 6.-10. Klasse in der Schweiz. Aarau/Frankfurt am Main/Salzburg: Sauerländer

Noël, M.P.; Turconi, E. (1999): Assessing number transcoding in children. In: European Review of Applied Psychology 4, 295-302

Oliver, B.; Harlaar, N.; Hayiou Thomas, M.E.; Dale, P.S.; Petrill, S.A.; Plomin, R.; Spinath, F.M. (2004): A twin study of teacher-reported mathematics performance and low performance in 7-years old. In: Journal of Educational Psychology 96, 504-517

Ostad, S.A. (1998): Developmental differences in solving simple arithmetic word problems and simple number-fact problems: A comparison of mathematically normal and mathematically disabled children. In: Mathematical Cognition 4, 1-19

Ostad, S.A. (1997): Developmental differences in addition strategies: a comparison of mathematically disabled and mathematically normal children. In: British Journal of Educational Psychology 67, 345-357

Outhred, L. (2002): Teaching and learning about measurement: Responses to the „count into measurement" programm. In: Cockburn, A.D.; Nardi, E.: International group for the Psychology of Mathematics Education. Proceedings of the 26th Annual Conference. Bd. 4. Norwich: University of East Anglia, 17-24

Pajares, F.; Miller, D. (1994): Role of self-efficacy and self-concept beliefs in mathematical problem solving: A path analysis. In: Journal of Educational Psychology 86, 193-203

Park, J.H.; Nunes, T. (2001): The development of the concept of multiplication. In: Cognitive Development 16, 763-773

Parmar, R.; Frazita, R.; Cawley J.F. (1996): Mathematics assessment for students with mild disabilities. An exploration of content validity. In: Learning Disability Quarterly 19, 127-136

Parmar, R.S.; Cawley, J.F. (1997): Preparing teachers to teach mathematics to students with learning disabilities. In: Journal of Learning Disabilities 30, 188-197

Parmar, R.S.; Cawley, J.F.; Miller, J.H. (1994): Difference in mathematics performance between students with learning disabilities and students with mild retardation. In: Expectional Children 60, 549-563

Passolunghi, M.C.; Siegel, L.S. (2004): Working memory and access to numerical information in children with disability in mathematics. In: Journal of Experimental Child Psychology 88, 348-377

Patton, J.R.; Cronin M.E.; Basset, D.S.; Koppel A.E. (1997): A life skills approach to mathematics instruction: Preparing students with learning disabilities for real-life math demands of adulthood. In: Journal of Learning Disabilities 30, 178-187

Pedrotty Bryant D.; Bryant, B.R.: Hammill, D.D. (2000): Characteristic behaviours of students with LD who have teacher-identified math weaknesses. In: Journal of Learning Disabilities 33, 168-177

Pedrotty Rivera D. (1997): Mathematics education and students with learning disabilities. Introduction to the special series. In: Journal of Learning Disabilities 30, 2-19

Pekrum, R. (1997): Selbstkonzept und Leistung – Dynamik ihres Zusammenspiels: Kommentar. In: Weinert, F.E.; Helmke, A.: Entwicklung im Grundschulalter. Weinheim: Psychologie Verlags Union, 331-358

Penner, Z. (1996): Sprachverständnis bei Ausländerkindern. In: Logopädie 19, 195-212

Penner, Z. (2003): Neue Wege der sprachlichen Förderung von Migrantenkindern in der Vorschule. Berg (TG): Kon-Lab

Petermann, F. (2003): Legasthenie und Rechenstörung – Einführung in den Themenschwerpunkt. In: Kindheit und Entwicklung 12, 193-196

Petermann, F.; Lemcke, J. (2005): Ursachen und Diagnostik von Rechenstörungen im Kindesalter. In: Monatszeitschrift Kinderheilkunde 10, 981- 989

Peterson Miller, S.; Mercer, D. (1997): Educational aspects of mathematics disabilities. In: Journal of Learning Disabilities 30, 47-56

Pietsch, J.; Walker, R.; Chapman, E. (2003): The relationship among self-concept, self-efficacy, and performance in mathematics during secondary school. In: Journal of Educational Psychology 95, 589-603

Pitsch, H.J. (2003): Zur Theorie und Didaktik des Handelns Geistigbehinderter. Band 1. Oberhausen: ATHENA

Radatz, H. (1991): Einige Beobachtungen bei rechenschwachen Grundschülern. In: Lorenz, J.H. (Hrsg.): Störungen beim Mathematiklernen. Untersuchungen zum Mathematikunterricht. Köln: Aulis Verlag Deubner, 74-89

Ramseier, E. (1997): Individuelle Determinanten der Mathematikleistung. In: Moser, U.; Ramseier, E.; Keller, C.; Huber, M.: Schule auf dem Prüfstand. Eine Evaluation der Sekundarstufe I auf der Grundlage der Third International Mathematics and Science Study. Zürich/Chur: Rüegger, 114-136

Renkl, A.; Stern, E. (1994): Die Bedeutung von kognitiven Eingangsvoraussetzungen und schulischen Lerngelegenheiten für das Lösen von einfachen und komplexen Textaufgaben. In: Zeitschrift für Pädagogische Psychologie 8, 27-39

Reusser, K. (1992): Kognitive Modellierung von Text-, Situations- und mathematischem Verständnis beim Lösen von Textaufgaben. In: Reiss, K.; Reiss, M.; Spandl, H. (Hrsg.): Maschinelles Lernen. Modellierung von Lernen mit Maschinen. Berlin u.a.: Springer

Rodriguez, D.; Parmar, R.S.; Signer, B. (2001): Fourth-grade culturally and linguistically diverse exceptional student's concept of number line. In: Exceptional Children 67, 199-210

Roick, T.; Gölitz, D.; Hasselhorn, M. (2004): DEMAT 3+. Deutscher Mathematiktest für dritte Klassen. Göttingen: Beltz

Ross, S.H. (1989): Parts, wholes, and place value: A developmental view. In: Arithmetic Teacher 2, 47-51

Rourke, B.P. (1993): Arithmetic disabilities, specific and otherwise: A neuropsychological perspective. In: Journal of Learning Disabilities 26, 214-226

Rourke, B.P.; Conway, J.A. (1997): Disabilities of arithmetic and mathematical reasoning: Perspectives from neurology and neuropsychology. In: Journal of Learning Disabilities 30, 34-46

Rüesch, P. (1998): Spielt die Schule eine Rolle? Schulische Bedingungen ungleicher Bildungschancen von Immigrantenkindern – eine Mehrebenenanalyse. Bern u.a.: Peter Lang

Rustemeyer, R. (1999): Geschlechtstypische Erwartungen zukünftiger Lehrkräfte bezüglich des Unterrichtsfaches Mathematik und korrespondierende (Selbst-)Einschätzungen von Schülerinnen und Schülern. In: Psychologie in Erziehung und Unterricht 46, 187-200

Rustemeyer, R.; Jubel, A. (1996): Geschlechtsspezifische Unterschiede im Unterrichtsfach Mathematik hinsichtlich der Fähigkeitseinschätzung, Leistungserwartung, Attribution sowie im Lernaufwand und im Interesse. In: Zeitschrift für Pädagogische Psychologie 10, 13-25

Schäfer, J. (2005): Rechenschwäche in der Eingangsstufe der Hauptschule. Lernstand, Einstellungen und Wahrnehmungsleistungen. Eine empirische Studie. Hamburg: Verlag Dr. Kovač

Scherer, P. (2005): Produktives Lernen für Kinder mit Lernschwächen. Fördern durch Fordern. Band 3: Multiplikation und Division im Hunderterraum. Horneburg: Persen

Scherer, P. (2003): Produktives Lernen für Kinder mit Lernschwächen. Fördern durch Fordern. Band 2: Addition und Subtraktion im Hunderterraum. Horneburg: Persen

Scherer, P. (1999): Produktives Lernen für Kinder mit Lernschwächen. Fördern durch Fordern. Band 1: Zwanzigerraum. Leipzig u.a.: Klett

Scherer, P. (1995): Entdeckendes Lernen im Mathematikunterricht der Schule für Lernbehinderte. Theoretische Grundlegung und evaluierte unterrichtspraktische Erprobung. Heidelberg: Schindele

Schilling, Th.; Prochinig, T. (2000): Dyskalkulie. Rechenschwäche. Schaffhausen: Schubi

Schipper, W. (2003): Kompetenzentwicklung beim schriftlichen Rechnen. In: Fritz, A.; Ricken, G.; Schmidt, S. (Hrsg.): Rechenschwäche. Lernwege, Schwierigkeiten und Hilfen bei Dyskalkulie. Weinheim/Basel/Berlin: Beltz, 98-115

Schmidt, C. (2003): Analyse von Leitfadeninterviews. In: Flick, U.; von Kardoff, E.; Steinke, I. (Hrsg.): Qualitative Forschung. Ein Handbuch. 2. Aufl. Hamburg: rowohlt, 447-456

Schmidt, S. (1983): Zur Bedeutung und Entwicklung der Zählkompetenz für die Zahlbegriffsentwicklung bei Vor- und Grundschulkindern. In: Zentralblatt für Didaktik der Mathematik 15, 101-111

Schoenberg, A.H. (1992): Learning to think mathematically: Problem solving, metacognition and sense making in mathematics. In: Grouws, D.A. (Hrsg.): Handbook of research on mathematics teaching and learning: a project of the National Council of Teachers of Mathematics. New York/Toronto: Maxwell Macmillan, 334-370

Schrader, F.W. (1997): Lern- und Leistungsdiagnostik im Unterricht. In: Weinert, F.E. (Hrsg.): Enzyklopädie der Psychologie. Psychologie in Erziehung und Unterricht. Göttingen u.a.: Hogrefe, 659-699

Schulpsychologischer Dienst des Kantons Solothurn (1991): Kinder mit Rechenschwierigkeiten. Solothurn

Schulz, A. (2003): Zahlen begreifen lernen. In: Fritz, A.; Ricken, G.; Schmidt, S.: Rechenschwäche. Lernwege, Schwierigkeiten und Hilfen bei Dyskalkulie. Weinheim/Basel/Berlin: Beltz, 360-378

Schwarzkopf, R. (2002): Analyse von Interaktionsprozessen beim Sachrechnen im Mathematikunterricht vierter Klassenstufen. In: Peschek, W. (Hrsg.): Beiträge zum Mathematikunterricht 2002. Vorträge auf der 36. Tagung für Didaktik der Mathematik vom 25. Februar bis 1. März 2002 in Klagenfurt: Franzbecker, 451-454

Schwenk, C.; Schneider, W. (2003): Einflussfaktoren für den Zusammenhang von Rechen- und Schriftsprachleistungen im frühen Grundschulalter. In: Kindheit und Entwicklung 12, 212-221

Selter, Ch. (2000): Vorgehensweisen von Grundschüler(inne)n bei Aufgaben zur Addition und Subtraktion im Zahlenraum bis 1000. In: Journal für Mathematikdidaktik 21, 227-258

Selter, Ch.; Spiegel, H. (1997): Wie Kinder rechnen. Leipzig/Düsseldorf: Klett und Balmer

Selter, Ch.; Spiegel, H. (2003): Kinder und Mathematik. Was Erwachsene wissen sollten. Seelze-Velber: Kallmeyer

Shalev, R.S.; Manor, O.; Kerem, B.; Ayali, M.; Badichi, N.; Friedlander, Y.; Gross-Tsur, V. (2001): Developmental Dyscalculia is a family learning disability. In: Journal of Learning Disabilities 34, 59-65

Shalev, R.S.; Manor, O.; Auerbach, J.; Gros-Tsur, V. (1998): Persistence of developmental dyscalculia: What counts? Results from a 3-year prospective follow-up study. In: The Journal of Pediatrics 133, 358-362

Shalev, R.; Manor, O.; Gross-Tsur, V. (1997): Neuropsychological aspects of developmental dyscalculia. In: Mathematical Cognition 3, 105-120

Siegel, L.S.; Ryan, E.B. (1989): The development of working memory in normally achieving and subtypes of learning disabled children. In: Child Development 60, 973-980

Siegler, R.S.; Opfer, J.E. (2003): The development of numerical estimation. Evidence for multiple representation of numerical quantity. In: Psychological Science 14, 237-243

Siegler, R.S.; Booth, J.L. (2004): Development of numerical estimation in young children. In: Child Development 75, 428-444

Silver, Ch.H.; Pennett, H.D.L.; Black, J.L.; Fair, G.W.; Balise, R.R. (1999): Stability of arithmetic disability subtypes. In: Journal of Learning Disabilities 32, 108-119

Simon, T.J.; Peterson, S.; Patel, G.; Sathian, K. (1998): Do the magnocellular and parvocellular visual pathway contribute differentially to subitizing and counting? In: Perception and Psychophysis 60, 451-464.

Simon, R.; Hanrahan, J. (2004): An evaluation of touch math method for teaching addition to students with learning disabilities in mathematics. In: European Journal of Special Needs Education 19, 191-209

Skaalvik, E.M.; Valås, H. (1999): Relations among achievement, self-concept and motivation in mathematics and language arts: A longitudinal study. In: The Journal of Experimental Education 67, 135-149

Skaalvik, E.M.; Rankin, R.J. (1995): Dimensions of math and verbal self-concept and the internal/external frame of reference model. In: Oosterwegel, A.; Wicklund, R.A.: The self in European and North American culture: Development and process. Dordrecht: Kluwer

Snijders, T.A.B.; Bosker, R.J. (1999): Multilevel Analysis. An introduction to basic and advanced multilevel modeling. London/Thousand Oaks/New Dehli: Sage

Sonntag, W. (2002): Fördert das Training des induktiven Denkens das Lösen mathematischer Textaufgaben? In: Heilpädagogische Forschung XXVIII, 24-36

Speece, D.L.; Case, L.P.; Molloy, D.E. (2003): Responsiveness to general education instruction as the first gate to learning disabilities instruction. In: Learning Disabilities Research & Practice 18, 147-156

Squire, S.; Bryant, P. (2002): The influence of sharing in children's initial concept of division. In: Journal of Experimental Child Psychology 81, 1-43

Stern, E. (2005): Kognitive Entwicklungspsychologie des mathematischen Denkens. In: von Aster, M.; Lorenz, J.H. (Hrsg.): Rechenstörungen bei Kindern. Neurowissenschaft, Psychologie, Pädagogik. Göttingen: Vandehoeck & Ruprecht, 137-149

Stern, E. (1998): Die Entwicklung des mathematischen Verständnisses im Kindesalter. Berlin u.a.: Lengerich

Sternberg, R.J. (1999): Towards an emerging consensus about learning disabilities. In: Sternberg, J.R.; Spear-Swerling, L. (Hrsg.): Perspectives on learning disabilities. Biological, cognitive, contextual. Colorado/Oxford: Westview Press, 277-282

Thompson, I. (2000): The role of ‚partitioning' in mental calculation strategies. In: Equals 6, 15-17

Thornton, C.A.; Langrall, C.W.; Jones, G.A. (1997): Mathematics instruction for elementary students with learning disabilities. In: Journal of Learning Disabilities 30, 142-150

Townsend, M.; Wilton, K. (2003): Evaluating change in attitude towards mathematics using the 'then-now' procedure cooperative learning programme. In: British Journal of Educational Psychology 73, 473-487

van Aken, M.A.G.; Helmke, A.; Schneider, W. (1997): Selbstkonzept und Leistung – Dynamik ihres Zusammenspiels: Ergebnisse aus dem SCHOLASTIK-Projekt. In: Weinert, F.E.; Helmke, A.: Entwicklung im Grundschulalter. Weinheim: Psychologie Verlags Union, 341-350

van den Heuvel-Panhuizen, M. (2002): From core goals to learning-teaching trajectories as a guide for teaching primary-school mathematics in the Netherlands. In: Cockburn, A.; Nardi, E.: Proceedings of the 26th Annual Conference of the International group for the Psychology of Mathematics Education. Norwich: University of East Anglia, 191-196

van den Heuvel-Panhuizen, M. (2001): Estimation. In: Van den Heuvel-Panhuizen, M. (Hrsg.): Children learn mathematics. Utrecht: Freudenthal Instituut, 173-202 van der Sluis, S.; de Jong, P.F.; van der Leij, A. (2004): Inhibition and shifting in children with learning deficits in arithmetic and reading. In: Journal of Experimental Child Psychology 87, 239-266

van de Walle, J.A. (2001): Elementary school mathematics. Teaching developmentally. 4. Aufl. London u.a.: Longman

VanLehn, K. (1990): Mind bugs. The origin of procedural misconceptions. Cambridge/Massachusetts: MIT Press

Vaughn, S.; Fuchs, L.S. (2003): Redefining learning disabilities as inadequate response to instruction: The promise and potential problems. In: Learning Disabilities Research & Practice 18, 137-146

Vaughn, S.; Linan-Thompson, S.; Hickmann, P. (2003): Response to instruction as a means of identifying students with reading/learning disabilities. In: Exceptional Children 69, 391-409

von Aster, M. (2005): Wie kommen die Zahlen in den Kopf? Ein Modell der normalen und abweichenden Entwicklung zahlenverarbeitender Hirnfunktionen. In: von Aster, M.; Lorenz, J.H. (Hrsg.): Rechenstörungen bei Kindern. Neurowissenschaft, Psychologie, Pädagogik. Göttingen: Vandenhoeck & Ruprecht, 13-33

von Aster, M. (2003): Neurowissenschaftliche Ergebnisse und Erklärungsansätze zu Rechenstörungen. In: Fritz, A.; Ricken, G.; Schmidt, S.: Rechenschwäche. Lernwege, Schwierigkeiten und Hilfen bei Dyskalkulie. Weinheim/Basel/Berlin: Beltz, 163-178

von Aster, M.; Weinhold, M. (2006): Zareki-R. Neurpsychologische Testbatterie für Zahlenverarbeitung und Rechnen bei Kindern. 2. Aufl. Frankfurt am Main:Harcourt Test Service

von Aster, M. (1996a): Psychopathologische Risiken bei Kindern mit umschriebenen schulischen Teilleistungsstörungen. In: Kindheit und Entwicklung 5, 53-59

von Aster, M. (1996b): Die Störungen des Rechnens und der Zahlenverarbeitung in der kindlichen Entwicklung. Habilitationsschrift Medizinische Fakultät der Universität Zürich. Zürich

Verschaffel, L. (2002): Taking the modeling perspective seriously at the elementary school level: Promises and pitfalls. In: Cockburn, A.D.; Nardi, E.: International group for the Psychology of Mathematics Education. Proceedings of the 26th Annual Conference. Bd. 1. Norwich: University of East Anglia, 64-79

Wagner, H.J. (2003): Rechnen mit der Null. In: Fritz, A.; Ricken, G.; Schmidt, S.: Rechenschwäche. Lernwege, Schwierigkeiten und Hilfen bei Dyskalkulie. Weinheim/Basel/Berlin: Beltz, 238-247

Wagner, R.K.; Garon, T. (1999): Learning disabilities in perspective. In: Sternberg, J.R.; Spear-Swerling, L. (Hrsg.): Perspectives on learning disabilities. Biological, cognitive, contextual. Colorado/Oxford: Westview Press, 83-205

Walter, J.; Suhr, K.; Werner, B. (2001): Experimentell beobachtete Effekte zweier Formen von Mathematikunterricht in der Förderschule. In: Zeitschrift für Heilpädagogik 4, 143-151

Weber, M. (1994): Mathematik erleben 1. 2. Aufl. Feldbrunnen: SHG-Verlag

Weiß, R.H. (1980): CFT 20. Grundintelligenztest Skala 2. Braunschweig: Westermann

Weißhaupt, S.; Peucker, S.; Wirtz, M. (2006): Diagnose mathematischen Vorwissens im Vorschulalter und Vorhersage von Rechenleistungen und Rechenschwierigkeiten in der Grundschule. In: Psychologie in Erziehung und Unterricht 53, 236-245

Weltgesundheitsorganisation (2005): Internationale Klassifikation psychischer Störungen. ICD-10 Kapitel V (F). Klinisch-diagnostische Leitlinien. Bern u.a.: Huber

Wember, F.B. (2003): Die Entwicklung des Zahlbegriffs aus psychologischer Sicht. In: Fritz, A.; Ricken, G.; Schmidt, S. (Hrsg.): Rechenschwäche. Lernwege, Schwierigkeiten und Hilfen bei Dyskalkulie. Weinheim/Basel/Berlin: Beltz, 48-64

Wember, F.B. (1998): Zahlbegriff und elementares Rechnen. Vorschläge zur Diagnose und Intervention bei Kindern mit Lernstörungen. FernUniversität-Gesamthochschule Hagen

Wember, F.B. (1996): Mathematik lehren und Mathematik lernen – Methodische Überlegungen zum Unterricht bei lern- und geistigbehinderten Kindern. In: Baudisch, W; Schmetz, W. (Hrsg.): Mathematik und Sachunterricht im Primar- und Sekundarbereich. Beispiele sonderpädagogischer Förderung. Sonderpädagogische Beiträge, Bd IV. Frankfurt am Main, 11-44

Wember, F.B. (1989): Die sonderpädagogische Förderung elementarer mathematischer Einsichten auf entwicklungspsychologischer Grundlage. Das Beispiel des Zahlbegriffs. In: Zeitschrift für Heilpädagogik 40, 433-443

Weijda, S. (2004): Rechenschwäche – der Kampf mit den Zahlen. Hilfen bei Dyskalkulie. Berlin: Cornelsen

Werner, B. (1999): Rechenschwäche oder nicht geförderte Fähigkeiten? In: Zeitschrift für Heilpädagogik 10, 471-475

Werning, R.; Lütje-Klose, B. (2003): Einführung in die Lernbehindertenpädagogik. München/Basel: Reinhardt

Wilson, K.M.; Lee Swanson, H. (2001): Are mathematics disabilities due to a domain-general or a domain-specific working memory deficit? In: Journal of Learning Disabilities in Mathematics 34, 237-248

Winter, H. (1994): Sachrechnen in der Grundschule. 3. Aufl. Berlin: Cornelsen

Wittmann, E.Ch.; Müller, G.N. (2001) Das Zahlenbuch. Mathematik 1. Schuljahr. Lehrerband. 2. Aufl. Leipzig/Stuttgart/Düsseldorf: Klett

Wittmann, E.Ch. (1995): Aktiv-entdeckendes und soziales Lernen im Rechenunterricht. In: Müller, G.N.; Wittmann, E.Ch.: Mit Kindern rechnen. Frankfurt am Main, 10-41

Wittman, E.Ch.; Müller, G.N. (1994): Handbuch produktiver Rechenübungen, Bd. 2.: Vom halbschriftlichen zum schriftlichen Rechnen. 1. Aufl., 2. Druck. Stuttgart u.a.: Klett

Wittmann, E.Ch.; Müller, G. (1997): Handbuch produktiver Rechenübungen, B. 1.: Vom Einspluseins zum Einmaleins. 2. Aufl. Stuttgart/Düsseldorf: Klett

Witzel, A. (1985): Das problemzentrierte Interview. In: Jüttemann, G. (Hrsg.): Qualitative Forschung in der Psychologie. Weinheim/Basel: Beltz, 227-253

Woodward, J.; Montague, M. (2002) Meeting the challenge of mathematics reform for students with LD. In: The Journal of Special Education 36, 89-101

Woodward, J.; Monroe, K.; Baxter, J. (2001): Enhancing student achievement of performance assessments in mathematics. In: Learning Disabilities Quarterly 24, 33-46

Woodward, J.; Baxter, J. (1997): The effects of an innovative approach to mathematics on academically low-achieving students in inclusive settings. In: Exceptional Children 63, 373-388

Xin, P.Y., Jitendra, A.K. (1999): The effects of instruction in solving mathematical wordproblems for students with learning problems. A meta-analysis. In: The Journal of Special Education 32, 207-225

Xin, M. (1999): A meta-analysis of the relationship between anxiety towards mathematics and achievement in mathematics. In: Journal for Research in Mathematics Education 30, 520-540

Zeleke, S. (2004a): Differences in self-concept among children with mathematics disabilities and their average and high achieving peers. In: International Journal of Disability, Development and Education 51, 61-167

Zeleke, S. (2004b): Self-concepts of students with learning disabilities and their normally achieving peers: A review. In: European Journal of Special Needs Education 19, 145-170

Zwack-Stier, Ch.; Börner, A. (1998): Kritik am Konzept der so genannten Teilleistungsstörungen – dargestellt an den Lernprozessen in den Bereichen Schriftsprache und Mathematik. In: Eberwein, H.; Knauer, S.: Handbuch Lernprozesse verstehen. Weinheim/Basel: Beltz, 219-234

11.2 Tabellen

Tab. 1:	Verzählungen beim Vor- und Rückwärtszählen	84
Tab. 2:	Veranschaulichungen und Arbeitsmaterialien zum Dezimalsystem	91
Tab. 3:	Lösungsprinzipien zur Addition	96
Tab. 4:	Halbschriftliche Rechenstrategien am Beispiel der Addition	94
Tab. 5:	Strategien Kopfrechnen	101
Tab. 6:	Häufige Fehler bei der schriftlichen Addition und Subtraktion	106
Tab. 7:	Übersicht über die Stichprobe 1	147
Tab. 8:	Testgütemerkmale im Vortest	151
Tab. 9:	Faktorenanalyse Vortest 5. Schuljahr	152
Tab. 10:	Faktorenanalyse Vortest 8. Schuljahr	154
Tab. 11	Ergebnisse Vortest Mathematik und IQ-Test in Stichprobe 1	156
Tab. 12:	Merkmale der Stichprobe 2 (Untersuchungsstichprobe)	157
Tab. 13:	Aufgabenbereiche Mathematiktest	159
Tab. 14:	Fakorenanalyse Mathematikleistung 5. Schuljahr	161
Tab. 15:	Fakorenanalyse Mathematikleistung 8. Schuljahr	163
Tab. 16:	Mehrebenenmodelle 5. Schuljahr	172
Tab. 17:	Mehrebenenmodelle 8. Schuljahr	173
Tab. 18:	Einfluss der Variablen Geschlecht, Erstsprache Deutsch und Status Lernbehinderung auf die Mathematikleistung im 5. Schuljahr	176
Tab. 19:	Modell 8.5 für das 8. Schuljahr	178
Tab. 20:	Einfluss der Variablen Geschlecht und Status Lernbehinderung auf die Mathematikleistung im 8. Schuljahr	178
Tab. 21:	Varianzanalytische Überprüfung der Mathematikleistung im 5. Schuljahr	182
Tab. 22:	Mittelwertsvergleiche in den einzelnen Leistungsbereichen im 5. Schuljahr	183
Tab. 23:	Varianzanalytische Überprüfung der Mathematikleistung im 8. Schuljahr	184
Tab. 24:	Mittelwertsvergleiche in den einzelnen Leistungsbereichen im 8. Schuljahr	185
Tab. 25:	Fehlerkategorien	187
Tab. 26:	Lösungshäufigkeit Zählaufgaben	189
Tab. 27:	Fehler beim Zählen	190
Tab. 28:	Ergebnisse Dezimalsystem	202
Tab. 29:	Textaufgaben	203
Tab. 30:	Kriterien Bewertung Veranschaulichungen	205
Tab. 31:	Lösungshäufigkeit Operationsverständnis	206
Tab. 32:	Beispiel falscher Veranschaulichungen	207
Tab. 33:	Beim halbschriftlichen Rechnen verwendete Strategien im 5. Schuljahr	210
Tab. 34:	Beim halbschriftlichen Rechnen verwendete Strategien im 8. Schuljahr	211
Tab. 35:	Überblick über die Rechenfehler	216
Tab. 36:	Regressionsanalyse „Vorhersage der Mathematikleistung durch die Kenntnis des mathematischen Basisstoffes und des IQ"	218
Tab. 37:	Regressionsanalyse „Vorhersage der Mathematikleistung im 5. Schuljahr" durch Bereiche des mathematischen Basisstoffes	219

Tab. 38:	Regressionsanalyse „Vorhersage der Mathematikleistung im 8. Schuljahr" durch Bereiche des mathematischen Basisstoffes	219
Tab. 39:	Übersicht über die verwendeten Strategien	221
Tab. 40:	Zusammenfassung der Schwierigkeiten	223
Tab. 41:	Interviewleitfaden	226
Tab. 42:	Stichprobenbeschreibung Interviewstudie	227
Tab. 43:	Einschätzung der Beliebtheit des Faches Mathematik im Vortest	230
Tab. 44:	Zusammenfassung von häufig genannten Schwierigkeiten	240
Tab. 45	Übersicht über die Veränderung der Einstellung zum Fach Mathematik	242
Tab. 46:	Zusammenfassung der in den Interviews genannten Schwierigkeiten	254
Tab. 47:	Zusammenfassun Aussagen „Das ist schlimm, mühsam ..."	259
Tab. 48:	Zusammenfassung besondere Fähigkeiten	261
Tab. 49:	Zusammenfassung Aussagen „Das ist schön in der Mathematik"	265
Tab. 50:	Zusammenfassung Aussagen „Das müsste sich verändern ..."	271

11.3 Abbildungen

Abb. 1:	Triple-Code Modell nach Dehaene, abgebildet nach von Aster (2003, 168)	49
Abb. 2:	Zerlegen, Verdoppeln, fast Verdoppeln, Malnehmen am Zwanzigerfeld	95
Abb. 3:	Strukturierte Mengenbilder	104
Abb. 4:	Felddarstellung und kombinatorischer Aspekt der Multiplikation	107
Abb. 5:	Aufbau Einmaleins durch Verdoppeln und Halbieren	108
Abb. 6:	Distributivgesetz, veranschaulicht an Hunderterfeld und Malkreuz	108
Abb. 7:	Halbschriftliche Divisionsaufgabe	111
Abb. 8:	Rechenschwäche im Kontext unterrichtlicher, individueller und schulstruktureller Faktoren	141
Abb. 9:	Untersuchungsplan	146
Abb. 10:	Rating Einschätzung Beliebtheit und Leistung Mathematik	151

Anhang

Tab. 1: Korrelationen (Spearman) der in den Mehrebenenmodellen verwendeten (dummy) Variablen im 5. Schuljahr (Kap. 7.2)

	IQ	Geschlecht	Sprache	LB^{Son}	LB^{Int}
IQ	1				
Geschlecht (w)	.000	1			
Sprache (fremd)	-.265**	-.002	1		
LB^{Son}	-.281**	-.034	.178**	1	
LB^{Int}	-.195**	-.016	043*	-.045*	1

*$p < 0.05$, ** $p < 0.01$

Tab. 2: Korrelationen (Spearman) der in den Mehrebenenmodellen verwendeten (dummy) Variablen im 8. Schuljahr (Kapitel 7.2)

	IQ	Geschlecht	LB^{Son}	LB^{Int}
IQ	1			
Geschlecht (w)	-.032	1		
LB^{Son}	-.347**	-.014	1	
LB^{Int}	-.162**	-.057*	-.102**	1

*$p < 0.05$, ** $p < 0.01$

Tab. 3: Korrelationen (Pearson) der unabhängigen Variablen im Regressionsmodell 5. Schuljahr (Kap. 8.4)

		1	2	3	4	5	6
1)	IQ	1					
2	verdoppeln, halbieren	.298**	1				
3	Division	.273**	.546**	1			
4	Operationsverständnis	.274**	.316**	.262**	1		
5	Dezimalsystem	.413**	.426**	.484*	.332**	1	
6	Textaufgaben	.314**	.410**	.475	.303**	.486**	1

*$p < 0.05$, ** $p < 0.01$

Tab. 4: Korrelationen (Pearson) der unabhängigen Variablen im Regressionsmodell 8. Schuljahr (Kap. 8.4)

	IQ	Zählen	Division	Dezimalsystem
IQ	1			
Zählen	.387**	1		
Division	.209**	.355**	1	
Dezimalsystem	.462**	.384*	.196**	1

* $p < 0.05$, ** $p < 0.01$